살아남은 그림들

○ 일러두기

- 단행본 · 신문 · 잡지는 《 》, 글 · 시 · 그림 · 노래 · 영화는 〈 〉로 표시했다.
- 도판 설명은 작가, 작품 이름, 제작 연도, 재질, 크기, 소장처의 순서로 표기했다. 크기는 세로, 가로, 높이 순으로 적었다.
- 외래어의 표기는 국립국어원의 외래어 표기법에 따랐다. 다만 외래어 표기법엔 어긋나지만 널리 통용되는 표기가 있는 경우 예외적으로 이를 따랐다.

살아남은 그림들

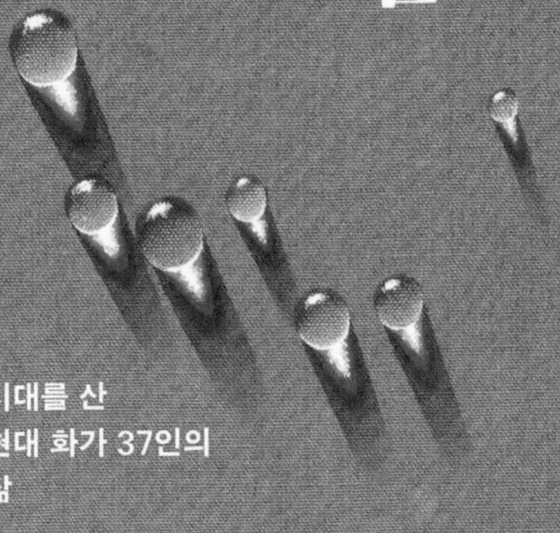

파란의 시대를 산
한국 근현대 화가 37인의
작품과 삶

조상인

눌와

들어가며

'살아남은 그림들'이라고 책 이름을 지은 것은 신종 코로나 바이러스가 등장하기 훨씬 전인 작년 가을 무렵이었다. 제목이 너무 무거운 것 아니냐고 우려하는 이들도 있었다. 하지만 왕조의 몰락과 식민 지배·해방과 전쟁 등으로 목숨 부지하기도 어렵던 시절, 화가로 살아남기는 더욱 힘들었을 것이다. 그럼에도 끝내 그리기를 포기하지 않은 이들이 그려, 온갖 풍파를 겪고도 오늘날까지 전하는 명작들을 부를 말이 '살아남은 그림들' 말고는 달리 생각나지 않았다.

교과서에 '한국 최초의 여성 서양화가'로 소개되는 나혜석은 생전에는 집에 불이 나는 바람에, 사후 한국전쟁 중에는 그림을 보관하던 오빠 집을 북한군이 점령하는 바람에 '살아남은 그림'이 50여 점에 불과하다. 구본웅은 더했다. 일제가 소개령疏開令을 내려 쫓기다시피 이사한 수원에 그림을 옮겨뒀으나 이후 한국전쟁 당시 폭격으로 집이 통째 사라졌다. 아마도 한국인 최초의 완전추상을 이뤘을 유영국은 태평양전쟁의 기운이 짙어지자 일본 유학 생활을 황급히 정리하며 작품들을 도쿄의 지인에게 맡기고 귀국했다. 꼭 찾으러 가마 약속했던 작품은 영영 사라졌고, 한국전쟁이 발발해 서울 집에 두고 간 작품도 잃고 말았다. 온갖 난관을 헤치고 살아남은 그림들이 바로 이 책을 채우고 있다.

어떤 이는 '다 죽게 생겼는데 그림을 그리냐', '그깟 그림이 밥 먹여 주느냐'라고 한 소리 했을지도 모른다. 실제 유화가 불이 잘 붙고 캔버스가 오래 탄다며 추위에 불쏘시개로 사라진 그림도 상당했다. 그럼에도 화가들에게 그림은 자신이 살아 있음을 확인시키는 대수로운 존재였다. 그림이 밥보다 중했고 목숨만큼 귀했다. 이 책을 계기로 처음 발굴된 윤중식의 피난길 스케치북이 대표적이다. 평양이 고향인 그는 갓난 작은딸은 들쳐 업고 나머지 두 아이들은 붙들고 아내와 함께 피난길에 올랐다. 하지만 아내와 큰딸과는 공습에 손을 놓쳐 생이별했고, 작은딸은 죽고 말았다. 중절모를 쓴 화가가 앞장서 걸어가는 화첩 속 그림은 다섯 가족 모두가 온전하게 등장하는 처음이자 마지막 기록이다. 낮에는 죽어라 걸어 남쪽으로 향하던 피난 중에도, 화가는 밤마다 어디서 구해왔는지 신통하기만 한 종이를 무릎에 놓고 그림을 그렸다.

프랑스로 간 이성자는 십수 년 만에 세 아들을 다시 만나러 가는 귀국 항공권을 사던 그 날, 눈물로 오작교를 그렸다. 손상기는 걷는 것은 고사하고 흉통으로 팔 들고 내리는 것마저 버겁던 삶의 끝자락에서도 그림을 그렸다. 이중섭은 종이 살 돈이 없어 담뱃갑 헤집은 은지에라도 그림을 그려야 숨을 쉴 수 있었다. 윤형근은 부조리한 사회, 민주화 투쟁의 비극 앞에서 울분 토하듯 붓을 휘둘렀다. 억울하게 옥살이하던 이응노는 흘린 밥풀로 조각을 빚고, 먹고 남은 간장으로 그림을 그렸다. 평생 산을 그린 유영국은 마지막 유작도 산인데, 신기하게도 그 산은 하늘로 승천하는 듯하다. 또 다른 '산의 화가' 박고석은 꼭 산으로 가 사생한 후 그림을 그렸는데, 산에서 굴러 다치기도 수차례였건만 멈추지를 못했다. 김종학은 죽기로 마음먹고 들어간 산 속에서 '그려야 할 것들'을 발견해 새로운 화풍을 개척했다.

화가들은 내가 살아 있고, 시대가 숨을 쉬고 있음을 그림으로 아로새긴다. 그래서 책의 구성은 고뇌 속에서 희망을 움틔운 그림들로 시작해 가족을 그리워하는 사무치는 사랑으로 전개된다. 이 땅의 사람들에 대한 시대적 기록과 자연의 아름다움을 예찬하는 와중에도 예술정신은 빛났고, 이는 전통의 새로운 계승과 끝없는 미美의 추구로 이어졌다. 책을 읽다 문득 직접 그림을 보고 싶다는 생각이 들 수도 있겠다 싶어 수록작은 가능한 한 국립현대미술관이나 서울시립미술관 등 미술관 소장품을 우선으로 택했다.

공교롭게도 우리는 지난 세기의 위기와는 또 다른, 살아남는 것이 모두의 화두가 된 '코로나 시대'를 관통하고 있다. 생각지 못 했고 겪어본 적 없는 전염병의 공포와 혼란을 함께 헤쳐가는 중이다. 그림이 백신이 될 순 없겠지만, 긴 터널의 끝이 보일 때까지 우리의 정서적 면역력이 되어주리라 기대한다. 굳이 유럽이 흑사병 이후에 르네상스를 맞이한 것을 예로 들지 않더라도, 험난한 시기를 보낸 후 예술은 전보다 더 찬란하게 빛났다. 지금의 위기 상황은 또 어떤 명작을 남겨줄지, 그런 희망과 낭만으로 잠시나마 걱정과 맞서고 시름을 잊어본다.

글 쓴다는 이유로 항상 모자라게 놀아준 두 아이에게 늘 미안했다. 배려로 힘을 보태준 가족들, 천둥벌거숭이 같은 제자를 가르침으로 이끌어주신 서울대학교 고고미술사학과와 대학원 미술경영 협동과정의 은사님들께 이 자리를 빌려 고마운 마음을 전하고 싶다. 화가를 찾아내고 그림을 발굴해 내신 미술사학자, 연구자, 평론가 등 일일이 열거할 수 없을 만큼 수많은 '선생님들'께도 경의를 표한다. 《서울경제신문》

은 내가 미술에 관해 글을 쓰는 기자가 될 수 있게 길을 터주고 밭을 내주었다. 2년 이상 신문에 연재한 '조상인의 예藝'가 책의 씨앗이 됐다. 100회의 글 중 고미술과 현대미술의 '낀 세대' 격인 근현대미술을 엄선한 후 기존 원고를 보완하거나 다시 썼고, 기사화하지 못했던 이승조 등의 작가를 추가했다. 취재와 출간 과정에서 도움을 주신 분들, 특히 귀한 그림을 지켜왔고 함께 음미할 수 있게 허락해 주신 유족과 작가재단 및 미술관 관계자 분들께도 깊이 감사드린다. 흩어질 뻔한 글을 책으로 열매 맺게 적극적으로 지원하고 독려해 준 '한국여기자협회'가 없었다면 이 책은 세상 빛을 보지 못했을 것이다. 글의 시작부터 책의 완성까지 묵묵히 지켜봐 준 이 책의 편집자 김지수 님과 김효형 대표님께 고마움을 전한다.

자, 이제 책장을 함께 넘겨보자. 당신이 마주 서 바라봐 줄 때, 그림은 다시 살아난다.

2020년 9월
미술관과 갤러리가 나란한 삼청로에서
조 상 인

차례

들어가며 004

1 고뇌에서 움트는 희망

나혜석_ 나는 인형이었네,
그네의 노리개였네 014
구본웅_ 붉은 눈빛에 담은
식민지 지식인의 억눌린 내면 024
남 관_ 나는 두 번의 전쟁을,
숱한 죽음을 보았다 034
이쾌대_ 해방의 기쁨을 쏟아내고,
역사의 아픔에 묻히다 044
이중섭_ 나는 한국이 낳은
정직한 화공이라오 052
윤형근_ 굴곡진 시대를 겪으며
추구한 삶의 성찰 064
손상기_ 삭막한 도시,
하지만 희망은 있다 076

2 사무치는 사랑, 그리운 가족

배운성_ 옹기종기 모인 대가족,
애틋한 그리움을 채우다 086
김환기_ 그리운 이의 눈동자 같은
점을 모아서 100
최영림_ 가족과 헤어진 화가가 그린
전쟁의 비극 114
장욱진_ 까치 아빠의 고독과 성찰,
안식처는 가족 124
이성자_ 지구 반대편 향해
그리움으로 놓은 다리 132
김홍수_ 기인 화가를 가장 잘
이해한 이, 그의 아내 142

3 이 땅, 이곳의 사람들

오지호_ 초겨울 햇살의 따사로움까지
담은 청명한 그림 154
이인성_ 핏빛 붉은 땅,
살아남아 그날을 기다리리 166
박수근_ 그림으로 그린
인간의 선함, 진실함 176
전혁림_ 하늘을 끌어놓은 듯
푸른 남해, 정겨운 항구 186
변월룡_ 고려인 화가가 그린
고국의 봄 196
박고석_ 전쟁 속에서도 놓지 않은
삶에 대한 의지 204
변시지_ 처연한 바람에 휩싸인
누렇고 검은 제주 212

4 자연의 아름다움, 그 생명력

도상봉_ 지친 마음을 보듬는 싱그럽고 온화한 꽃다발 224

윤중식_ 그렇게 시간은, 빛은 층층이 내려앉는다 232

유영국_ 산은 내 앞이 아니라 내 안에 있다 242

이대원_ 풍요와 행복을 품은 생동감 넘치는 산 258

김종학_ 자유롭게 어울려 살 부비며 함께 사는 자연 266

5 전통에서 벼려낸 새로움

이상범_ 일상의 자연, 대가가 사랑한 한국의 풍경 278

변관식_ 반골 화가가 그려낸, 꿈틀대며 치솟은 바위 290

이응노_ 통일과 화합을 염원하는 흥겨운 군무 300

권영우_ 찢긴 한지에 스민 젊은 날의 아픈 초상 310

서세옥_ 화폭 가득, 붓 지난 자리마다 펼쳐지는 춤사위 318

6 끝없는 미의 추구

곽인식_ 물성 탐구의 효시,
시대를 앞서간 예술가 330
권옥연_ 휘영청 뜬 보름달,
간밤 꿈 같은 풍경 342
김창열_ 쏟아져 내릴 듯한
송글송글 물방울 352
박서보_ 비움이 새겨진,
체념한 듯 발버둥치는 선 362
이우환_ 화폭 뒤덮은 수백 개의 점,
교감의 미학 370
최욱경_ 그래도 내일은,
다시 솟는 해로 밝을 것입니다 382
이승조_ 이것은
파이프가 아니다 392

고뇌에서

1 움트는 희망

나혜석
구본웅
남 관
이쾌대
이중섭
윤형근
손상기

나 | 혜석

나 는 인 형 이 었 네 ,
그 네 의
노 리 개 였 네

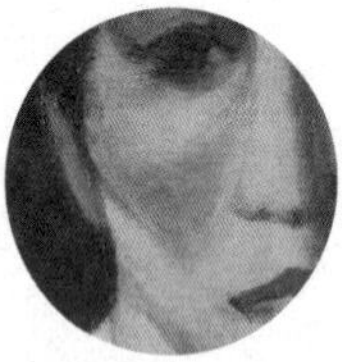

유난히 크고 긴 코와 기다란 얼굴을 가진 중년 여성이 화면을 한가득 채우고 있다. 큼직한 이목구비에다, 오렌지색 음영이 드리워 도드라진 광대뼈 때문에 강인한 인상을 풍긴다. 크고 검고 깊은 눈이 흔들리는 것이나 일자로 꾹 다문 입이 그늘을 드리운 것에서 쉽사리 해결하지 못할 깊은 고뇌가 전해진다. 구불구불한 머리칼은 그녀가 당대에 앞서간 '신여성'임을 암시한다. 기품 있고 고상한 짙은 초록색 재킷이 둥근 어깨를 감쌌다. 약한 빛이 새어드는 오른쪽 갈색 벽에 비해 검푸른 커튼이 드리운 왼쪽 배경이 훨씬 더 어두운데, 그 심연의 장막 속으로 여인의 한쪽 어깨가 빨려들 것만 같다. 어찌나 어둡고 얼마나 묵직한지 혹 그게 세상의 무게가 아니었을까 상상해 본다. 장식이라곤 진주색 단추 하나 달린 은회색의 옷깃뿐인 수수한 옷차림이지만 그래서 더 우아하다. 흰 물감을 듬뿍 묻혀 쿡 찍은 진주색 단추가 가까스로 옷깃을 여며주듯, 이 여인은 현실과 사회에 어렵사리 발붙이고 있는 게 아닐까 지레짐작해 본다. 그림 아래 왼쪽에 '혜석', 오른쪽에는 이름의 영문 첫 자와 나씨 성의 앞 자를 따 'HR'이라 적혀 있다.

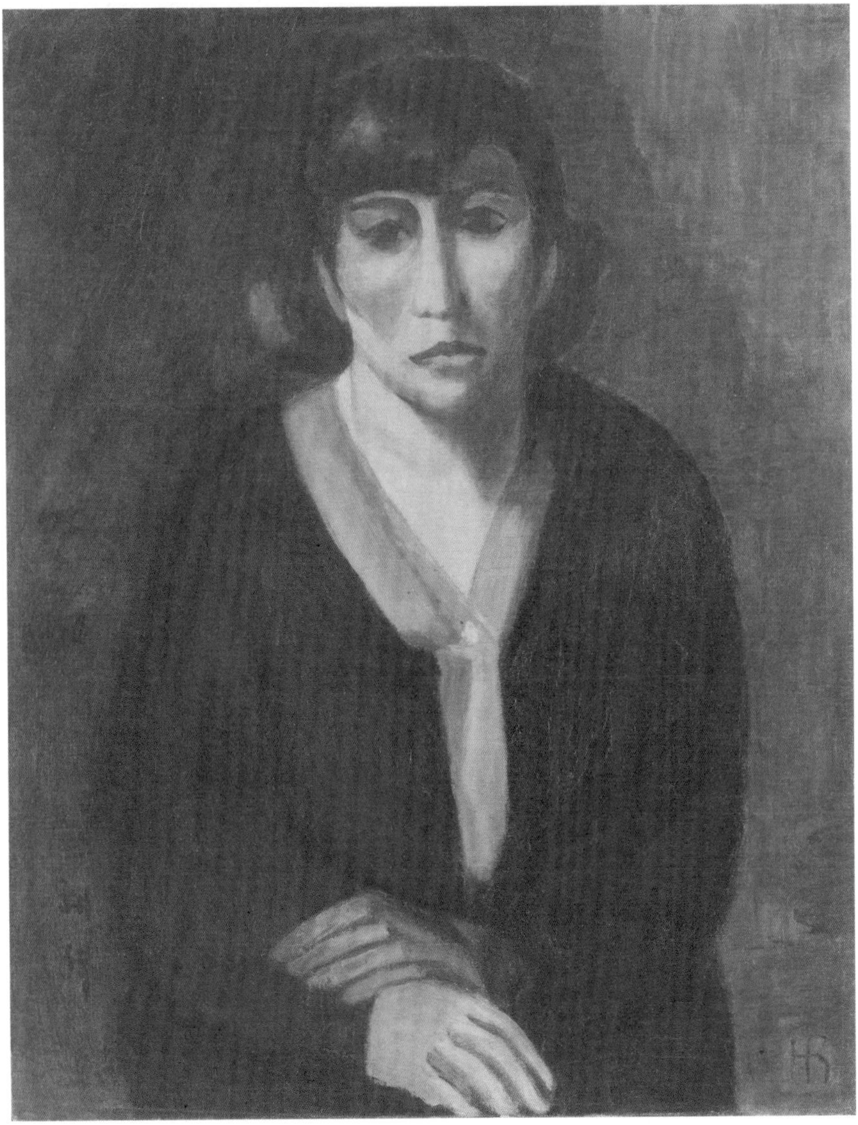

—

나혜석, 〈자화상〉
1928년 추정, 캔버스에 유채, 63.5×50.0cm, 수원시립아이파크미술관 소장

—

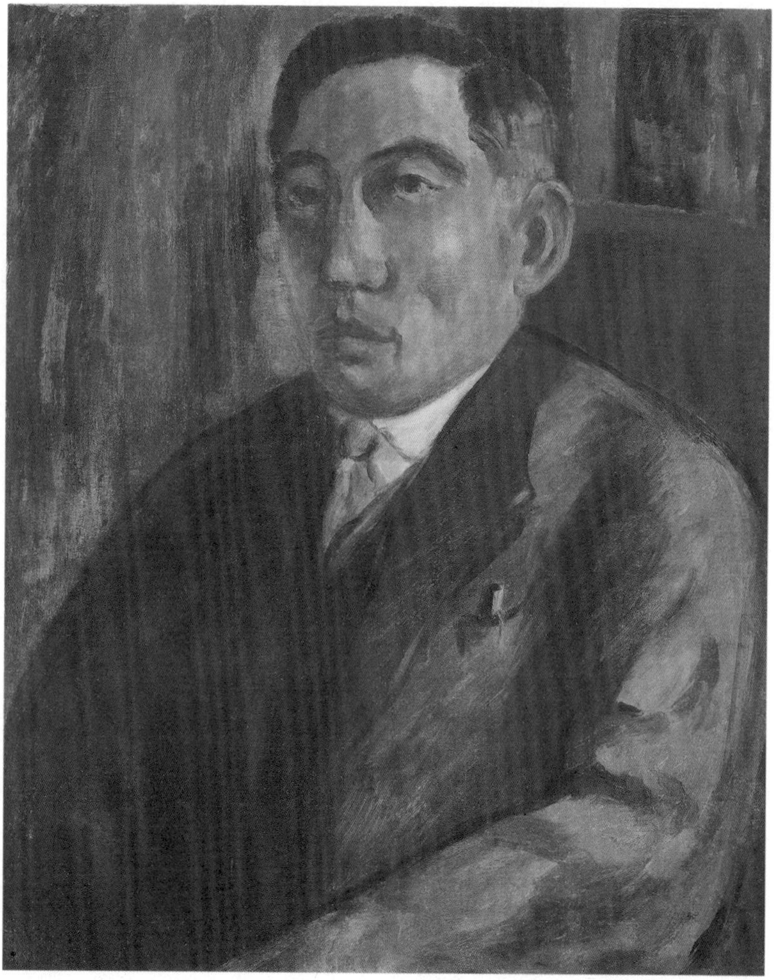

—
나혜석, 〈김우영 초상〉
1928년 추정, 캔버스에 유채, 54.0×45.5cm, 수원시립아이파크미술관 소장
—

우리나라 최초의 여성 서양화가로 시대를 앞서간 선각자였으나 당대엔 '나쁜 여자'로 낙인찍혀 쓸쓸히 세상을 등진 나혜석羅蕙錫·1896~1948이다. 나혜석의 유족은 오랫동안 이 그림을 자화상이라 여기고 간직해 왔다. 그러나 흑백사진으로 확인할 수 있는 나혜석의 계란형 턱선에 비해 얼굴이 더 길고 코도 너무 크며, 영민함이 도는 가늘고 긴 눈과도 좀 다르다. 그래서 일부 학자들은 자화상이 아니라 다른 여인의 초상으로 보기도 한다. 하지만 이 자화상은 분명 나혜석이었으리라. 온몸으로 대신 짊어진 쓸쓸한 '시대의 초상'을 자신의 얼굴에 담아 그리지 않았을까. 시대를 시름하느라 얼굴이 해쓱하다 못해 길어졌고, 다른 여성들의 목소리를 대변하며 고뇌하다 살짝 눈동자가 흔들렸을 뿐이다.

• • •

나혜석은 1896년 경기도 수원 신풍리에서 군수를 지낸 관료 출신 아버지 나기정羅基貞의 2남 3녀 중 둘째딸로 태어났다. 미국 선교사가 설립한 진보적 학교인 수원 삼일여학교를 졸업했고 서울로 옮겨와 진학한 진명여학교에서는 우등생으로 졸업해 신문에 이름이 났다. 오빠 나경석羅景錫이 일본 유학을 권했고, 도쿄의 여자 미술 전문학교인 죠시미술학교 유화과에 입학했다. 유학 중이던 1914년, 나혜석은 19세의 나이로 조선인 유학생 기관지 《학지광》에 〈이상적 부인〉이라는 글을 기고한다. 일찌감치 여성의 사회적 권리에 눈을 떴다. 3년 뒤에는 "우리 조선 여자도 이제는 그만 사람 같이 좀 돼봐야만 할 것 아니오?"라고 반문하며 여성의 자각을 촉구하는 글을 같은 잡지에 실었다. 나혜석의 첫사랑이었던 문학가 최승구崔承九가 바로 그 《학지광》의 편집인 중 한 명이었다. 첫사랑이 요절하자 나혜석은 〈원망스런 봄밤〉이라는 우울한 심경의 글을 적었다.

1919년 3·1운동이 일어나자 나혜석은 동료들과 여성계의 시위 확산을 모색했다. 3월 8일 체포됐고 5개월여 옥고를 치른다. 유학 당시 오빠 소개로 만난 열 살 연상의 변호사 김우영金雨英이 변론을 맡았고 그 인연이 1920년 4월 정동예배당의 결혼식으로 이어진다. 당시 나혜석은 예비 남편에게 '결혼 조건'을 요구한다. "일생을 두고 지금과 같이 나를 사랑해 주시오. 그림 그리는 것을 방해하지 마시오. 시어머니와 전실 딸과는 별거케 하여주시오." 파격적인 조건을 받아들인 김우영과 결혼한 나혜석은 첫사랑 최승구의 묘소로 신혼여행을 갔다. 남편은 약속을 지켰다. 1921년 경성일보사 내청각에서 나혜석의 첫 개인전이 열렸다. 개인전 직후 낳은 첫 딸에게 김우영과 나혜석의 기쁨[悅]이라는 뜻으로 '김나열'이라는 이름을 붙였다. 양성평등 실천을 위한 부모 성 함께 쓰기를 이룬 첫 사례로도 꼽힐 만하다. 일본의 외교관으로 일하다 포상 여행을 받은 남편과 떠난 세계일주도 요란했다. 2년 터울로 낳은 세 아이를 부산 시댁에 맡기고 둘만 떠났다.

기쁨은 짧았다. 남편이 베를린에서 법 공부를 하는 동안 파리에서 그림을 배우던 나혜석이 천도교 교령이자 민족대표 33인 중 한 명이었던 최린崔麟과 불륜에 빠진다. '사랑은 눈으로 오고 술은 입으로 오듯' 불같이 빠져들었고 훗날 이혼의 빌미가 됐다. 〈자화상〉은 나혜석이 파리에 머물던 1928년쯤에 그린 것이다. 화풍이 서구적인 것이나, 슬픔과는 사뭇 다른 고뇌가 느껴지는 데는 그런 저간의 사정이 있었다. 이혼한 '나쁜 어미' 나혜석은 더 이상 아이들을 만날 수도 없었다. 악착같이 그림에 매달렸고 열심히 글을 썼다. 그러던 중 절개를 버리고 일제에 타협한 최린이 조선총독부 중추원 참의라는 고위직에 오른 1934년, 나혜석은 그 유명한 '이혼 고백서'를 발표한다. 세상이 발칵 뒤집혔다. 지금도 하기 어려운 소상한 자기고백을 통해 정조관념의 남녀평등을 얘기했다. 더불어 최린을 향해 거액의 정조 유린 위자료 청구소송을 제기한

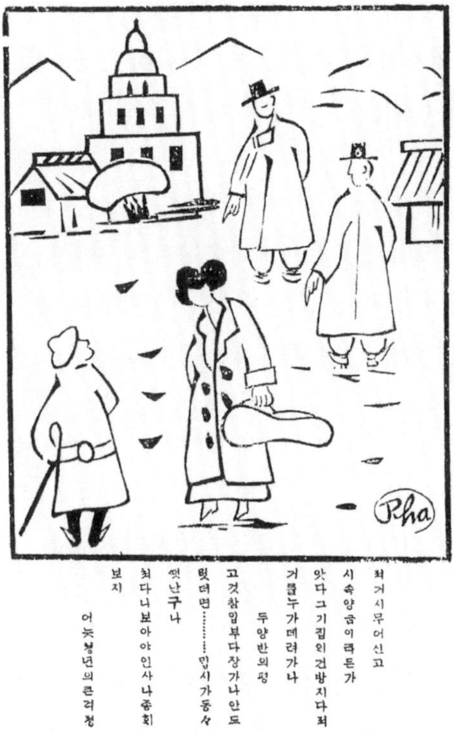

—

나혜석이 그려 1920년 잡지 《신여자》 4월호에 수록한 〈저것이 무엇인고〉. 신여성을 조롱하는 동시에 선망한 당대 남성의 이중적 시선이 담겨 있다.

—

다. 실제로 위자료 일부를 받아낸 나혜석은 프랑스로 가려 했으나 여권 발급 문제로 조선에 주저앉는다. 그래도 쉽사리 포기하거나 절망하지 않았다. 자화상 속 그녀처럼 강인했다. 나혜석은 여성 전용 미술학사를 차렸다. 여성운동과 미술교육 모두를 염두에 둔 것이었으나 세상 떠들썩하게 이혼한 여자가 가르치는 미술학원에 딸을 보내는 이는 거의 없었다.

주변의 따가운 시선 속에 나혜석의 인생은 시들어갔다. 친구 김일엽

金一葉·본명 김원주이 생각났다. 김일엽은 신식 교육을 받은 최초의 여성 유학생이자 문학가이며, 나혜석과는 동갑내기 친구로 활발히 여성 해방 운동을 펼치다 홀연히 충남 예산의 수덕사로 출가했다. 1937년 김일엽을 좇아 수덕사로 간 나혜석은 비구니계를 받고자 했으나 만공 큰스님으로부터 거절당했다. 나혜석은 떠나지 않고 수덕사 바로 옆 수덕여관에서 글 쓰고 그림 가르치며 기다렸다. 끝내 비구니가 되지는 못했으나 요양차 수덕사에 머무르던 장욱진張旭鎭의 그림 재능을 먼저 알아봤고, 배우러 찾아온 이응노李應魯에게 세계를 보는 예술적 '트인 눈'을 일깨웠다. 수전증이 심해져 그림 그리기가 쉽지 않았지만 그나마 글은 쓸 수 있어 1938년 《삼천리》에 〈해인사의 풍광〉을 발표한 게 마지막이었다. 해인사·다솔사·마곡사·통도사 등 사찰을 전전하며 살다 행적이 묘연해진 그녀는 1948년 서울 원효로 시립자제원에서 '무연고자'로 쓸쓸한 죽음을 맞았다. 공작새처럼 살았던 나혜석은 그렇게 떠났다.

작가는 갔어도 작품은 남았어야 했다. 그러나 생전에는 집에 큰불이 나서, 작가 사후에는 수많은 원고와 그림을 두었던 오빠 나경석의 집이 한국전쟁 때 북한군에 의해 점령되면서 뭉텅이째 없어졌다. 어느 북한군의 엉덩이 데워줄 불쏘시개로 그렇게 작품은 사라졌다. 윤범모 국립현대미술관장은 "나혜석은 조선미술전람회 출품작 18점을 비롯 생전에 약 300점의 작품을 발표했지만 제대로 전하지 않아 현재 그녀의 작품이라 주장되는 것은 약 40~50점 정도"라며 "수차례 전문가 감정 결과 그중 3분의 1만 진품이 확실시된 상황"이라고 설명한다. 명확한 진작眞作이라 할 만한 것은 〈자화상〉과 '이건희 컬렉션'으로 국립현대미술관에 기증된 〈화령전 작약〉 등 열 손가락으로 꼽을 정도다. 야수파처럼 강렬한 색감, 표현주의적인 거침없는 붓질을 보여준 초·중기작을 흑백 도록으로만 봐야 한다는 것은 너무도 안타깝다. 국립현대미술관은 1940년 후기작으로 추정되는 소품 〈무희(캉캉)〉을 소장하고 있지만 손

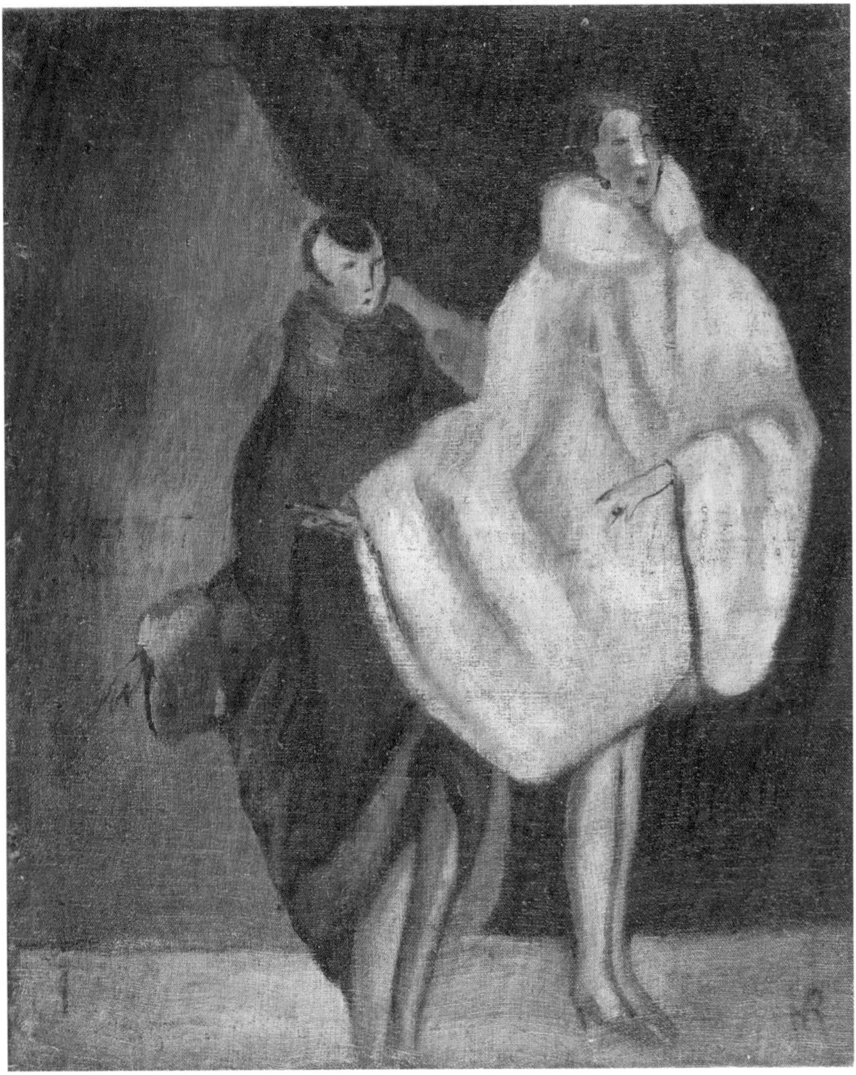

—
나혜석, 〈무희(캉캉)〉
1940년, 캔버스에 유채, 41×32cm, 국립현대미술관 소장
—

떨림이 심했던 탓인지 특유의 힘이 덜하다. 그림이 작아 그럴 수도 있겠고, 세상이 그녀를 지치게 했을지도 모른다. 그럼에도 캉캉이라는 춤을 다뤘다는 지점이 흥미롭다. 남의 치마 속이 뭐 그리 궁금해서 넋 놓고 보냐며, 다리를 높이 차 들어 볼 테면 보라며 춤추던 그 무희들의 무대 뒷모습이라서 말이다.

• • •

나는 인형이었네
아버지의 착한 딸인 인형으로
남편의 아내인 인형으로
그네의 노리개였네.

노라를 놓아라

순순히 놓아주고
높은 장벽을 열고 깊은 규문閨門을 열고
자유의 대기大氣 중에 노라를 놓아라

나는 사람이라네.

남편의 아내 되기 전에
자녀의 어미 되기 전에
첫째로 사람이라네

나는 사람이로세.
구속이 이미 끊겼도다

자유의 길이 열렸도다
천부의 힘은 넘치네.
아아, 소녀들이여
깨어서 뒤를 따라오라. 일어나 힘을 발하여라.
새날의 광명이 비쳤네.

나혜석이 가사를 쓰고 백우용이 곡을 붙인 〈노라〉의 노랫말이다. 나혜석은 여성 해방의 불씨가 된 헨릭 입센의 《인형의 집》의 번역본인 《노라》의 첫머리에 이 시를 지어 수록했다. 다행히 그녀의 글은 그림보다 훨씬 더 많이 살아남았다. 특히 여성 유학생을 다룬 자전적 단편소설 〈경희〉와 육아 경험담 격인 수필 〈모母된 이야기〉 등은 문학가로서 그녀의 위상을 다시 세우고 있다.

나혜석의 〈자화상〉은 같은 시기 그린 미완성작 〈김우영 초상〉과 함께 지난 2015년 11월 유족에 의해 수원시에 기증되어, 수원시립아이파크미술관 소장품이 됐다. 유족은 바로 나혜석의 막내아들인 김건 전 한국은행 총재다. 김 전 총재는 평생 어머니를 입 밖에 내지 않았다. 모친의 불륜과 이혼을 겪은 막내라 모정을 느껴보지 못한 채 자라기도 했고, 세상이 손가락질한 어머니에 대한 부담에 짓눌렸던 탓일 게다. 그럼에도 그의 거실에는 늘 어머니의 그림이 걸려 있었다. 불러보지 못한 사모곡은 죽기 직전 유언으로 터져 나왔다. 막내는 어머니의 그림들을 공공미술관에 기증해 달라는 말을 남기고 숨을 거뒀다.

"사남매 아이들아, 어미를 원망치 말고, 사회제도와 도덕과 법률과 인습을 원망하라. 네 어미는 과도기에 선각자로 그 운명의 줄에 희생된 자였더니라."

《삼천리》 1935년 2월호에 실린 〈신생활에 들면서〉 중에서-

구본웅

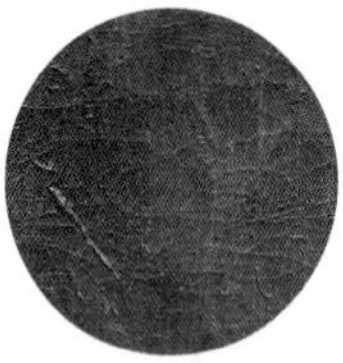

붉은 눈빛에 담은 식민지 지식인의 억눌린 내면

시뻘건 저 눈 좀 보소. 핏발 선 게 아니라 눈빛이 붉게 번뜩이는 거라오. 치켜올린 짙은 눈썹 아래로 매섭게 눈이 빛난다. 까만 눈동자, 그 안에 화가는 짙은 푸른색을 덧칠했다. 지식인의 영민함과 냉철함을 품은 색이다. 눈꼬리를 한껏 끌어올리고 눈 밑에 암갈색 선을 그어 눈매를 강조했다. 그것만으로 부족했나, 화가는 선홍색 물감을 듬뿍 찍어 눈 주변에 기운을 둘러쳤다.

근대기 화가 구본웅具本雄·1906~1953이 〈친구의 초상〉으로 그린 시인 이상李箱이다. '우인상友人像'이라고도 불렸는데 구본웅과 가까웠던 화가 이마동李馬銅이 이상을 그린 것임을 알아본 덕에 세상에 알려졌다. 창백한 얼굴이지만 빛을 받은 높다란 코는 유난히 오뚝하고 코끝까지 팽팽한 힘이 서렸다. 파이프를 박아 넣은 두툼한 입술도 빨갛다. 눈가의 서늘한 붉은 각성이 그 입술로, 바지직거리며 담뱃잎 타들어가는 파이프 끝 불꽃으로 이어진다. 예술가 이상의 붉은 야심, 뜨거운 정열, 불꽃같은 지성이 모두 저 빨간색에 담겨 있다. 삐뚤어진 모자와 삐딱하게 기

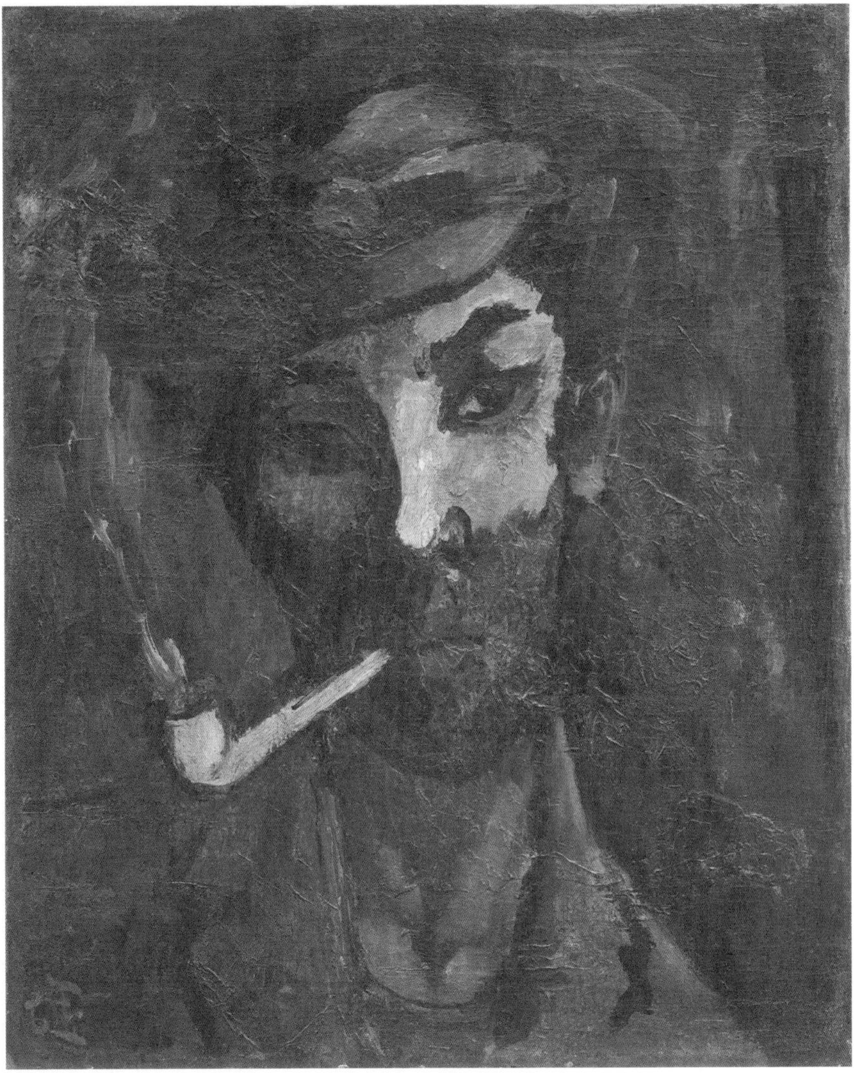

구본웅, 〈친구의 초상〉
1935년, 캔버스에 유채, 62×50cm, 국립현대미술관 소장

운 얼굴에는 냉소와 경멸이 서렸다. 실제 이상이 '거울'이라는 소재를 이용해 식민지 지식인의 억눌린 내면을 드러내기도 하고 자신을 감추기도 했던 것처럼 이 그림도 극명한 명암 대비 속에 밝게 빛나는 한쪽 볼과 어둠에 가려진 다른 쪽 얼굴의 양면성을 보여준다. 피어오른 담배 연기가 하늘거리며 얼굴을 감싼다. 그림 속 이상도, 그리던 구본웅도 고뇌했을 시간이다. 식민지 지식인은 무엇을, 어찌해야 하나. 시커멓게만 보이던, 어둠뿐이던 그림의 주변부가 보이기 시작한다. 모자를 걸쳐 쓴 주인공의 파아란 셔츠, 노을빛 티셔츠가 언뜻 황금빛으로 느껴진다. 조르주 루오Georges-Henri Rouault의 그림처럼 웅장하면서도 빈센트 반 고흐Vincent Willem van Gogh의 자화상처럼 예민하다.

• • •

구본웅은 1906년 3월, 지금의 서촌, 행정구역상으로는 필운동과 누하동이 교차하는 동네에서 태어났다. 집안은 일찍이 개화한 명문이었고 부유했다. 아버지 구자혁具滋爀은 고종이 황실 예산까지 출자해 설립한 출판사인 창문사彰文社를 경영하는 '깬 사람'이었다. 구본웅은 두 살 때 생모를 여의고 유모 손에 컸는데, 세 살 때쯤 업혀 있다 떨어지는 사고로 척추가 휘어 평생 불구의 몸을 갖게 됐다고 전한다. 그 사고 이전부터 척추 쪽에 통증이 있었다는 유족 등의 증언에 따라 선천적 장애로 보는 이도 있지만 명확히 밝혀진 것은 없다. 분명한 것은 굽은 등과 자라지 않는 키가 그의 예술혼을 자극했다는 사실이다. 구본웅은 성적이 뛰어났음에도 경기중학교 입학을 거절당했고 16세가 되어서야 경신고등보통학교에 입학했다. 이곳에서 미술반 활동을 하며 우리나라 서양 조각의 개척자 김복진金復鎭에게서 조각을, 조선 최초의 서양화가 고희동高羲東과 한국인으로는 처음 프랑스에서 활동하며 명성을 떨친 이종우李鍾禹에게서 그림을 배웠다. 1927년 조선미술전람회朝鮮美術展覽會에

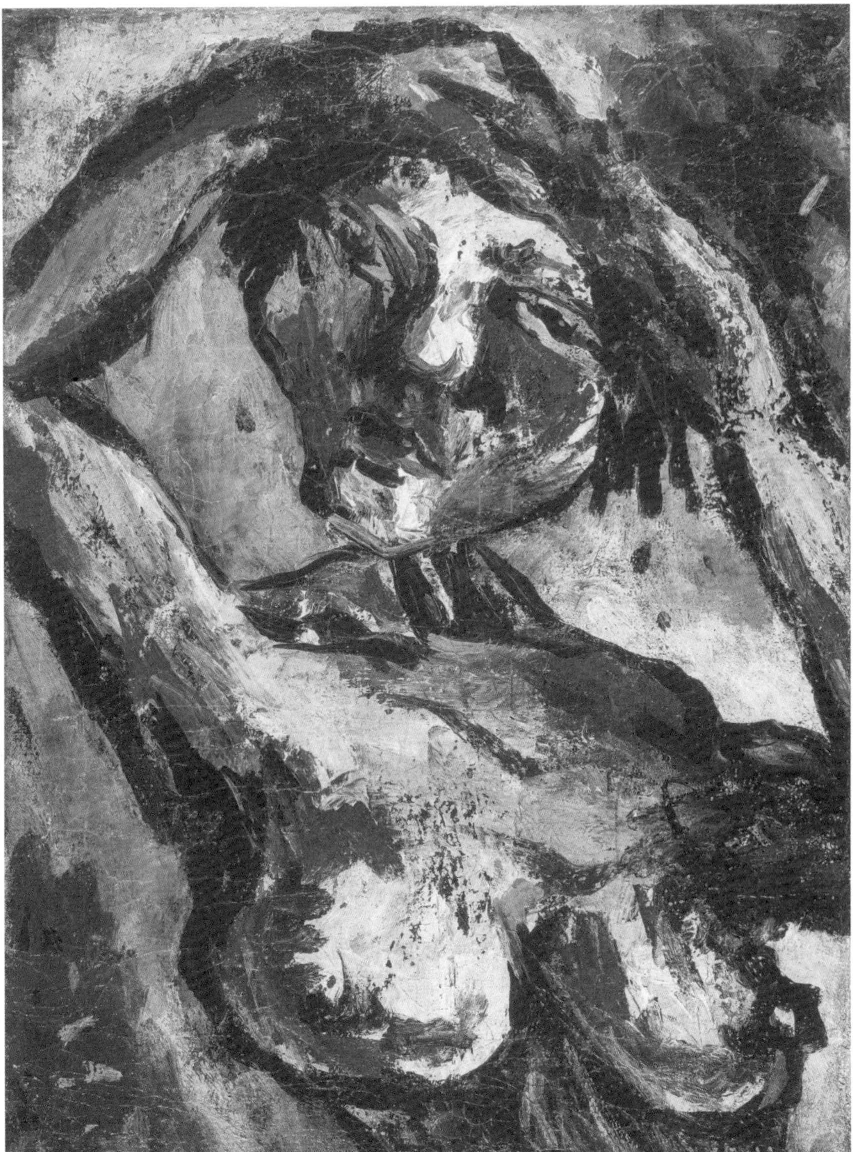

—
구본웅, 〈여인〉
1930년, 캔버스에 유채, 47×35cm, 국립현대미술관 소장
—

조각 〈얼굴 습작〉으로 특선을 받기도 했으나 체력 때문에, 또한 사회주의 운동을 한 스승 김복진이 투옥된 까닭에 서양화로 돌아섰다. 그래서 일본 유학길에 올랐다. 일본인 스승 사토미 가츠조里見勝藏는 프랑스에서 대표적인 야수파 화가 모리스 드 블라맹크Maurice de Vlaminck의 제자였는데 그 영향이 구본웅에게도 고스란히 전해진다. 거친 야수파적인 붓질로, 색채 상식을 벗어난 색 조합으로 친구 이상의 멋과 열정, 우울과 어둠의 시대 분위기를 담은 그림은 그렇게 탄생했다.

구본웅과 이상은 네 살 차이 나는 동네 친구였다. 구본웅의 계모 변동숙의 스물여섯 살 어린 동생 변동림卞東琳과 이상이 결혼했었으니 따지자면 이상이 이모부다. 신여성이던 변동림은 훗날 이상이 요절한 후 화가인 김환기金煥基와 재혼하면서 남편의 아호雅號를 받아 김향안金鄕岸으로 개명했다. 이상은 1931년 조선미술전람회에 〈자화상〉을 출품할 때도, 같은 해 시詩 〈이상한 가역반응〉을 발표해 등단할 때도 본명 김해경金海卿 대신 이상이라는 필명을 썼다. 왜 '이상'이었을까. 당시 구본웅이 졸업 선물로 준 화구통이 오얏나무[李] 상자[箱]여서 그렇게 이름 지었다는 얘기가 전한다. 삽화가 이승만李承萬의 《풍류세시기風流歲時記》에는 큰 키에 쑥대머리 휘날리는 이상과 그의 어깨보다 조금 작은 구본웅이 나란히 걷는 모습이 '이색적 멋장이 이상과 구본웅'이라는 제목으로 등장한다. 그림에서 확인할 수 있지만 구본웅은 S자로 굽은 척추 때문에 배와 등이 튀어나와 어른 무릎 하나 길이만큼 작았다. 그는 체형을 가리기 위해 한복을 입고 유럽 남성들의 최신 유행 패션인 망토형의 인버네스를 즐겨 입었다.

둘은 단짝이자 예술적 동지였다. 이상이 조선총독부 건축기수 일을 때려치우고 나와 백수가 되자 구본웅은 재주 많은 그를 아버지의 출판사인 창문사에 취직시킨다. 구본웅은 1934년 고미술을 연구한다며 지

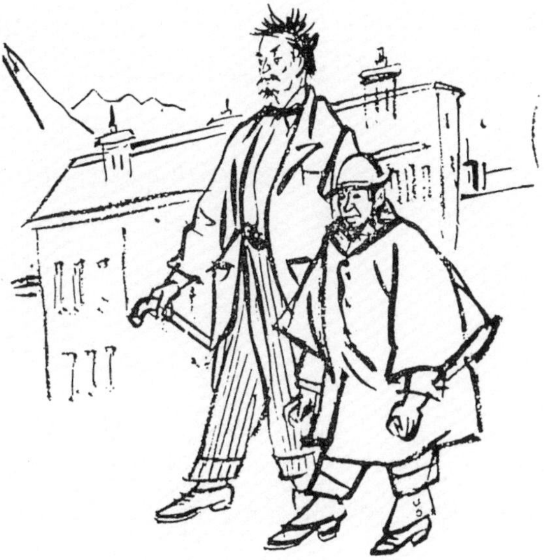

—
삽화가 이승만이 그린 '이색적 멋장이 이상과 구본웅'.
둘의 신체적 특징과 옷차림이 잘 드러나 있다.
—

금의 조선호텔 건너편 자리에 골동품상인 우고당友古堂을 열었다. 이곳 2층에 이상과 구본웅이 늘 같이 있었다고 하니 아마도 〈친구의 초상〉은 이 무렵인 1935년쯤, 우고당 한구석에서 그려졌을 것으로 추정된다.

〈친구의 초상〉은 1972년 6월 27일 국립현대미술관에서 개막해 7월까지 열린 '한국근대미술 60년'전에서 구본웅 유작 9점 중 하나로 선보였다. 구본웅의 유작은 10여 점 남짓 전할 뿐이다. 1944년 일제의 소개령 탓에 수원으로 이사했을 때 그림을 옮겨놓았는데, 한국전쟁 때 폭격을 맞아 깡그리 타버렸다. 전쟁은 비극이다. 그나마 화가가 생전에 찍어둔 흑백사진으로 그림을 볼 수 있다. 불행 중 다행인 것은 국립현대미술관이 유작 8점을 소장품으로 확보했다는 사실이다. 당시 전시는 1969년에 설립된 국립현대미술관이 여기저기 흩어져 한 번도 제대로 들여다본 적 없는 우리 근대미술 작품을 체계적으로 한 자리에 모은 첫 기획전이었다. 이 전시의 추진위원으로 참여한 한국의 1세대 미술평론가 고故 이구열은 "작품의 소재를 찾아 이례적으로 신문 광고도 낸 덕에 중요한 근대 거장들이 어떤 작품을, 어디에 남겼는지를 알게 됐다"라고 설명했다.

이 전시로 구본웅의 유작을 찾아낸 이구열, 그리고 훗날 국립현대미술관장을 지낸 미술평론가 이경성이 작품의 미술사적 중요성을 알아보고 미술관에 구입을 권했지만 관장을 비롯한 공무원들은 누군지도 모르는 화가라는 둥, 구입 예산이 없다는 둥 외면했다. 그때만 해도 구본웅에 대한 연구와 평가가 거의 없었던 탓이다. 공교롭게도 이 시기 문학평론가 이어령이 초대 주간을 맡아 《문학사상》 창간호를 준비하며 표지로 문학인의 초상을 물색하던 터였다. 이구열의 소개로 1972년 10월 출간된 《문학사상》 창간호 표지로 이 그림이 사용됐다. 장안의 화제였다. 개인 수집가들이 유족과 접촉해 작품 구입을 문의했지만 이구열이 구본웅의 장남 고故 구환모에게 "중요한 작품들인 만큼 국립미술관 소장품이 되어 누구나 언제든 볼 수 있는 그림이어야 한다"라고 설득한 결과 국립현대미술관이 그해 연말 특별예산을 편성해 8점을 모두 사들였다.

• • •

한편 구본웅은 영화 〈밀정〉의 모티브가 된 1923년 종로경찰서 폭탄 투척사건의 김상옥이 일본 경찰과 벌인 마지막 총격전을 18세 때 목격

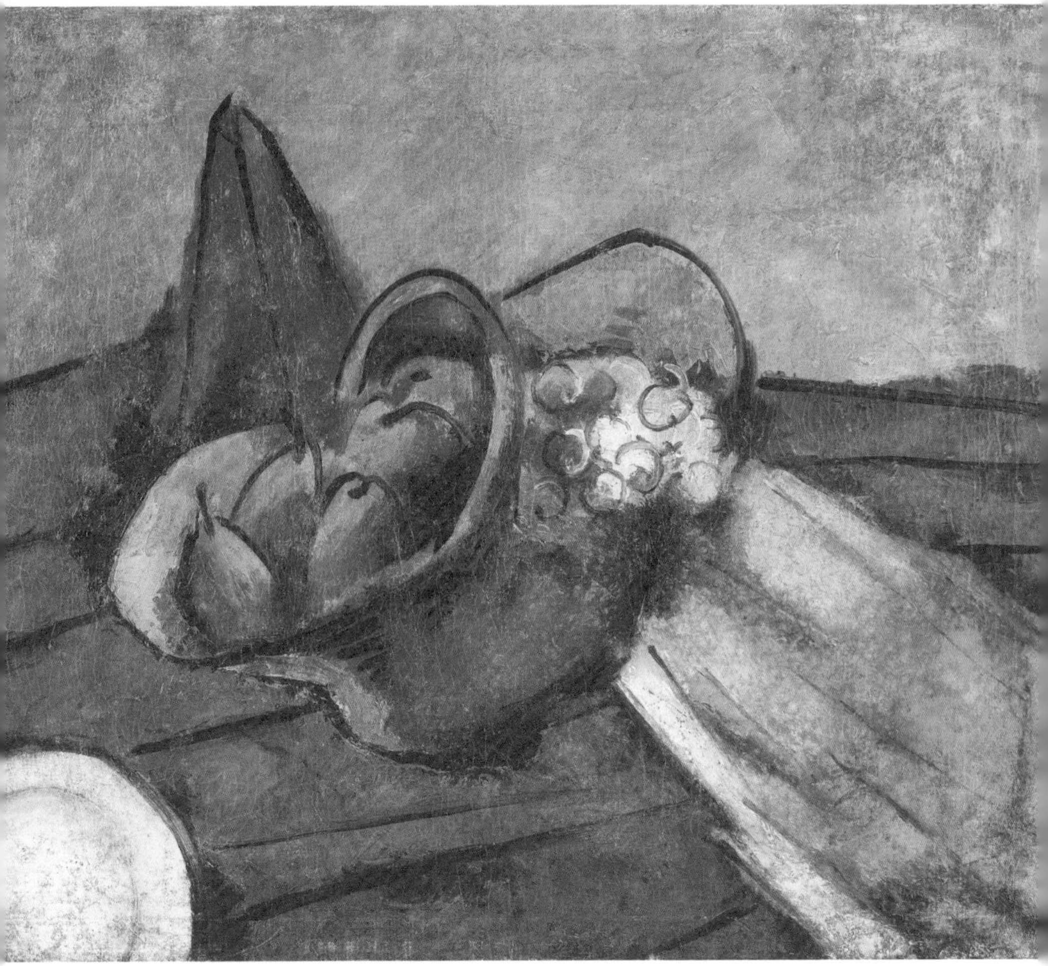

—
구본웅, 〈정물〉
1929년, 캔버스에 유채, 56×68cm, 국립현대미술관 소장
—

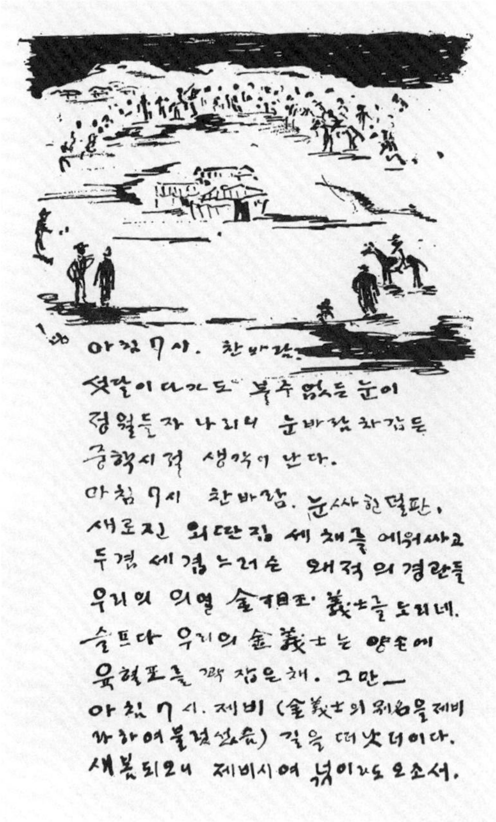

—
구본웅이 묘사한 김상옥 의사의 최후.
시화첩《허둔기》에 실려 있다.
—

했다. 구본웅의 시화첩《허둔기》에 그때를 회상하는 시그림 한 편이 등장한다.

"아침 7시. 찬 바람. 섣달이 다 가도 볼 수 없던 눈이 정월 들자 내리니 눈바람 차갑던 중학 시절 생각이 난다.

아침 7시 찬 바람. 눈 쌓인 벌판. 새로 지은 외딴집 세 채를 에워싸고 두겹 세겹 늘어선 왜적의 경관들 우리의 의열 김상옥 의사를 노리네. 슬프다. 우리의 김 의사는 양손에 육혈포를 꽉 잡은채. 그만-아침 7시. 제비(김의사의 별명을 제비라 하며 불렀었음) 길을 떠났더이다. 새봄 되오니 제비시여 넋이라도 오소서."

그랬던 구본웅이건만 친일했었다. 1940년 7월에 쓴 〈사변과 미술인〉을 통해 그는 "미술인이여! 우리는 황국신민이다"라고 외치며 일제의 태평양전쟁에 참전할 것을 권했다. 안타까워라. 그림 속에서 눈 번쩍이던, 함께 조국과 미래를 얘기하던 친구 이상이 그렇게 일찍 떠나지 않았더라면 살아남은 친구는 흔들리지 않았으려나. 해방 후 41세이던 해에 구본웅은 〈해방과 우리의 미술건설〉이라는 글에서 공개적으로 자신의 친일 행적을 참회한다.

"나의 미술적 수학 내지 수업이 왜정의 손끝에서 되었다. 고고히 나의 미술이 왜적倭的 감념感念이 없다고 그 어찌 선뜻 말하겠는가?… 나는 솔직히 말하노니, 나의 뇌수를 청소시키지 않고는 참다운 나를 찾지 못할 것이며, 그 청소는 쉽사리 일조일석에 완전치 못할 것이다."

그림 속 이상이 눈 치켜뜨며 절친한 벗에게 묻는다. 그대 지금 무슨 꿈을 꾸는가. 무엇을 얻고 무엇을 지키고자 하는가. 이제 그림이, 당신에게도 묻는다. 무엇을 고민하고 망설이는가.

남관

나는 두 번의
전쟁을, 숱한
죽음을 보았다

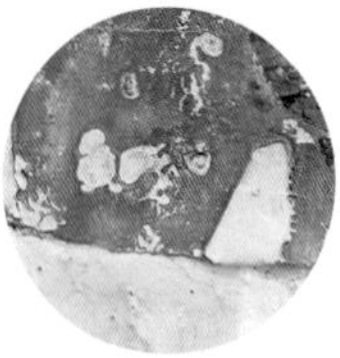

눈 시리도록 푸른 하늘이 화폭에 내려앉았다. 무더위 씻은 한여름 소나기 지난 자리려나. 새파란 하늘이 부드럽게 구름을 밀어낸 게 아니라 칼로 무 자르듯 갈랐다. 하늘 속 구름인지 구름 속 하늘인지 뒤엉킨 그 틈새로 더 깊고 짙은 푸른색이 펼쳐진다. 몸과 마음에 걸친 덧없는 것들 다 벗어던지고 뛰어들고픈, 바다 같다. 하늘과 바다가 구름 속에서 뒤엉켰으니 '환상'인가 보다.

화가 남관南寬·1911~1990이 붙인 제목대로, 평면의 그림 한 점이 높이감과 깊이감 모두를 느끼게 하는 작품이다. 촉촉한 눈으로, 혹은 비 맺힌 창 너머로 본 하늘처럼 그림에는 물기 어린 영롱함이 가득해 신비로움을 자아낸다. 이 작품 〈환상〉을 하늘에 빗댄다면 비와 더위 사이에서 만나 절대 한순간도 잡히지 않을 하늘이요, 하늘이면서도 바닷물을 길어 올린 듯하고 하늘이면서도 땅속에서 캐낸 것인 양 질감이 독특하다. 기법이 그렇다. 그림을 그렸다기보다는 종이를 오려 붙이거나 붓으로 찍는 식이다. 혹은 색을 누르고 문지르고 밀치고 긁고 흔들었다가 다시

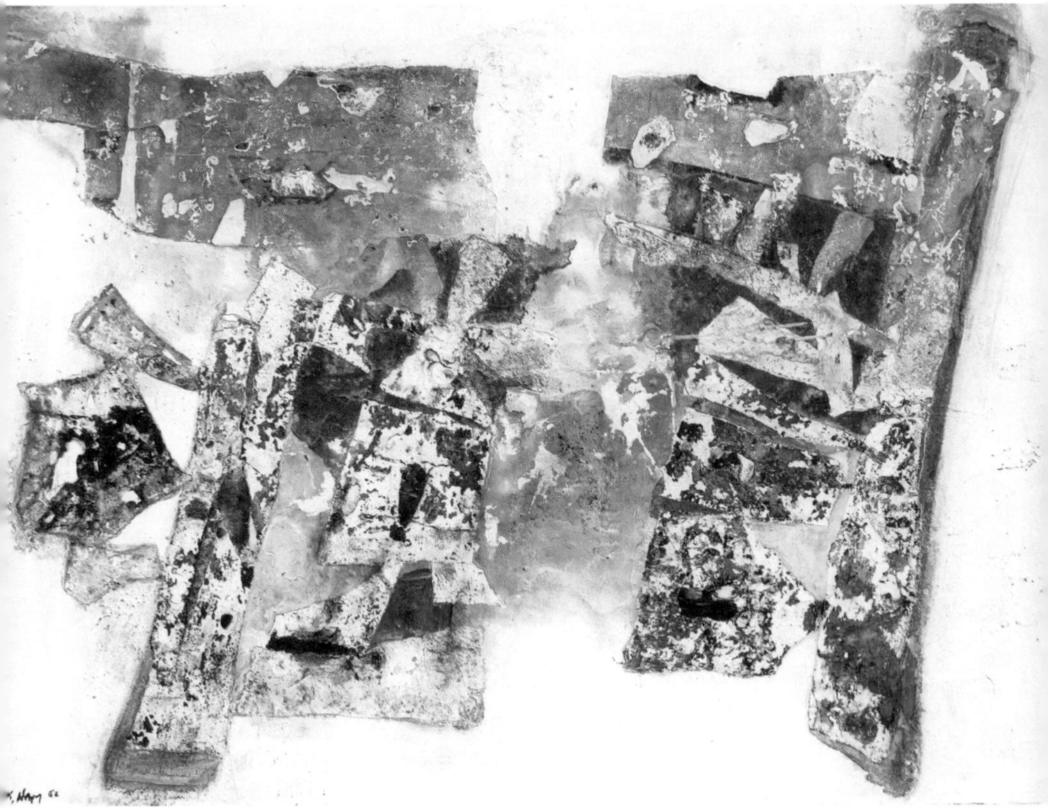

—
남관, 〈환상〉
1962년, 캔버스에 유채, 65.5×92.5㎝, 국립현대미술관 소장
—

붙이는, 복잡한 과정을 거쳤다. 그 고단함이 시간의 결을 이뤘다. 작가는 한지를 캔버스에 붙인 다음 물감을 칠하거나 떼어낸 자리에 의도적으로 얼룩을 만들곤 했다. 물감을 번지게 하거나 흘리는 방식, 데칼코마니 기법까지 끌어들여 우연을 시도했다. 일부러 재료를 닳게 해 오래된 흔적을 담았고 긁고 찔러 상흔을 만들었다. 참신한 현대 추상미술에서 거친 고분벽화나 오랜 고대 유물을 느끼게 되는 이유다. 남관이 그린 〈환상〉은 전후 세대의 암울한 상처를 덮은 쾌청한 기쁨이었다. 찰나의 순간이지만 언젠가 겪었을 과거와 앞으로 도래할 미래까지 집어넣었다.

남관은 대표적인 한국의 1세대 추상화가이며 해방 후 프랑스로 진출해 현지에서 이름을 떨친 첫 번째 화가였다. 그보다 앞서 일제강점기 때 유럽으로 간 이종우·배운성裵雲成이 있었고 나혜석도 여행 겸해 거치긴 했으나 해방 후 프랑스로 간 것은 남관이 처음이었다. 이응노·김환기·이성자李聖子·김흥수金興洙·권옥연權玉淵·한묵韓默 등은 그 뒤였다. 시대를 풍미한 거장의 이름 앞에 '문자추상'이라는 수식어가 따른다.

작가는 고대 상형문자에서 인간을, 특히 얼굴을 발견해 냈다. 국립현대미술관 소장품인 1967년작 〈태고〉부터 1979년작 〈폐왕의 환상〉 등 일련의 작품들은 갑골문자에서 찾은 인간상을 보여준다. 자연의 형상을 축약한 상형문자에서 남관은 사람의 얼굴을 봤고, 한발 더 나아가 감정을 숨긴 가면을 찾아냈다. 신라 금관처럼 화려한 장식을 두르고 주변을 내려다보는 황제, 자존심과 자부심으로 똘똘 뭉친 위엄 있는 자세에 봉긋한 가슴을 뽐내는 여왕, 고뇌하는 관리, 당황한 선비, 아직도 자신의 처지를 믿지 못하는 폐왕 등을 연상시키는 작품들에서 솥 정鼎 자나 임금 제帝, 재계할 재齋, 콩 두豆 자를 읽을 수 있으니 기발하다. 상형문자라는 것이 본래 마음만 통하면 문맹이나 어린아이에게도 뜻이 전

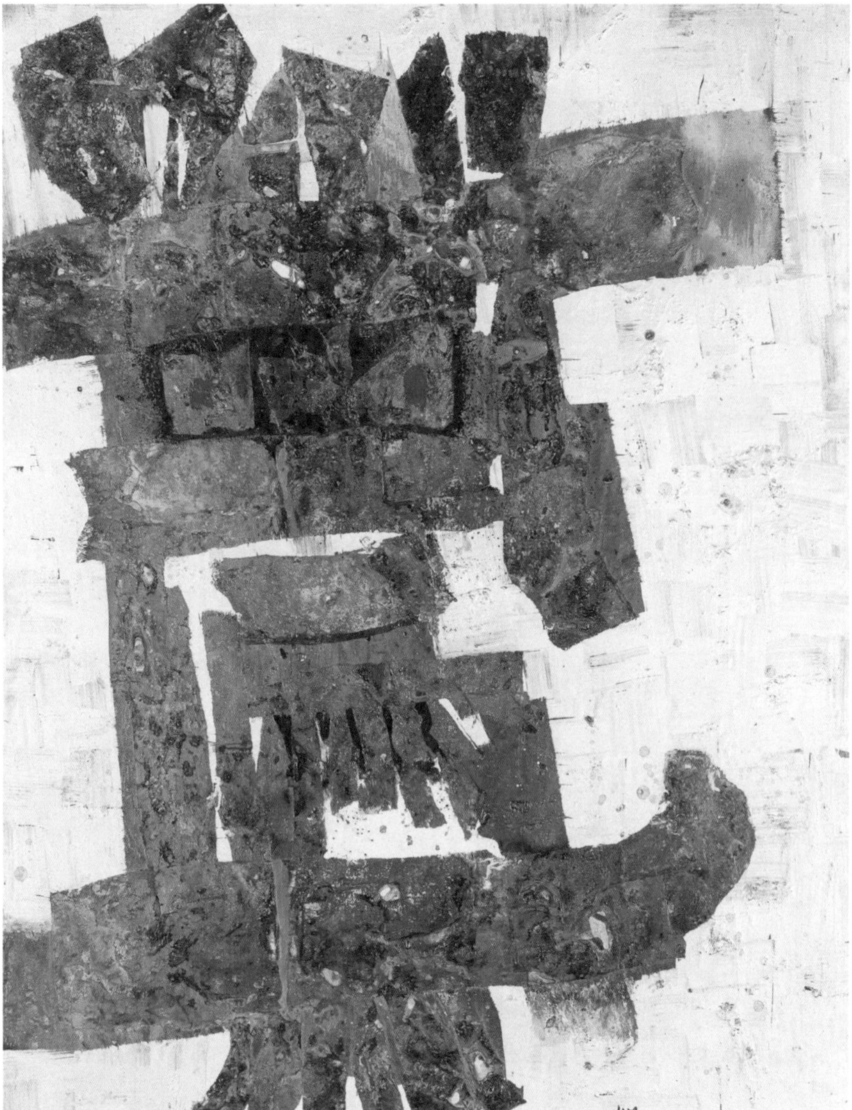

—
남관, 〈태고〉
1967년, 캔버스에 유채, 146×114cm, 국립현대미술관 소장
—

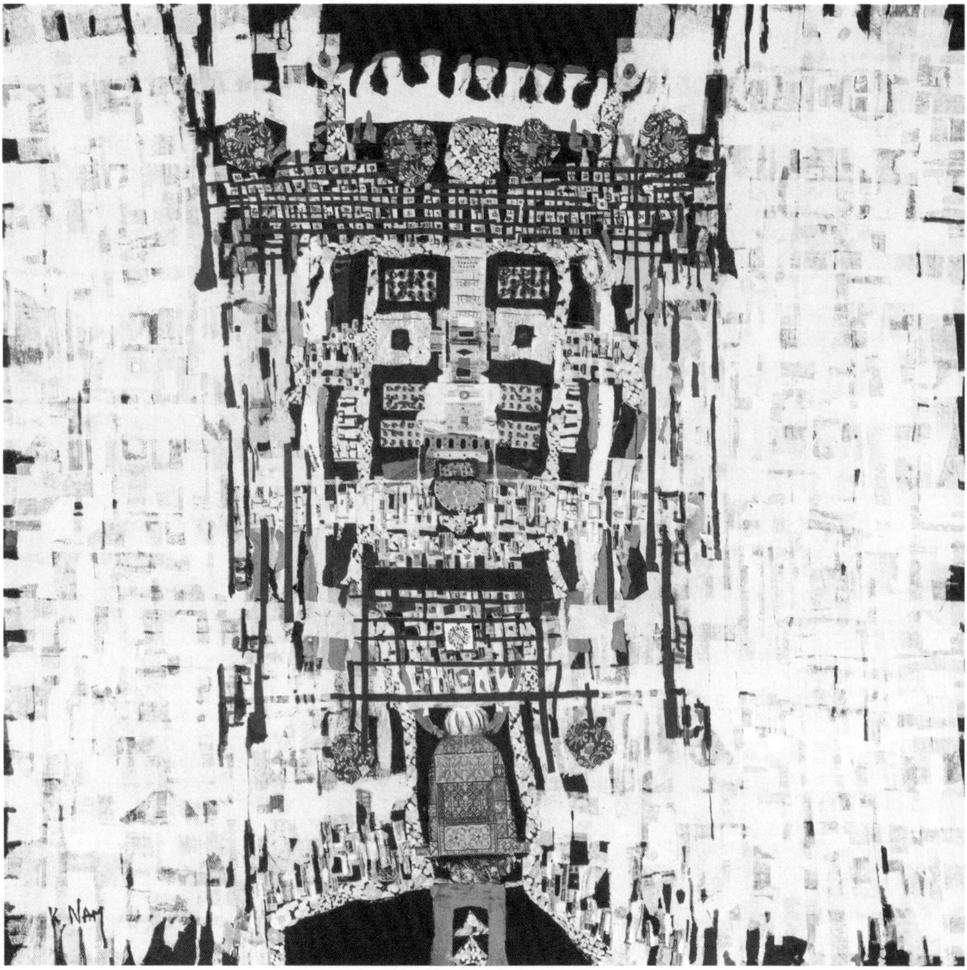

—

남관, 〈폐왕의 환상〉

1979년, 패널에 한지 유채 콜라주, 180×177cm, 국립현대미술관 소장

—

달된다. 그리하여 남관의 문자추상은 무뚝뚝하게 말을 건네 은밀한 대화를 속삭인다.

• • •

남관은 1911년 경북 청송의 구천리라는 시골에서 태어났다. 촌장을 지낸 아버지를 둔 3남매 중 맏아들이었다. "손재주가 있었던지 아니면 장난꾸러기였던지, 종이나 땅바닥에 뭔가 그리기를 좋아했"던 그의 그림이 칭찬 끝에 교실 벽에 붙는 일이 잦았다. 청송공립보통학교를 졸업한 열다섯 그에게 일본인 교장이 "너는 그림을 잘 그리니 소질을 살려 더 공부해 보라"라고 했고, 그의 추천서를 들고 도쿄로 갔다. 1년의 준비 후 와세다중학교에 입학했고 3학년을 마치고는 계획대로 다이헤이요미술학교에 들어갔다. 1935년에 졸업한 뒤 10년 더 일본에서 미술 공부를 하면서 공모전에 출품해 상을 받는 등 화가로 자리를 잡았다. 일본의 패전 소식을 도쿄에서 접했고 조국의 해방에 기뻐하며 즉시 귀국했다. 첫 개인전은 1947년에 지금의 신세계백화점 자리의 동화백화점 화랑에서 열었고, 일찍이 화단의 호평을 받았다. 당시 화풍은 서정적이고 향토적인 분위기의 구상화였다. 치열하게 살던 중 또 전쟁이 터졌다. 종군화가로 전쟁의 참상을 목격했고 온몸으로 겪은 그때의 상처가 평생의 작품 전반에 깔려 있다.

"나는 두 차례의 전쟁, 즉 제2차 세계대전과 6·25 한국동란을 겪었다. 숱한 사체, 숱한 부상자를 보았다. 그들의 비틀어진 얼굴들은 꼭 고성에 무너진 돌담 조각 같았고 오랫동안 흙 속에 파묻혀 있던 석기시대의 부서진 유물들이 마침내 대낮의 강렬한 햇볕에 드러난 흠진 자욱 같이 보였다."

남관은 부산으로 피난한 1952년에 다시 일본으로 건너갔다. 그 절박한 순간이 화가의 눈을 '다시 뜨게' 했다. 마침 일본에서 열리던 제1회 일본국제미술전람회 등을 통해 세계 미술계의 격동적인 변화 양상을 접하고 "흥분할 만큼 자극을" 받았다. 나라가 전쟁일 때 작가의 마음속은 '어떤 작품을 해야 하나'라는 고뇌로 또 다른 전쟁을 치렀다. '프랑스다!' 남관에게 마음속 외침이 들렸다. 그는 1954년 12월 일본에서 파리로 가는 배를 타려고 온갖 방법을 찾아 나섰다. 그때 '흙속의 진주' 같던 남관을 알아본 이가 있었으니, 《서울경제신문》과 《한국일보》의 창업주이자 훗날 부총리까지 지낸 백상百想 장기영張基榮이었다. 생전의 남관은 "1949년 전시 때 장기영 씨가 〈호박을 이고 가는 소녀〉를 사간 것이 기억난다"면서, "1954년에 서울을 떠나 일본 요코하마에서 파리행 배를 타고 가는 동안의 기행문과 데생을 《한국일보》에 기고했다"며 예술적 후원자와의 일화를 소개했다. 남관은 출국 직전 서울 미도파화랑에서 '도불 기념전'을 열었다. 서양화의 본고장으로 진출하는 화가를 후원하려 그림을 산 사람이 제법 많았다.

남관의 파리행은 성사됐으나 이후의 고난이 만만치 않았다. 수익금 3000달러를 맡았다가 매달 50달러씩 학비로 송금해 주기로 한 사람이 돈을 꿀꺽 삼켰다. 게다가 매달 100달러 지급 후원을 약속했던 아시아재단이라는 곳도 소식이 끊겼다. 재료 살 돈도 없었다. 굶게 됐다. 화가의 자존심으로 버티다 "몽마르트에 나가 초상화를 그려주고 몇 푼씩 받는 아르바이트"를 하며 "몽파르나스의 빈민 아파트에서 굶주리는 연습"을 했다. "토굴처럼 컴컴한 방안에서 귀신처럼 말라가는 중년의 한 사내가, 국제적 화가가 되겠다는 일념으로 캔버스 앞에 앉아 있었"던 것이다. 대략 2년 동안 굶기를 밥 먹듯 했다. 감자와 우유만 먹었더니 머리가 다 빠졌다. 자신의 대머리를 가리키며 "고생스럽던 파리 생활의 선물"이라고 해 주변 사람들을 웃기고 울렸다.

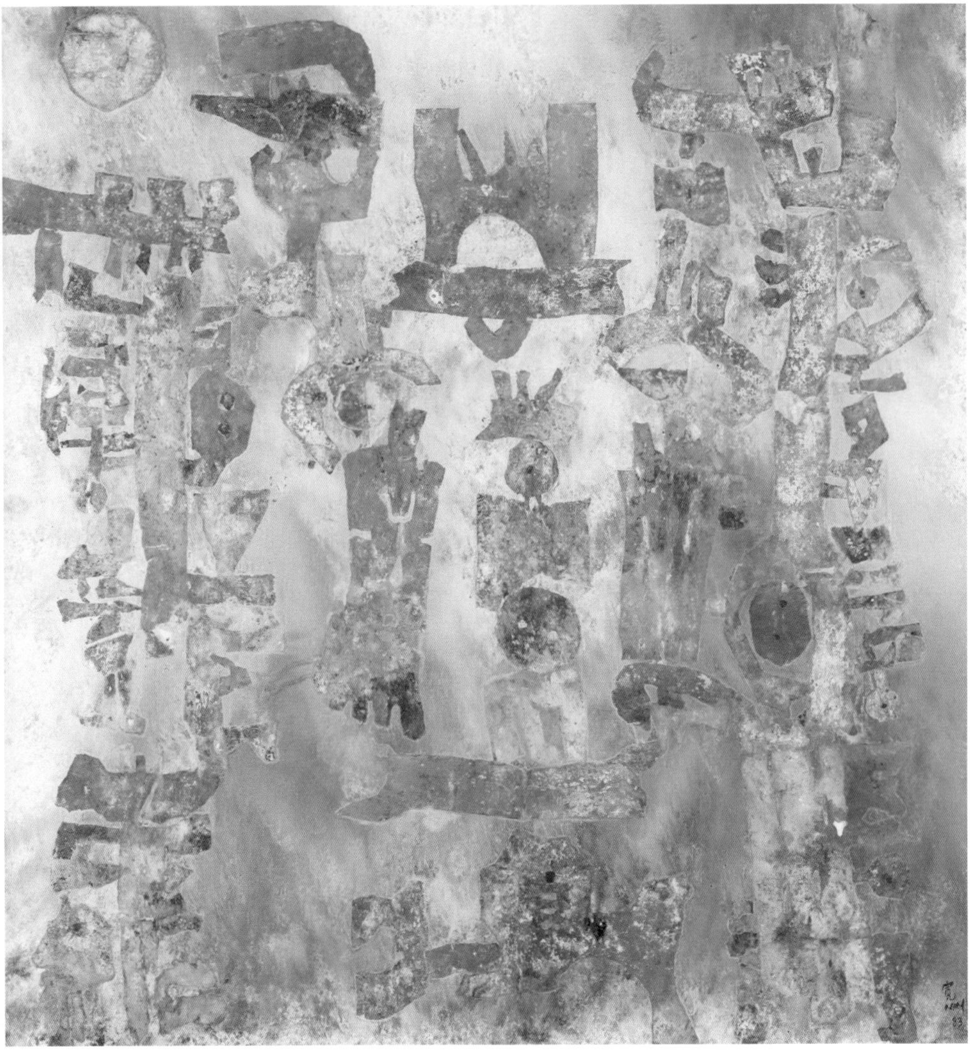

—

남관, 〈무제〉

1983년, 캔버스에 혼합재료, 147×152cm, 가나문화재단 소장

—

전환점은 한국인 최초로 1958년 살롱드메Salon de Mai에 초대되면서다. '5월의 전시'라는 뜻의 살롱드메는 전후 프랑스를 대표하는 미술제다. 피카소Pablo Picasso는 1951년 이 전시를 통해 〈한국에서의 학살〉을 발표하기도 했다. 그림이 팔리기 시작했다. 전성기의 서막이 열렸다. 1966년 피카소·뒤뷔페Jean Dubuffet·타피에스Antoni Tapies 등 쟁쟁한 거장들이 참가한 망통회화비엔날레에서 대상을 받아 일약 스타가 됐다. 당시 수상작 〈태양에 비친 허물어진 고적〉은 이탈리아 토리노에 있는 국제미학연구소에 소장됐다. 경쟁한 작가들의 현재 위상과 비교한다면, 남관이 유럽에서의 명성을 접고 귀국한 것은 안타까운 결정이었다. 1968년 한국으로 돌아온 그는 1977년까지 홍익대학교에서 후학을 양성했고, 80세까지 그린 작품이 대략 3000점에 달한다.

• • •

남관은 환상적인 청색과 자색紫色을 좋아했다. 그의 작품에 푸른 색조가 많은 이유다. 신비로운 푸른빛은 희로애락의 복합적인 감정을 탁월하게 보여준다. 평론가 조제 피에르는 "남관의 회화에서 우선 눈을 끄는 것은 고도의 세련된 색채이다. … 그가 보여주는 청록색의 반짝임은 아주 자연스럽게 하나의 '명상'을 유발하며 이는 그리는 것 못지않게 삶의 행위와도 관련된다"라고 했고, 파리 국립현대미술관장을 지낸 베르나르 도리발은 "투명한 무지갯빛"의 작품이 "동과 서의 문화적 '결혼'을 입증하는 셈"이라며 남관을 치켜세웠다.

남관의 첫 부인은 자연주의 성향의 작품을 추구한 원로 화가 신금례 씨다. 그리고 프랑스에서 돌아온 49세이던 해에는 소설가 김진옥 씨와 재혼했다. '어디서 무엇이 되어 다시 만나랴'라는 구절로 유명한 시 〈저녁에〉의 시인 김광섭의 딸이다. 화가와 문인 부부는 서울 종로구 부암동의 산 중턱에 파리의 화실 같은 집을 짓고 살았다.

1986년 원로화가 남관은 국제 사기 사건에 휘말린다. 영국의 국립 미술관인 테이트갤러리에서 회고전을 기획한다며 해외 유명 화랑 관계자를 사칭한 사람에게 작품 30점을 넘겼는데 예정된 전시가 3개월, 6개월 미뤄져 해를 넘긴 것이다. 국내 화가의 첫 테이트갤러리 개인전이라 언론에도 보도된 터였다. 파리의 작업실 정리차 떠난 부인 김진옥 씨가 런던에서 미술관에 문의했다가 그런 전시는 계획되어 있지 않다는 소리를 들었다. 경찰에 신고해 작품 회수를 시도했으나 이미 11점은 고가에 팔려 있었다. 남관이라면 해외 유명 미술관이 개인전을 기획할 법했으니 속아 넘어간 셈이다. 생때같은 그림을 잃고 부인은 병을 얻어 6개월 만에 세상을 떠났고 남관 또한 1990년 도쿄아트엑스포의 개인전을 준비하다 홀연히 영면에 들었다. 이후 남관의 고향인 청송군이 유족에게 제안해 화가의 업적을 재조명하는 기념관 겸 미술관 성격의 '남관생활문화센터'를 조성했다. 폐교가 된 작은 학교를 리모델링한 곳인데 작가의 업적에 걸맞은 내실을 다지려면 아직 갈 길이 멀다.

남관은 여름처럼 뜨겁게 살다 갔다. 그의 '환상' 같은 이런 하늘을 예전에도 본 적이 있던가. 더듬게 한다. 언젠가 다시 볼 수 있는 하늘일까. 꿈꾸게 한다. 아, 옛 생각이 난다.

이
|
쾌
대

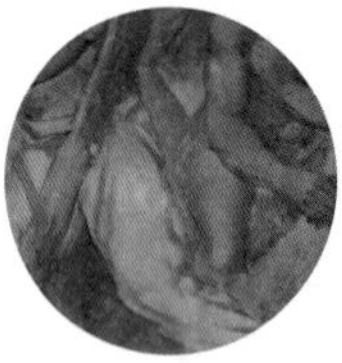

해 방 의 기 쁨 을
쏟 아 내 고 , 역 사 의
아 픔 에 묻 히 다

"해방解放이다." 1905년 을사늑약으로 일본에 외교권을 박탈당한 대한제국은 1910년 8월 29일 주권을 완전히 빼앗겼다. 일본이 제2차 세계대전에서 패하고 무조건 항복을 선언한 1945년 8월 15일까지 꼬박 36년간 식민지배를 겪었다. 그 암흑 같은 시절에서 빛을 되찾은 날이 바로 광복절이다. 〈해방고지〉는 그 기쁨의 순간을 그리고 있다. 제목에는 천사가 동정녀 마리아의 임신을 알리는 '수태고지'와 같은 작법이 쓰였다. 그림 왼편에서 맨발로 달려오는 하얀 한복 입은 두 여인이 해방의 소식을 전하는 중이다. 얼마나 좋았던지, 얼른 사람들에게 이 소식을 알리고픈 마음에 여인은 옷섶 위로 젖가슴이 빠져나온 줄도 모른 채 숨 가쁘게 뛰고 있다. 화면 오른편 사람들이 일본이 패망했다는, 그러니 이제 해방이라는 소식을 전해 듣고 있다. 분홍치마를 동여맨 아낙, 우람한 팔뚝의 장정, 벌떡 일어나 앉은 머릿수건의 여인 등 해방 소식을 들은 이들은 흥분하기보다는 결연하고 굳은 의지를 표정으로 드러낸다.

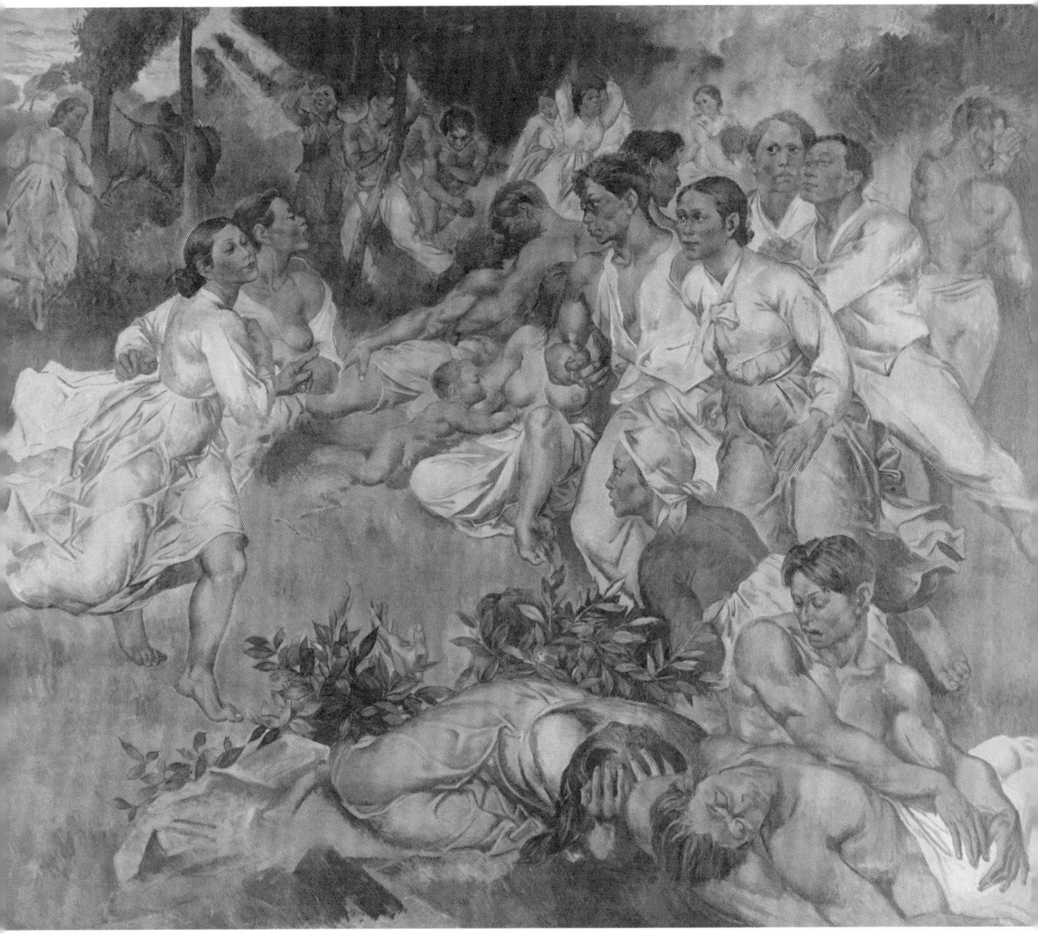

—

이쾌대, 〈군상1-해방고지〉
1948년, 캔버스에 유채, 181.0×222.5cm, 개인 소장

—

그들 뒤로 '진정 이게 사실인가, 믿기지 않는다'는 듯 귀를 쫑긋 세운 사내의 크고 둥근 눈이 또렷하다. 이 그림을 그린 이쾌대李快大·1913~1965 자신의 얼굴이 아닐까 추측해 본다. 라파엘로Raffaello Sanzio가 플라톤과 아리스토텔레스 등 고대 그리스 철학자들을 그린 〈아테네 학당〉에서 검은 모자를 쓴 채 정면을 응시하는 자기 얼굴을 그려 넣은 것처럼, 이쾌대 역시 역사의 목격자로서 자신을 그림에 숨겨뒀을지 모른다. 사진으로 전하는 화가의 얼굴과도 닮았다.

기쁜 소식이건만 그림은 결코 밝지 않다. 이미 참혹하게 죽어 흙빛이 된 시신, 이를 붙들고 오열하는 사람, 분노로 뒤엉켜 싸우는 사람들이 화폭의 주변부를 에워싸고 있다. 이들의 희생과 고통이 밑거름되어 오늘의 해방을 얻어낸 것이리라. 화가의 애도하는 마음이 느껴진다. 맥없이 주저앉은 반라의 어미 곁에서 발가벗은 채 젖 찾아 입 내민 아기가, 작지만 화면 중앙에 자리 잡았다. 희망의 씨앗이다. 그림 아래쪽으로 쓰러져 누운 사람의 몸 위로 울긋불긋 자라난 꽃나무와 그 사이로 뻗어 나온 손이 이들의 모습을 떠받치는 듯하다. 그림의 주제는 뒤쪽 배경을 이루는 하늘을 봐도 짐작할 수 있다. 해방 소식이 전해오는 왼쪽 하늘에서는 구름이 걷혀 햇빛이 쏟아져 내리고, 이 빛은 오른쪽으로 향하며 폭격의 검은 연기와 가시지 않은 먹구름을 밀어내는 중이다.

• • •

이쾌대의 빛나는 업적은 '월북 화가'라는 꼬리표 때문에 묻혀 있었고, 이름조차 언급할 수 없는 긴 시절이 이어졌다. 이쾌대는 북에서도 화가로도 활동했지만 형 이여성李如星이 김일성을 비판하다 숙청된 후 남북한 양쪽에서 '금기화가'로 낙인찍혔다. 그가 세상을 떠나고도 20여 년이 지난 1988년에야 월북 작가 해금 조치가 이뤄졌고 1991년 신세계 창립 29주년으로 신세계미술관에서 '월북작가 이쾌대'전이 열렸을 때는 "한국 근대미술사를 다시 써야 한다"는 탄성이 터져 나왔다. 지난 2015년 국립현대미술관 덕수궁관에서는 대규모 회고전 '거장 이쾌대 해방의 대서사'가 열려 잊혔던 그의 존재를 각인시켰다.

경북 칠곡에서 태어난 이쾌대는 조부 이선형이 금부도사를 지냈고, 아버지 이경옥은 창원시장 격인 창원현감을 지낸 가문 출신이다. 만석꾼의 세 배인 '3만석꾼' 대지주 집안에서 2남 4녀 중 막내로 태어났다. 그가 자란 집은 "성처럼 높은 담장이 5천여 평을 둘러싸고 집 안에 교회, 학교, 테니스코트가 갖춰져 있었다"고 전한다. 일찍이 신학문과 기독교를 받아들였고 열한 살 때 대구로 유학한 후 서울의 휘문고등보통학교에 진학해 장발張勃에게서 그림을 배우고 야구선수로도 활약했다. 당시 '모던보이'가 그랬듯, 이쾌대는 이름만큼 쾌활한 멋쟁이였다. 사랑에도 뜨거웠던 그는 아름다운 처녀 유갑봉과 열애 끝에 스무 살에 결혼해 이듬해인 1933년 일본 데이코쿠미술학교지금의 무사시노미술대학로 유학을 떠났다. 유학 시절 인물화에 몰두하던 이쾌대의 모델은 모조리 유갑봉이었다. 아내는 그에게 예술적 영감의 원천이었다. 그렇다고 사랑에 눈멀지도 않았다. 처음에는 조선의 전통미를 풍기던 여성상이 점차 강인한 민족성을 드러내며, 세련된 신여성과 주체적인 지식인으로 변화해 간다.

이쾌대의 형 이여성은 항일운동에 앞장선 인물이었다. 일본에 유학해 정치경제학을 전공하고 언론인으로도 활동한 그는 글도 잘 썼고 그림도 잘 그렸는데, 1936년 베를린올림픽에 참가해 마라톤 금메달을 딴 손기정孫基禎 선수의 가슴에서 일본 국기를 지워버린 '일장기 말소사건'으로 《동아일보》에서 해직됐다. 당시 함께 고초를 겪고 같이 신문사를 그만둬야 했던 이가 청전靑田 이상범李象範이다. 이여성은 사회주의자이기도 했다. 이쾌대는 그런 형의 영향을 받아 해방 직후 좌익 성격의 미술 단체에 가입했다. 하지만 이내 회의를 느끼고 탈퇴해 중립을 표방하는 조선미술문화협회를 결성했다. 1946년부터 한국전쟁 직전까지는 개인 화실을 겸해 미술학도 양성을 목표로 성북회화연구소를 운영했다. '물방울 화가' 김창열金昌烈, 차가운 돌에서 따뜻한 가족애를 끌어낸 조각가 전뢰진田雷鎭 등의 제자를 키워냈다. 사실적인 인체 표현을 연구하며 다빈치Leonardo da Vinci나 미켈란젤로Michelangelo Buonarroti가 그랬듯 미술해부학 그림책을 남긴 것 또한 중요한 업적으로 꼽힌다.

• • •

한국전쟁이 일어나고 서울이 북한군에 점령당했지만 이쾌대는 병환 중인 노모와 만삭인 부인 때문에 피난을 떠날 수 없었다. 어쩔 수 없이 남은 서울에서 북한 지도부의 강요로 인민군 부역화가로 활동해야 했다. 그 바람에 서울 수복 후 체포돼 거제 포로수용소에 수감되었다. 포로수용소 안에서도 이쾌대는 그리운 아내의 얼굴을 그렸고, 그 솜씨가 눈에 띄었던지 미군의 초상화도 그려줬다고 한다. 그러나 1953년 남북 포로교환 때 그는 처자식을 두고 북을 택했다. 이미 5년 전 북한을 택한 형 이여성이 워낙 유명한 터라 불안감이 컸을 것이라는 분석이 많다. 포로수용소에서 목격한 좌우익 간의 극심한 갈등으로 생존의 위협을 느꼈을 것이라는 견해도 있다. 이쾌대가 1950년 11월 포로수용소에서 쓴 편지는 기적적으로 아내 손에 닿았다.

"한 푼 없는 당신 무엇으로 연명하는지 생각할수록 내 자신이 밉살스럽기 한량없습니다. … 내 걱정 과히 말고 모쪼록 당신 건강에 조심해 주시오. 아껴둔 나의 채색 등 하나씩 처분할 수 있는 대로 처분하시오. 그리고 책, 책상, 헌 캔버스, 그림들도 돈으로 바꾸어 아이들 주리

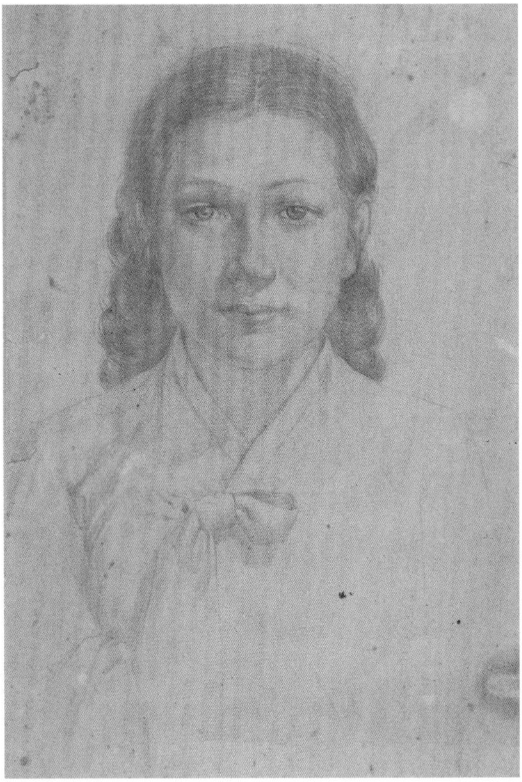

—
이쾌대, 〈부인의 초상〉
1951년 추정, 종이에 연필, 34.2×22.0cm, 국립현대미술관 소장
—

지 않게 해주시오. 전운이 사라져서 우리 다시 만나면 그때는 또 그 때대로 생활 설계를 새로 꾸며봅시다."

남편의 당부에도 이쾌대의 '뮤즈' 유갑봉은 그림을 팔지 않았다. 홀로 아이 넷을 키우며 생계가 어려웠지만 그림만은 지켰다. 그는 남편의 작품을 서울 신설동 한옥집 다락방에 숨겨놓았다. 그 시절 월북한 가족

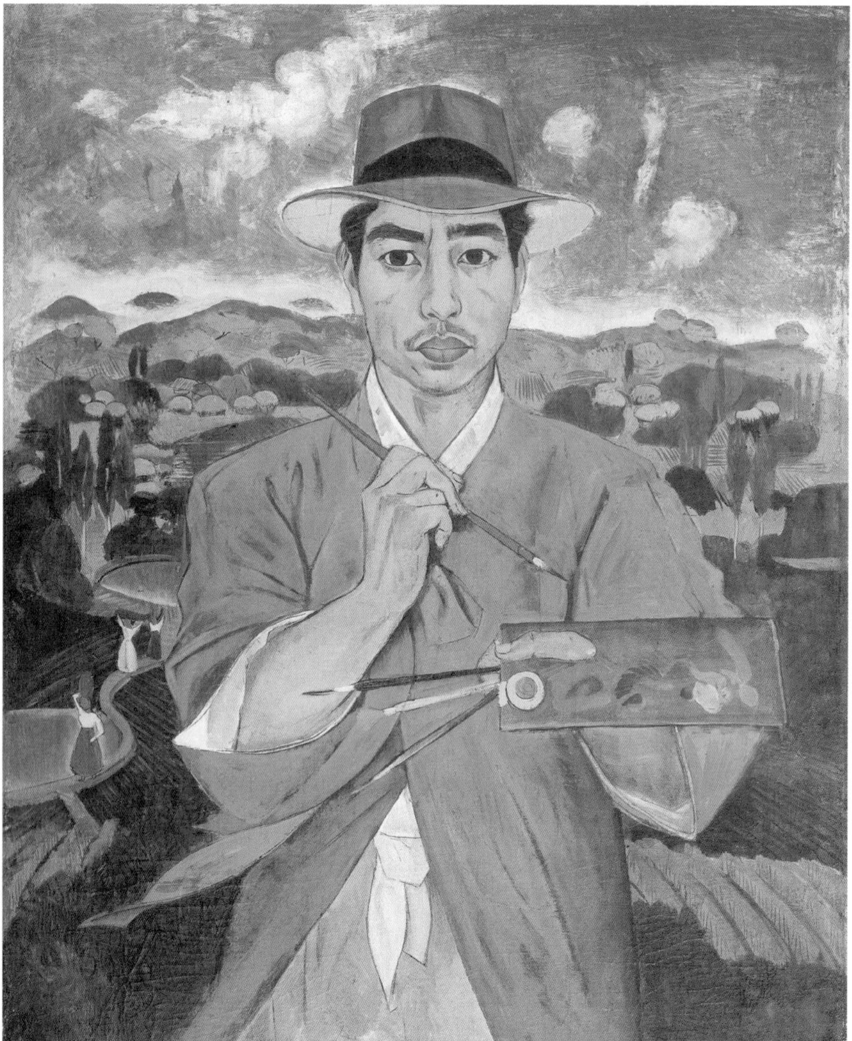

—
이쾌대, 〈두루마기 입은 자화상〉
1940년대 후반, 캔버스에 유채, 72×60cm, 개인 소장
—

을 둔 이들은 늘 경찰의 감시를 받았고 수시로 경찰서에 불려가곤 했다. 유 여사는 혹여라도 남편의 그림을 빼앗길까 누구에게도 다락방 이야기를 하지 않았다. 한국전쟁 직후인 1950년 8월에 태어나 아버지 얼굴을 제대로 본 적 없는 막내아들 이한우 씨조차 장성한 후에야 다락방 그림의 존재를 알았다고 한다.

〈해방고지〉를 포함한 일련의 그림들은 모조리 그 다락방에서 나왔다. 이쾌대는 해방 직후 전성기의 필력으로 수십 명이 한 화면에서 꿈틀대는 2미터 이상의 대작인 '군상' 연작을 그렸다. 이들 그림은 일제의 잔재를 씻어내고 우리식의 미술을 시도한 역작으로 꼽힌다. 미술사학자 최열이 "해방공간의 시대정신을 보여주며 낭만주의의 격렬함으로 뒤엉킨 서사시"라 평한 이 그림들은 다비드Jacques-Louis David, 들라크루아Eugène Delacroix의 역사화, 멕시코 벽화를 떠올리게 한다. 고야Francisco Goya의 〈옷 벗은 마야〉를 연상하게 하는 〈누워 있는 나부〉나 제리코Théodore Géricault의 〈메두사호의 뗏목〉을 생각나게 하는 〈조난〉 등의 그림에서는 이쾌대가 르네상스 미술부터 19세기 고전주의, 낭만주의, 사실주의까지 어떻게 한국적으로 받아들였는지를 확인할 수 있다.

〈두루마기 입은 자화상〉에는 두루 섭렵한 서양미술을 바탕으로 우리 미술의 전통을 꽃피운 이쾌대라는 인물이 고스란히 드러난다. 이 그림에서 이쾌대는 자신을 평화로운 농촌을 배경으로 팔레트와 붓을 든 화가로 표현했다. 하늘을 닮은 맑은 파랑색 두루마기가 경쾌한 반면 표정은 진지하고, 굳게 다문 두툼한 입술과 큰 눈은 단단하면서도 예민하다. 중절모를 썼지만 한복을 입고 동양화 붓을 들었다는 점은 서양화를 그리는 한국인으로서의 정체성, 예술가로서의 소명의식을 분명히 보여준다. 해방의 기쁨을 쏟아내고 역사의 아픔에 묻혀 떠난 화가 이쾌대는, 그런 화가였다.

이
중섭

나는 한국이 낳은
정직한
화공이라오

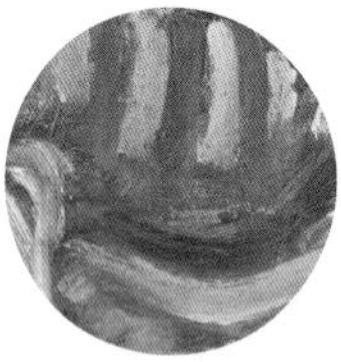

일어나라. 다시 일어나라. 단단한 발로 굳은 땅을 밀어내라. 그러면 너는 우뚝 설 수 있다. 두 무릎에 힘을 주고 머리를 들어라, 황소여. 달려라, 너의 새로운 한 발짝이 곧 새 시대의 시작이다. 이중섭 李仲燮·1916~1956의 〈황소〉는 옹골찬 골격에 강인한 힘을 내뿜지만 늘 보는 이를 응원하고 기원하게 만든다. 느리게 걸어가던 소는 앞발을 들어 올렸다가 내디디려는 그 찰나, 고개를 돌려 관객을 쳐다본다. 타고난 몸집은 컸으나 삐쩍 말라 살 없는 가죽이 뼈에 찰싹 들러붙었다. 소는 어깨를 올려 뿔로 치받으려는 자세를 취했다. 어떠한 역경도 견디고 이겨낼 수 있다는 단호한 외침이다.

서울 종로구 부암동에 위치한 서울미술관이 소장한 이 〈황소〉는 사연이 많다. 안병광 유니온약품 회장은 영업사원 초년병 시절 비를 피해 뛰어든 남의 집 처마 밑에서 본 이 〈황소〉의 포스터 이미지에서 비바람 칠지라도 넓은 세상에 한번 뛰어들어보라는 격려와 위로를 얻었고, 미술품을 수집하게 되었다. 그는 이후 2010년 경매에 나온 이 그림을 품

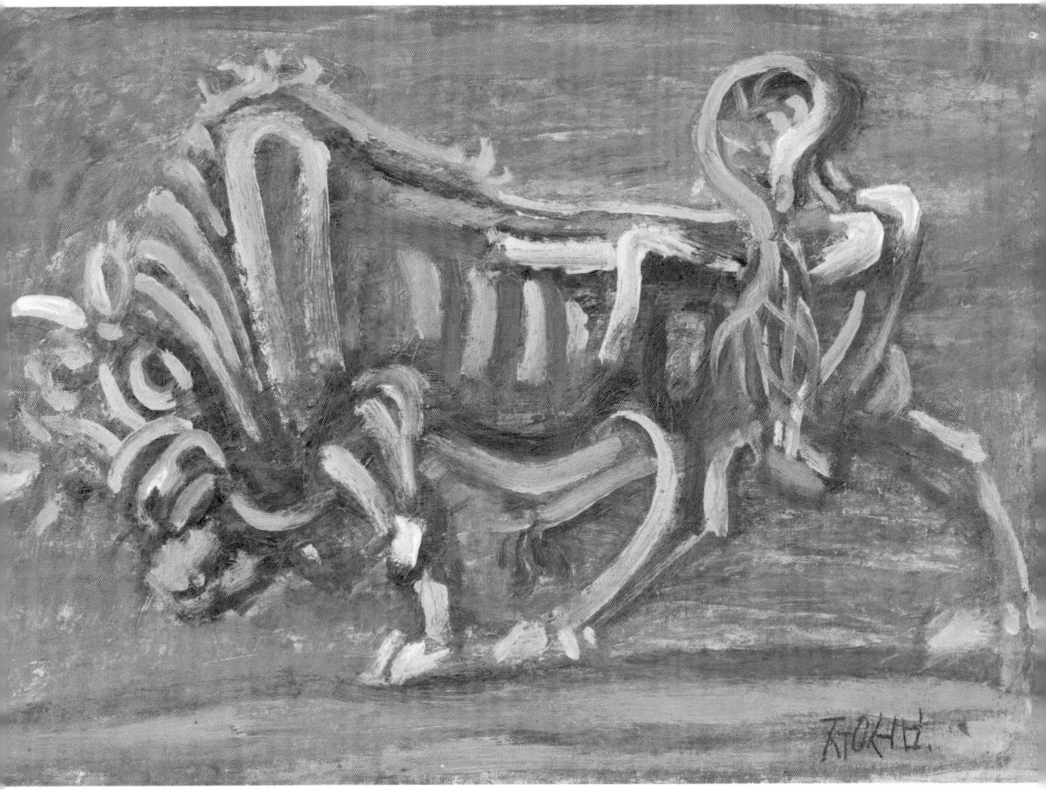

—

이중섭, 〈황소〉

1953년, 종이에 에나멜·유채, 35.5×52.0cm, 서울미술관 소장

—

에 안았다. 그리고 2년 뒤 〈황소〉를 비롯한 평생의 수집품으로 미술관을 열었다.

• • •

이중섭은 1916년 평남 평원의 지주 집안에서 태어났다. 세 살 때 아버지를 여의었으나 남부러울 것 없는 어린 시절을 보냈다. 홀몸으로 삼 남매를 키우는 딸이 안쓰러웠던 부유한 외할아버지가 막내 중섭을 평양으로 데려가 종로공립보통학교에 입학시켰고, 배우고 싶은 것은 다 배울 수 있게 독려했기 때문이다. 일제강점기 사회적 제약 속에서도 오산고등보통학교, 일본 분카학원 등 예술을 꿈꿀 수 있는 자유로운 학풍을 누리며 공부할 수 있었다. 그의 호는 대향大鄕. 어릴 적 집에서 어머니가 부르던 이름인데 나중에 '큰 고향'이라는 뜻의 아호로 쓰기 시작했다. 작품 아래에 서명을 하면서 '둥섭'이라 쓰기도 했다. '중섭이'를 평안도 사투리로 부르면 '둥섭이'가 된다고 한다. 해방되던 해 늦가을쯤, 화실에 친구들과 모여 앉아서는 "'쑥대머리 까까중'이 싫어 '중'이 '둥'으로 된 것"이라 농을 던지기도 했다. '대향'이든 '중섭'이든 '둥섭'이든 그의 사인은 늘 반듯하고 멋스럽게 적은 한글이었는데, 일본에서 출품한 작품에도 꼭 한글로 서명했다.

평양의 문화적 환경은 이중섭이 화가로 성장할 수 있는 비옥한 토양이 됐다. 중국과 인접한 평양은 당대의 새 문물이 직수입되는 최첨단 도시였다. 우리나라 최초의 서양화가 고희동에 이어 두 번째, 세 번째로 일본 유학을 다녀온 서양화가 김관호金觀鎬, 김찬영金瓚永이 모두 평양 출신이다. 이중섭이 다니던 평양 종로공립보통학교에는 김관호가 그린 커다란 인물화가 걸려 있었다. 대한민국 예술원 회원까지 지낸 화가 박영선이 "르네상스시대의 라파엘로 작품에서 느낄 수 있는 중후함을 지닌, 이게 진짜 그림이구나 싶은 유화의 진수"라고 평한 그림이다. 김찬영은 이중섭의 죽마고우 김병기金秉騏의 아버지다. 어린 이중섭은 단짝 김병기의 집을 자주 들락거렸고 김찬영이 수집한 골동품을 보며 오래된 미감을 어려서 익혔다. 물감 말라붙은 붓들과 함께 영국의 미술 잡지《스튜디오》를 비롯한 외국의 미술 전문지를 꼬박꼬박 챙겨볼 수 있었다. 이미 보통학교 4학년 무렵부터 "미술에서는 첫손에 꼽히는 아이"가 되었고, 방학 때 만난 형이 공부 않는다고 야단치면 "방에 숨어 나오지 않고 그림만 그리는" 소년으로 커갔다.

동시대 예인藝人보다도 이중섭에게 더 큰 자극을 준 것은 고구려 고분벽화였다. 평양은 고구려 고분이 밀집한 지역이다. 1906년에 강서의 고분에 벽화가 그려진 것이 처음 발견됐고 1910년부터 일본인 고고학자들이 강서대묘와 수렵총, 쌍영총 등에서 고분벽화를 찾아내 연구하기 시작했다. 이중섭이 6학년이던 1928년 8월 7일, 학교 근처에 평양부립박물관이 개관했다. 계단을 실물 크기의 고분 단면으로 꾸몄고 동종銅鐘, 도기陶器 등 수백 점 유물이 전시됐다. 이중섭은 평북 정주에 있던 오산고등보통학교로 진학하고도 평양을 자주 오갔는데, 1933년 9월에 모란봉 을밀대 남쪽에 평양부립박물관 신관이 문을 열었다. 이곳은 고분을 재현한 모형과 벽화로 전시실 하나를 꽉 채울 정도로 '고분벽화로 특화'한 박물관이었다. 이중섭은 이를 보고 즐기고 음미하다 보니 한국적인 아름다움을 체화體化했다. 그의 감성과 작업의 원천에 대해 비평가 정규는 1957년의 글에서 고구려 고분벽화와 불상에서 기인하는 것이라 봤고, 이경성 전 국립현대미술관장은 1961년에 쓴 평론에서 고구려의 벽화 예술에 직결直結한다고 분석했다.

훗날 가세가 몰락하고 전쟁으로 피폐해졌을 때, 그때의 기억이 작품을 이뤄냈다. 은지화다. 담뱃갑 속의 은박지를 꺼내 반듯하게 펴서 예리한 철제 촉으로 종이가 뚫리지 않을 만큼만 눌러 윤곽선을 그렸다. 그 위에 검정색, 흑갈색의 물감이나 먹물을 칠하고 이것을 솜이나 헝겊으로 문질러 패인 선 안으로 색을 밀어 넣었다. 고려자기의 상감 기법, 금속공예의 은입사 기법을 응용한 셈이다. 은지를 긁어냈을 때 나오는 그 오래되고 '촌스러운 느낌'을 이중섭은 무척 좋아했다 한다. 이중섭의 은지화가 단지 종이 살 돈이 없어 그리기 시작한 '가난의 산물'만은 아니었다. 국립현대미술관의 김인혜 학예연구관은 "고구려 고분벽화처럼 오래된 태고의 느낌을 불러일으키는 표면처리법은 매우 의도적인 고전 연구의 결과"라며 "재료에서도 먹을 즐겨 활용하거나 종이의 지속력을 높이기 위해 황톳물을 발라 사용하기도 했다"라고 설명한다. 게다가 유려한 선線을 중시한 드로잉, 서예의 일필휘지를 연상하는 필법으로 그려낸 골격은 '한국인 이중섭'만이 구현한 경지였다. 은지화에는 주로 행복한 소년들, 꿈같은 나날들을 그렸다. 아내와 두 아들을 생각하며 희망이 날아가 버릴세라 은지에 꼭꼭 새겨 담았다. 1955년 서울에서 열린 이중섭 개인전을 본 한 미국인이 '오래된 새로움'에 매료되어 은지화 3점을 구입했다. 이 그림은 훗날 미국 뉴욕 현대미술관의 소장품이 됐다. 우리 국립현대미술관도 이중섭의 은지화를 다수 소장하고 있다.

• • •

이중섭의 그림은 전쟁 통에 많이 사라졌다. 친구이자 동료였던 시인 구상은 이중섭의 유작을 유화 200여 점에 은지화 300여 점으로 추산했다. 이중섭에 대한 '팩트 체크'에 수년을 들인 미술사학자 최열이 2014년에 낸《이중섭 평전: 신화가 된 화가, 그 진실을 찾아서》에 따르면 전하는 작품은 340여 점 정도다. 가뜩이나 작품 수도 적은 이중섭이건만 보통의 서양화가와 달리 캔버스 작품은 거의 없다. 전쟁 시기 물

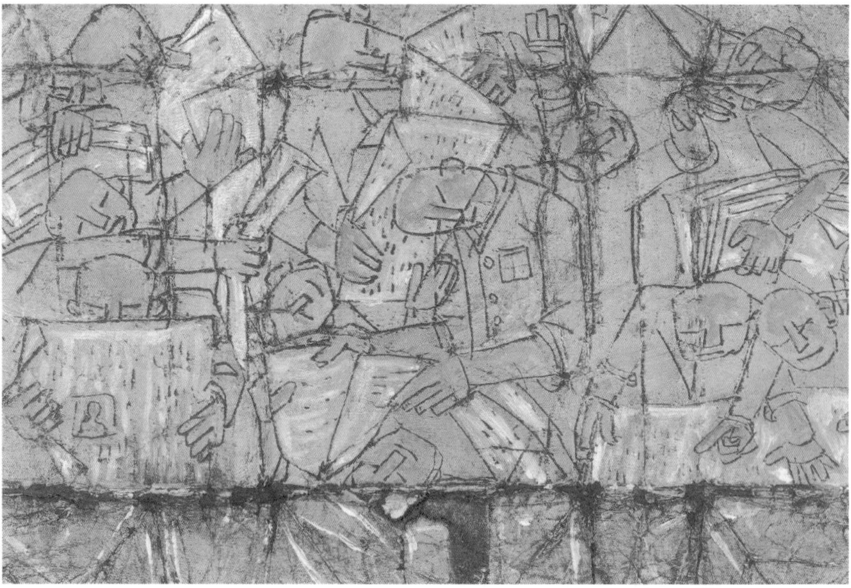

—
이중섭, 〈신문을 보는 사람들〉
제작연도 미상, 은지에 새김·유채, 10.1×15.0cm, 미국 뉴욕현대미술관 소장
—

자 부족 탓이겠지만 이마저도 상당 부분은 작가의 예술적 선택으로 보인다. 그는 종이를 선호했고, 붓도 새것보다는 닳고 거칠어진 몽당붓을 좋아했다. 종이 위에 강렬하게 과감하게 칠하는 표현주의적 채색 방식을 보여주는가 하면, 물감을 겹쳐 칠한 뒤 긁어내거나 연필로 누르듯 드로잉하는 방식으로 날카로운 심경과 절망의 몸부림을 그려냈다. 저항적이고 강인하게 느껴지는 붓질은 딱 그만큼의 불안함, 힘겨움과 맞먹는다. 희망과 애수가 동시에 가슴을 치는 이유다. 그의 유골을 1년이나 집에 뒀을 정도로 절친했던 동료 화가 박고석朴古石은 "이중섭은 전란으로 인한 극심한 재료난에도 위축되지 않았을 뿐 아니라 오히려 그 상황을 그대로 받아들임으로써 자신의 이질적인 예술양식을 극대화했

다"라고 평가했다. 재료뿐 아니라 미학적 측면에서도 그는 풍속화 같은 해학적 표현에 흉내 낼 수 없는 격조를 얹었다.

이중섭이 탐닉한 또 다른 대상은 소였다. 일본 유학을 떠나기 전 오산과 원산에 있던 시절에는 틈날 때마다 들판에 나가 종이 한가득 소만 그리다 돌아오곤 했다. 일본인 부인 야마모토 마사코는 남편이 죽은 지 30년 후에야 이렇게 털어놓았다. "해방 후 원산에서 그이가 소를 그리려고, 남의 집 소를 너무나 열심히 관찰하다가 소도둑으로 몰려 잡혀갔던 일도 있었다니깐요." 소는 땅을 누비며 한평생 밭을 갈다 마지막에는 제 살과 뼈까지 사람에게 내주는 동물이다. 이중섭 평론을 쓴 정신과 전문의 김동화 박사는 "소의 황토색은 대지의 빛깔과 상통하며 그 뿔은 달의 모양과 흡사해 문화인류학·분석심리학적으로 볼 때 어머니에 대한 표상이라 볼 수 있다"라면서 "거세되지 않은 수소로 표현된 이중섭의 소는 모성의 상징 위에 힘차고 강인한 자기 자신의 표상을 덧씌운 것"이라고 분석했다.

흰 소의 경우 좀 더 직접적으로 백의민족을 대변한다. 이중섭이 일제강점기 몸담았던 도쿄 유학생 모임의 이름 '백우회白牛會'는 흰 소로 우리 민족 전체를 대표했다. 이중섭은 이외에도 싸우는 소, 싸워서 피 흘리는 소도 그렸다. 병원을 들락거리며 힘겹게 버티던 1955년 무렵의 이중섭은 분노와 슬픔으로 뒤엉킨 두 마리 소를 푸른 배경 위에 올려 극렬한 싸움을 붙였다. 전쟁의 암울함 속에 우리 민족이 겪어내야 했던 수난과 개인사적 시련을 함축했다. 〈피 묻은 소〉는 좌절과 절망으로 몸부림친다. 유난히 슬픔에 젖은 두 눈이 인상적이다.

이중섭이 즐겨 그린 동물은 소가 으뜸이지만 닭과 까마귀도 자주 다뤘다. 국립현대미술관이 소장한 1953년작 〈부부〉는 한 쌍의 닭이 주인

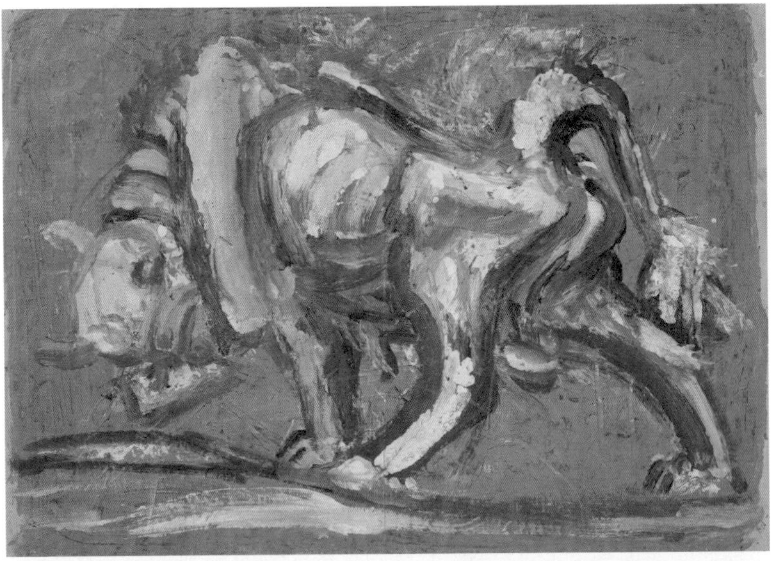

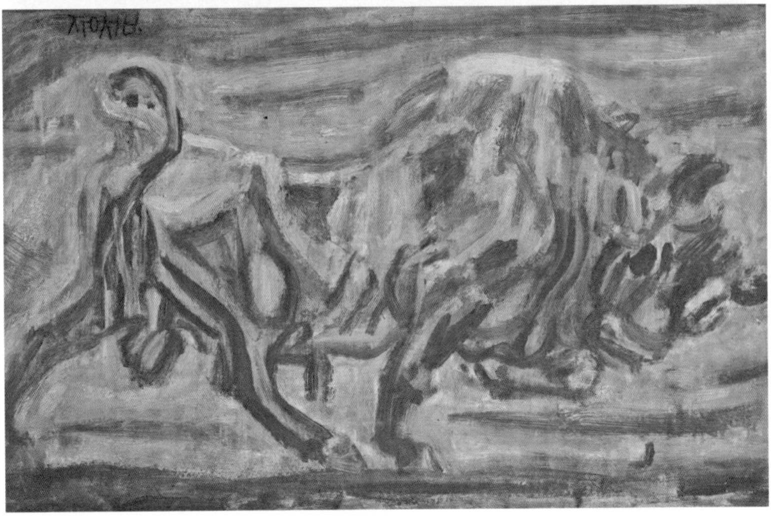

—

이중섭, 〈흰 소〉

1950년대, 종이에 유채, 30.5×41.5cm, 국립현대미술관 소장(이건희 컬렉션)

—

이중섭, 〈피 묻은 소〉

1955년, 종이에 유채, 27.5×43.0cm, 서울미술관 소장

—

공이다. 푸른 날개의 수탉과 붉은 날개의 암탉이 입 맞추는 장면을 묘사하고 있다. 위아래에서 서로 닿으려 애쓰는 모습이 둘의 애틋한 마음을 보여준다. 배경을 이루는 수평의 선들에 순응하지 않은 까닭에, 화면을 수직으로 가르는 새 두 마리가 더욱 힘겨워 보인다. 켜켜이 내려앉은 석양빛 수평선을 가로지르려 한 새의 의지에서, 가난 때문에 바다 건너 일본의 처가로 보내야 했던 아내 마사코에 대한 화가의 절절한 그리움이 읽힌다. 훗날 요절해 잊힌 이중섭을 재발굴해 곳곳에 흩어졌던 작품들을 모아 1972년 대규모 회고전을 연 박명자 갤러리현대 창업자가 구입해 미술관에 기증한 작품이기도 하다.

〈부부〉를 제작하고 2년 후쯤 그린 〈투계〉 역시 닭이 주인공이고, 국립현대미술관 소장품이며, 종이 위에 물감을 바르고 채 마르기 전에 긁어내고 그 위에 덧칠하는 기법 면에서까지 닮은꼴이다. 반면 내용상으로는 닭 두 마리가 아래위로 싸우듯 대립하고 있다. 두 마리 새가 과격한 몸짓으로 극도의 긴장감을 이룬다. 그럼에도 둘은 싸우더라도 죽이지는 않을 요량으로 교묘하게, 서로에게 상처를 덜 입히려 애쓰는 것처럼 보인다. 사랑하면서도 싸우는 부부처럼, 만나지 못하는 애타는 절망감이 미움이 된 듯하다. 그러고 보니 마치 태극의 붉은색과 푸른색이 서로를 휘감은 것 같다. 이 그림은 1955년 미도파화랑에서 열린 개인전 출품작이다. 동족상잔의 비극을 경험하던 시기에 제작된 그림이라 일부 평론가들은 이 작품이 남북 분단의 불행한 모습을 그린 것이라는 해석을 내놓기도 한다. 이듬해 이중섭의 타계 두 달 후에 출간된 1956년 11월호《신미술》은 외로이 떠난 작가의 소식과 함께 이 그림을 특별 도판으로 내놓기도 했다. 물감을 바른 뒤 전통화의 몰골법으로 닭을 그린 다음 다시 잿빛 안료를 바르고 다시 나이프로 긁어낸 것이라 색조는 어둡지만 칠이 얇아 투명한 느낌도 풍긴다.

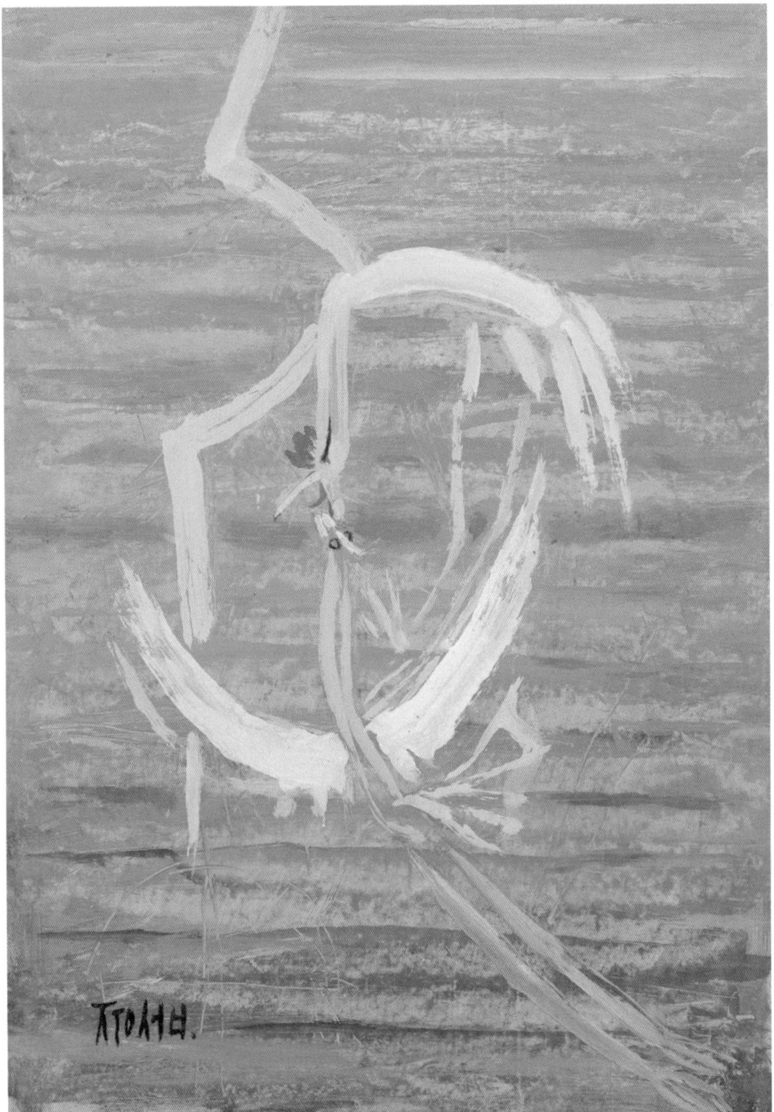

—

이중섭, 〈부부〉

1953년, 종이에 유채, 40×28cm, 국립현대미술관 소장

—

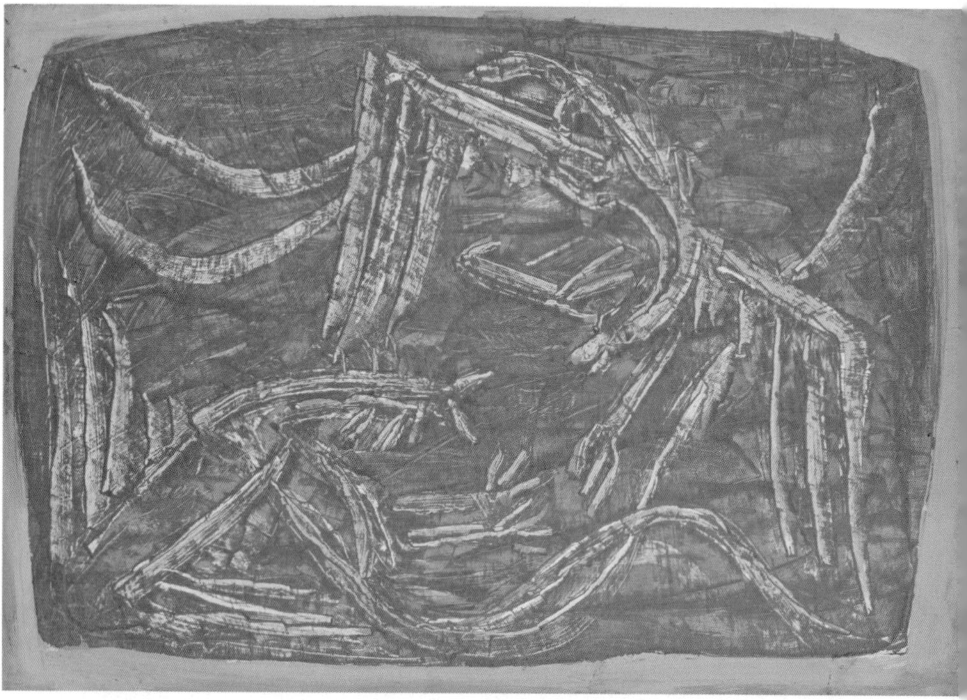

이중섭, 〈투계〉
1955년, 카드보드에 유채, 28.5×40.5cm, 국립현대미술관 소장

• • •

40년에 불과한 짧은 삶과 천재성, 광기까지 더해진 이중섭의 생은 일견 부풀려진 신화적 측면이 있는 것도 사실이다. 빈센트 반고흐가 그러하듯 말이다. 이중섭은 정신병원에서 사망했지만 정신이상까지는 아니고 신경쇠약에 가까웠다고 한다. 간염에 영양실조가 겹쳐 병을 키웠다. 하도 주변에서 미쳤다고 하니 멀쩡하다는 것을 보여주기 위해 자화상을 그려 돌려본 일화도 유명하다. 그의 경우는 가족에 대한 그리움이 깊었다. 그림을 팔아 번 돈으로 일본에 가볼 요량이었으나 사랑하는 사람과 행복하게 사는 것은커녕 해후조차 불가능하게 된 상황에서의 절망감, 어찌할 수 없는 무능감, 이별에 대한 두려움까지 심신을 병들게 했다.

외롭게 죽은 그를 허망한 풍선에 태운 건 미술시장이었다. 그림은 구하기도 어려운데 작품값은 치솟았고 위작이 대거 유통돼 홍역을 치렀다. 거품이 꺼진 뒤 작가와 작품에 대한 재평가가 이뤄진 게 이중섭 탄생 100주년 즈음한 최근 몇 년 새 일이다. 지금은 유작들이 걸린 미술관이 곧 이중섭의 집이지만, 서울 망우리 공동묘지의 추모비 하나 없는 그의 안식처는 쓸쓸하다. 전란의 와중에도 허무와 실존을 얘기했던 그는 초라해도 당당했기에 한국인이 가장 사랑하는 화가가 됐다. 생전 이중섭은 바다 건너 떨어져 지내던 일본인 아내에게 보낸 편지에서 이렇게 적었다.

"어디까지나 나는 한국인으로서 한국의 모든 것을 전 세계에 올바르고 당당하게 표현하지 않으면 안 되오. 나는 한국이 낳은 정직한 화공이라오."

윤형근

굴곡진 시대를 겪으며 추구한 삶의 성찰

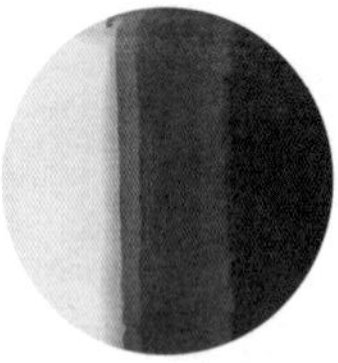

언 땅이 언제 녹을지, 빈 땅에 언제 싹이 틀지를 땅 위에 사는 사람은 알기 어렵다. 우수에 얼음이 녹고 경칩에 만물이 겨울잠에서 깨어난다는 것 정도를 선조들의 경험 어린 절기 상식을 통해 가늠할 뿐이다. 하지만 춘분에도 함박눈이 내려 설중매雪中梅를 보듬기 일쑤니 이치에 합당한 때는 자연만이 알 뿐이다.

말 한마디 않고도 사람을 뒤흔드는 윤형근尹亨根·1928~2007의 그림이다. 봄을 맞아 차가운 땅에 스멀스멀 돌기 시작한 생명력이 느껴진다. 아련하게 번져 나온 색의 움직임이 봄날의 아찔함을 부르는 아지랑이를 피워 올린다. 천의 올 틈새로 파고든 물감 끝에서 새로 움튼 싹들이 고개를 내밀곤 한다. 태동하는 생명력과 두근거리는 심장 소리가 과묵한 화가의 숨소리와 뒤섞여 들린다.

종이를 태운 것 같은 암갈색의 엄버umber는 흙색을 닮았을 뿐 아니라 실제로 토양에서 유래한 물감 이름이다. 떨어진 낙엽이 세월을 머금어

윤형근, 〈청다색〉
1975년, 마포에 유채, 130×97cm, 국립현대미술관 소장
©윤성열, 자료 제공 / 윤형근 에스테이트

흙이 되는 그 순간, 새 생명을 품고 있는 그 색을 작가는 유독 즐겨 사용했다. 누르스름한 갈색 엄버와 군청색에 가까운 짙은 블루의 두 가지 색을 섞어 화면을 채웠다. 푸른 기운 머금은 옅은 갈색이 꼭 잘 숙성된 차 색과 비슷하다고 여겼던지 '청다색青茶色'이라고 제목 붙이곤 했다. '엄버-블루'라고도 불렀다. 그에게 갈색 엄버는 땅이고 푸른 블루는 하늘이었다. 땅 위에 하늘을 겹쳤더니 그 틈에서 새로운 문이 열린 격이라 작가는 "내 그림은 천지문天地門이다"라고 했다.

작가는 안료에 농도를 달리해 기름을 섞어가며 자신만의 물감을 직접 만들었다. 그런 다음 반복적으로 선을 그렸다. 추사秋史 김정희金正喜를 흠모했고 스스로 "추사체의 절제된 추상적 회화미의 영향을 받았다"라고 한 윤형근이니 선을 그린다기보다는 획을 그었다는 표현이 더 옳을 것이다. 획은 웅혼한 기둥이 되고 선에서 우러난 번짐이 마포 천으로 만든 바탕 생지에 스몄다. 기름을 어떻게 섞느냐에 따라 색은 옅기도 하고 더 짙게 강렬해지기도 한다. 칠하지 않은 중앙 부분의 여백은 작가의 말처럼 문이 된다. 열린 문틈이 좁다 싶으면 그 안에서 한 줄기 빛이 새어 나온다. 때로는 색칠한 기둥의 간격이 널찍해 큰 문을 이루면서 그 사이로 시원한 바람이 드나들기도 한다. 그렇게 만들어진 문은 외부로 나아가는 문인 동시에 바깥의 무엇이든 포용할 수 있다는 양품이 넓다.

> "내 그림은 그림 같지 않은 그림, 글씨 같지 않은 글씨인지도 모른다. 아무렇게나 생긴 나무토막이래도 좋고 불탄 서까래라도 좋다. … 내 솜씨가 지나치게 나타난 것은 보기가 싫다. 그래서 만지다 버린 것 같은 것이 정이 간다. 솜씨를 너무 부리면 매끄러워지고 딱딱해지기 일쑤다. 내 그림은 나의 똥이요 몸이요 얼굴이요 가슴이다."
>
> 1984년 12월 21일 일기 중에서-

의도는 없었을 뿐더러 의도한 대로 되는 일도 아닌 것. 그게 인생이요, 그림이다. 윤형근은 '작품은 곧 인품'이라는 진리를 가장 잘 보여주는 작가 중 하나로 말과 그림과 삶이 일치했다.

• • •

충북 청주 출신의 그는 개화기 지식인이었던 외할아버지와 서예, 사군자를 즐긴 아버지의 혈통을 물려받았다. 유교적 분위기가 강한 뼈대 있는 가문이었다. 하지만 그림 그리는 일을 업으로 삼는 데에는 반대가 심했다. 아버지의 뜻에 따라 윤형근은 상과에 진학했고 은행원이 됐다. 시키는 대로 했으나 적성에 맞지 않는 일이라 고역이었다. 아버지와 형이 마주앉아 그의 장래를 이야기하는 사이 무작정 집을 나와 서울의 누님댁으로 향했다. 처음 든 반기가 거장의 첫걸음이 됐다. 그러나 길은 험했다.

서울대학교 미술대학 시험을 보는 날, 평소 않던 늦잠을 잤다. 게다가 장대 같은 비가 쏟아져 시험장에 도착하니 옷깃에서 물이 뚝뚝 떨어질 정도였다. "이래서 어찌 시험을 보겠나"라고 물었던 시험 감독이 바로 김환기였다. 자신 있게 "괜찮다"며 실기시험을 본 윤형근은 서울대학교에 입학했다. 하지만 동맹휴학 등 반정부 운동에 가담한 후 학교를 떠나게 됐다. 한국전쟁 발발 직후에는 학창 시절의 시위 전력 때문에 보도연맹에 끌려갔다가 죽을 뻔하고 돌아왔다. 전쟁이 끝나고 지속적으로 복학하고 싶다는 뜻을 전했지만 거부당했다.

어떻게든 그림을 그리고 싶어 홍익대학교로 편입했는데, 공교롭게도 서울대학교에서 홍익대학교 교수로 옮겨간 김환기가 또 한 번 도움을 주었다. 이후 윤형근은 종종 스승 댁에 드나들었고 새해 인사 올리는 그의 절하는 모습에 반한 이가 김환기의 장녀 김영숙 여사다. 둘은 나란히 홍익대학교 서양화과를 졸업하고 결혼했다. 우연이 인연으로 발전한 것을 보면 영겁의 끈으로 묶인 이들이었음이 분명하다. 고학으로 어렵게 대학을 다닌 윤형근은 박수근이 그랬듯 미군 부대에서 초상화를 그리며 생계를 이었다. 학비도 벌고 동생들까지 공부시키느라 본격적으로 자기 그림에 전념한 것은 거의 마흔이 돼서부터다.

그의 초창기 그림은 해사했다. 밝은 색채에 풍부한 감수성을 담았고 때로는 무지개빛 색띠를 이루기도 했다. 숙명여자고등학교에서 미술교사로 재직하던 1966년에 서울 신문회관 화랑에서 첫 개인전을 열었다. 국립현대미술관이 2018년 8월 개최한 '윤형근'전에서 그 시절 작품들이 선보였다. 노랑, 연두, 보라, 파랑 같은 생기발랄하고 경쾌한 색들이 주조를 이룬다. 서정적이고 환상적인 초기 추상화에서 언뜻언뜻 김환기가 보인다. 윤형근에게 김환기는 스승이자 '아버지 같은 장인'이며 넘어서야 할 선배이기도 했다. 1963년 상파울루비엔날레에 참가차 떠난 김환기가 귀국 않고 뉴욕에 눌러앉은 뒤로도 두 사람은 엽서와 편지를 수시로 주고받았다. 안부를 물으며 서로의 작품을 평하곤 했다. 김환기가 추상의 완성을 이뤄낸 1970년작 전면점화 〈어디서 무엇이 되어 다시 만나랴〉는 충격과 자극을 주었다. 묵화墨畵에서나 보던 먹의 깊은 빛깔과 번짐 효과를 유화물감과 캔버스를 통해 구현하기 위해 도전한 것이 이때부터였다는 게 윤형근의 고백이다.

그렇게 윤형근은 청출어람 했다. 생전에 그가 "김환기의 그림은 잔소리가 많고 하늘에서 노닌다"라고 말한 적 있다 한다. 그 말을 듣고 보니 찍고 테 두른 김환기의 점들에는 구구절절 그리운 사연이 흐른다. 하늘을 닮은 특유의 푸른 색조는 이상적인 것이 천상의 분위기를 이룬다. 반면 윤형근의 그림은 땅에 발을 딛고 흙에서 솟아오른 검은빛이다. 그

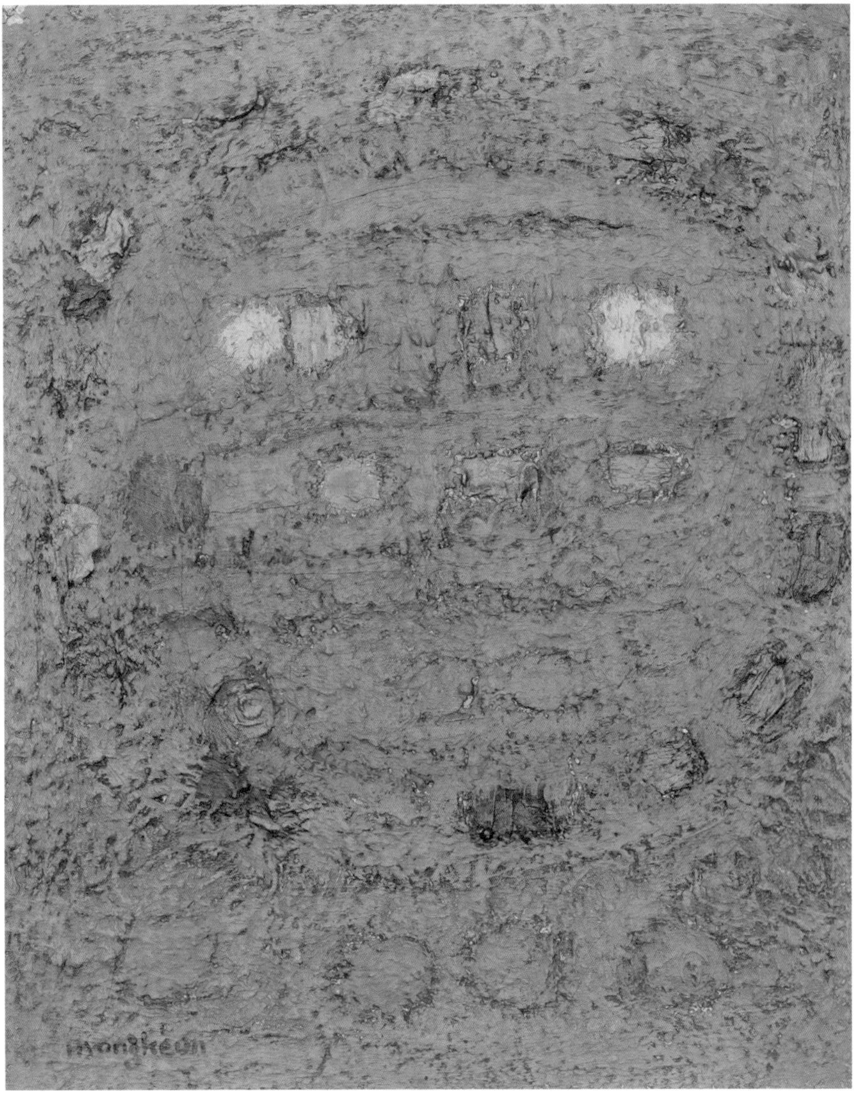

—
윤형근, 제목 미상
1966년, 캔버스에 유채, 62.0×51.5cm, 개인 소장
©윤성열, 자료 제공/윤형근 에스테이트
—

리고 묵묵하다. 스스로도 1977년의 일기에서 "내 그림은 잔소리를 싹 뺀 외마디소리를 그린다"라고 했다. 현실적이지만 주변의 모든 것을 압도하고 빨아들였기에 엄숙하고 평온하다.

• • •

원색적이고 화사하던 그의 색감이 돌아선 데에는 큰 사건이 있었다. 숙명여자고등학교 교사로 재직 중이던 1973년에 윤형근은 부정입학 비리 사건을 폭로했다가 고초를 겪는다. 대낮에 명동 한복판을 걸어가던 그는 '반공법 위반'이라는 죄목으로 끌려갔다. 그가 쓰고 다니던 모자가 레닌의 모자와 비슷하다는 게 이유였다. 당시 윤형근은 사진 속 뉴욕의 김환기가 쓴 모자가 좋아 보인다며 안 입는 청바지를 뜯어 프랑스 어부의 모자처럼 만들어 썼을 뿐이었다. 쓰고는 흡족해 외아들에게도 똑같이 만들어 씌운 그 모자가 '반공법 위반'이라는 건 억지였다. 이 일은 'Y교사의 억울한 사건'으로 《동아일보》 등에 보도되기도 했다.

> "형무소에서 나와서 이제껏 그렸던 그림들을 전부 부숴버리고 독기를 내뿜었습니다. 1973년부터 그림이 확 달라진 계기는 이런 이유에서입니다. 처음에는 원색인데 그 위에 덧그리니까 까맣게 되고 아예 검게 만들어버리고 싶어 울트라마린ultramarine과 번트 엄버burnt umber를 섞어 먹빛으로 그렸지요."
>
> 《한국현대미술 다시 읽기3》(오상길 엮음, 2003년, ICAS 펴냄) 중에서-

그렇게 이룬 자신만의 화풍이 문학잡지 《현대문학》의 표지로 실리자 윤형근은 이를 김환기에게 보냈고 "이건 잡지 표지가 아니라 작품이다"라고 인정을 받았다. 이때부터 전성기가 시작된다. 이듬해 단체전에서 윤형근의 작품을 본 미술평론가 조셉 러브가 "덧없음에 대한 시각적

—
윤형근, 〈청다색〉
1973년, 캔버스에 유채, 181.0×139.5cm, 국립현대미술관 소장
©윤성열, 자료 제공/윤형근 에스테이트
—

명상을 이끌어내는 장場"이라 극찬하며 일본 전시를 주선해 해외 진출의 발판을 마련했다.

• • •

또 하나의 전환점은 자연이었다. 1976년에 강원도 오대산 숲길에서 쓰러진 거목을 발견했다. 늙고도 한참이 지난 나무의 뿌리가 시커멓게 바스러져 흙으로 변하고 대지로 환원되는 장면을 목격했다. 그 신비로운 자연의 섭리를 깨우치고는 오래된 시간성과 죽음을 생명의 순환으로 연결하고자 애썼다.

자연을 추앙한다고 하여 세상을 등진 것은 아니었다. 1980년 5월 광주에서 일어난 민주화운동의 전말을 종교계 인사들을 통해 거의 실시간으로 전해 들었다. 울분이 솟구쳤다. 마당으로 뛰쳐나가 천을 펼치고 그림을 그렸다. 윤형근 작품 속의 검은 색면은 수직으로 우뚝 서거나 수평으로 듬직하기 마련인데, 이날의 그림에서만 이례적으로 기둥들이 무너졌다. 마당에서 그린 그림을 일으켜 세웠다. 채 마르지 않은 물감이 눈물처럼 흘러내린다. 서 있던 사람들이 쓰러지며 흘린 피처럼, 그들이 흘린 눈물처럼. 땅을 딛고 하늘을 받치며 서 있으려 하건만 도저히 버티지 못한다. 서로가 서로를 기댄 채 쓰러져 간다. 떠받치던 기둥이 쓰러지니 하늘도 무너진다. 민중이 쓰러지면 민주주의도 무너져 내린다. 그 와중에 다행인 것은 와르르 다 무너지지는 않았다는 것인데, 양끝 기둥들이 벽처럼 견뎌주었다. 극도의 추상화이건만 절절한 시대상이 담겼다. 작가는 광주항쟁의 비극적 역사를 기억하고자 그림 뒤에 제작 연월까지 적었다. 먼 훗날의 일기에서 그는 "진실로 서러움은 진실로 아름다움하고 통한다"라고 썼다.

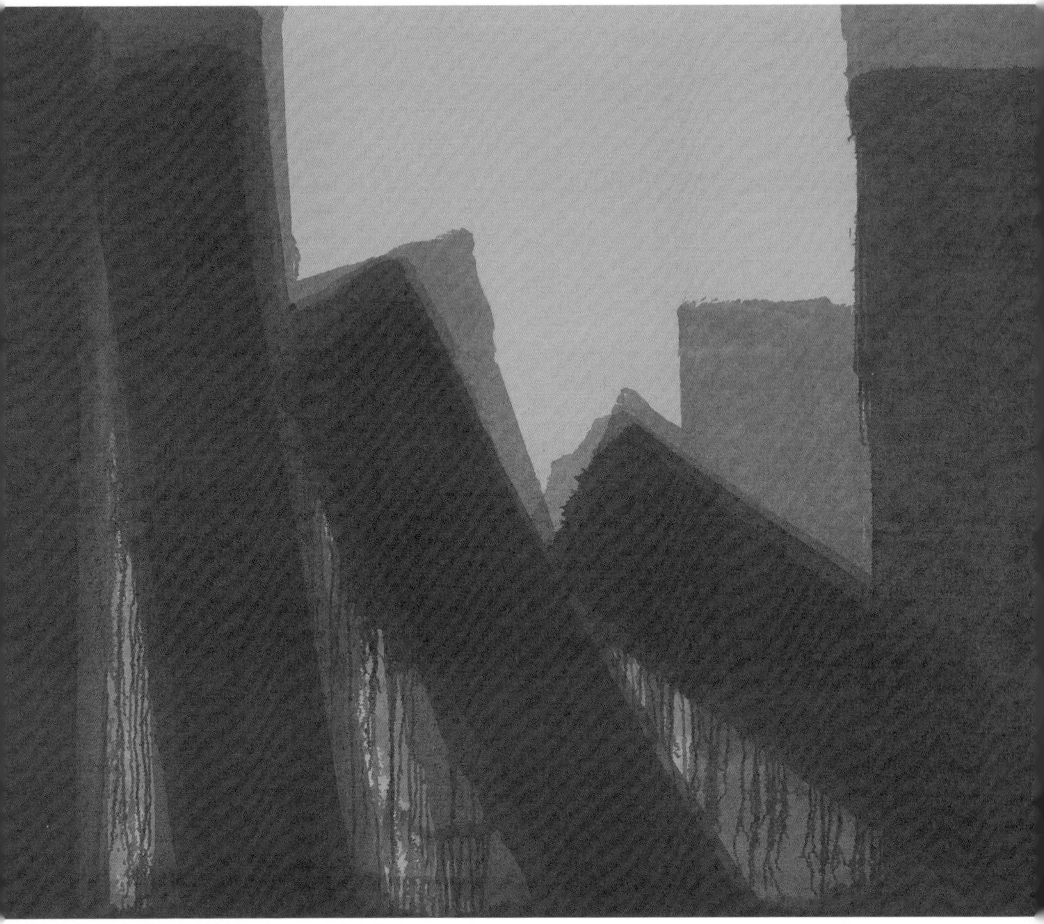

—
윤형근, 〈다색〉
1980년, 마포에 유채, 181.3×228.0cm, 국립현대미술관 소장
©윤성열, 자료 제공/윤형근 에스테이트
—

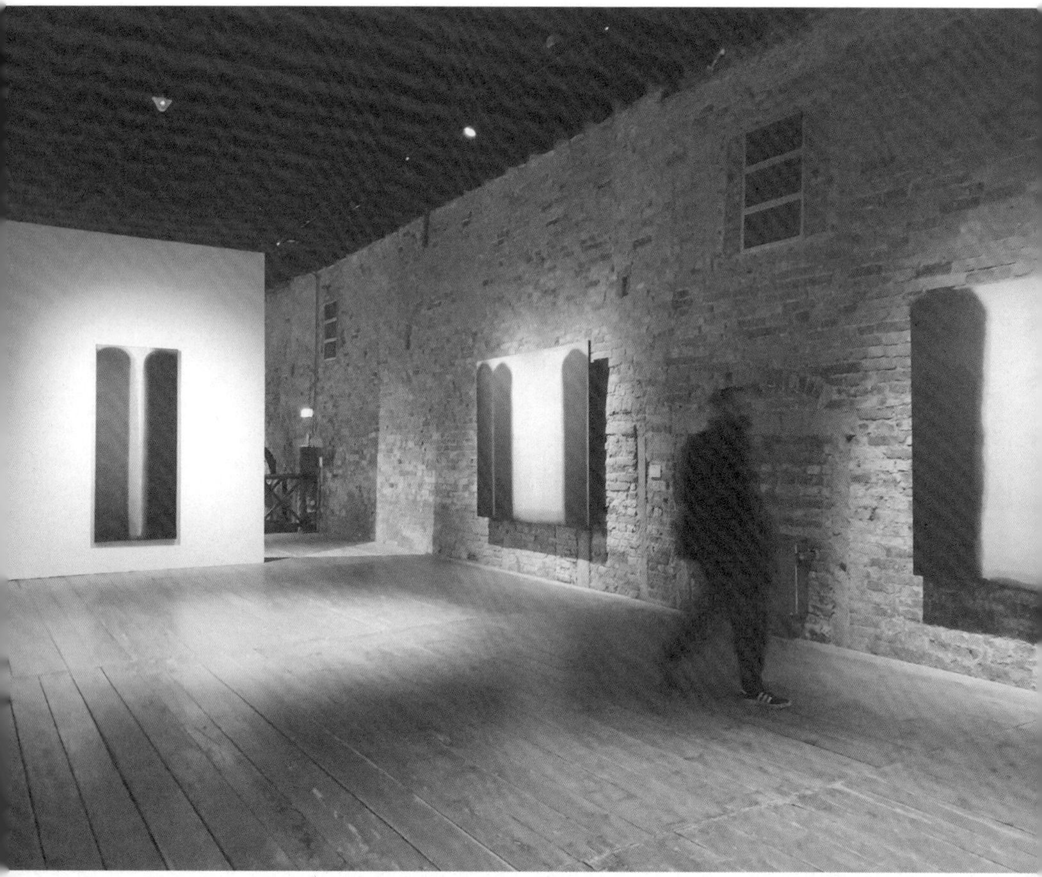

—

2019년 베니스비엔날레 당시 포르투니미술관에 전시된 윤형근의 작품들.
©윤성열, 사진/조상인

—

단순함과 간결함으로 절제된 미학을 추구한 미국 미니멀리즘의 대표 작가 도널드 저드Donald Judd가 오로지 작품만 보고 윤형근에게 반해 함께 전시하자고 청했다. 찾아온 저드가 "미술이 뭘까" 묻자 윤형근이 "심심한 거요"라고 답했다. 그 한마디를 설명하기 위해 제사음식의 '심심한 맛'부터 목가구의 간결한 미학 등 오감을 총동원해 통역에만 몇십 분 걸린 일화가 전한다. 이후 윤형근은 1995년 베니스비엔날레 한국관의 첫 전시에 참여하며 국제적 입지를 세웠다.

24년 만인 2019년 여름 베니스비엔날레 때 그가 또다시 유럽을 흔들어 놓았다. 서울서 열린 '윤형근'전의 개막식에 참석한 베니스 시립 포르투니미술관의 관장이 전시를 제안해 성사시켰다. 500년 이상의 역사를 축적한 고풍스런 건물과 윤형근의 무심無心한 듯 묵묵한 작품은 마치 처음부터 함께였던 양 자연스럽게 어우러졌다. 동양의 정신성과 서양식 미술기법을 절묘하게 버무려낸 작품이라며 호평이 잇따랐다.

"서까래가 불탄 빛깔을 본 기억이 있다. 그것은 초목이 썩은 빛깔보다 더 검다. 아마 사람이 속을 태우면 그 불탄 서까래 빛깔처럼 되지 않을까 싶다."

윤형근은 노자《도덕경》의 첫 구절 "도가도비상도道可道非常道·도라 일컫는 것은 늘 도가 아니다"에 이어 나오는 "현지우현 중묘지문玄之又玄 衆妙之門·신비롭고 또 신비롭다. 수많은 묘한 것들이 나오는 문이다"을 자주 읊었다. 그의 그림이 과묵하기는 하나 그저 침묵하는 것은 아니다. 삶의 성찰과 자연의 순리를 이야기한다. 다만 그 깨달음이 너무나 커 그림 앞에 선 사람의 말문이 막힐 따름이다.

손상기

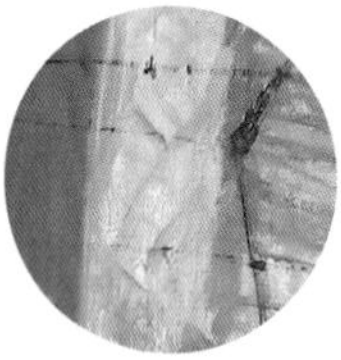

삭막한 도시,
하지만 희망은
있다

그토록 낮아져 본 적 있는가. 툭툭 떨어진 낙엽 같은, 바닥에 닿은 시선으로 육중한 담벼락을 올려다보는 듯. 한없이 높아 하늘마저 가려버린 저 담이 이 우주의 전부인 양 압도적이다. 기필코 저 담을 넘으리라, 부수리라 억센 다짐 같은 건 엄두조차 낸 적 없건만 막막함 앞에 털썩 주저앉는다. 가을이 간다 한들 울 수 없는 노룻처럼, 원망하거나 소리치지도 못하는 그런 심정이다. 닿을 수 없는 담 앞으로 넘지 못할 철조망까지 가세했다.

마음마저 울적하게 만드는 그림이려나 염려한다면, 그렇지 않다. 어둡고 절망적인 작품은 결코 아니다. 저 담벼락 끝에 매달린 덩굴꽃이 희망이다. 내 비록 닿지 못해도 저렇게 내려와 손 뻗어주는 존재가 있기에 그래도 또 한 번 허리 세우고 살아보라는 위로를 얻는다. 화면의 8할을 차지한 벽이 돌아나가는 왼쪽 구석에, 독립문이 보인다. 그 위로 다닥다닥 붙은 산동네 판잣집의 빨간 지붕이 봄 오면 피어날 장미꽃을 보는 것만 같아 슬프지도 않다.

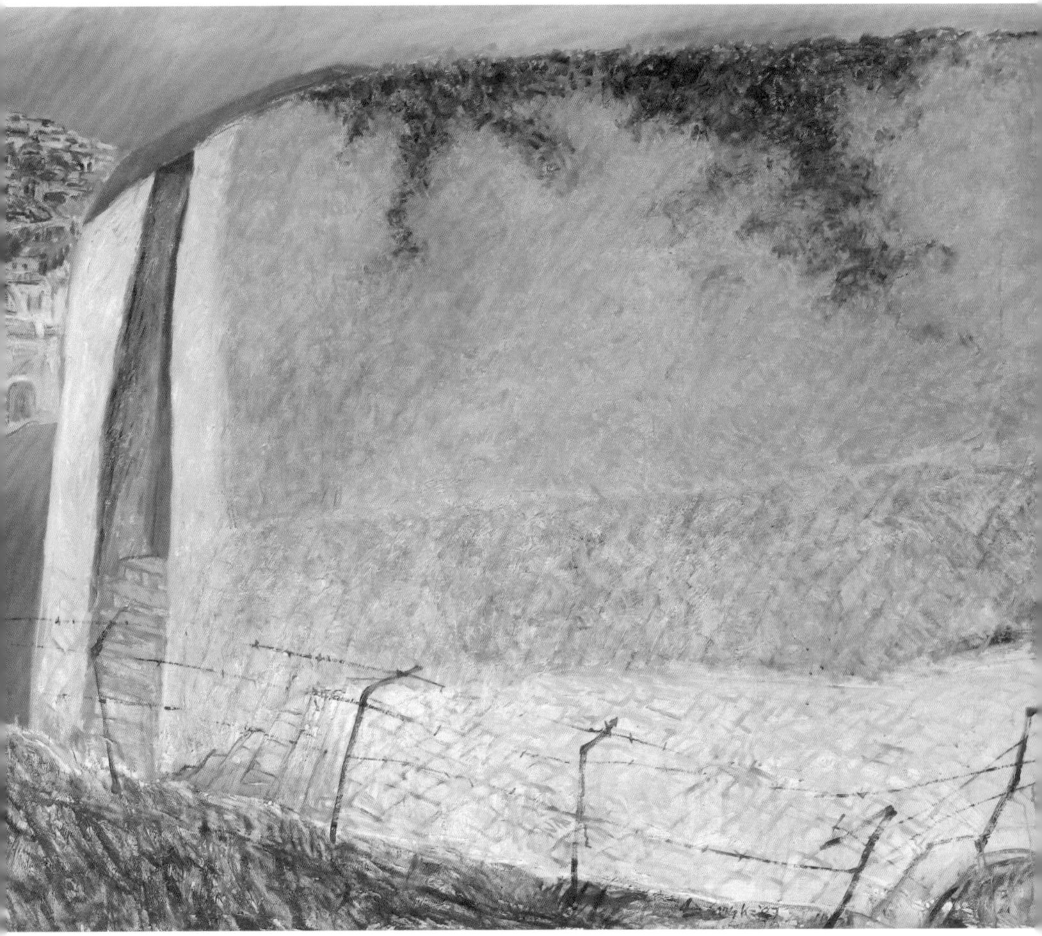

—
손상기, 〈공작도시-독립문 밖에서〉
1984년, 캔버스에 유채, 130x161cm, 개인 소장
—

화가 손상기孫詳基·1949~1988의 1984년작 〈공작도시-독립문 밖에서〉다. 서울 풍경을 포착한 화가의 '공작도시' 연작 중 하나로, 독립문 밖에서 본 도시의 한 단면을 그렸다. 손상기는 마흔을 채 넘기지 못하고 요절한, 이중섭과 더불어 한국의 '천재 화가'로 불리는 신화적 인물이다. 1970년대 중반 이후 그린 그의 대표작 '공작도시' 연작 중에서도 유독 이 그림에 손상기만의 낮은 시선이 잘 드러난다.

• • •

손상기는 전남 여수에서 태어났다. 척추결핵이었던지, 두 돌 무렵 열병을 앓은 후로 척주만곡 진단을 받은 그는 결국 웅크린 채 평생을 살아가게 됐다. 꾹꾹 누르면 더욱 딴딴해진다. "하루 종일 창문을 열어놓고 하늘을 쳐다보면서 멍하니 하루를 보내는 게 일과처럼 된" 손상기는 신체적 불능 끝에서 천부적 재능을 찾아냈다. 바로 그림이었다. 놀리는 아이들을 향해 짱돌 들고 맞서던 소년은 이미 고등학생 시절 첫 수채화 개인전을 열었고, 손수 초대장을 썼다. 1985년도에 그가 그린 〈자라지 않는 나무〉는 굵고 곧고 큰 나무 옆에 구부러지고 잘린 나무 둥치를 나란히 두고 있다. 일종의 자화상이다. 쌓인 눈의 흰빛보다 검푸른 어둠이 더욱 시리다. 이런 풍경에서도 둘러친 담은 유난히 높고 조금 휘어 있다. 독립문 밖 담벼락처럼. 정면이나 위에서 조망한 그림과 달리 허리를 굽히고 눈을 낮춘 시점에서 본 풍경은 마치 곡면거울에 비친 것처럼 살짝 휘청이는 구도를 이룬다. 일반적으로 관객들이 기분 좋게 감상하는 전통 명화들은 '내려다보는 시선'의 나르시시즘을 깔고 있기에 보는 것만으로도 우쭐할 수 있었다. 하지만 손상기는 과감히 그런 안정감을 밀어냈다. 그림의 중심부는 공허하고 구도는 불안하다. 진솔한 명작, 진정성이 투영된 작품이라 불리는 이유다.

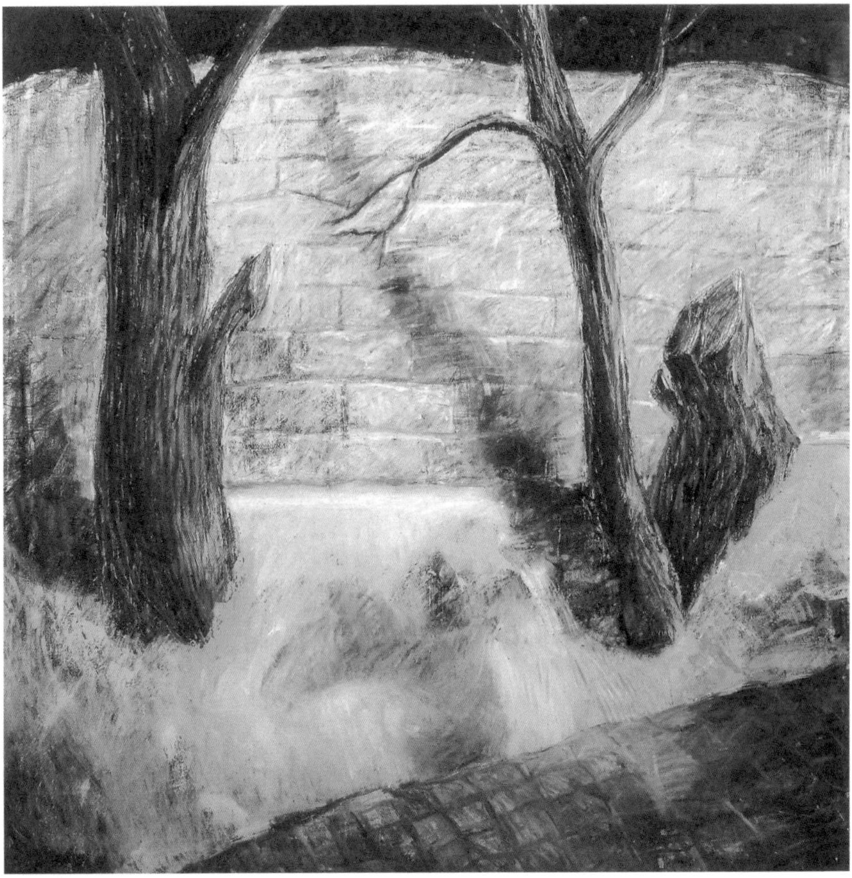

손상기, 〈자라지 않는 나무〉
1985년, 캔버스에 유채, 130x130cm, 국립현대미술관 소장

원광대학교 미술교육과에 입학해 전주와 익산 등지에서 활동하던 그에게 사랑이 찾아왔다. 그림이 있었기에 손상기는 불구였음에도 불편할 뿐 불능할 일은 없었고, 불운과 불행이 교차했지만 불쌍히 여겨질 사람도 아니었다. 대학을 졸업한 이듬해 그는 수원으로 갔고, 가르치던 제자와 살림을 차렸다. 삶에 더욱 열 올렸고 그림에 흥이 실렸다. 딸도 얻었다. 하지만 행복은 찰나다. 뜨거운 사랑에 가난이 찬물을 끼얹었다. 다툼이 잦았고 그를 허락하지 않았던 아내의 가족이 둘을 갈라놓았다. 돌도 안 된 아이를 두고 떠난 그녀는 영영 다시 볼 수 없었다. 웅크린 아비는 딸아이를 움켜 안고 하염없이 기다렸다. 이후 새 사랑을 만나 둘째 딸도 얻고 안정을 되찾았지만 이따금씩 그는 먼 산 보듯 길 저 너머를 바라보곤 했다. 굽은 등에 실연에, 그는 혹 둘 솟은 낙타가 됐다. 자라지 않는 키에 불편한 몸이었지만 뜨거운 열정으로 살며 파리의 변화무쌍한 유행을 덧없이 그려낸 툴루즈로트레크Henri de Toulouse-Lautrec였고, 가난한 화가라는 이유로 사랑을 잃고 고통의 나락으로 떨어져서도 긴 목과 빈 눈[目]의 여인상을 그린 모딜리아니Amedeo Modigliani였던 손상기다.

"처음 내가 그림을 그리게 된 것은 상채기 난 나의 꿈과 이상을 실현시키려는 욕망에서였다. … 그러나 그 후 나는 현실이라는 것, 역사라고 하는 것 그리고 민중, 그들의 아픔에 대하여 직시하게 되었고 그들과 더불어 사는 삶 그것을 또 하나의 작업 과정으로 표현해 보고 싶었다."

그는 1983년 가을 동덕미술관에서 연 개인전의 전시 서문에 이렇게 적었다. 자신도 도움이 절실하지만 더욱 힘들어할 사람을 돌아보는 마음이 작품에 담겼다. 〈공작도시-동冬〉에서, 줄 수 있는 것이 마음뿐이라는 게 미안해서 눈조차 마주치지 않게 고개 푹 숙인 그 남자가 어쩌

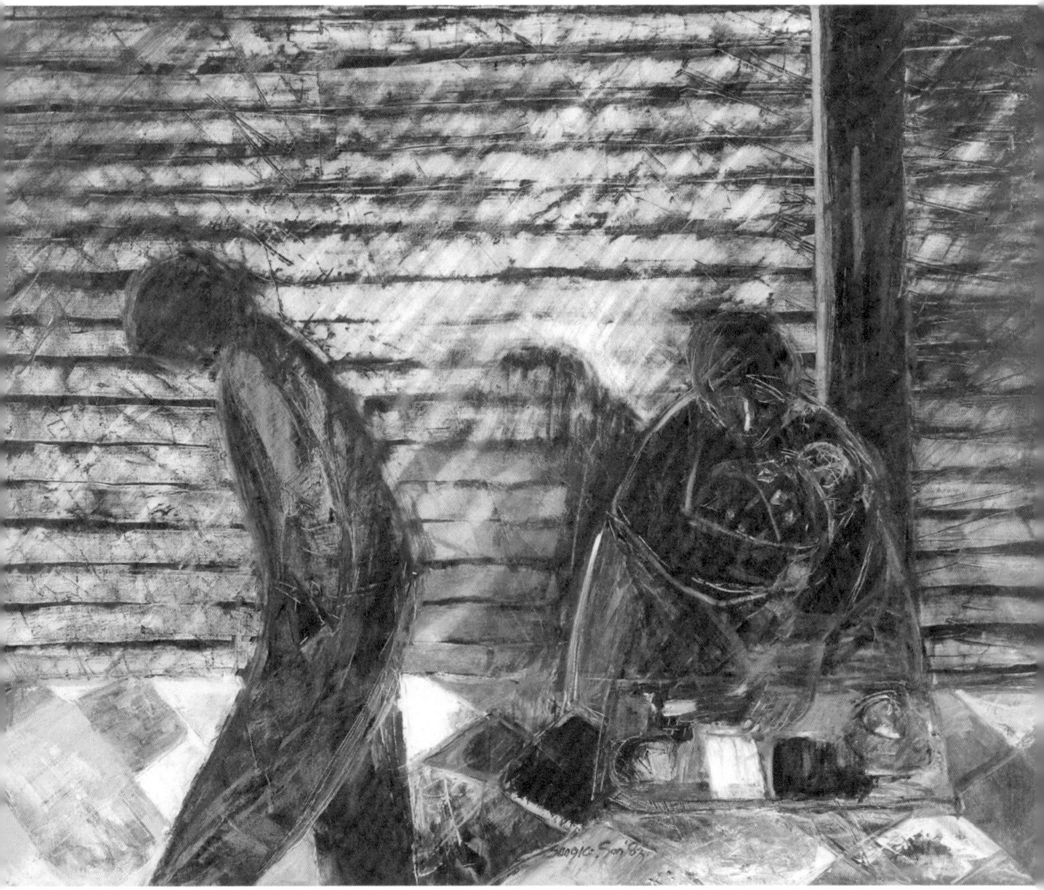

—
손상기, 〈공작도시-동冬〉
1983년, 캔버스에 유채 ,112×150cm, 개인 소장
—

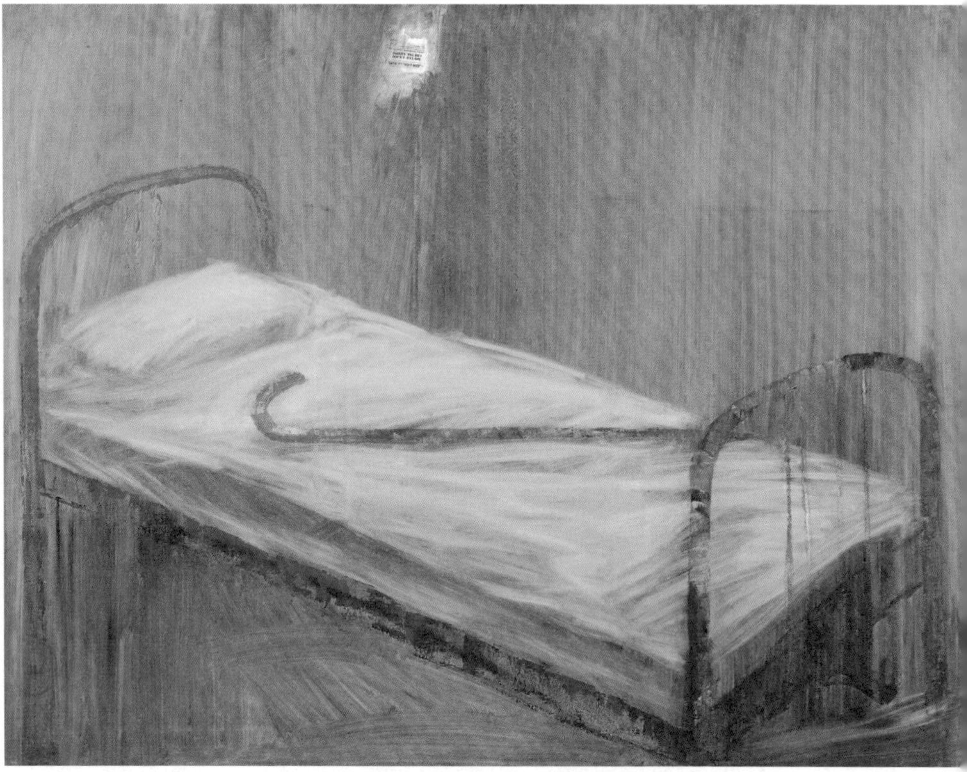

—
손상기, 〈공작도시-영원한 퇴원〉
1986년, 캔버스에 유채, 112×150cm, 개인 소장
—

면 화가 자신일지 모른다. 추운 겨울날 시린 길바닥에서 젖먹이 아이를 품에 앉고 좌판을 연 아낙 앞을 지나며, 물건 하나 사 줄 푼돈조차 없어 주머니 깊숙이 손 찔러 넣은 채 지나가는 사내의 심경처럼. 그렇게 작가는 자신의 신세 한탄을 접어두고 더불어 살아가는 낮은 곳의 다른 이들을 돌아보기 시작했다. 난지도와 달동네를 비롯해 도시의 어둠을 훑은 '공작도시' 연작은 마른 유화를 뾰족한 도구로 긁어낸 날카로움과 어린아이가 크레용으로 그린 것 같은 투박함이 공존하면서 화려하지만 허무한 대도시의 속성을 꼬집는다. 시들어 고개 떨구고 담장 끝에 겨우 매달린 꽃이어도 화사하게 그린 그는 마지막까지 희망과 위로를 잃지 않았다.

'사람 내음' 연작으로 불리는 여성 누드도 그의 또 다른 대표작으로 꼽힌다. 크로키처럼 아주 빠른 필치로 그린 여성의 몸은 과감하고 격정적이다. 세세한 묘사가 아님에도 분위기와 정서는 정확하다. 눈코입을 알아볼 수 없게 뭉개거나 그리지조차 않았음에도 표정이 읽힌다. 이들 벗은 여인에게서, 욕망을 보지 못했다는 건 거짓말이다. 하지만 화가가 그린 욕망은 구체적으로 꿀 수 없는 꿈, 추상처럼 아련하고 모호한 갈증 같은 욕망이었다.

천재의 요절은 숙명일까. 젊어서 결핵을 앓았던 그는 감기 비슷한 증상으로 병원을 찾았다가 폐 기능이 좋지 않음을 알게 되었고, 나중에는 폐울혈로 인한 심부전으로 세상을 등졌다. 병상에서 그린 〈공작도시-영원한 퇴원〉은 잘 정돈된 병원 침대 위에 지팡이 하나만 덩그러니 놓여 있다. 이 병 털고 일어나는 날에는 지팡이도 떨치고 가리라. 하지만 그는 영면에 들었고 40년 안 된 인생, 20년 남짓한 화가 생활로 1500여 점의 유작을 남겼다.

사무치는 사랑, 그리운 가족

2

배운성
김환기
최영림
장욱진
이성자
김흥수

배운성

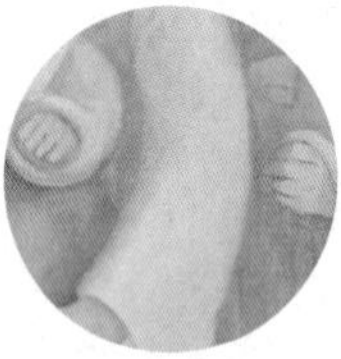

옹기종기 모인 대가족, 애틋한 그리움을 채우다

여기 할머니부터 돌쟁이 막내 손주까지 3대 이상 됨직한 대가족이 빙 둘러 모였다. 화려한 의자에 앉아 손주를 안은 할머니와 그 뒤에 선 부부는 뻣뻣한 것이 꼭 돌날 기념사진에서 떼어낸 듯하다. 할머니 쪽으로 어깨를 댄 노란 두루마기의 소년은 얼굴이 창백하고 기운 없어 보이는 게 조금 아픈 것 아닌가 싶다. 쭈그려 앉아 대님 매만지는 녀석, 손 당기며 얼굴 바라보는 아이를 지나 오른편에 선 젊은 여인은 자랑이라도 하듯 커피잔을 손에 든 모습이 특이하다. 널찍한 대청마루 뒤쪽으로 난 창 너머에는 여러 채의 기와집과 풍족한 장독대가 보인다. 인물의 개성이 뚜렷하고 사진처럼 생생하게 묘사된 것으로 미루어 실존 인물들인 게 분명하다.

무려 17명이 옹기종기 앉고 섰는데도 좁아 보이지 않는 이 한옥은 부자로 유명했던 백인기白寅基의 집이다. 이 그림은 한국미술사에서 좀처럼 찾아보기 힘든 '대가족' 초상화다. 근대기의 가족사진을 연상시키는 희귀작으로 꼽힌다. 당시의 옷차림과 생활상을 유추할 수 있는 사료적

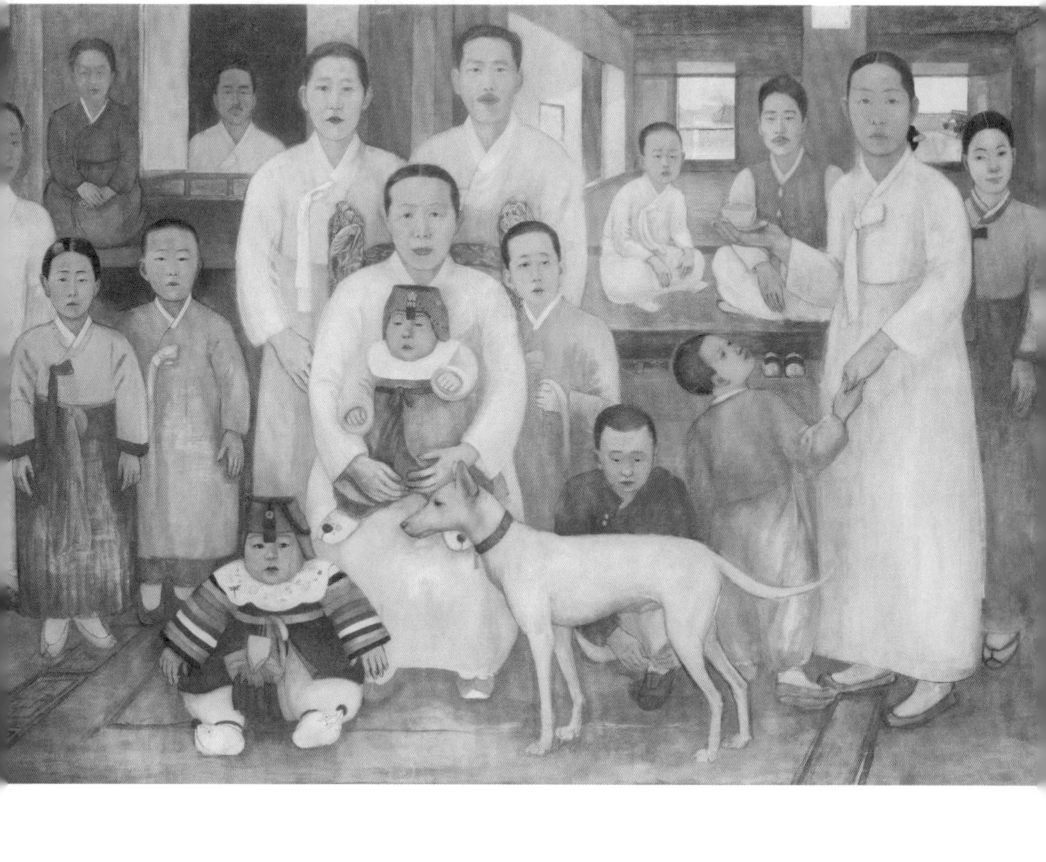

—
배운성, 〈가족도〉
1930년대, 캔버스에 유채, 140×200cm, 개인 소장
—

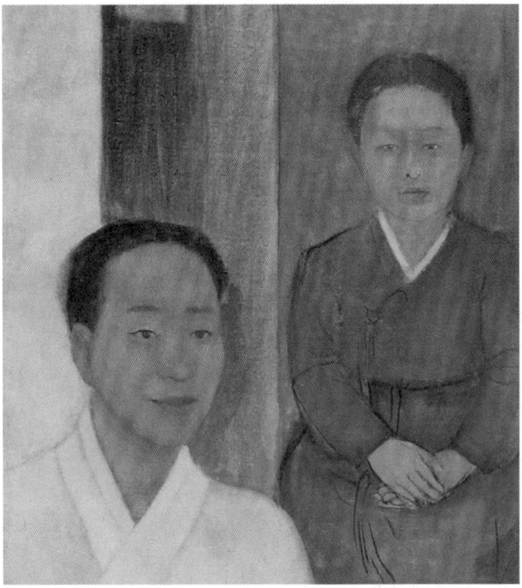

—
〈가족도〉 중 배운성으로 추정되는 인물.
그림의 왼쪽 끝에 위치해 있다.
—

가치도 높아 등록문화재 제534호로 지정됐다. 백인기의 집을 배경으로 했기에 등장인물도 그 일가이려니 생각하는 게 순리다. 그 집안 후손들의 증언과 전해지는 가족사진, 지역 향토사학자들의 연구 등이 꽤 오랫동안 이 그림을 백인기 가족 초상화로 보아왔다. 그런데, 사연이 좀 복잡하다. 작품을 다시 보자.

맨 왼쪽의 한 사람, 흰 두루마기 사내가 눈에 띈다. 대체로 정면을 응시하는 다른 인물들과 달리 그는 약간 비스듬히 안쪽을 향하고 있다. 푸근한 표정, 애틋한 눈빛으로 가족 전체를 지그시 바라보는 그가 이 그림을 그린 화가 배운성裵雲成·1900~1978이다. 집안 형편 때문에 15세 무

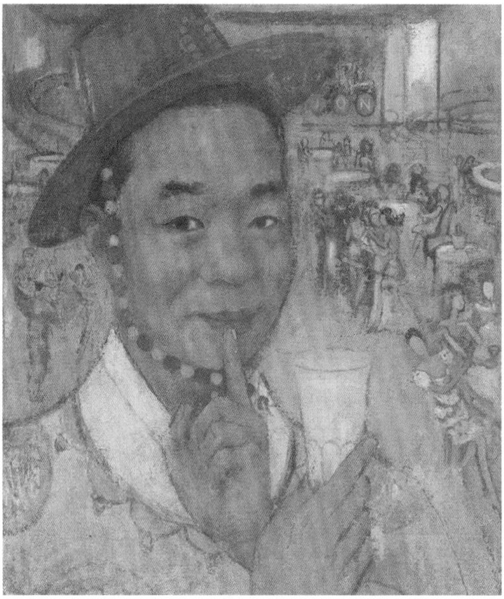

—
배운성, 〈모자를 쓴 자화상〉
1930년대, 캔버스에 유채, 54×45cm, 개인 소장
—

렵부터 남의 집 더부살이를 시작했다. 당시 그 동네 제일가는 부자였던 백인기 댁에 일을 해주면서 공부도 하는 서생書生으로 들어갔다. 백인기의 아들 백명곤白命坤이 또래였기에 말벗 겸 공부 친구였고, 몸종이었다. 기름한 홑꺼풀 눈매에 둥근 코와 도톰한 입술은 분명 배운성이다. 화가는 자신을 그림 구석에 집어넣으며 들뜬 모양이다. 표정이 조금 상기됐다. 잘 다림질한 두루마기 밑으로 서양식 가죽구두를 신어 멋을 부렸다. 바티칸의 벽화 〈아테네 학당〉에 자신을 그려둔 라파엘로나, 공주의 초상화 제작 과정을 그린 〈시녀들〉에서 늠름한 기사처럼 자신을 묘사한 벨라스케스Diego Velázquez와 같이 그림 속에 들어가는 일은 화가의 특권이다.

• • •

배운성은 '최초'를 잘 챙기는 우리가 깜빡 잊고 지낸 화가 중 하나다. 그는 한국인 최초로 유럽에서 유학하고 현지 화단에서 이름을 날렸다. 1927년에는 당시 유럽 화단의 중심지였던 파리의 대표적 가을 공모전 살롱도톤Salon d'Automne에 조선인 최초로 출품해 수상했다. 피카소와 모딜리아니, 샤갈Marc Chagall 등과 나란히 그림을 걸었던 것이다. 1920년대 후반부터는 국내 잡지와 신문도 그의 활약상을 전하며 '당대 최고의 국제화가'로 자랑스러워했다.

그는 1900년 7월 서울 종로구 명륜동에서 태어났다. 수공업자이던 아버지를 다섯 살 때 여읜 후로 가세가 기울기 시작했다. 1908년에 인현공립보통학교에 입학했지만 학비 내기가 어려워 중퇴했다. 학교 주변을 맴돌고자 경성중학교 급사로 일하다, 남의 집을 전전하기 시작했다. 그를 거둬준 백인기는 부자였을 뿐 아니라 서화협회의 명예회원이기도 했다. 예인이었다. 그는 배운성을 아들 백명곤의 말동무이자 몸종으로 데려왔다. 백인기의 눈에는 어깨너머로라도 공부를 갈망하는 배운성이 기특했다. 중동고보를 졸업할 수 있게 지원했고, 1919년 일본 유학길에도 딸려 보냈다. 배운성이 밝히기로는 당시 주인댁의 후원으로 와세다대학에서 경제학을 공부했다고 했는데, 정식 학생이었는지 청강생이었는지는 불분명하다. 배운성을 깊이 연구해 온 미술평론가 김복기 경기대학교 교수는 "가난 때문에 몸종 역할을 했던 배운성이 와세다대학에서 경제학을 전공했다는 것은 어딘가 앞뒤가 맞지 않다. 경제학 전공은 주인의 아들 백명곤의 유학 코스가 아니었을까 추측할 수 있다"라고 설명한다.

다만 당시의 경제학 공부가 배운성의 세상 보는 시야를 넓혔음은 분명하다. 백인기는 놀기 좋아하고 유약한 아들 곁에 총명한 배운성이 있는 게 든든했다. 뒤이어 1922년 봄 백명곤이 독일 유학을 떠날 때도 배운성은 뒷바라지를 위해 함께 떠났다. 유학의 여정은 길었다. 독일 베를린으로 가기 위해 일본 요코하마에서 출발해 몇 달 간 배를 타고 프랑스 마르세유에 이르렀다. 잠시 머무르던 그곳에서 들른 박물관의 대형 그림들이 그를 흔들어놓았다.

"마르세유박물관에서 처음으로 본 레오나르도의 나체화 같은 것은 특히 깊은 인상을 주었다. 그 아담한 박물관의 분위가가 나의 본능 속에 깊이 감복하고 있던 예술의욕을 자극하여 처음으로 나의 예술에 대한 야심이라고 할는지 본능이라고 할는지 그런 것을 일으켜주었다고 생각한다. 그 때까지도 경제학 전공을 목적하였던 나는 급거히 그러나 자연스럽게 화가로 전환하였던 것이다. 나는 내 일생에 있어서 영구히 마르세유의 하루를 잊지 못할 것이다."

《문화일보》 1947년 3월 19일자에 실린 〈벙어리 화백과 부르노 고성古城〉 중에서-

그리고 백명곤이 병에 걸려 유학 중간에 귀국하게 됐을 때 배운성은 "돌아갈 여비를 보내주지 않아서"라는 이유로 독일에 남았다. 꼭 여비 때문이었을까. 못 돌아온 게 아니라 안 돌아온 것일 수도 있다. 벗어나지 못할 것 같은 가난 속에서 머슴처럼 살던 그가 외국 문물을 접하며 어느새 독립적인 지식인으로 정체성을 확립했던 것은 아닐지. 신분과 재산과 권력의 틀에 얽매이지 않고 그저 맨몸 맨손으로 자기를 드러낼 수 있는 유럽이 그에게는 희망의 땅이었을 수 있다. 독일에 남기를 스스로 택했을지 모른다.

배운성은 베를린에서 우연히 사귄 현지 화가 후고 미드Hugo Mieth에게 여가로 소묘를 배우다 화가의 길을 권유받아 본격인 화가의 길로

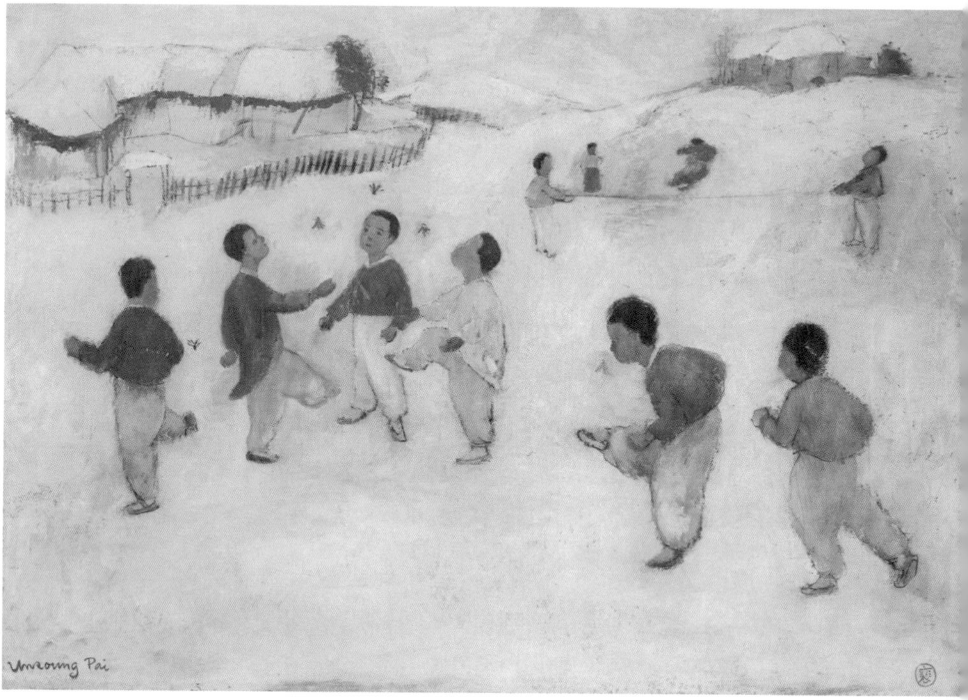

배운성, 〈제기차기〉
1930년대, 캔버스에 유채, 72×102cm, 개인 소장

들어서게 된다. 배운성은 개인 교습을 받으며 레겐스부르크미술학교에서 기본기를 익혔고, 두 번의 낙방 끝에 1925년 베를린 국립예술종합학교에 입학해 정식 미술학도의 길을 걷는다. 그 시절 베를린은 야수파와 표현주의가 꿈틀대는 곳이었고, 다다이즘의 거점 도시였다. 하지만 배운성은 전위적인 예술보다 고전적 서양화풍을 선호했고 한국의 풍물을 즐겨 그렸다. 유럽인들은 그런 이국적 소재에 열광했다. 그 시절 유럽에서 활동하던 외국인 화가들은 '에꼴 드 파리Ecole de Paris'라 불렸는데 그들 중 하나였던 러시아 출신의 샤갈도 고향의 민속적·종교적 풍물을 그린 독특함으로 주목받았다. 배운성은 1935년 3월에 함부르크민족학박물관지금의 함부르크민속미술박물관의 초청을 받아 87점의 그림으로 대규모 개인전을 열었다. 현지 언론이 '표현력이 강한 데생과 화려한 색채', '엄격한 수법과 풍부한 개성'이라 호평했다. 이 박물관이 한국인 화가의 전시를 개최한 게 처음은 아니었다. 함부르크 출신으로 조선국총영사를 지냈으며, 제물포에 한국 첫 독일회사인 세창양행을 설립한 사업가 에드바르트 마이어가 조선 말의 화가 기산箕山 김준근金俊根이 그린 풍속화의 수집가였다. 그가 1894년에 이곳에 자신의 소장품들을 전시했고, 나중에 기증도 했다. 그런 전시 이력을 의식하기라도 한 듯 출품작들은 다분히 동양에서 온 화가에게 기대됐을 법한 한국적 풍광을 주로 다뤘다. 〈제기차기〉나 〈줄다리기〉 등 한복 입은 아이들의 전통 놀이 장면이 그랬다. 소재만 흥미로운 게 아니라 실력도 뛰어났으니 현지인들이 열광했다. 배운성은 서양의 유화용 붓이 아닌 동양의 모필을 사용해 부드럽게 표현하거나, 서양화 재료로 우리식 산수화의 구도와 표현을 재해석하는 등 재능을 뽐냈다.

• • •

이 〈가족도〉는 바로 그 전시에 출품된 작품 중 하나다. 1930년 베를린 쿠틀리트화랑에서 열린 배운성의 첫 개인전에는 등장하지 않았고 이후 1935년 전시에 선보였으니 1930년대 초반에 제작된 그림이다. 독일로 떠나온 지 십수 년이 지났건만 집의 구조와 인물에 대한 묘사가 정확하고 생생하다. 갖고 있던 짐꾸러미에서 백인기 댁 가족사진이라도 나왔단 말인가. 과정은 확인할 길 없으나 분명한 것은 그림의 '주인'이 배운성이라는 사실이다. 그가 백인기 집 더부살이 중에 그렸거나 의뢰받은 그림이었다면 주인댁 식구를 위한 초상화라는 데 의심에 여지가 없겠다. 하지만 더 이상 배운성은 그 집에 기숙하는 신세가 아니었다. 추억이 화가를 붓 들게 했다. 자신이 조선 땅에서 본 중 가장 좋은 집에, 그리운 이들과 사랑하는 사람들을 그려 넣었다. 그렇게 배운성은 주인댁을 파고들었다. 봉준호 감독의 영화 〈기생충〉에서 기택네 가족은 속임수를 써서 박 사장 집에 침입했지만, 배운성은 꿈을 꾸듯 그림으로 가족들을 그 집에 들여보냈다. 이제는 객식구도, 혼자도 아니다.

그림의 구심점이 된 할머니를 보자. 흑백사진으로 전하는 배운성 어머니의 모습과 흡사하다. 처진 두 눈에, 완만한 왼쪽 눈썹보다 오른쪽 눈썹이 갈매기처럼 살짝 더 올라간 특징까지 일치한다. 그림 맨 오른쪽에 샛노란 저고리를 입고 선 젊은 여인은 살짝 기울인 얼굴이 왼쪽 끝의 화가 배운성과도 닮았다. 어머니의 4남 1녀 중 고명딸이던 막내 여동생이다. 배운성이 1930년대 패널에 유채로 그린 〈화가의 가족〉에 등장하는 어머니와 오누이의 모습이 고스란히 〈가족도〉의 가운데와 양쪽을 차지했다. 사진도 전한다. 1933년 초, 독일 《슈피겔》이 대서특필한 배운성의 작품 평론을 국내 언론이 번역해 유럽에서 활약하는 조선의 청년화가로 보도했다. 기사를 읽고 어머니와 여동생이 신문사로 찾아갔다 한다. 1933년 5월 24일자 《조선일보》는 "열두 해 전 구라파로 건너가" 소식을 알 수 없던 아들 배운성의 소식이 실린 신문을 손에 들고 신문사로 찾아온 "그의 어머니 김씨와 동생 금자양"의 사연을 전했다.

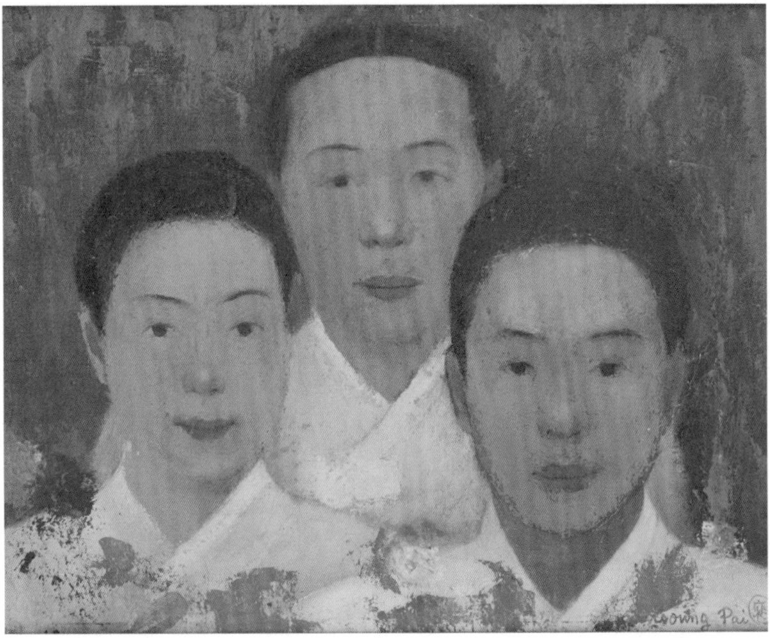

—
배운성, 〈화가의 가족〉
1930년대, 패널에 유채, 43×55cm, 개인 소장
—

혈혈단신 외국으로 가 현지에서 성공한 한류스타 격이다. 당시 신문사로 찾아왔다는 어머니와 여동생 사진이 배운성의 프로필과 나란히 소개됐는데 〈화가의 가족〉 속 세 사람과 일치한다. 이 기사에서는 "그리운 아우의 귀국하는 날을 고대하던 배군의 형님 희성씨는 재작년에 세상 떠났"다는 사실과 "본지 석간에 실린 그의 작품 〈조선아동〉의 모델이 된 그의 어린 조카 정길이도 저세상으로 가버렸다"는 안타까운 사연을 전했다.

유럽의 화가 소식이 조선에 전해진 것과 마찬가지로 고국의 기별이

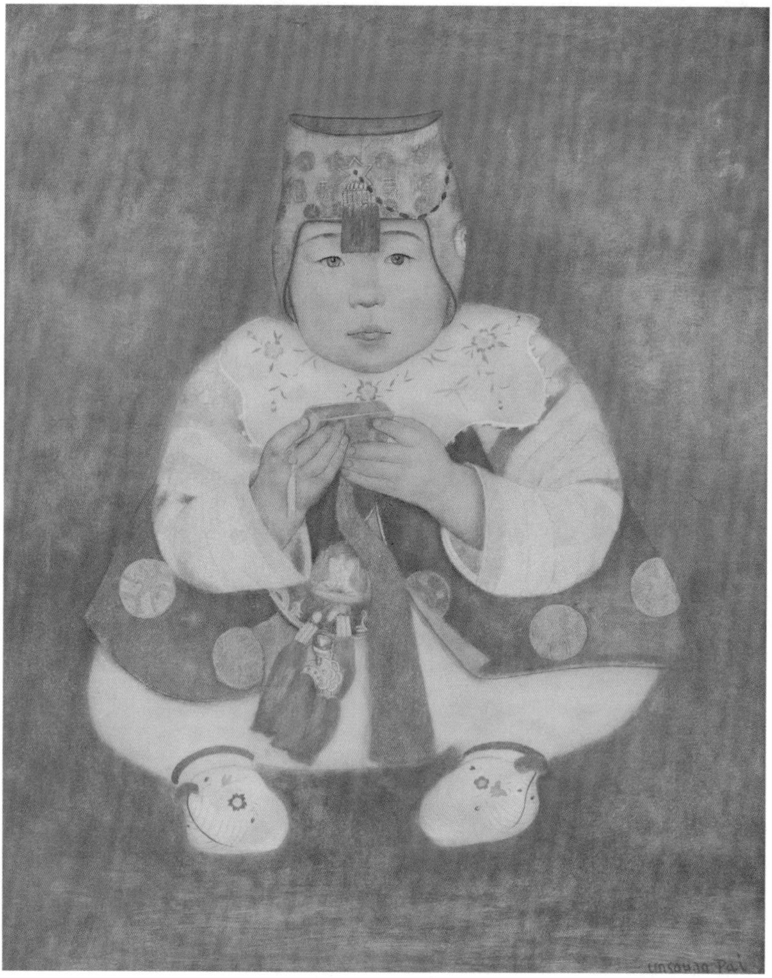

—

배운성, 〈한국의 어린이〉
1938년, 패널에 유채, 73×60cm, 개인 소장

—

배운성에게도 닿았으리라. 다시 〈가족도〉를 보자. 그림 왼쪽 상단에, 불 꺼진 듯 어두운 방을 배경으로 한 남자가 있다. 가슴팍에서 뚝 잘린 구도가 어색하다. 꼭 영정사진을 보는 듯하다. 앉았다고 하기에는 문지방이 너무 높다. 실력 좋은 화가가 그 정도 원근감을 계산 못할 리 없다. 미술사 연구자들이 1931년에 작고한 배운성의 형 희성씨로 보는 이유다. 할머니의 발 아래 색동저고리를 차려입은 어린 아기는 당시 '조선 아동'이라 불렸고 지금은 '한국의 어린이'라 불리는 작품 속 아이와 거의 같다. 배운성의 조카 정길의 돌 때 모습으로 전한다. 〈가족도〉의 전체 구성이 어머니와 4남 1녀를 다뤘다는 점도 '배운성 가족설'에 힘을 싣는다. 김복기 교수는 "1935년 당시 출간된 도록의 〈가족도〉와 지금의 그림을 비교하면 동생 '금자'에 해당하는 노란 저고리 여성의 자세가 조금 달라져 있음을 확인할 수 있다"면서 "화가가 전시 이후에 그림을 요모조모 다시 보며 고쳐 그린 것으로 추론할 수 있다"라고 말한다. 머나먼 고향에 두고 온 동생의 옷매무새 만져주는 오라비의 애틋한 마음이 느껴진다.

타국 땅에서 이따금씩 고향 소식 전해 듣는 화가는 그렇게 너른 자리에 어머니를, 편한 자리에 돌아가신 형님을 앉혀드렸다. 온 가족 다 모은 화가의 표정이 흐뭇할 수밖에 없다. 또 하나 흥미로운 것은 그림 아래쪽에 선 미끈한 흰 개다. 사람들보다 더 깊은 눈매를 가졌다. 토종은 아닌, 외국산으로 보인다. 낯선 자태의 너 또한 먼 곳에서 왔구나. 무슨 영겁의 인연이 닿아 이렇게 한 지붕 아래 살게 되었을꼬. '너나 나나 닮은 신세'라며 화가가 개에 투영한 또 다른 자아가 엿보인다.

● ● ●

배운성은 점잖고 친절한 성격 덕에 예술가들과 친분을 넓혔고 명망 있는 인사들의 초상화도 자주 의뢰받았다. 파리 소르본대학에서 유학 중이던 윤을수 라우렌시오 신부를 만난 것도 중요한 인연이 됐다. 두 점이 전하는 〈어머니 초상〉이 한 때는 배운성의 어머니를 그린 것으로 알려졌으나, 묵주와 성경을 든 모습과 나중에 확인된 사진을 통해 윤을수 신부의 어머니 임골롬바의 초상화라는 게 밝혀졌다. 윤 신부는 유럽의 거리나 박물관에서 자주 접할 수 있는 성모자상을 '한국식'으로 그려달라고 배운성에게 의뢰했다. 아마도 최초의 한국화한 성모자상일 것이다. 이 그림을 원본 삼아 제작한 타일 모자이크화는 경기도 용인시 인보성체수도회 용인수도원 내 윤을수 신부 유물전시관에 있다.

배운성은 1937년 나드롱카 폰 브레데라는 여인과 결혼해 그해 10월 파리로 옮겨 갔다. 1938년작 〈화가의 아내〉의 여성이 그녀로 추정된다. 그 아내와의 사이에 딸이 있었고 1960년대 초반까지도 동독에 살았다고 전하나 지금은 그들의 행방을 아는 이가 없다. 그렇게 배운성은 화가로 이름을 날렸다. 이국땅에서 반일운동에도 참여해 이미륵李彌勒 같은 민족주의 유학생들과 교류했다. 마라톤 선수 손기정이 금메달을 딴 베를린올림픽 때는 국내 신문사의 현지 특파원을 맡는 등 '조선인의 자부심'이었다.

하지만 1940년 유럽에 전쟁의 기운이 드리우자 애지중지하던 그림마저 둔 채 급히 귀국길에 오른다. 독일군이 파리를 함락하기 직전에 서둘러 떠나느라 생때같은 작품 167점을 파리 작업실에 두고 왔다. 독일인 아내와 첫 딸도 두고 홀로 한국땅을 밟았다. 돌아온 조국에는 그가 할 수 있는 일이 많았다. 당시 서양에서 유학한 화가 중에 정규 교육을 마친 사람은 배운성과 임용련任用璉 딱 두 사람뿐이었다. 다양한 예술운동을 펼쳤고, 홍익대학교 미술학부의 초대 학부장을 지내기도 했다. 하지만 한국전쟁이 터졌을 때 북으로 갔고 남쪽의 역사에서 지워졌다. 귀국 후 재혼한 젊은 아내 이정수 씨는 이화여자전문학교지금의 이화여자대학교 영문학과 수석 출신의 '신여성'이었는데, 그녀가 좌익 성향이었던 것이 월북의 이유로 알려져 있다. 평양미술대학을 세우고 교수로 재직하며 예술교육의 기틀을 마련한 배운성은 아들 경운·경휘와 딸 경임을 두고 1978년 신의주에서 세상을 떠났다. 유학 시절 배운 목판화 기술을 전수했을 뿐 아니라 최초의 김일성 초상판화를 제작하는 등 활약이 컸기에 북한이 1999년에 펴낸 《조선력대미술가편람》에도 여러 쪽에 걸쳐 비중 있게 소개됐다. 북한의 조선미술박물관에 국가보존작품으로 지정된 배운성 작품만 60점 이상이었다고 한다. 하지만 1963년 외국 미술계 인사들과 교류한 게 들통 나는 바람에 숙청당하다시피 신의주로 쫓겨나 말년을 보냈다.

• • •

영화 같은 배운성의 이야기는 이게 끝이 아니다. 잊힐 뻔한 배운성의 사라진 그림이 무더기로 한국에 돌아왔다. 불문학자인 전창곤 대전프랑스문화원장이 유학생 시절 파리의 골동품상에서 뭉치째 나온 배운성의 그림 48점을 발견했다. 눈이 밝았고 운도 따랐다. 배운성이 파리에서 전쟁 통에 귀국하며 미처 못 갖고 나온 그림 중 일부였다. 전창곤 씨는 그림들을 모조리 구입해 귀국길에 가져왔고, 2001년 국립현대미술관이 개최한 '배운성'전은 그 그림들로 채워졌다. 멀리, 오래 떨어졌더라도 언젠가 다시 만나게 되는 가족처럼, 떠돌던 그림은 고국으로 돌아와 다시 우리 앞에 섰다. 핏줄과 이념이 다르고 가진 게 차이 나도 한 지붕 아래 오손도순 식구처럼 모여 앉기를, 어쩌면 격변의 시대를 살았던 작가의 꿈이었을지 모를 일이다.

김환기

그리운 이의 눈동자 같은 점을 모아서

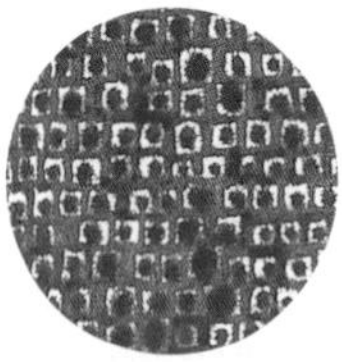

조국과 고향을 생각하며 찍은 점들은 밤하늘의 별 같고, 맨해튼의 불빛 같으며, 찰랑이는 바다 물결 같기도 하다. 실제 그림을 보면 점은 그냥 점이 아니라 그리운 이의 눈동자다. 단번에 찍은 게 아니라 한 번 찍고 그 번짐과 울림을 관찰하며 또 찍고 바라보다 마르면 또 찍기를 예닐곱 번 거듭해 점 하나가 완성된다. 어떤 눈은 기뻐서 울고 어떤 눈은 서러워 울고, 어떤 눈은 호기심으로 가득하고 어떤 눈은 기쁨으로 충만하다. 물론 개중에는 원망하는 눈동자, 외면하는 눈동자가 없으랴만.

세상에 첫 선을 보인 김환기金煥基·1913~1974의 전면점화, 제1회 한국일보 미술상 대상 수상작이기도 한 1970년작 〈어디서 무엇이 되어 다시 만나랴〉이다. 오래된 친구 김광섭金珖燮의 동명 시 마지막 구절을 손수 적으며 대작大作을 드로잉했다. 버릇처럼 일기를 쓰던 화가는 1970년 1월 8일 일기에 "서울을 생각하며 오만 가지 생각하며 찍어가는 점, 어쩌면 내 맘속을 잘 말해주는 것일까. 그렇다. 내 맘의 세계"라

—

김환기, 〈어디서 무엇이 되어 다시 만나랴〉
1970년, 코튼에 유채, 205×153cm, 개인 소장

—

읊조렸고 "내가 그리는 선, 하늘에 더 갔을까. 내가 찍은 점, 저 총총히 빛나는 별만큼이나 했을까. 눈을 감으면 환히 보이는 무지개보다 더 환해지는 우리 강산"이라며 흐느꼈다. 외로움, 그리움과 싸우면서 그는 쉼 없이 작업했다.

• • •

"당신의 이름을 내게 주세요. 그러면 평생 그 이름으로, 그 이름을 위해 살겠어요." 키가 남자의 가슴팍께 겨우 닿을락 말락한 여자가 당돌하게 말했다. 여자의 이름은 변동림이고, 어려서부터 써오던 '향안鄕岸'이라는 아호를 내주게 생긴 이는 김환기다. 변동림은 근대기 조선에서 태어나 격변의 시대를 관통해 살았다. 그의 첫 남편은 '박제된 천재'라 불린 시인 이상이었다. 변동림은 이화여자전문학교 영문학과 학생일 때부터 글재주로 문인들 사이에 이름이 오르내린 신여성이었다. 여성의 사회활동에 대해 인식하기 시작한 지식인이었고 큰 세상에서 새로운 예술을 펼치고자 한 이상주의자였으며 자유연애주의자였다. 19세기 파리의 살롱 같던 1930년대 경성의 다방은 예술과 사랑에 대한 이야기로 넘쳐났다. 변동림과 이상은 단골 다방 '낙랑파라'에서 자주 마주쳤다. 변동림은 이상의 절친한 친구 화가 구본웅의 계모 변동숙의 이복동생이었다.

구본웅의 소개로 그녀와 처음 마주 앉던 날 이상은 '평소의 그답지 않게 얼굴이 벌게지면서 각설탕만 만지작거려 다방 아가씨들로부터 핀잔을 들었다'고 한다. 이상이 원래 그런 사람은 아니었다. 폐결핵 요양차 황해도 배천온천에 갔다가 기생 금홍을 서울로 데려와 같이 살 정도로 과감한 사내였다. 소설 〈날개〉를 통해 드러난, 아내의 외도에 눈감고 골방에서 병약한 몸으로 예술의 상상을 펼치던 '공공연한 비밀' 같은 이상의 삶은 유명하다. 금홍과 비교하면 변동림은 극단적으로 달랐다. 교양과 지성미를 갖췄으며 특유의 아우라를 풍겼다. “우리 같이 죽을까?”, “어디 먼 데 갈까?”라고 한 이상의 고백은 이상다웠다. “당당한 시민이 못 되는 선생님을 저는 따르기로 하겠습니다”라고 한 변동림의 대답도 그다웠다. 둘은 1936년 간소하게 결혼식을 올리고 지금의 을지로 부근의 허름한 집에서 신접살이를 시작했지만 같이 산 기간은 짧았다. 3개월 후 이상이 도쿄로 떠났다. 둘은 일본으로 공부하러 갈 계획을 세웠다고 하는데 그 길로 소식이 끊기더니 사람은 오지 않고, 경찰서 검인이 찍힌 엽서 한 장이 날아왔다. 이상이 불심검문에서 반일反日 조선인으로 낙인 찍혀 일본 경찰에 구속됐다는 것을 그제서야 알았다. 감옥에서 쓴 경위서를 본 경찰들이 명문이라 감탄하더라는 흰소리가 사연의 주를 이루는 엽서였다. 이후 감옥에서 폐결핵이 재발한 이상은 보석으로 석방돼 즉시 도쿄제국대학 부속병원에 입원했다. 변동림은 일본으로 가 그의 임종을 지켰다. 졸지에 청상이 된 변동림에게 몇 년 후 한 여성 시인이 ‘무명 화가’라며 김환기를 소개했다.

1913년 전남 신안 기좌도지금의 안좌도에서 태어난 김환기는 남도 부농의 외아들이었다. 상경해 중동중학교를 졸업한 후 일본 유학을 떠났다. 잠시 고향으로 돌아온 1932년에 집안에서 정해준 여자와 혼인했다. 그 시절 장손들이 대체로 그러했듯, 일찍 결혼해 얼른 손주를 안겨드리는 것이 효도의 첫 덕목이었다. 결혼은 ‘해야 하는 것’이었고 ‘하고 싶은 일’은 예술이었다. 이듬해 4월 니혼대학 미술학부에 입학해 일본에서도 전위예술을 표방하는 ‘아방가르드 양화연구소’에 참여하며 당대 최첨단인 추상미술에 관심을 갖기 시작했다. 권위 있는 예술제인 이과전二科展에서 〈종달새 노래할 때〉, 〈22호실의 기념〉 등의 작품이 연달아 상도 받았다. 첫 개인전을 1937년에 도쿄의 아마기화랑에서 연 다음 졸업과 함께 귀국했으나 바다를 건너다니며 활동을 이어갔다.

그러니 '무명 화가' 소리를 들을 정도는 아니었다. 1939년 2월에 창간된《문장》의 그해 6월호 표지 그림을 김환기가 그렸다. 이미 수필가로 등단한 변동림도 김환기의 그림을 보았을 것이라 추측할 수 있다. 간략한 선으로만 담박하게 그린 당시 표지화는 팔짱 낀 남녀가 잎사귀 늘어진 나무 곁에 선 모습이었다. 둘의 뒤쪽으로는 사람이 셋, 기린인지 새인지 모를 짐승 두 마리가 겹쳐진 모습도 등장하는 추상적 경향의 그림이었다. 쓴다는 것은 서술이 아니고, 그린다는 것은 묘사가 아니라고 일기 끼적이던 시절의 작품이다.

김환기는 1942년에 아버지가 돌아가시자 고향의 논밭을 소작농에게 줘버리고 딸 셋 낳은 부인과도 이혼한다. 생활을 정리하고 그림에만 매진하려던 차에 새 인연을 만났다. 여자의 집에서는 아이가 여럿이고, 벌이도 시원치 않은 화가와의 결혼을 완강하게 반대했다. 그녀는 "사랑은 믿음이다, 내가 낳아야만 자식인가"라며 당차게 맞섰다. 그리하여 남편 될 사람에게 이름을 달라고 했다. 성까지 바꿔 살겠다고 한 것은 가족과 연을 끊겠다는 소리나 마찬가지였다. 김환기와 결혼하며 개명한 김향안은 이후 60년을, 정말로 이름의 주인을 위해 살았다. 김환기는 대신 수화樹話라는 호를 썼다. 1944년 5월 1일, 둘은 파격적인 신식 결혼식을 택했고 안경 쓴 김향안은 하얀 웨딩드레스를 입었다. 주례는 우리나라 최초의 서양화가인 고희동이, 시인 정지용鄭芝溶과 화가 길진섭吉鎭燮이 사회를 맡았다. 장안의 문인과 화가들이 총출동했다. 문인화가 근원近園 김용준金瑢俊이 10년 넘게 살았던 성북동 274-1번지의 늙은 감나무 많은 집 노시산방老柿山房을 넘겨받아 신혼살림을 차렸다. 집은 수화와 향안의 이름에서 한 자씩 따 '수향산방樹鄕山房'이라 불렀다.

해방 후 김환기는 장발, 김용준 등과 함께 서울대학교 미술대학을 만들었고, 1946년부터 1950년까지 재직했다. 유영국·이규상李揆祥·장욱

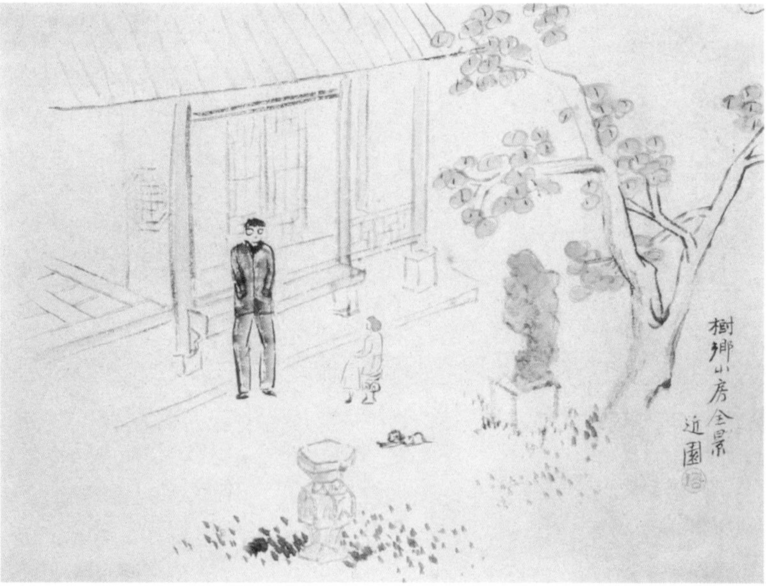

—
김용준, 〈수향산방 전경〉
1944년, 종이에 수묵담채, 24×32cm, 환기미술관 소장
—

진·이중섭 등과 새로운 사실寫實화의 추구를 내세운 추상주의적 화가 모임인 신사실파를 결성해 활동한 것도 딱 그때 일이다. 신사실파의 이름은 '추상을 하더라도 모든 형태는 사실'이며 그 안에서 '새로운 것을 추구하자'는 뜻을 담아 김환기가 지었다.

재잘거리는 사연을 꿀꺽 삼켜 시를 쓰듯, 추상을 갈구하던 그는 사실적 형태를 지우고 여운만 남겼다. 1938년작 〈론도〉는 큰 화면을 빨강·노랑·초록 등의 색면으로 나눠놓은 추상화지만 그 안에서 중심을 차지하고 앉은 인물, 셋이 머리 맞댄 가족 같은 형상을 더듬게 한다. 음악 용어인 '론도'를 작품명에 쓴 화가는 이후로도 지속적으로 선·면·색의 회

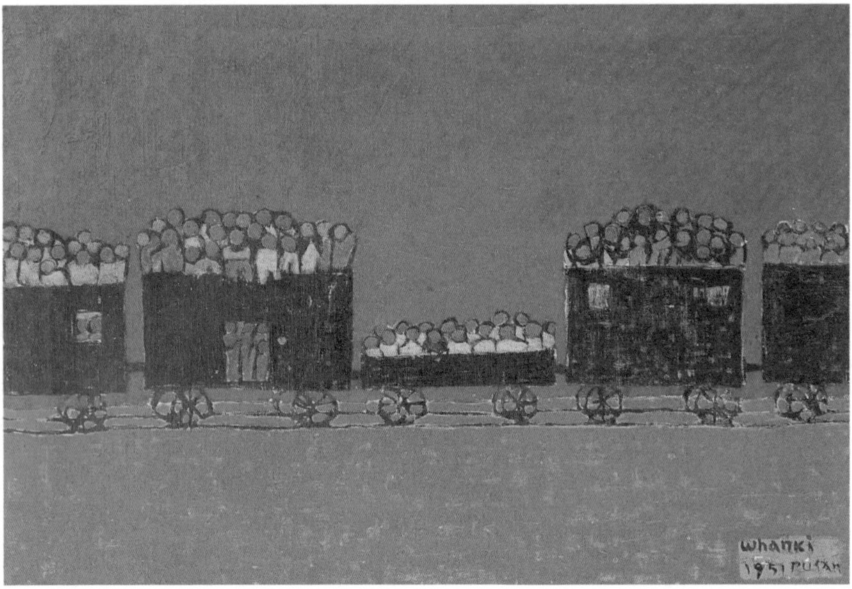

—
김환기, 〈피난열차〉
1951년, 캔버스에 유채, 37×53cm, 개인 소장
©(재)환기재단·환기미술관
—

화 요소로 음악의 추상성을 그려내고자 고심했다. 국립현대미술관이 소장한 이 작품은 근대기 한국 화단에 등장한 새롭고 실험적인 추상미술로서 역사적 가치를 인정받아 지난 2013년 등록문화재 제535호로 지정됐다.

전쟁이 한창이던 1951년에 그린 〈피난열차〉도 함축미의 극치를 보여준다. 검은 화물열차에 빽빽하게 사람들이 올라탔다. 피난민은 흘러넘쳐 지붕까지 가득 채웠다. 나무토막처럼 뻣뻣하게 굳은 사람들은 성냥갑을 꽉 채운 성냥개비처럼 어깨를 다닥다닥 붙이고 섰다. 그래야 한 사람이라도 더 탄다. 올망졸망한 머리들을 태운 기차가 붉은 땅 위를 내달린다. 표정은 물론 눈코입도 없는 사람들이나 묘사나 설명 없이 그 자체로 절박함을 소곤거린다. 침통하고 우울하고 절망적이기도 할 법한 상황이지만 옹기종기 모인 사람들이 서로 기댄 모습은 위안이 된다. 희망을 놓치지 않으려 화가가 택한 최선의 방법이었다.

• • •

김환기는 도자기, 특히 달 닮은 백자 항아리를 몹시도 사랑했다. 월급봉투와 백자 하나를 맞바꾸고선 잔소리 아랑곳없이 콧노래만 불렀더란다. 한국전쟁이 터지자 정성스레 수집한 도자기 때문에 발이 떨어지지 않았다. 줄 끝에 백자를 매달아 우물 안에 숨겼다. 항아리가 물에 떨어지며 펑펑 내는 소리에 키 큰 화가도 펑펑 울었다 한다. 김환기의 '백자' 그림은 1950년대 전체를 관통한다. 한 아름 되는 백자 항아리를 보고 있으면 촉감이 동한다며 감동했고, 싸늘한 사기에서 따사로운 김이 오른다며, 어찌 흙에다 체온을 넣었을까 탄복했다. 그런 김환기가 그린 백자는 푸근한 모양이 상 차리는 어머니의 둥근 등 같고, 돌아앉은 아내의 엉덩이 같다.

1957년작 〈항아리와 매화〉에서는 수직으로 뻗은 줄기에서 피어난 화사한 홍매 위로 둥근 백자 항아리와 보름달이 겹쳐 떠올랐다. 매서운 겨울에 지지 않고, 아무리 추워도 봄은 기어이 오고야 만다는 사실을 온몸으로 보여주는 아치고절雅致高節의 기세가 그림 위에 등등하다. 위로 곧게 뻗어 올라간 가늘고 긴 매화 가지 너머로 휘영청 둥근 달이 은은하게 비추는 구도가 조선 중기의 문인 화가 어몽룡魚夢龍이 그린 〈월매도〉와도 흡사하다. 조선 문인화의 정신이 어떻게 김환기에게 흘러들었는지를 짐작케 한다.

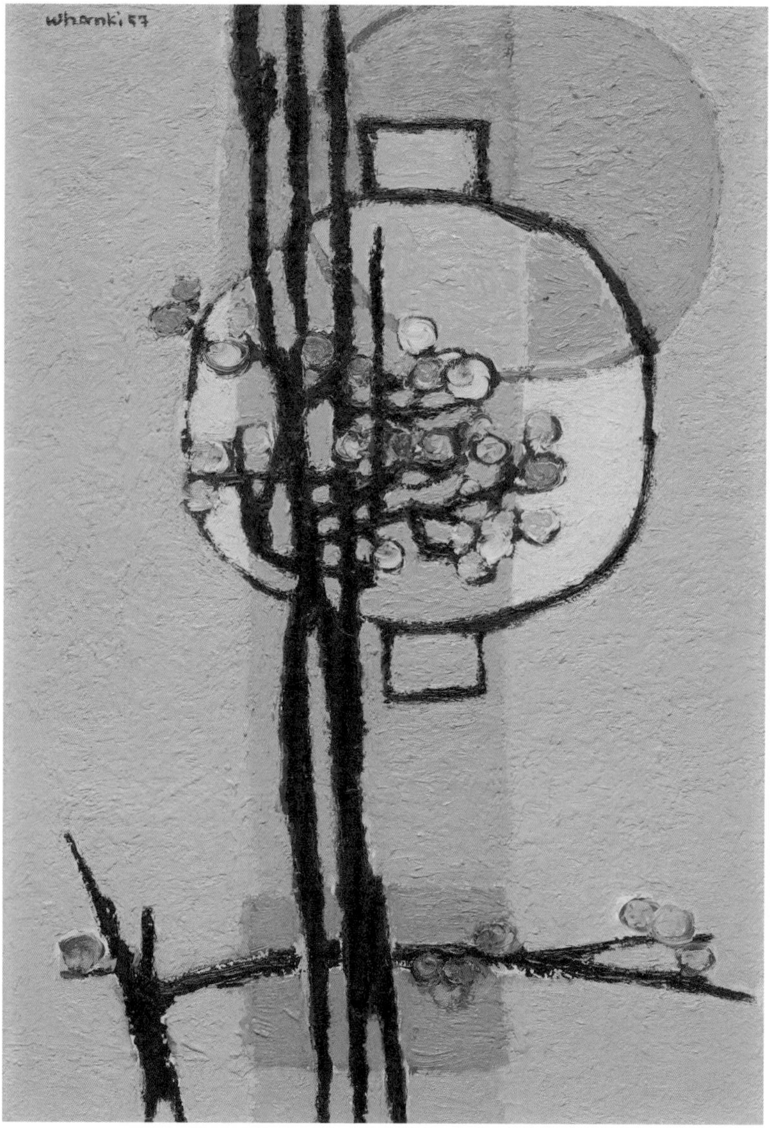

—

김환기, 〈매화와 항아리〉
1957년, 캔버스에 유채, 55×35cm, 환기미술관 소장

—

김환기는 이 〈매화와 항아리〉를 프랑스에서 그렸다. 1955년에 김환기는 홍익대학교 미술대학 학장이었고 한국미술가협회 회장이었다. 한 해 전에 대한민국예술원 회원으로도 이름을 올렸으니 한국에서 화가가 누릴 수 있는 명예와 영예는 다 이룬 셈이었다. 그런데도 늘 갑갑했다. 세계 무대를 내다보며 속을 태웠다. 곁에서 지켜보던 아내가 바깥세상으로 나가야 한다고, 파리로 가자고 과감하게 권했다. 처음에는 건방진 소리라 여겨 대꾸도 않았는데 술 마시고 집에 들어간 어느 날 "나 파리에 간다, 너도 데리고 가지"라고 내뱉었다. 김향안은 바로 프랑스어 공부를 시작했다. 대화가 가능할 수준이 되자 먼저 파리로 갔다. 1년 동안 작업실을 마련하고 전시 계획까지 세운 다음에 남편을 프랑스로 불러들였다. 1956년 4월 파리에 도착한 김환기는 그림만 그리면 됐다. 아내가 알아둔 현지의 M.베네지트갤러리에서 10월에 개인전도 열었다.

> "여기 와서 느낀 것은 시정신詩情神이오. 예술에는 노래가 담겨야 할 것 같소. 거장들의 작품에는 모두 강력한 노래가 있구려. 지금까지 내가 부르던 노래가 무엇이었다는 것을 나는 여기 파리에 와서 구체적으로 알게 된 것 같소."

1957년 1월에 쓴 글에서 그는 거장들의 작품에는 '노래'가 있다며, '시정신'이 필요하다는 말로 자신만의 독창적 예술철학의 필요를 강조했다. 서양미술의 성지 같던 파리에서 김환기는 자신의 정체성과 민족정서의 근원을 고민했다. '파리 시절'이라 불리는 그 시기 김환기의 그림이 오히려 가장 한국적인 분위기를 풍기는 이유다. 그는 유려하게 흐르는 산과 바다, 둥둥 떠오른 달과 백자, 비상하는 학과 고고한 사슴을 그리며 고국을 그리워하고 자신을 투영했다.

돌아와 잠시 서울에 머무르던 화가는 1963년 브라질 상파울루비엔날레에 한국 대표로 참석했다 귀국길에 들른 뉴욕에 눌러앉아 버린다. 이국에 대한 동경 때문이 아니었다. 새로운 도전이 필요했다. 1963년 11월21일, 김환기는 아직 미국으로 오지 않은 서울의 김향안에게 편지를 썼다. 완성을 눈앞에 둔 그림을 부숴버렸다는 내용이었다. 부수는 용기가 필요하다고, 자잘한 것을 뭉개버리고 커다란 주제만을 남겼다고 고백했다. 이 무렵부터 그의 그림에서 형태는 사라지고 점·선·면과 색 그 자체만이 남기 시작한다. 경지에 오른 눈으로 구도를 단순하게 정리했고, 그리움으로 빚은 미묘한 푸른 빛깔이 화폭을 덮었다. 이 시기의 그림은 '십자구도'의 작품이 주를 이룬다. 미국의 추상표현주의가 전후 미술가들의 희망·분노·공포의 감정을 드러냈고, 그 일파인 색면추상이 색만으로 사색을 이끌어냈다면 김환기의 추상은 감정적이지 않으나 은근한 한국의 정서를 담았다. 김환기를 두고 추상미술에 한국적 서정성을 더한 사람이라고 하는 이유다.

• • •

아침부터 백설이 분분粉粉하다고 시작한 1965년 1월 2일의 일기 끝에 그는 '점화' 얘기를 꺼내며 조심스레 성공을 점쳤다. 열매를 얻기 위해 화가는 수년 동안 밭을 갈고 씨를 뿌렸다. 이어 선과 점을 두고 고민과 실험을 이어갔고 1968년으로 접어들면서는 '나는[飛] 점'들이 모여 형태를 상징하는 것들을 시도했다. 과거의 자신을 버려내고 자기自己를 이긴 화가임을 보여줬기에 평단은 말년작이 된 전면점화를 가장 높이 평가한다. 키보다 큰 화폭을 수만 개의 점으로만 채운 전면점화는 김환기가 이룬 예술적 성취의 극치다.

47억 원, 54억 원, 63억 원, 65억 원, 85억 원…. 지난 2015년부터 김환기의 그림이 미술 경매시장에서 최고가 기록을 갈아치우기 시작했

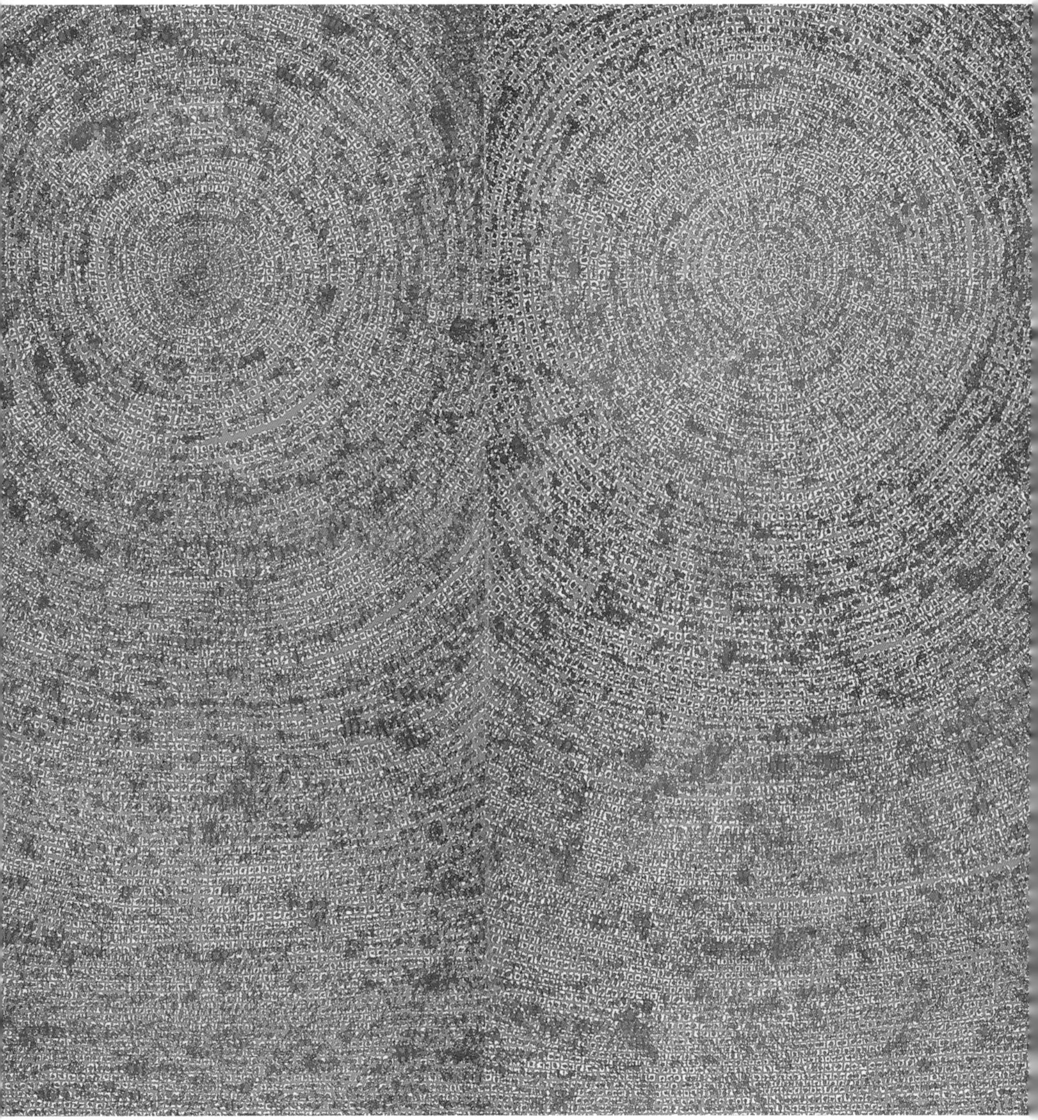

—
김환기, 〈우주 5-IV-71 #200〉
1971년, 캔버스에 유채, 254x254cm, 김웅기 소장
©(재)환기재단·환기미술관
—

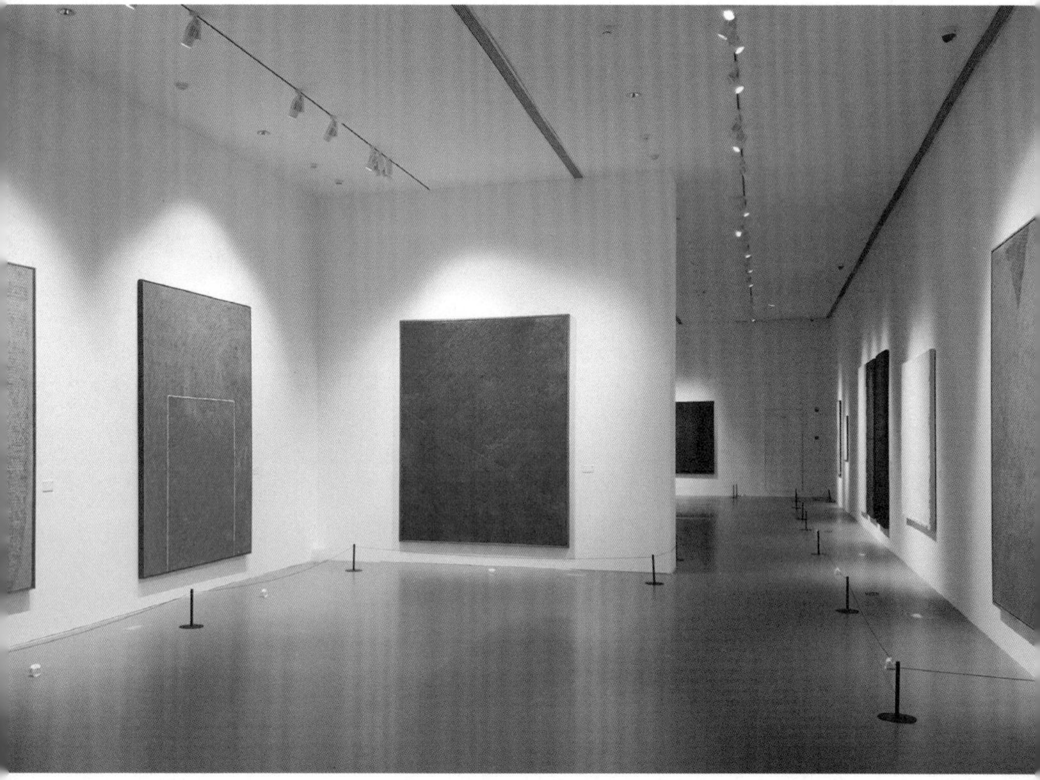

—

2018년 11월 상하이 파워롱미술관에서 개막한 '한국의 추상미술 | 김환기와 단색화' 전에 전시된 김환기의 작품들.

—

다. 연거푸 기록을 자체 경신하며 '김환기의 경쟁자는 김환기뿐'임을 보여줬고 2019년 11월 홍콩에서 열린 크리스티 경매에서는 두 폭짜리 푸른색 점화 〈우주 5-IV-71 #200〉가 132억 5000만 원에 낙찰됐다. 한국 미술이 100억 원 이상에 거래되기는 처음이며, 이 기록은 한동안 깨지지 않을 듯하다. 새 주인은 "국보 같은 작품의 해외 유출은 안 된다"라며 경매에 뛰어든 한국미술 애호가 김웅기 글로벌세아그룹 회장이다. 뉴욕 시기의 추상 작품들은 아라비아 숫자와 로마자가 섞인 제목을 갖고 있는데 일정한 규칙이 있다. 그림을 그리기 시작한 날짜를 일-월-연도순으로 적되 월만 로마자로 표기했고 그 뒤에 전체 추상화 중의 순번을 매겼다. 두 폭짜리 '우주' 뒷면에 적힌 '05-IV-71 #200'는 1971년 4월 5일에 그리기 시작한 200번째 작품이라는 뜻이다.

화업의 절정에서 너무 일에 몰두한 탓이었던지 김환기는 척추 통증으로 괴로워했다. 수술을 받았지만 결국 세상을 뜨고 만다. 1974년 남편을 먼저 보낸 김향안은 딱 30년을 이름의 본래 주인을 위해 더 살았다. 그는 작가를 기리는 환기재단을 설립했고 환기미술관을 지었다. 서울 종로구 부암동의 미술관에는 두 사람을 닮은 나란한 소나무 두 그루가 높이 뻗어 있고, 별관의 이름은 그 옛날 성북동 신혼집 이름과 같은 '수향산방'이다. 김향안이 쓴 김환기의 전기 《사람은 가고 예술은 남다》의 제목처럼 그들은 떠났지만, 작품들이 남아 언제나 관람객을 반긴다.

최영림

가족과 헤어진 화가가 그린 전쟁의 비극

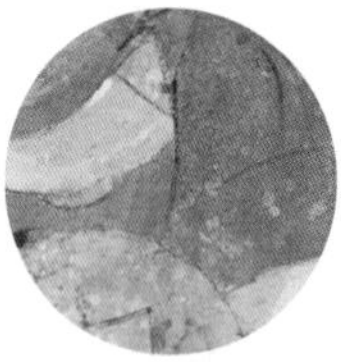

굵은 눈물방울이 뚝뚝 흘러내린다. 겁에 질려 눈조차 감지 못한 채 눈물만 쉼 없이 떨어진다. 한쪽 눈은 차마 볼 수 없는 슬픔에 꾹 감고 말았다. 부릅뜬 눈과 질끈 감은 눈은 전쟁의 참혹함 속에 인간이 느끼는 공포와 고통을 담고 있다. 울고 있는 여인은 어머니다. 고꾸라진 아들이 그 무릎에 놓여 있다. 안고 있던 아들을 손끝에서 잃은 어미는 '악' 소리도 내지르지 못한다. 나동그라진 아들의 눈동자는 빛을 잃었다. 도움을 주기에도, 위로를 전하기에도 꺾어진 보랏빛 꽃은 너무도 나약하다. 난데없는 폭격 소리에 팔다리를 휘저으며 도망치면서도 사람들은 제 식구를 찾아 헤맨다. 그림 왼쪽에서 뛰쳐나온 파란 치마의 아낙은 어린 아들을 향해 손을 뻗었다. 발가벗은 까까머리 소년은 어머니 품에 안겼으려나. 전쟁의 공포가 얼마나 무시무시했던지 시간이 멈춰버린 듯하다. 잡힐 것 같은 찰나가 영원처럼 느껴진다.

파블로 피카소가 그린 〈게르니카〉 속 사람들과 소와 말도 이렇게 울부짖었다. 피카소는 스페인 내전 중이던 1937년 4월 26일에 나치가 자

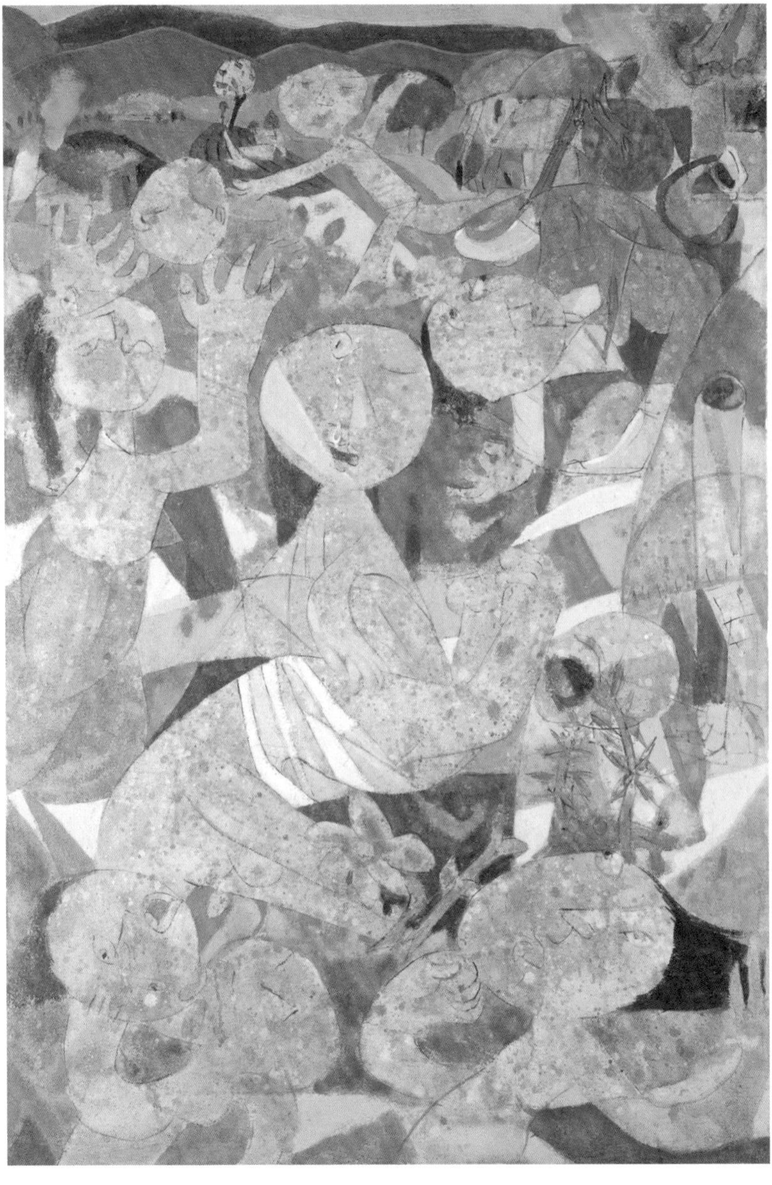

—
최영림, 〈1950.6.25〉
1974년, 캔버스에 유채·흙, 144×96cm, 국립현대미술관 소장
—

행한 게르니카 폭격 사건을 화폭에 담았다. 최영림崔榮林·1916~1985의 이 그림은 한국전쟁을 담고 있다. 제목마저 〈1950.6.25〉이라 설명이 필요 없다. 그림 한가운데를 차지한 어머니와 아들은 기독교식 성모자聖母子상을 떠올리게 한다. 르네상스의 거장 미켈란젤로 부오나로티가 대리석을 깎아 만든 〈피에타〉가 그런 모습이었다. 역사적 상황과 종교적 의미는 각기 다르나 생때같은 자식 잃은 부모의 비통한 마음은 형언할 수가 없다.

• • •

화가 최영림은 1916년 평양에서 두 번째로 큰 약재상 집 맏아들로 태어났다. 같은 해 같은 동네서 난 이가 이중섭이다. 당시 평양은 중국으로 통하는 지리적 특수성으로 새로운 문물에 유독 빨랐다. 평양 출신의 화가가 많은 이유다. 심지어 최영림과 이중섭은 초등학교 동창이다. 이중섭의 이름 석 자를 떠올리고 따져본다면 자유롭고 능숙한 선線으로 작업하는 실력에서 둘이 막상막하다. 아이들을 소재로 등장시키는 것이나 소를 그린 것도 공통점이다. 최영림의 그림 속에서 하늘을 올려다보는 사람의 둥그런 얼굴이 뒤집혀 있는데, 이중섭도 〈게와 아이들〉 등의 그림에서 이 같은 방식의 표현을 즐겨 사용했다. 이는 고구려 고분벽화에 등장하는 표현법으로 둘 다 그 영향을 받았다. 평양은 고구려 고분이 두루 퍼져 있는 지역이다. 이들이 종로공립보통학교 6학년이던 1928년 8월 7일 개관한 평양부립박물관은 고분벽화를 중점적으로 전시하고 있었으니 감수성 풍부한 소년들이 받는 충격은 남달랐을 것이다. 게다가 최영림에게 그림을 처음 가르쳐준 스승은 당시 평양부립박물관 학예원으로 근무하며 고구려 고분벽화에 대한 고고학적 발굴에 참여하던 오노 다다아키小野忠明였다. 오노는 미술 수업 때마다 고구려 고분에 대해 얘기했고, 훗날 최영림에게 보낸 편지에서 "고구려 고분벽화가 현재의 나를 있게 한 어머니였다"라고 술회했다.

최영림은 고등학생이던 1935년 조선미술전람회에 〈시골의 강〉을 출품해 입선하는 등 화가로서의 재능을 본격적으로 보여준다. 졸업하는 그에게 그림 선생 오노가 자신의 친구이자 당시 일본 판화계에 급부상한 작가 무나카타 시코棟方志功를 찾아가 보라고 추천했다. 무나카타는 목판화 기법의 개척자다. 단순하면서도 강렬한 형태, 효과적이면서도 균형 잡힌 흑백의 대비 등으로 완성도 높은 그의 판화를 두고 일본 민예운동의 창시자인 미학자 야나기 무네요시柳宗悅가 극찬했다. 최영림은 그렇게 일본으로 떠났지만 유학 2년 만에 반강제로 귀국하고 말았다. 그가 가업을 잇기를 바란 집안 어른들의 성화 때문이었다. 그런데 공교롭게도 그 무렵 함께 그림을 배웠던 최지원이라는 친구가 죽음을 맞았고, 최영림은 그를 추모하며 결성된 '주호회'에 참여한다는 명분으로 꾸준히 전시에 함께했다.

그러던 중 한국전쟁이 발발한다. 최영림은 월남을 택했다. 그때만 해도 북에 두고 온 어머니와 아내, 세 딸을 영영 만나지 못하게 될 줄은 상상조차 못했다. 가족 사랑이 남달랐던 사람이라 다시 못 볼 줄 알았더라면 아마 남쪽 행을 택하지도 않았을 것이다. 어찌어찌 다른 경로로 아버지를 찾아 남으로 온 아들을 실낱같은 희망으로 붙들고 살았다. 최영림은 월남하는 도중에 금강산 주변 원산에 들러 잠시 이중섭의 신세를 지기도 했고, 마침내는 배를 타고 제주도에 도착했다. 최영림은 섬에 제일 흔한 동물 중 하나인 말을 그리곤 했다. 그러나 조선시대 윤두서尹斗緖가 그리던 미끈한 말이나 장승업張承業이 그렸던 힘 넘치는 말이 아니라 고개 숙인 우울한 말이었고, 검정에 가까운 어두운 기운을 내뿜었다. 전쟁 이후는 모두에게 힘든 시기였다. 예술가로서 최영림은 이때의 불안과 혼란스런 감정을 고스란히 그림에 담았다.

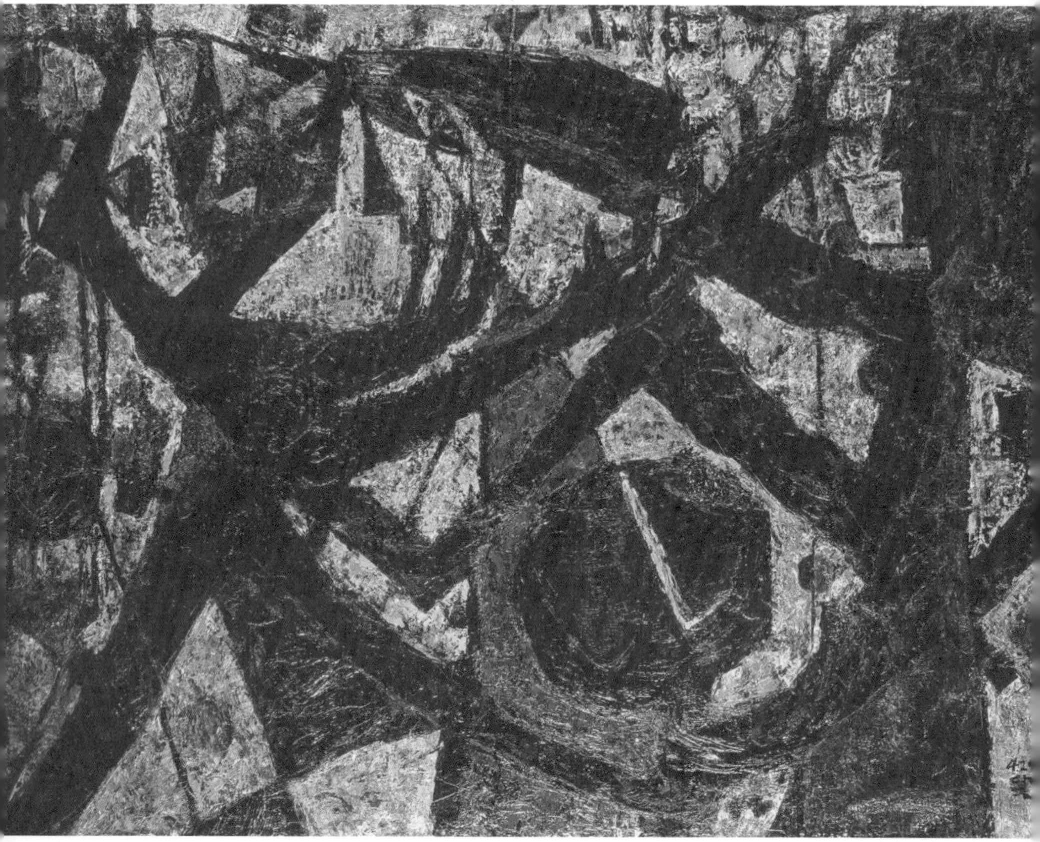

—

최영림, 〈여인의 일지〉

1959년, 캔버스에 유채, 105×145cm, 국립현대미술관 소장

—

한국전쟁 이전의 것이 거의 남아 있지 않은 그의 작품세계는 1950년대부터 크게 세 시기로 나뉜다. 전후戰後 암울한 시대적 배경을 품은 '흑색 시대'의 작품은 어둡거나 짙은 청색이고 큐비즘과 표현주의적 경향이 강하다. 국립현대미술관이 소장하고 있는 이 시기 대표작 〈여인의 일지〉에는 조각조각 갈라진 네 명의 여인이 등장한다. 어두운 가운데 황갈색과 붉은색, 청색이 은근하면서도 강한 대비를 이룬다.

1960년대 초기는 흙과 모래를 캔버스에 바른 다음 유화물감으로 그림을 그려 '황토색 시대'로 불린다. 그의 그림 대부분이 누런 황토색을 을 띄는 건, 직접 흙을 가져다 썼기 때문이다. 텁텁한 벽화 느낌이 나는 것도 그 덕이다. 최영림은 황토색 바탕 위에 벌거벗은 여체를 주로 그렸다. 머리는 기이하게 크고 복스럽게 둥글다. 머리만큼 도드라지는 가슴은 지나치게 풍만하다. 망설임 없는 왜곡과 과장이 넘친다. 벗은 몸이 모두 야한 것은 아니다. 최영림이 그린 벗은 여자는 이상향의 여인이다. 어머니요 아내이자 딸들, 즉 멀리 두고 만나지 못하는 아련함의 대상이자 머릿속으로 그리움만 터질 듯이 키워놓은 먼 세상의 여인들이다. 윤범모 국립현대미술관장은 "최영림의 벌거벗은 여인은 단순히 욕망의 대상이라기보다 모성본능 혹은 망향정신이 스며 있다"라고 했다. 전쟁, 실향, 이산가족, 평화에 대한 갈망으로 그의 작품세계를 보라는 조언을 덧붙였다. 최영림은 선의 사용이 유려하다는 점에서는 이중섭을, 흙을 섞은 질감에서는 화강암 같은 거친 표면을 추구한 박수근을 견줄 수 있다. 단순하게 따지자면 이중섭과 박수근의 특징을 합친 작가인 셈이다.

● ● ●

이후 최영림은 주변의 권유로 재혼하고 아들을 얻으며 화풍이 눈에

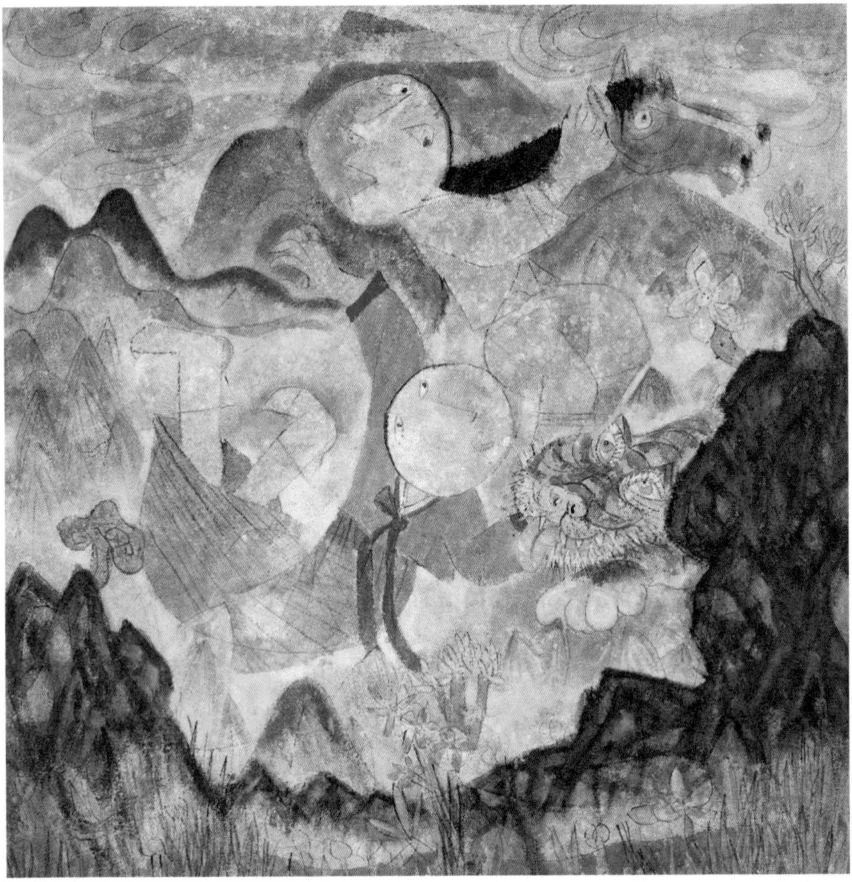

—
최영림, 〈장화홍련〉
1972년, 캔버스에 유채·흙, 117×116cm, 국립현대미술관 소장
—

띄게 밝아진다. 그 시기와 맞물린 1960년대 후반부터가 '설화 시대'로 불리는데 장화홍련전, 심청전 등을 소재로 그렸다. 불교적 세계관인 연화화생蓮華化生을 주제로 한 그림도 여럿 남겼는데 그 속에도 역시 죽어서나마 다시 만날 것 같은 가족에 대한 절절한 그리움이 배어 있다. 그가 〈1950.6.25〉를 그린 것은 전쟁이 끝나고도 한참 후인 1974년의 일이다. 전쟁의 경험을 수십 년 삭힌 후에야 비로소 그 참상과 고통을 직시하고 표현할 수 있게 됐다.

신화와 설화 시대를 거쳐 역사를 곱씹었던 최영림은 1981년작 〈소와 아이들〉에 이르러 꿈과 이상을 그렸다. 그림 속 아이들은 솔직하다. 좋으면 웃고 싫으면 찡그리는 그 감정 표현뿐만 아니다. 더우면 훌렁훌렁 옷 벗어던지고 닭 보이면 마냥 쫓아다니고 소가 보이면 냉큼 올라타 버린다. 자연에서 나고 자라 흙색으로 피부 그을린 아이들이 커다란 황소 곁에 매달려 있으니 어느 것이 땅이고, 어느 것이 아이이고 소인지 그저 한 덩어리처럼 보인다. 봄꽃이 반가운 것은 남녀불문 인지상정이다. 분홍 꽃을 손에 든 입술 도톰한 녀석이 딸아이인가 싶어 봤더니 속옷 한 장 입지 않은 사내아이라 웃음 짓게 한다. 제일 극성인 꼬마가 소의 엉덩짝을 쥐고서는 타고 오르려 안간힘 쓰는 중이다. 꽃향기에 취한 듯 노란 눈이 빙글빙글 돌아간 황소는 사실 아이들에게 시달려 쓰러질 판이다. 두툼한 혀까지 입 밖으로 내둘렀건만 노랑나비 흰나비는 여유 만만 따뜻한 봄날을 만끽한다. 소의 옆구리와 등이 울퉁불퉁해 보이는데 살집보다는 도드라진 뼈 같아 측은하기도 하다. 어쩌면 이 소는 자식들 거둬 먹이느라 제 몸 챙길 겨를 없었던 우리네 부모를 상징하는 것일지 모른다. 주렁주렁 매달린 아이들이 버거워도 힘들지 않다 말한다. 사랑이니까. 그림에는 꽁지깃 푸른 수탉과 흰 털 고운 암탉도 나란히 놓여 부모와 아이들로 이뤄진 한 가족을 상상하게 만든다. 사람과 동물과 자연이 둥글둥글 뒤엉킨 미래 같은 과거, 과거 같은 미래다.

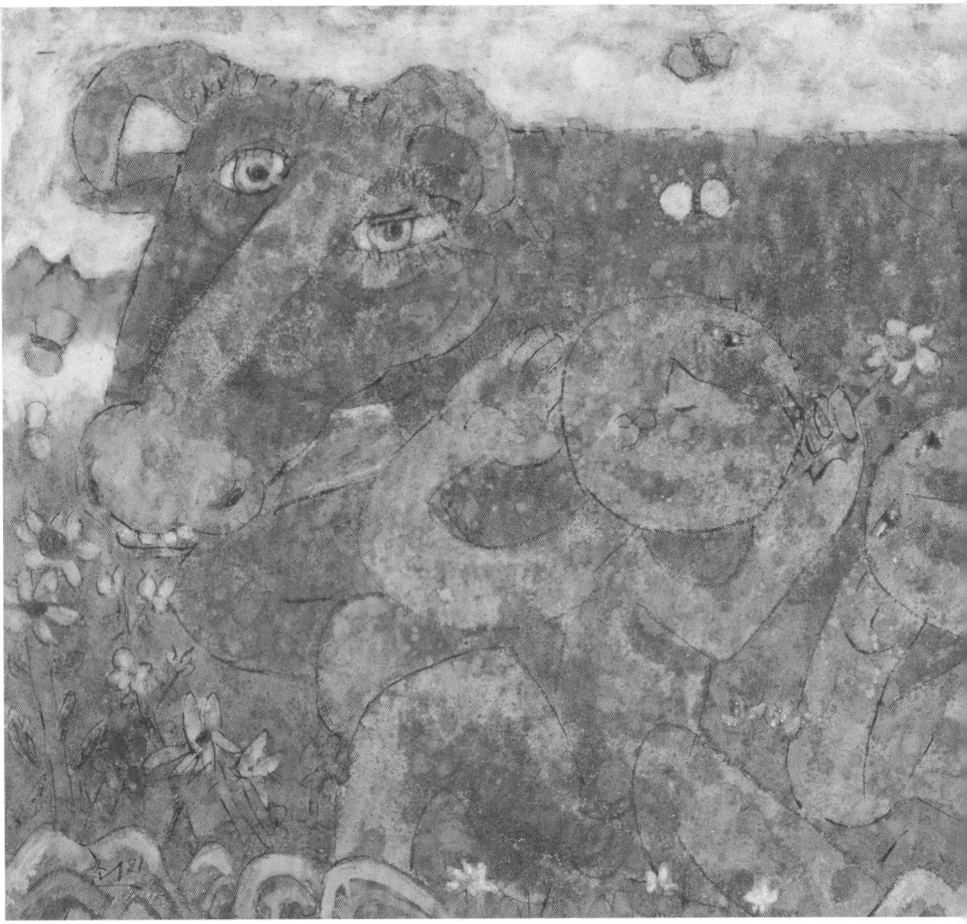

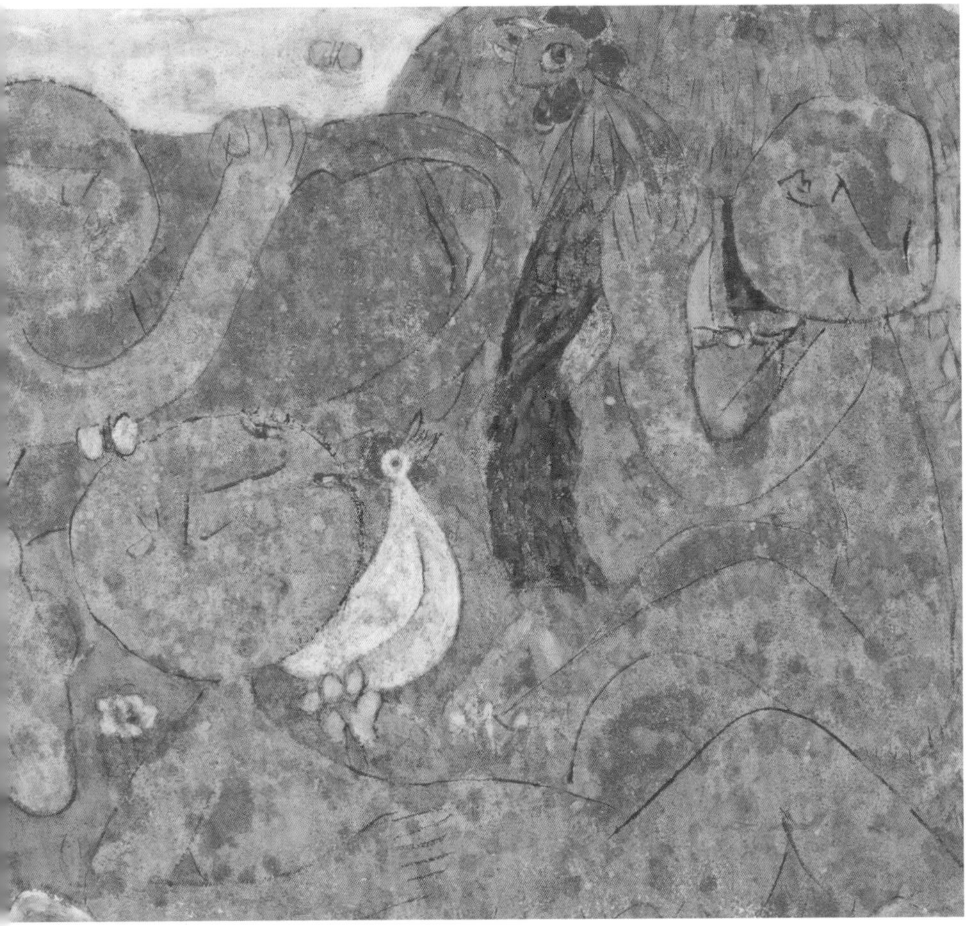

—
최영림, 〈소와 아이들〉
1981년, 캔버스에 유채·흙, 75×170cm, 국립현대미술관 소장
—

장욱진

까치 아빠의 고독과 성찰, 안식처는 가족

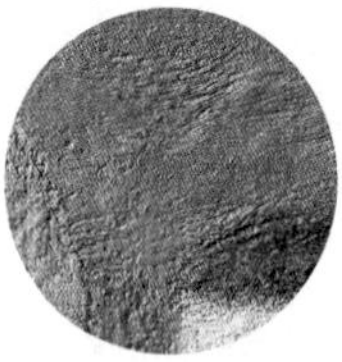

유학 등 불가피한 이유로 가족들을 멀리 보낸 아빠를 일컫는 '기러기 아빠'가 일상어로 쓰이기 훨씬 전, 일찍이 '까치 아빠'를 자처한 이가 있다. 바로 화가 장욱진張旭鎭·1917~1990이다. 통도사 암자 앞에서 만난 스님이 "뭐 하는 사람이오?" 하고 묻자 "까치 그리는 사람"이라며 선문답을 주고받다 '비공非空'이라는 법명을 받은 일화에도 등장하듯 장욱진은 까치를 즐겨 그렸다.

이 그림에도 까치로 보이는 네 마리 새가 줄지어 날고 있다. 이 새들을 두고 부부와 두 아이, 혹은 네 명의 딸이라는 등 해석이 분분하지만 꼭 누구를 몇이나 그린 것인지는 중요치 않다. 화가는 식구가 다 모여 같은 곳을 보며 한 곳을 향해 날아갈 수 있다는 사실만으로 흡족했다. 네 가족이 들어앉자 어깨 돌리기도 힘들 만큼 꽉 차버린 작은 집 주변이 온통 붉은 것으로 보아 해질녘 노을을 같이 바라보는 모양이다. 동글동글한 식구들 얼굴이 태양처럼 붉다. 하얀 옷을 입은 아내 옆으로

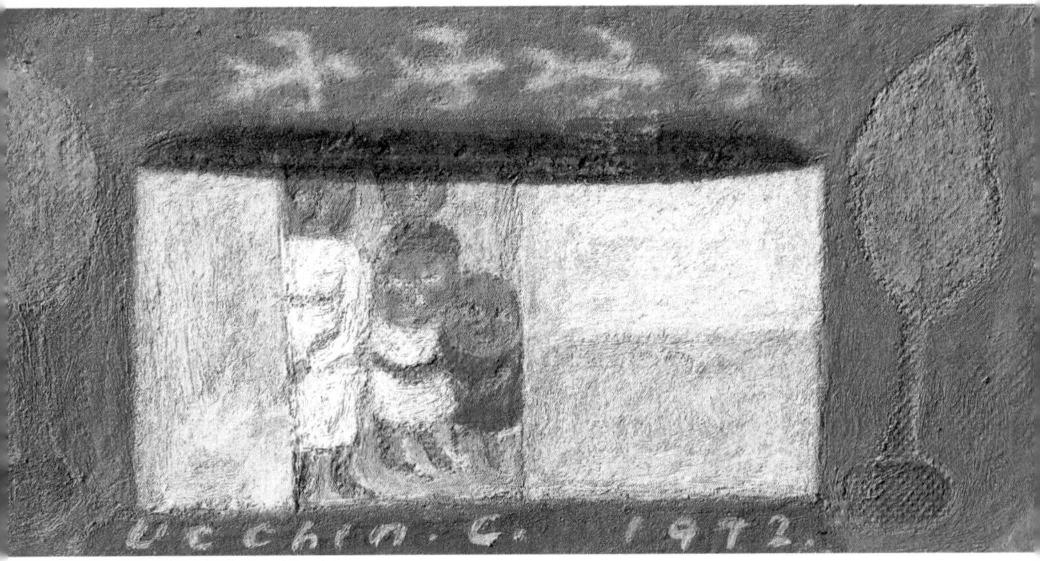

—

장욱진, 〈가족도〉

1972년, 캔버스에 유채, 7.5×14.8cm, 양주시립장욱진미술관 소장

—

좀 큰 아이는 아들, 빨간 원피스 차림의 작은 아이는 딸인 성 싶다. 뒤로 나앉은 콧수염 난 아빠는 장욱진이 분명하다. 화가는 가족들이 한 울타리 안에 모여 있는 시간을 소중히 여겼고 '가족'이라는 주제를 다양한 작품으로 남겼다. 1972년에 그린 이 〈가족도〉는 손바닥만 한 앙증맞은 크기의 그림이다. 작가 자신이 각별히 아껴 유족이 보관해 오던 대표작인데, 2017년 초 장남 장정순 씨가 양주시립장욱진미술관에 기증했다. 화가는 팔로 부둥켜안듯 벽을 둘러 가족을 꼬옥 끌어안았다. 두 손 모으고 앉은 아이들이 무언가를 간절히 기다리는 듯해 여러 번 더 눈이 간다.

• • •

화가에게는 처자식을 한 품에 안을 수 있는 이 시간이 한없이 좋고 더없이 행복했다. 한국전쟁 때 헤어졌던 상처가 큰 탓이다. 북한군이 서울을 점령했을 때 상당수의 화가들이 미술가동맹에 차출돼 김일성과 스탈린의 초상화 제작을 요구받았다. 장욱진은 김환기·유영국·이규상 등 추상화가를 중심으로 결성한 신사실파의 동인이었고, 추상화가라서 얼굴을 잘 그리지 못 한다는 핑계로 그림을 그리지 않으려 했다. 결국 장욱진은 넥타이를 그리고, 유영국은 옷을 분담해 그렸다. 한 치 앞을 내다볼 수 없는 시절이었다. 충남 연기지금의 세종시가 고향인 장욱진은 한국전쟁이 터지자 장남 정순과 장녀 경수를 어머니에게 맡긴 채 아내와 함께 부산으로 갔다. 핍진한 피란 생활에, 아이들을 멀리 떼어둔 아비는 폐인이 됐다. 심성 여린 예술가라 더 그랬을 터. 빈속에 매일 술로 끼니를 때우다시피 했다. 보다 못한 아내 이순경 여사가 "당신이라도 고향집으로 가라"며 등을 떠밀었다.

그렇게 돌아온 고향에서 다시 붓을 들 수 있었다. 이즈음에 그린 〈자

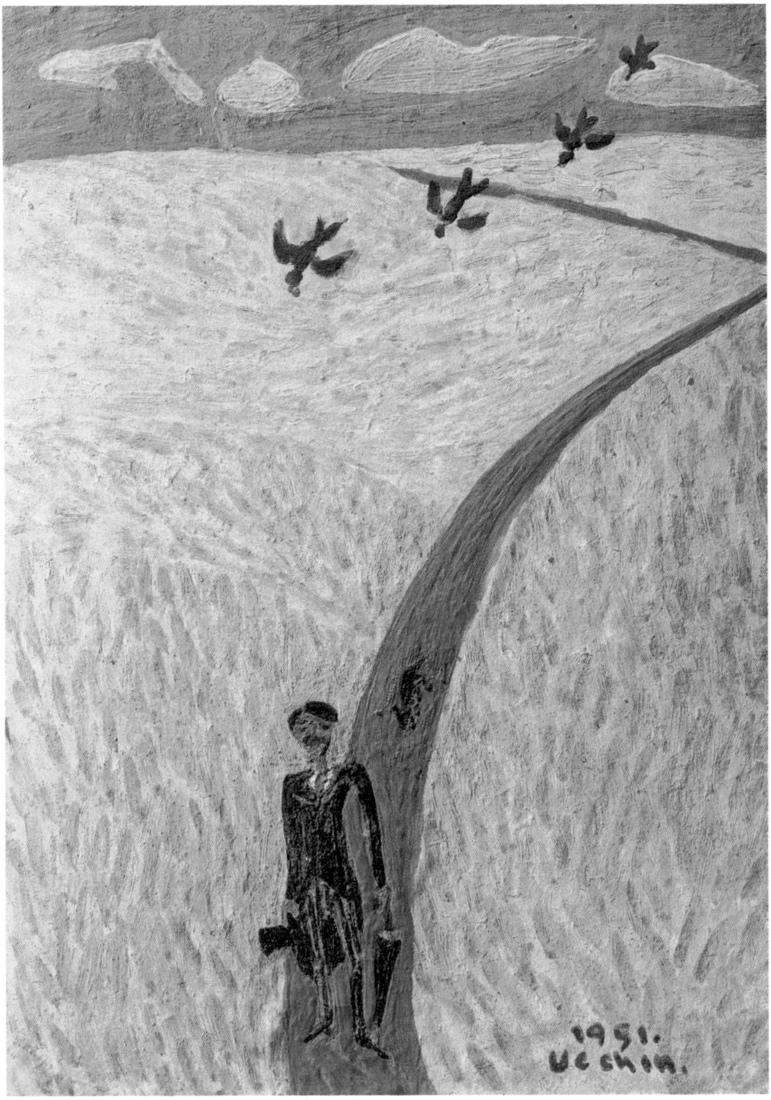

—
장욱진, 〈자화상〉
1951년, 종이에 유채, 14.8×10.8cm, 개인 소장
—

화상〉은 황금빛 들녘을 가로지르는 붉은 길을 따라 세련된 연미복 차림으로 걸어온 신사를 앞세우고 있다. 장욱진의 또 다른 대표작으로 손꼽히는 이 화사한 그림은 실상 처절할 만큼 반어적이고 지독하게 해학적이다. 발끝을 좇아온 강아지도 있고, 머리 위로 새들도 날아다니지만 그는 외롭다. 부산에서 홀로 고향으로 달리던 그 길이 화가에게는 두렵고 끝 모를 고독의 시간이었을 것이다. 목가적이고 낭만적이라 칭송받는 이 황금들판은 전쟁 통에 피폐해진 현실을 떨치고자 작가가 택한 반어적 풍경이다. 다가올 풍요로운 미래에 대한 작가의 꿈이기도 했다. 지금은 포탄이 넘나드는 하늘에 '우리 네 식구'를 닮은 까치를 그려 다 같이 만날 날을 기약했다. 장욱진은 전쟁의 아픔과 불안과 혼란을 그림 밖으로 모조리 몰아냈다. 피폐하고 궁핍한 전쟁 통에 예술이 줄 수 있는 유일한 해법, 희망만을 담았다.

"1950년대 피란 중의 무질서와 혼란은 바로 나 자신의 혼란과 무질서의 생활로 반영됐다. … 이 그림은 대자연의 완전 고독 속에 있는 자기를 발견한 그때의 내 모습이다. 하늘엔 오색구름이 찬란하고 좌우로는 자연 속에 나 홀로 걸어오고 있지만 공중에선 새들이 나를 따르고 길에는 강아지가 나를 따른다. 완전 고독은 외롭지 않다."
《화랑》 1979년 여름호 중에서-

배경도 그렇거니와 한껏 차려입은 주인공의 옷차림이 눈길을 끈다. 그 시절 멋쟁이들의 필수품인 우산과 모자가 양손에 들렸다. 멋 부리고 나선 팔자걸음의 그가 배우 찰리 채플린을 떠올리게 한다. 이 호기로운 모습은 어쩌면 희극배우의 연기일지 모른다. 전쟁의 비극적 상황을 화가는 해학적으로 표현했고 멋을 부려 두려움을 지웠다. 동시에 양복 차림은 토속적인 농촌 배경에 완전히 섞일 수 없는 존재, 즉 전통과의 단절을 경험하고 자신을 성찰하고 있는 근대인의 단면을 보여준다. 이 그림이 시대정신이 투영된 성찰적인 작품이라 평가받는 이유다. 시대를 견뎌낸 젊은 화가의 고뇌가 처절하게 빛난다.

• • •

장욱진은 음력으로는 1917년 섣달, 양력으로는 1918년 정초에 태어났다. 추운 겨울에 났으나 대지주의 아들인 그의 유년기는 늘 따뜻했다. 교육 여건이 좋은 서울로 올라와 경성사범학교부속보통학교를 다니던 장욱진은 3학년 때 일본인 미술교사가 그의 그림을 전일본소학생미전에 출품해 1등상을 받은 것을 계기로 미술에 빠져들었다. 경성제2고등보통학교에 진학해 집안의 반대에도 불구하고 미술반 활동을 했는데 일본인 역사 교사에게 대들다 3학년 때 퇴학을 당했다. 학교를 그만둔 게 화실에서 그림만 그릴 수 있는 구실이 됐지만 성홍열을 앓아 충남 예산의 수덕사로 요양을 떠났다. 이곳에서 우연히 만난 최초의 여성 서양화가 나혜석이 장욱진의 그림을 보고 "작가의 주관이 살아 있는 좋은 그림"이라고 칭찬한 일화가 전한다.

3년 수양 후 장욱진은 양정고등보통학교에 체육특기생으로 편입했다. 한국 근현대 화단을 통틀어 체육특기생은 극히 드물다. 높이뛰기는 "한때 비공인 한국 신기록까지 세웠다"라고 제자들에게 자랑할 정도로 탁월했다. 빙상선수이기도 했다. 스케이트를 사 신고 능숙하게 탈 수 있는 것 자체가 진귀했던 시절이다. 그럼에도 그의 관심사는 오직 그림이었다. 4학년이던 1938년 전국학생미전에서 〈공기놀이〉로 최고상을 받고, 이를 계기로 일본으로 건너가 데이코쿠미술학교 서양화과에 진학했다. 학교 수업과는 별개로 하숙집에서는 고향을 소재로 줄곧 그림을 그리던 장욱진은 졸업과 동시에 귀국해 광복을 맞았고 다시는 일본 땅을 밟지 않았다.

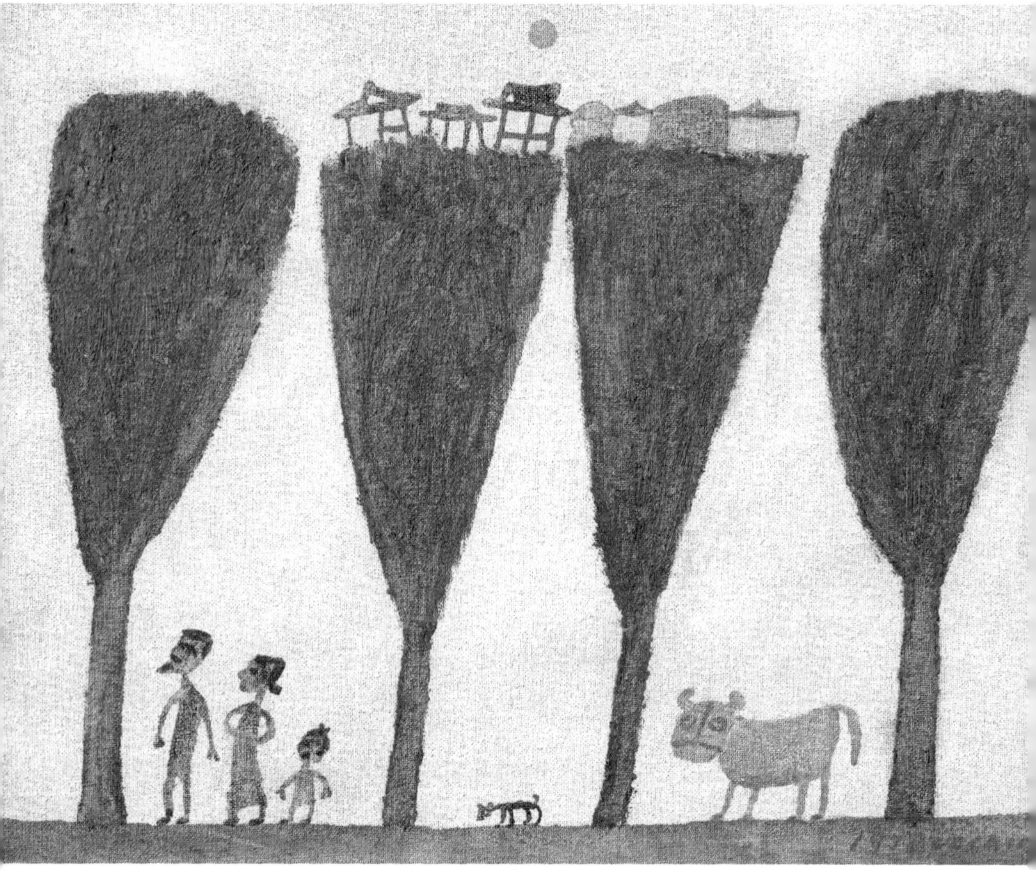

—

장욱진, 〈가로수〉

1978년, 캔버스에 유채, 30×40cm, 개인 소장

—

1945년 가을 그는 새로 생긴 국립박물관에 취직해 일제로부터 넘겨받은 유물을 분류하는 일을 했다. 2년 동안 근무하면서 조선 최고의 회화와 불상을 눈과 손으로 경험한 것이 작가의 그림에 밴 전통성의 밑거름이 된 것은 분명하다. 이후 장욱진은 서울대학교 미술대학 교수가 됐다. 술을 워낙 좋아하고 기분 내키면 어디서든 쭈그리고 앉아 그림을 그리곤 한 그를 학교 경비원이 노숙인인 줄 알고 끌어내 쫓으려 했다는 전설 같은 얘기가 전한다.

"오직 그림과 술밖에 모르고 살아온 인생에서 그림은 내가 살아가는 의미요, 술은 그 휴식이었다"라고 한 그는 시인처럼 함축적으로 그림을 그린 화가였고, 순진무구한 아이의 눈으로 세상을 본 기인奇人이었다. 결국 6년 만에 학교마저 떨쳐낸 그는 문명이 장악한 서울을 뒤로하고 전기도 안 들어오는 남양주의 덕소에 작업실을 짓고 그림만 그렸다. 남편을 대신해 생계를 맡은 부인은 문교부 장관을 역임한 역사학자 이병도의 딸인데 학자 집안의 딸이 아무 일이나 하면 안 된다고 해서 책방을 운영하며 1남 4녀를 키웠다. 평일에는 책방을 꾸리다 주말이면 반찬거리를 만들어 주렁주렁 아이들 손을 붙들고 시외버스를 타고 작업실로 향했다. 이 〈가족도〉가 바로 그 덕소의 어느 주말 풍경이다. 화가라는 천형天刑 때문에 그리운 가족과 떨어져 지내니 모두가 슬펐다. 그래서 한가득 행복한 이 그림 한켠이 애잔하다.

이성자

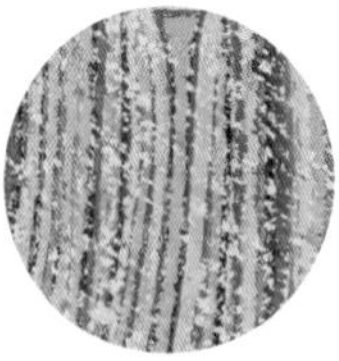

지구 반대편 향해 그리움으로 놓은 다리

이것은 동양에만 있는/ 다리다//
이것은 동양에만 있는/ 눈물이다//
이것은 동양에만 있는/ 그리움/ 아롱진 사랑이다//
동양의 지혜로/ 가로 놓인//
은하수/ 먼 별들의 다리//
일 년에 한 번/ 만났다 헤어지는 사랑을 위한/ 하늘의 다리//
이것은 사랑하는 마음 사이에만 놓이는/ 동양의 다리다//
그리움이여/ 너와 나의 다리여.

한국적 정신성과 동양의 유산을 간직한 채 서양미술을 받아들여 특유의 추상예술을 완성한 이성자李聖子·1918~2009의 1965년작 〈오작교〉를 본 조병화 시인은 같은 제목의 이 시를 헌사했다. 하늘이 내려준 인연이고 하늘도 갈라놓지 못하는 인연이 천륜이다. 아들 셋을 두고 지구 반대쪽 프랑스로 간 어머니의 고통은 살이 에이고 뼈가 갈리는 듯했다. 그 아이들과 자신의 거리를 이으려는 마음이 〈오작교〉를 낳았다.

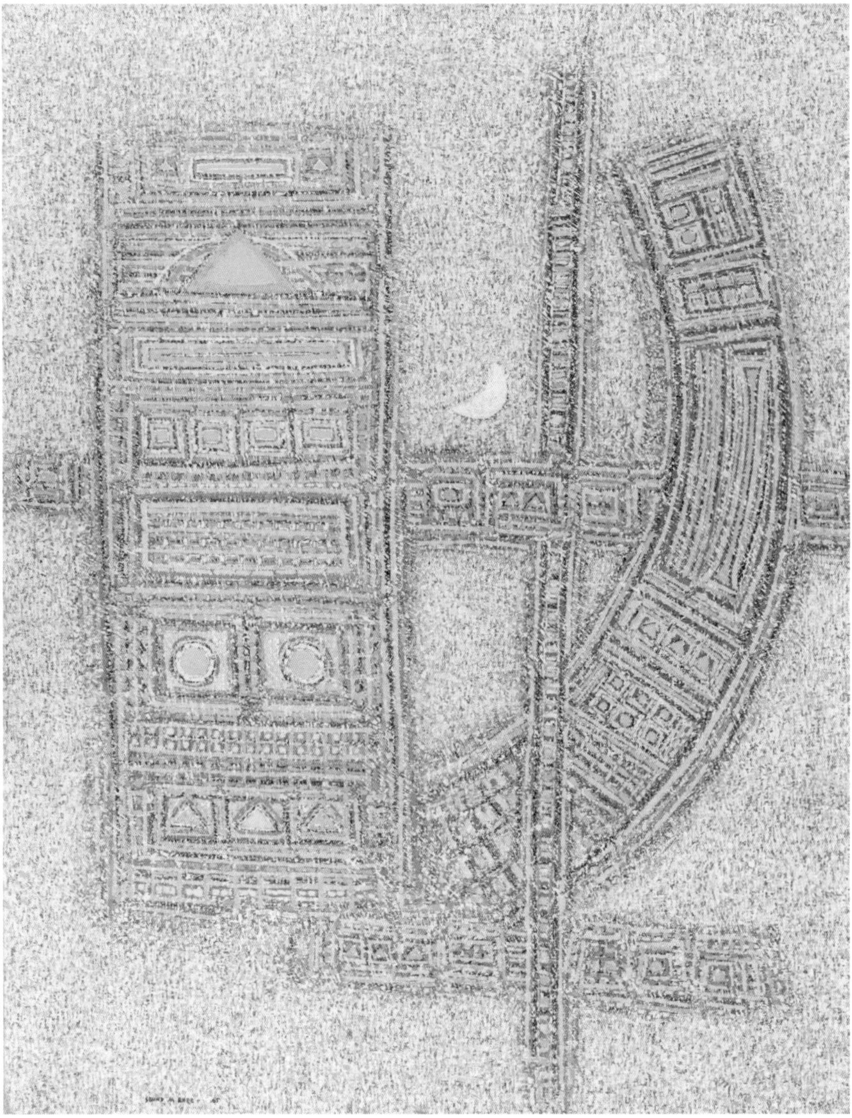

—
이성자, 〈오작교〉
1965년, 캔버스에 유채, 146×114cm, 개인 소장
—

• • •

이성자는 광양댁이라 불리던 어머니의 친정인 전남 광양에서 태어났고 이내 경상도 본가로 옮겨와 성장했다. 행정가였던 부친을 따라 김해·하동·창녕 등지를 옮겨 다녔지만 일신여자고등보통학교지금의 진주여자고등학교를 졸업한 경남 진주를 고향으로 여겼다. 이성자는 단식투쟁 끝에 일본 유학의 허락을 얻어내 짓센여자대학 가정학과를 졸업한 후 부모가 정해준 인천 남자와 혼인했고, 두 살 터울로 아들 셋을 낳고 평범한 가정주부로 살았다. 이때를 '여자로서 가장 행복했던 시절'로 꼽았다. 하지만 아이들 교육 때문에 서울로 와 성북동 삼선교 쪽에 따로 살면서 가정불화를 겪었다. 전쟁까지 겹쳐 자식과도 헤어졌다. 아이들을 보지 않고도 '죽지 않고 살기 위해' 결정을 내려야 했다. 해방의 기쁨과 전쟁의 상처가 혼재하던 그 시절만 해도 이혼이란 '있을 수 없는 일'이었으니 이혼을 택한 이성자에게 한국은 '있을 수 없는 곳'이 됐다. 1951년 피난 갔던 부산에서 프랑스 파리로 떠났다.

"즐거웠던 추억이며, 가슴 아픈 기억들, 모든 것이 태평양 한가운데 파묻혀 사라졌다. … 불어 단어 한 자 모르는 채로, 가진 것 없는 무일푼의, 무명의 처지로서 이국땅에서 다시 태어난 셈이다."

아이 셋 키우던 전업주부의 도불은 도발적이었다. 대학에서 배운 경험을 살려 의상디자인 학교에 입학했다가 순수미술의 재능을 눈여겨본 교수의 조언으로 그랑쇼미에르아카데미에 진학하게 된다. 김환기·유영국·이중섭 등 동시대를 살았던 미술가 대부분이 일본 유학파로 일본을 거쳐 들어온 서양미술을 습득한 것과 달리 이성자는 본고장에서 직접 예술혼을 체득했다. 파리를 거쳐 간 다른 한국 화가들과 교류했지만 한국서 미술대학을 나오지 않은 늦깎이 미술학도를 '화백'이라 불러주는 이는 적었다. 그래도 묵묵히 그림만 그렸다. 특히 추상미술을 빠르게 받아들였고, 서양인에게는 이국적으로 보일 수 있는 한국성의 표현 방식이 돋보였다. 회화·판화·도자기·태피스트리 등 장르를 넘나들며 작업했으니 '여자 피카소'라 불릴 만했다. 프랑스 생활 10여 년 만에 화가로 명성을 뿌리기 시작했다. 당시 파리에서 다섯 손가락에 뽑히던 대형 화랑인 샤르팡티에화랑의 전폭적 지지를 받았고 주요 미술관과 갤러리 초대전이 이어졌다.

한국행 비행기 표를 샀다. 한불문화협정이 체결되던 1965년이다. 드디어 간다. 아들들을 만나러. 두 팔로 끌어안을 수 있을 만한 크기의 캔버스를 앞에 놓고 그림을 그리기 시작했다. 작품명 '오작교'. 한 해에 단 하루 칠월 칠석에만, 까치와 까마귀의 도움을 받아 은하수를 건너 서로 만나는 견우와 직녀의 전설이 서린 오작교다. 지구 반대편에 두고 그리워하며 은하수 별빛만큼이나 숱하게 흘린 눈물방울이 그림 곳곳에 스며들었다. 추상적인 문양으로 이뤄진 그림이지만 잘 보면 서로 껴안으려는 사람의 형상이 떠오른다.

"더욱 그림에 매달렸어요. 내가 붓질 한 번 더 하는 것이 아이들 옷 입혀 학교 보내는 것이고, 밥 한술 떠먹이는 것이라고 자기 최면을 걸었죠."

맘껏 불러보지도 힘껏 안아주지도 못한 아이들에 대한 절절한 사랑이 서렸다. 붓으로 톡톡 점을 찍듯 화폭을 채워간다. 점 하나하나가 그리움이다. 손끝으로 어루만지는 심정을 담아 붓끝으로 캔버스를 쓰다듬었다. 그즈음 뉴욕에서 활동하던 김환기가 김광섭의 시 〈어디서 무엇이 되어 다시 만나랴〉를 제목 삼아 그리운 얼굴을 떠올리며 점화點畵를 완성한 게 1970년의 일이다. 이성자는 상당히 빨랐고 또 탁월했다.

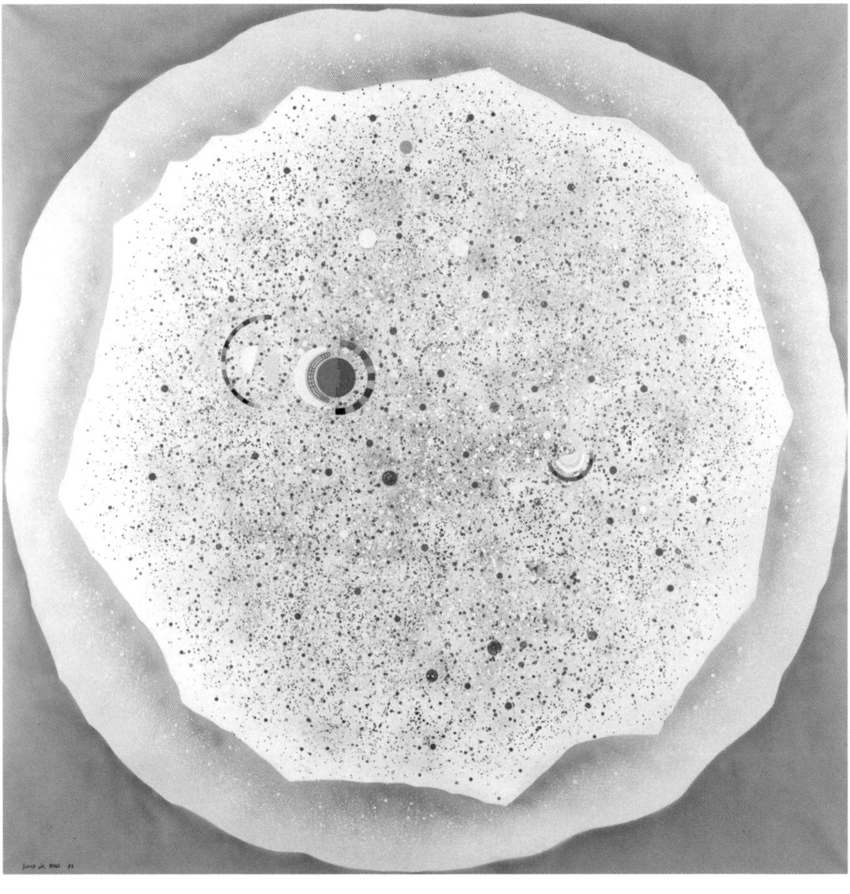

—
이성자, 〈투레트의 밤 8월 N.2, 79〉
1979년, 캔버스에 아크릴, 150×150cm, 개인 소장
—

서울대학교 교수회관에서 유화 37점, 판화 40점으로 열린 국내 첫 개인전은 파란을 일으켰다. 화려하고 당당하게 아들들 앞에 섰다. 여섯 살 아이였던 막내는 170센티미터 장신인 어머니를 내려다볼 정도로 훌쩍 커 있었다. 어색하진 않을까, 원망하진 않을까, 고민이 얼마나 많았으랴. 아들들에게도 어머니는 그리움 그 자체였다. 큰아들은 신문사 재직 시절 프랑스 파리 특파원을 지냈다. 건축을 전공한 둘째는 프랑스에서 공부한 후 현지에서 교수로 후학을 가르쳤다. 막내는 불문학을 전공했고 그것이 유럽을 오가며 무역 사업을 펼치는 기반이 됐다. 세 아들에게 오작교 타고 건너가는 프랑스가 곧 '어머니 나라'가 된 셈이다.

• • •

14년 만에 한국을 다녀간 이성자의 작품세계는 큰 변화를 보인다. 그간 점을 찍게 한 그리움이 해후의 기쁨으로 해갈되면서, 이제 오롯이 작품만을 위해 몰입하고 자신만의 조형언어를 창조해 냈다. 특히 서울에서 파리로 향하는 항로에서 본 북극과 알래스카의 아름다움이 훗날 '지구 반대편으로 가는 길'의 주제가 된다. 한 개인의 정서를 넘어 인류 보편성을 이야기하며 음양의 조화를 추구했다.

후반기 작품들은 자연의 울림을 넘어 은하수와 오로라가 교차하는 듯한 우주적 풍경을 그린다. 반고흐의 〈별이 빛나는 밤〉과는 또 다른 일렁거림이 느껴지는 작품들이다. 프랑스 남부 도시 투레트에서 멍하니 몇 시간씩 올려다본 밤하늘의 움직임이 화폭에 내려앉았다. 그 기나긴 적막과 고독의 시간에 화가는 지구 반대쪽의 자식을 위해 기도했을 것이고, 자연과 인류를 생각했을 것이며, 작품으로 구현한 '미래 도시'를 상상했을 것이다. 이성자는 1992년 직접 건축 디자인을 구상해 투레트에 '은하수'라는 이름의 작업실을 지었다. 그림에도 오목 볼록한 형태로 등장하는 음양의 이미지처럼 건물 앞부분은 음陰에 해당하는 판화 작업실, 이어지는 뒷부분은 양陽에 해당하는 회화 전용 작업실이다. 이 건물은 2017년 프랑스 지방정부에 의해 훼손할 수 없는 문화유적지로 지정됐다.

고국에서의 대접은 그만 못했다. 이성자는 작고 1년 전이던 2008년에 자신의 작품 376점을 고향 진주시에 기증했다. 미술관 건립이 조건이었다. 진주 혁신도시 내 영천강변에서 공사가 시작됐고 2015년 7월에 진주시립이성자미술관이 개관했다. 그러나 작품과 건물만 있을 뿐 미술관으로서의 체계가 부족해 비판이 잇따랐다. 작품을 관리하고 전시를 기획할 학예사도, 미술관 정체성을 이끌어 갈 관장조차 없었다. 이성자 탄생 100주년 행사가 열리던 2018년에야 학예사 채용이 이뤄졌고 지금은 어엿한 등록미술관으로서 정기 기획전도 꾸려가고 있다.

2018년, 작가 탄생 100주년에 맞춰 국립현대미술관 과천관에서도 대규모 회고전이 열렸다. 그런데 전시를 준비하던 한 학예사가 아무래도 그림이 이상하다며, 미술관이 지난 2003년 9월에 국내 경매사를 통해 구입한 세로 130센티미터 가로 193센티미터의 작품인 〈숨겨진 나무의 기억들〉을 가리켰다. 2012년 국립현대미술관 소장품 특별전을 통해 일반에 공개되기도 했던 그림이었다. 당시 반가이 전시를 보러 온 이성자 화백의 유족이 "어머니 그림이 아니다"라고 했다. 하지만 미술관 측은 경매사를 통해 받은 작가 친필의 진품확인서를 보이며 진작眞作이라고 주장했다. 그런데 6년 만에 전시를 준비하며 또다시 위작 의혹이 제기된 것이다.

이번에는 유족 측이 적극적으로 나섰다. 2014년에 한 화랑을 통해 사들인 같은 시기, 같은 제목, 같은 크기, 똑같은 이미지의 작품을 내밀었

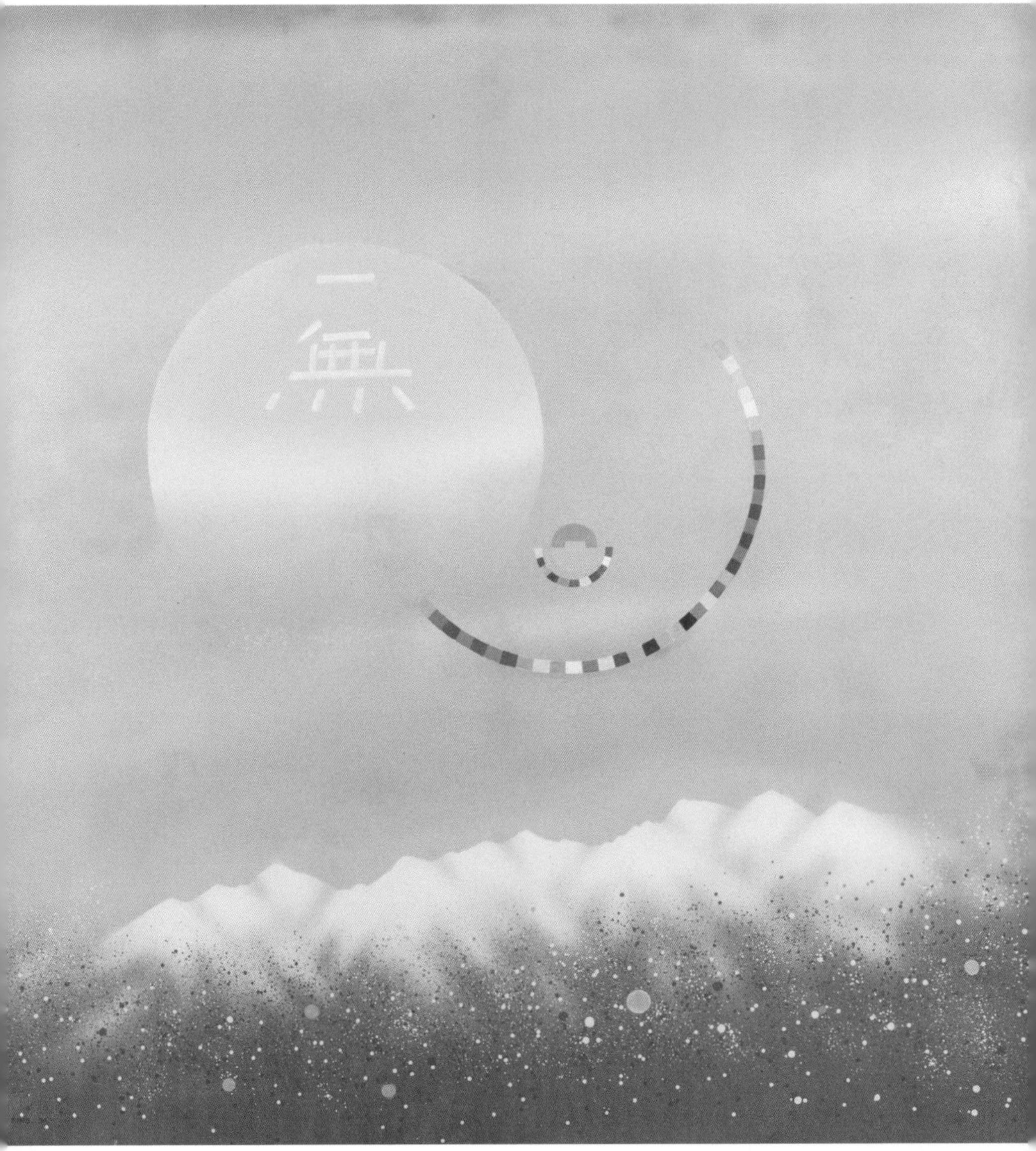

—
이성자, 〈지구 반대편으로 가는 길1월.N.4, 90〉
1990년, 캔버스에 아크릴, 150×150cm, 개인 소장
—

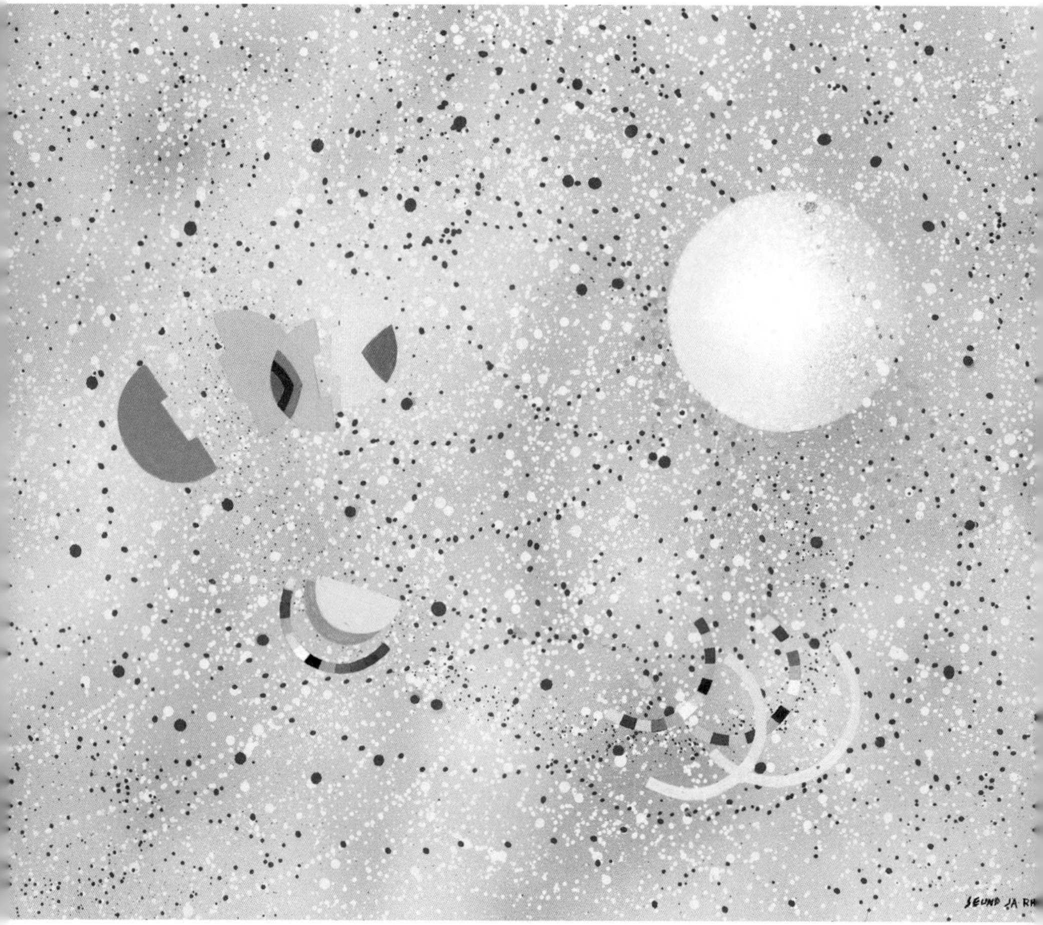

—

이성자, 〈달의 도시, 1월 N.2, 2001〉
2001년, 캔버스에 아크릴, 60×73cm, 개인 소장

—

다. 통상 화가가 비슷한 주제와 기법으로 작업하더라도 동일한 시기에 크기·제목까지 일치하는 작품을 제작하는 경우는 거의 없다. 둘 중 하나는 진품을 베낀 위작으로 간주된다. 미술관이 발칵 뒤집혔다. 국내 최고 권위의 국립현대미술관이 위작을 사들이다니 치욕적인 일이었다. 밖으로 얘기가 샐까 전전긍긍하던 국립현대미술관은 조용히 외부 전문가 회의를 열어 소장품이 위작이라는 자체 결론을 내렸다. 가짜 그림에는 사용불가 처분을 내렸다. 특별전에는 유족이 소장한 진품이 선보였다. 명품에 짝퉁이 들끓듯, 명화를 좇는 위작은 동서고금의 골칫거리다. 이 사건을 계기로 미술관은 소장품 전수조사를 실시했으니 새옹지마가 됐다. 어머니의 작품을 '형제'처럼 여기는 유족의 입장에서는 다행한 일이었다.

30대 초반에 한국을 떠난 이성자는 고국에 산 시간의 두 배가량을 프랑스에서 보냈고 그곳에서 눈을 감았다. 철저하게 프랑스 화단의 영향 아래 있었지만 오히려 타국이었기에 소재와 주제는 더욱 한국적이었다. 예술도 그렇고 심성도 그랬다. 한국인이었다. 인연은 실타래처럼 뒤엉켰지만 여운은 길고도 길다.

김홍수

기인 화가를
가장 잘 이해한 이,
그의 아내

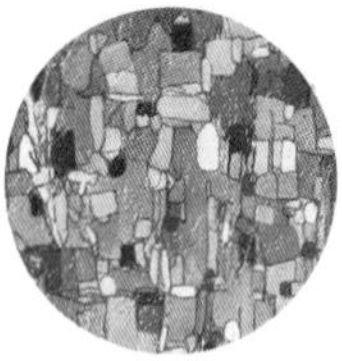

제목마저 '가을'이다. 무르익은 가을날 공원에서, 좋아하는 사람을 눕혀놓고 노랗고 붉은 낙엽을 잔뜩 뿌려 파묻어 본 적 있으려나. 과감하고 독자적인 화풍으로 유명한 김흥수金興洙·1919~2014가 마흔세 살에 그린 〈가을〉이다. 샛노란 금가루와 시뻘건 석류즙을 흩뿌렸나 싶은 첫인상이 들 정도로 색채가 강렬하다. 이 '가을'은 붓질로 점을 찍듯 그린 작품이다. 점도 그냥 둥근 것이 아니라 일정하지 않게 길쭉한 모양인지라 마치 어그러진 타일을 요리조리 짜 맞춰 완성한 퍼즐 같기도 하다. 가까이 눈 들이대고 보면 흰색, 노란색, 분홍색, 붉은색이 이리저리 엮인 색실처럼 맞물려 있다. 그 덕에 도톰하고 푹신한 가을용 스웨터 같은 온기와 정감이 그림을 꽉 채운다.

하지만 김흥수가 누구인가, 여성 누드화로 유명한 정열의 화가다. 그림에서 세 걸음 물러서 전체를 보면 그 안에 숨은 두 여인을 찾아낼 수 있다. 어느 가을날 뒹굴며 놀던 여인을 낙엽 아래, 그림 속에 꽉 묶어둔 모양이다. 가을 한가운데를 차지한 여인은 흰 치마 아래로 무릎 세워

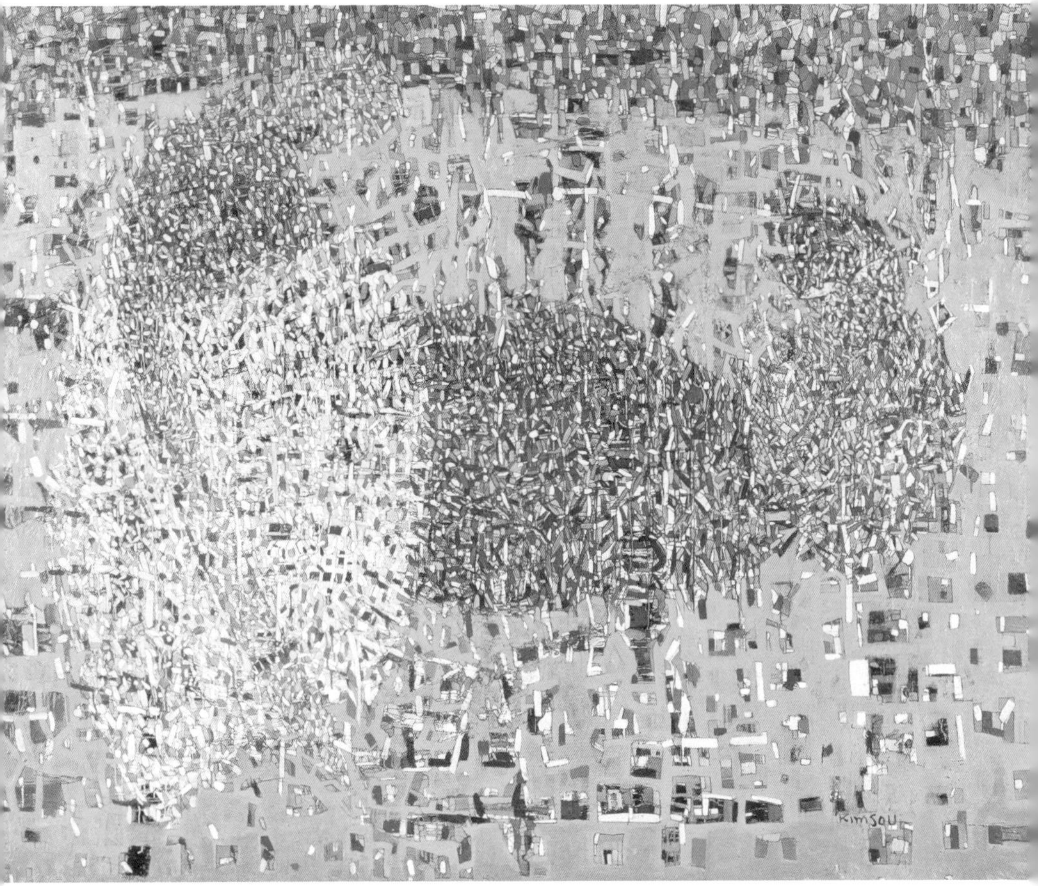

—

김흥수, 〈가을〉

1961년, 캔버스에 유채, 198×260cm, 국립현대미술관 소장

—

앉은 채로, 좀 더 농염한 오른쪽 여인은 비스듬히 누운 채로 떠나는 가을과 가버린 사랑을 음미하는 중이다.

> "나는 일생 동안 누드를 많이 그렸지만 그것은 단순히 여인의 피부, 누드의 표피만을 그린 것이 아니라 인간으로서의 누드, 즉 희로애락을 가진 여인의 절실한 감성을 그린 것이다. 한 여성을 통해 들여다본 환희와 절망, 허무와 끝없는 욕망, 그것이 나의 예술에 들어 있는 독특한 세계다."
>
> 자전적 에세이 〈고독의 대안에서, 내 '조형'의 내력〉 중에서-

김흥수는 농염한 여체女體의 표현으로 유명하고, 43세 연하 부인과의 뜨거운 러브스토리로 더욱 유명하다. 반고흐가 예술가를 '비운의 천재'로 각인시켰다면 김흥수는 한국에 '예술가는 기인奇人'이라는 고정관념을 뿌리내리는 데 일조한 사람이라고 할 수도 있겠다. 그 바람에, 그의 사랑이 종종 작품보다 먼저 부각되고 편견을 갖게 하는 것은 아쉬운 대목이다. 자자한 여성 편력 속에서 왕성하게 작품을 생산한 피카소가 그나마 김흥수의 변호인인 셈이다.

● ● ●

김흥수는 1919년 함흥에서 태어났다. 아버지가 함흥 군수를 지냈으니 유복했다. 그는 함흥고등보통학교 4학년 때 조선미술전람회에서 상을 받는다. 그때 나이 18세. 〈밤의 실내 정물〉이라는 제목의 그림은 벽에 걸려 있는 죽은 꿩을 부드러운 인상파 화풍으로 그린 것이었다 한다. 작품은 전하지 않는다. 미술 천재로 이름이 났고 화가가 되기로 했다. 하지만 그 시절 대부분 그랬고, 어쩌면 지금도 여전한 '집안의 완강한 반대'에 부딪혔다. "화가는 빌어먹는 짓"이라고 하는 아버지 앞에

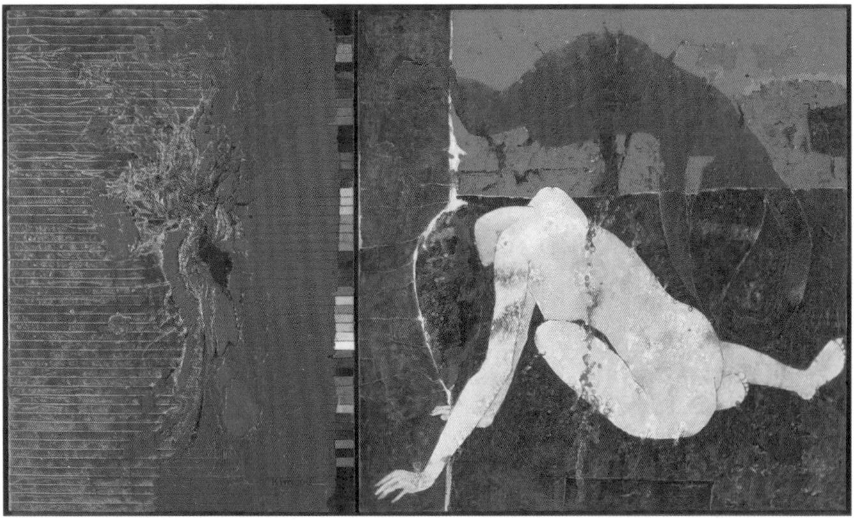

—
김흥수, 〈파천〉
1989년, 캔버스에 혼합재료, 142×245cm, 개인 소장
—

"물에 빠져 죽을 결심"으로 맞서고야 일본 유학을 허락 받았다. 가와바타미술학교를 거쳐 도쿄미술학교에 진학했다. 식민지 치하에서 창씨개명도 하지 않았던 그는 1944년 대대적인 학도병 징집을 거부하며 귀국했다.

전쟁은 사람도, 세상도, 그림도 변하게 했다. 일본에서 배운 것이 구상미술에 기반한 '객관' 표현의 체계였고, 한국으로 돌아와서는 추상미술을 고민하며 '주관'을 모색했다. 총과 시체를 그려놓은 것만으로는 전쟁의 참담함을 다 얘기할 수 없으니, 구상뿐만 아니라 추상도 고민해야 한다는 게 그의 생각이었다. 1953년 제2회 대한민국미술전람회에서 입선한 작품은 그래서 추상적 경향이 두드러졌다. 이듬해 서울대학교 미술대학에서 강의를 시작했지만 안정적인 일상, 안주하는 삶은 그와 맞지 않았다. 1955년 프랑스로 떠났다. 어느덧 파리 유학파 미술가의 선두에 그가 서 있었다. 그 시기를 전후해 김흥수의 그림은 급변한다. 그는 파리로 가기 전 작품인 1954년작 〈한국의 봄〉에서 세세하게 표현된 인물이 등장하는 서정적이고 목가적인 풍경을 그렸다. 물론 들판에 앉고 누워 봄을 즐기는 10여 명의 인물 대부분이 고운 소녀와 여인들이라는 점에서 '여성을 사랑하는' 일관성이 엿보이긴 한다.

그러던 그림이 프랑스로 간 1956년에는 큐비즘처럼 조각난 형태로, 그 다음 해인 1957년에는 쇠라Georges-Pierre Seurat 등의 후기 인상파 그림처럼 윤곽선 없이 배경과 혼연일체가 되는 점묘로 변화한다. 큼직하던 조각조각이 붓질로, 점으로 작아지더니 색색의 알갱이가 빻아놓은 다이아몬드 가루처럼 빛을 발산하는 경지에 이른다. 그래서 눈부시다. 흩어진 색들이 제각각 발광하고 난반사하는 보석들이 된 것 같은 장식적 효과가 클림트Gustav Klimt를 떠올리게도 한다. 한 번은 일본 순회전에서 김흥수의 작품 〈미륵불〉을 앞을 잘 보지 못하는 일본 여인이 구입했다. 시력을 거의 상실해 부축을 받아 전시장에 온 그녀는 "다른 것은 아무것도 안 보이는데 이 그림만 보인다"라고 했다 한다. 그렇게 빛나는 그림이었음을 전하는 일화다.

김흥수는 승승장구했다. 프랑스의 권위 있는 미술전인 살롱도톤의 정식 회원이 됐다. 1960년 파리에서의 두 번째 개인전에선 출품작 50점 중 40점이 전시 기간 중에 팔렸고, 나머지 10점도 이내 팔리는 '완판'을 기록했다. 성공한 화가로서의 삶이 시작됐다. 짐을 싸 귀국길에 올랐다. 자신의 그림은 점차 완전 추상으로 흐르고 있었으나 "화상畵商들이 추상화는 잘 팔리지 않으니 반半구상만 그리는 게 좋겠다"라고 한 말에 정신이 퍼뜩 들었다. 돈을 벌고 싶어서 프랑스로 간 것도 아니었고, 목표로 삼은 그림의 방향도 분명해졌기 때문이다.

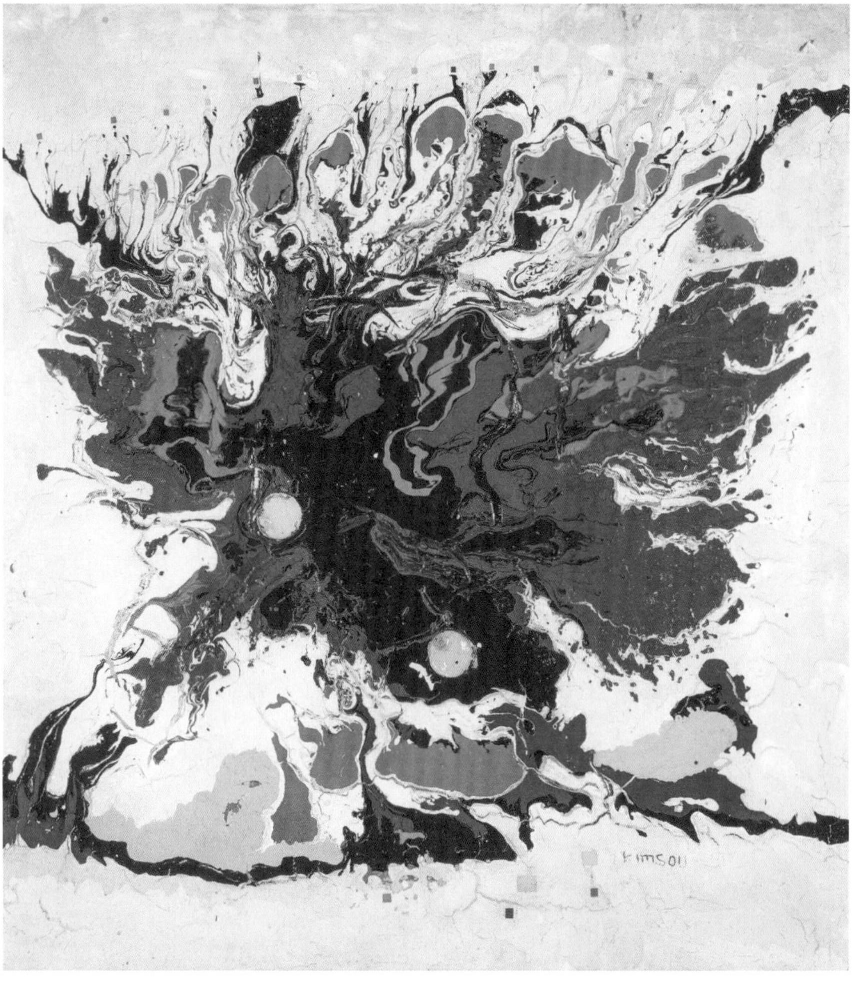

—

김흥수, 〈불사조〉

1976년, 캔버스에 유채, 195×170cm, 국립현대미술관 소장

—

• • •

1961년 귀국무대는 화려했다. 그해 대한민국미술전람회 심사위원의 명예도 얻고 이내 성신여자대학교 교수가 됐다. 잠시 '서울 시대'를 보낸 김흥수는 1967년 미국 필라델피아에 있는 무어미술대학 초빙교수로 떠난다. 그리고 미국에서, IMF미술관 개인전을 앞둔 1977년 7월 7일 그 유명한 〈조형주의 선언문〉을 발표한다. 일명 '하모니즘 선언'으로도 불린다.

"음과 양은 서로 상반된 극을 이루고 있다. 그러나 그것은 하나의 세계로 어울리게 될 때 비로소 '완전'에 접근하게 되는 것이다. 추상미술의 등장 이후 세계의 화단은 구상주의와 추상주의가 서로 반목적인 상극을 이루어 왔다. … 음과 양이 하나로 어울려 완전을 이룩하듯 사실적인 것과 추상적인 두 작품세계가 하나의 작품으로 용해된 조화를 이룩할 때 조형造型의 영역을 넘은 오묘한 조형調型의 예술세계를 전개하게 된다. 극에 이른 추상의 우연적 요소들이 사실표현의 필연성과 조화를 이룰 때 그것은 더욱 넓고 깊은 예술의 창조성을 지니게 되는 것이다."

1991년작 〈성에 눈 뜬 소년〉은 고양이처럼 눈을 치뜨고 야릇하게 이글거리는 욕정을 보여주는 그림 소년의 표정에서 한 번, 그리고 너무나 직설적인 그 제목에서 또 한 번 미소 짓게 되는 그림이다. 이 그림은 그림 두 폭을 합친 형식인데, 왼쪽이 소년의 얼굴이라면 오른쪽은 녀석의 속마음인 셈이다. 김흥수는 이런 방식으로 구상과 추상의 조화를 줄기차게 추구했다. 화가의 눈에 보이는 모델을 구상화면에 그리는 동시에 눈에 보이지 않는 모델의 정신세계는 추상화면에 그려 그 둘을 조화시킨 것이 그만의 방법이었다. 십수 년 전 파리의 화상들이 잘 팔린다며

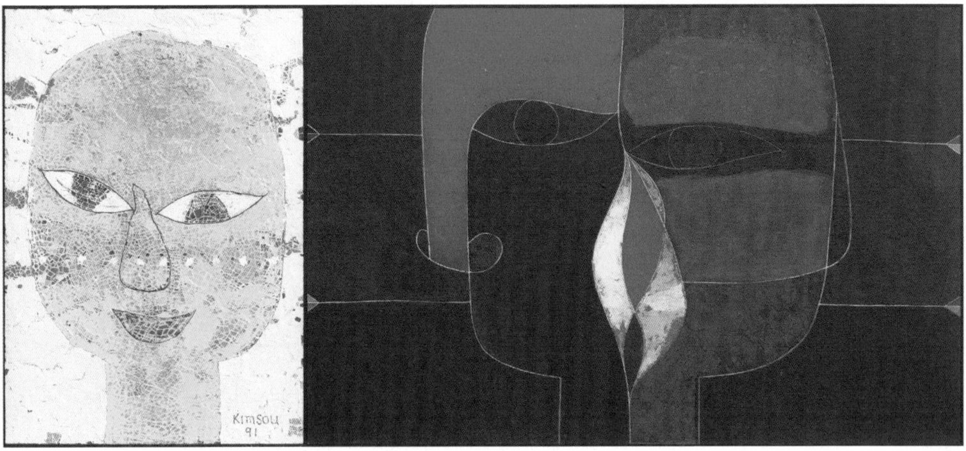

김흥수, 〈성에 눈 뜬 소녀〉
1991년, 캔버스에 유채·에나멜, 131×294cm, 국립현대미술관 소장

졸랐던 반구상은 말 그대로 구상과 추상을 반씩 섞은 것이었지만, 김흥수는 구상과 추상이 각자 본질을 유지한 채 조화롭게 공존하기를 바랐다. 획기적이었다. 그가 일찍이 파리 뤽상부르미술관과 모스크바 푸시킨미술관, 상트페테르부르크 에르미타주박물관 등에서 한국인 최초로 전시를 열며 세계의 인정을 '먼저' 받은 이유다.

• • •

의외로 김흥수는 술, 담배를 입에 대지 않았다. 멋으로 파이프를 물고 흰 구두에 흰 양복을 즐겨 입었으며, 남들 앞에서 노래 부르는 일은 거의 없으나 춤은 끝없이 추는, 그런 낭만파였다. 김흥수의 마지막 여인이었던 장수현 전 김흥수미술관장은 원래 그의 미술대학 제자였다. 둘은 1992년 부부가 됐다. 김흥수가 1980년부터 10여 년에 걸쳐 완성

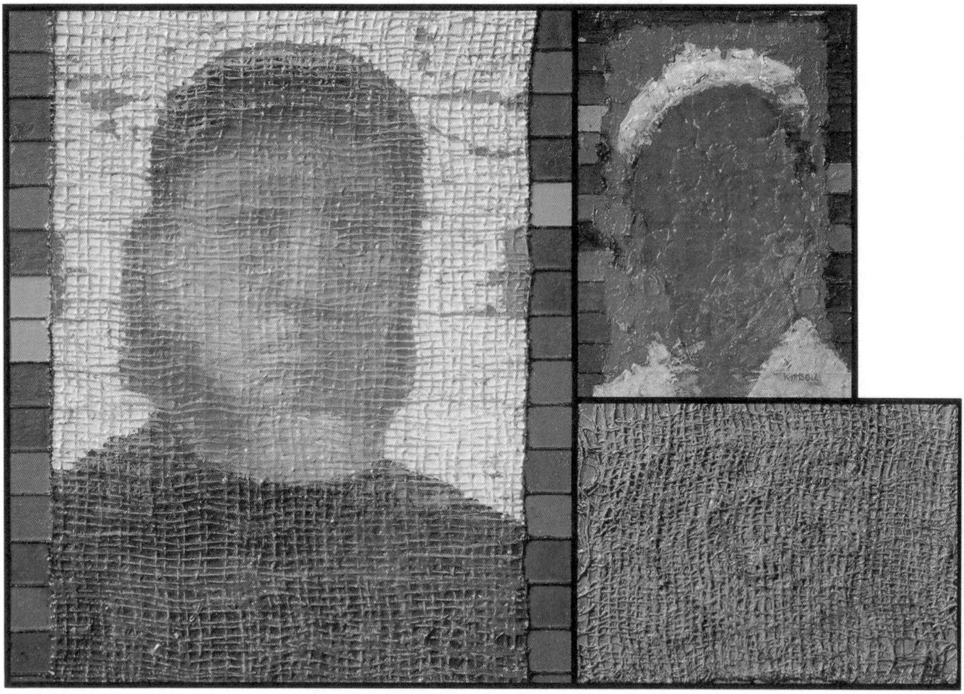

—

김흥수, 〈자화상〉

1980~1990년, 캔버스에 혼합재료, 61×50cm, 33×24cm, 25×33cm, 개인 소장

—

한 〈자화상〉을 두고 부인은 이런 평론글을 적었다.

"시대가 다른 3가지의 얼굴을 모아서 하나의 작품으로 완성시킨 다원적인 작품이다. 왼쪽 화폭의 70대 얼굴은 구상기법으로, 오른쪽은 50대의 얼굴을, 그리고 그 아래의 어린 시절의 모습은 추상기법으로 각기 다른 색감과 질감으로 조화시키고 있다. 어린 시절은 얼기설기 짜인 마대 위에 희미하게 표현하고 초록색은 초목이 자라듯 커가고 있는 시절을 상징한다. 성인이 되어 어렴풋한 기억으로 그려진 호기심 어린 어린이의 표정과, 두꺼운 질감에 약간 옆으로 돌린 50대의 얼굴은 빨강색의 얼굴과 하얀색 모자를 쓰고 있는 모습은 재밌게도 눈코입을 그리지 않았는데도 작가의 모습이 그대로 느껴진다. 70대의 얼굴은 수염까지 기르고 초연하고 담담하게 삶을 응시하고 있는 모습이며, 양옆의 색동처리는 지나온 작가의 삶을 상징하고 있다."

그 어떤 평론가도 김흥수의 작품을 이토록 상세하고 정확하면서도 아름답게 설명하지 못했다. 아마도 둘은 서로에게 욕정의 대상이라기보단 지음知音이지 않았을까. 한참 어린 아내가 먼저, 난소암으로 세상을 등졌다. 부인의 1주기를 회고전으로 기억한 자리에서 김흥수는 "장수현이 보고 싶다"라며 흐느꼈다. 그리고 2년 후 자신의 그림을 자기보다 더 잘 이해하고 알아봐 준 그녀를 따라 떠났다.

이 땅, 이곳의 사람들

3

오지호
이인성
박수근
전혁림
변월룡
박고석
변시지

오지호

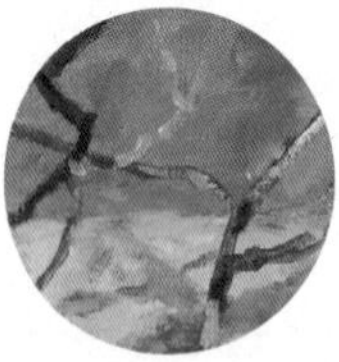

초겨울 햇살의 따사로움까지 담은 청명한 그림

새벽 서리처럼, 그림자에 푸르스름 한기寒氣가 내려앉으면 이제 겨울이라는 신호다. 태양의 길이 달라져 계절이 변화하니, 계절 앞에 그림자 색 바뀌는 것은 자연스러운 일일 수 있다. 봄 그림자는 새순 닮은 초록이요, 풍요로운 가을 그림자는 노릇한 속살 익은 군고구마 껍질 색 같았던 것으로 기억한다. 남향집 깊숙이 파고든 잎 떨어진 늙은 대추나무의 그림자가 파르랗다. 지붕 끝까지 드리운 그림자가 하늘에 닿았다. 솟은 그림자와 시린 하늘이 같은 파란색이다. 고목이여, 볕 좋았던 이날의 기운을 다시 올 봄날까지 머금었거라.

겨울 온 지 미처 모르고 외투를 챙겨 입지 않은 소녀의 어깨가 사립문 밖을 나서며 살짝 움츠러들었다. 주머니에 넣은 손도 뺄 생각이 없어 뵌다. 약간 촌스러운 듯하나, 그래서 정겹기도 한 빨강 원피스는 보는 것만으로도 몸속 온기를 자극하는 붉은색이다. 흰색 목깃을 단정히 세운 소녀는 다가올 엄동설한이 제아무리 혹독할지라도 굴하지 않을 의지와 생명력 그 자체를 상징하는 듯하다. 살짝 고개 숙인 동그란 머

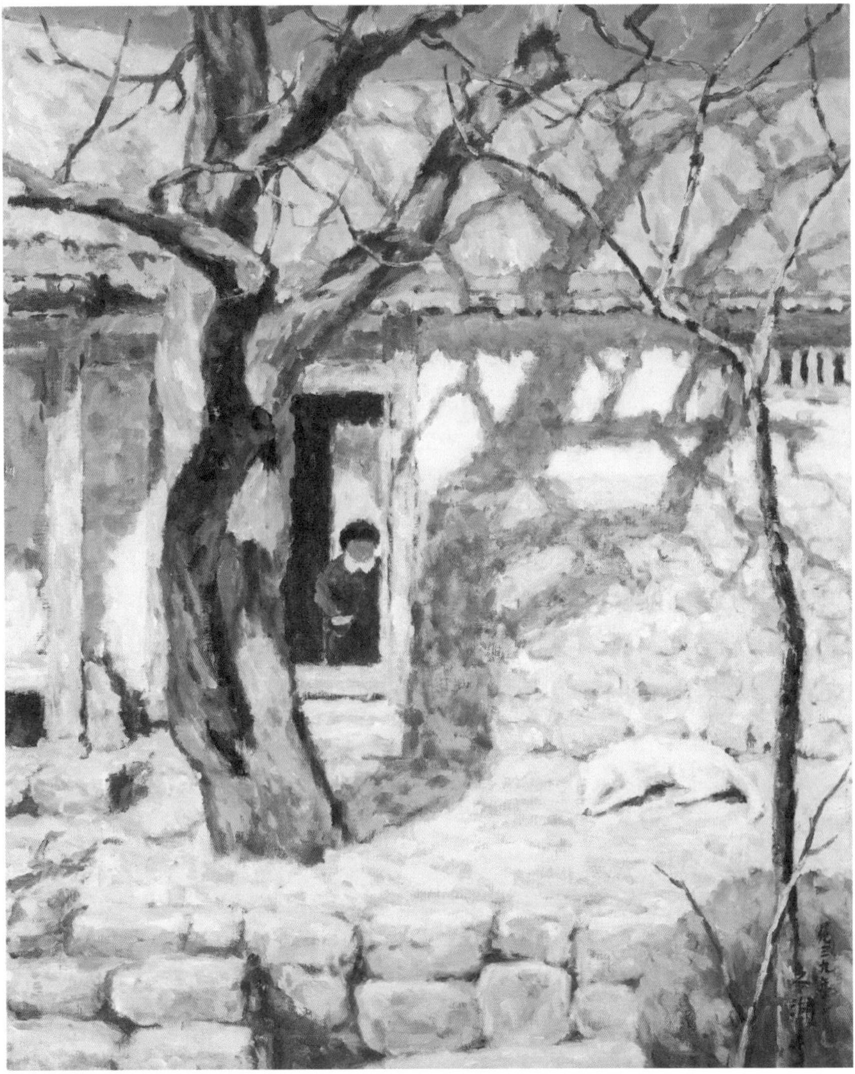

—
오지호, 〈남향집〉
1939년, 캔버스에 유채, 80×65cm, 국립현대미술관 소장
—

리 위로 나비 닮은 노란 리본이 얹혀 있다. 소녀는 기어이 오고야 말 봄의 전령일지도 모른다. 아이를 그린 붓질이 마치 손길로 쓰다듬은 듯 자상하다.

> "초동初冬 빛이 따뜻한 어느 날 오후, 남향 초가집의 흰 벽과 그 앞에 서 있는 늙은 대추나무의 수많은 가지와의 음양陰陽의 교차交叉."
> 1948년 10월 15일부터 18일까지 열린 오지호 첫 개인전 작품목록 중에서-

이것이 '화인畵因', 즉 그림을 그리게 된 이유라고 적은 이는 한국적 인상주의의 개척자 오지호吳之湖·1905~1982다. '한국의 모네이며 세잔'이라고도 불리는 거장이다. '남향집'이라 알려졌고 지금도 그리 불리는 작품이지만, 실물로 처음 선보인 1948년 오지호의 첫 개인전 때만 해도 '사양斜陽'이라는 제목으로 통했다. 해질 무렵의 빛, 혹은 기울고 비켜난 볕을 뜻한다. 매일 뜨고 지는 해가 연일 이리저리 비추길 반복하건만 겨울이 막 오기 시작한 그날의 비스듬한 햇빛이 화가의 눈을 반짝이게 했다. 유난히 길었던 고목의 그림자가 초가의 흰 벽과 누런 지붕을 가르는 장면은 붓을 들기에 충분한 이유였다.

● ● ●

오지호는 어머니의 품속 같다는 뜻의 모후산母後山 남쪽 자락에 자리 잡은 전남 화순의 부잣집에서 8남매의 막내로 태어났다. 서울로 유학해 휘문고등보통학교를 다니던 1922년 당시 만난 미술 선생의 영향을 크게 받았다. 바로 우리나라 최초의 서양화가인 고희동이다. 훌륭한 스승이었지만, 전공인 서양화를 버리고 동양화로 돌아선 그를 보면서 어린 제자는 반드시 서양화로 뭔가를 이뤄보겠다고 다짐했다. 오지호는 일본 도쿄미술학교를 졸업하고 귀국한 뒤 1935년 3월 개성의 송도고등보통학교 미술교사로 부임했다. 그때부터 광복 직전까지 그가 살았던 집이 바로 그림 속 집이다.

1939년 5월에 오지호는 상·하로 이틀에 걸친 신문 기고를 통해 〈남향집〉의 주인공이 된 집을 내세워 자신의 자연관을 노래했다. 그림은 그해 겨울에 완성됐다.

"지금 내가 사는 이 집을 나는 이다지도 끝없이 사랑한다. 그 까닭을 말로 표현한다면 지극히 평범하고 새삼스러워질 것이다. 그래도 누군가 내게 그 이유를 묻는다면 나는 이렇게 대답하리라. '그것은 이 집 상당한 범위를 둘러싸고 있는 푸른 나무와 풀이 있고, 그 위로 한없이 넓게 펼쳐진 하늘이 있기 때문이라고.' 어느덧 그들에 대한 내 사랑은 초목 일반에 대한 내 본래의 사랑 이외에 육친에 대한 그것과도 같은 깊은 애정을 느끼게 한다. … 산 위로부터 소나무에 섞여 활엽수의 연녹색이 우거지고 그중에서도 낙엽송의 에메랄드가 뛰어나게 시원하다. 반이나 핀 밤나무의 황록색이 선명히 빛나고 있다. 밤나무가 끝나는 곳에 보리밭이 시작되고 평지로 내려오면서는 보리밭에 섞여서 장다리꽃 핀 채소밭이 여기저기 있다. 비 뒤에 진초록으로 아주 파랗게 된 언덕바지에는 꽃이 지고서 이제야 잎이 피기 시작한 복숭아나무가 보이고, 그 사이로 배추장다리의 노란꽃이 반짝인다. … 3월도 중순을 넘으면서부터는 우중충한 남갈색으로 얼어붙은 것처럼 묵묵하던 송악산이 밝은 자색紫色으로 변한다. 이곳의 봄이 시작되는 것이다. 어느결에 씨름꽃제비꽃과의 풀의 자주빛송이가 황갈색 잡초 사이에 드러나고 이름도 모르는 작은 풀들에 뒤이어 씀바귀도 노란꽃, 흰꽃을 섞어 피고 좀 이따가 할미꽃도 핀다. 4월 달로 접어들면서부터 개나리 진달래가 한꺼번에 핀다. 그러는 동안에 비가 오고 날이 바짝 따뜻하지면 뾰로통하던 매화꽃, 살구꽃의 꽃망울이 하룻밤 사이 활짝 핀다. 그리고 이것들이 지기도 전에 앵두꽃, 배꽃, 오얏꽃, 봉숭아꽃이 거의 때를 같이해서 연달아 핀다. … 이제야 왔다고 생각한 때는 벌써 지나가 버리는 것이 북쪽의 봄이다."

《동아일보》 1939년 5월 19일자에 실린 〈오월송五月頌〉 중에서-

인상파 화가의 5월 찬가에 글에서조차 색이 빛난다. 자연에 대한 애정이 살붙이에 대한 사랑과도 같은 지경이었기에 홍옥 같고 앵두 같은 딸을 그림 속에 넣었나 보다. 그림 속 소녀는 화가의 둘째 딸 금희란다. 그 시절 오지호가 애정 쏟으며 키웠던 풍산개가 오른쪽 담 아래 졸고 있는 녀석이렸다. 빛을 받아 빛나는 벽은 갓 지어낸 흰밥처럼 보기만 해도 푸근하다. 가마솥에 눌어붙은 누룽지 색 같은 흙담과 지붕이 그림에 정감을 더한다. 인상파는 보이는 대상을 색으로 나눠 표현했는데, 집과 돌과 지붕이 각각의 색깔로 존재감을 드러낸다. 그림자의 청색과 담벼락의 노란색이 어울릴지 누가 알았겠나. 그 순박한 맛이 '이게 진정한 향토색이다' 싶게 딱 맞아떨어졌다. 오지호 이후 남도 화풍은 맥없는 흰빛도, 일본 채색화의 영향을 받은 과장된 화려함도 아닌 밝고 맑은 본연의 청명한 색으로 빛나게 된다.

• • •

오지호의 부친은 대한제국 말기에 전남 보성의 군수를 지냈다. 그러나 막내인 오지호가 15세이던 1919년 서울에서 고종의 장례식과 3·1운동을 목격한 후, 민족 현실에 대한 울분을 끝내 참지 못하고 스스로 목숨을 끊었다. 우국지사였다. 아버지를 닮지 않은 아들은 없다. 오지호는 일제강점기에 총독부가 주관한 조선미술전람회에 적극 동참해 화단의 주도권을 잡은 일부 화가들이 해방 후에도 자신의 권력을 유지하기 위해 벌이는 작태에 분노를 참지 못했다. 예술가의 지조라 함은, "비단 예술 활동에만 나타나는 것이 아니요, 사회적 활동에도 발현된다는 것은 당연한 일"이라고 믿은 그는 지조 없는 자들을 향해 "작은 이익에 몸을 팔고, 즐겨 불의의 앞에 주구走狗가 되는 예술가"라 비판한 후 1948년 8월 미련 없이 서울을 등지고 빛고을 광주에 정착한다.

화가의 결연한 다짐이 호남 화단에는 행운이 됐다. 소백산맥으로 나뉘는 영남과 호남은 사투리와 기질만큼이나 화풍도 다르게 발전했고 대구를 중심으로 한 영남 화단과 광주·전주 등 예향에 기반을 둔 호남 화단이 분명한 차이를 드러냈다. 가깝게 지내며 교류했던 동양화가 허백련許百鍊, 서예가 손재형孫在馨과 더불어 서양화의 오지호가 근현대 호남지방 화풍 형성의 결정적 토대를 마련했다. 오지호가 특별히 존경받는 까닭은 일본을 통해 받아들인 서양화 기법을 완전한 우리 것으로 토착화했기 때문이다. 탁월했고, 성공했다.

우리나라에 전래된 신식 문물의 상당 부분은 일본을 거쳐 들어왔다. 그중 하나가 미술이다. 일본 미술인 우키요에浮世繪가 인상파 화가들에게 영향을 줬고, 꼭 그 때문만은 아니지만 일본은 유독 인상주의에 열광했다. 일본은 인상파 미술을 자신들에 맞게 적용시켜 외광파外光派라는 독특한 화풍을 만들어냈다. 일본에서 공부한 오지호가 처음 배운 것도 외광파였다. 그러나 이내 그것이 일본 기후와 풍토에 기인한 화풍이라는 사실을 깨달았다. 사랑하는 내 나라 조국 산천을 그리기에는 적합하지 않다는 것을 말이다. 암갈색의 어둡고 침울한 색조로 초봄의 풍경을 몽롱하게 그린 자신을 들여다보며 자연의 생생한 인상과 감동이 사라졌음을 자각했다. 알게 모르게 일본의 영향이 주입됐다는 사실이 섬뜩했다. 벗어나기로 했다. 오지호는 한국인의 따스한 감성과 우리나라의 밝은 태양 빛, 청명한 자연환경에 적합한 표현 방법을 연구했다. 일본식 외광파가 아니라 유럽의 정통 인상파에 오히려 더 가까웠다. 여기

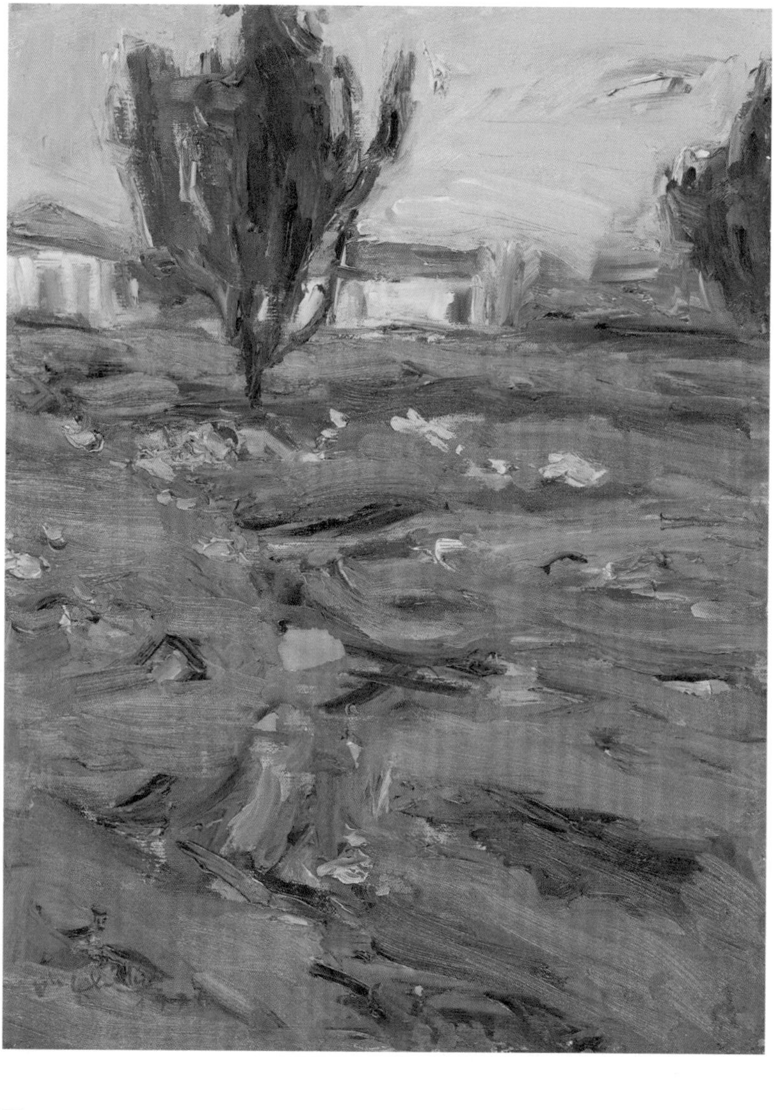

—
오지호, 〈북구의 전원〉
1976년, 캔버스에 유채, 53×41cm, 국립현대미술관 소장
—

다 사물의 내부에서 뻗어 나오는 강렬한 생명력까지 화면에 담으려 했더니 야수파 화풍에도 근접했다. 나중에는 과감한 표현주의적 경향도 보여준다. 그와 같은 세대인 화가의 대부분이 일본의 영향을 받은 아카데미즘에서 벗어나지 못했던 것과 비교하면 앞서간 미술가였음이 더욱 분명해진다.

오지호는 우리나라 최초로 컬러 화집을 발간한 기록의 소유자다. 1938년에 동료 화가 김주경金周經과 함께 총천연색 도록을 제작했다. 사비를 들인 파격적 시도였는데, 인상주의 화풍을 추구하며 색채를 중시한 그가 얼마나 열정적이었는지를 보여주는 대목이다. 둘이 각각 작품 10점씩을 수록하고 회화론도 담았다. 〈사과밭〉도 이 화집에 수록된 그림 중 하나다. 고향보다 춥고 봄 짧은 개성에서 교편을 잡던 그 시절, 백화난만의 5월이 오면 하루하루가 아까울 지경이었다. 수첩에 꽃 피는 날짜를 적어가며 봄을 기다렸다.

"(1937년) 5월 8일 토요일 날은 그리기에 꽃이 좀 부족한 듯하더니, 일요일에는 만개하고, 월요일에는 벌써 지기 시작했다. 봄에 피는 과수의 꽃으로는 제일 늦고 또 일찍 지는 것이 이 꽃이다. 복숭아꽃도 일주일은 가기에 이 꽃도 좀 더 있으려니 하고 있다가 그만 놓쳐버린 것이 작년의 일이다. 이곳을 지날 적마다 꽃봉오리의 변화에 주의를 해오다가 꽃이 피기 시작하면서 곧 나도 그리기 시작했다. 5월의 햇볕은 상당히 강렬하고 그리는 도중에 꽃은 자꾸 피었다. 왱왱거리는 벌들과 함께, 아침부터 저녁까지 이 임금원林檎園·사과밭에서 사흘을 지냈다. 이 그림이 거의 완성되면서 꽃도 지기 시작했다."

《2인 화집》(오지호·김주경 지음, 1938년, 한성도서주식회사 펴냄) 중에서-

"회화는 빛의 예술"이며 "태양에서 난 예술"이라고 되뇌었던 화가의

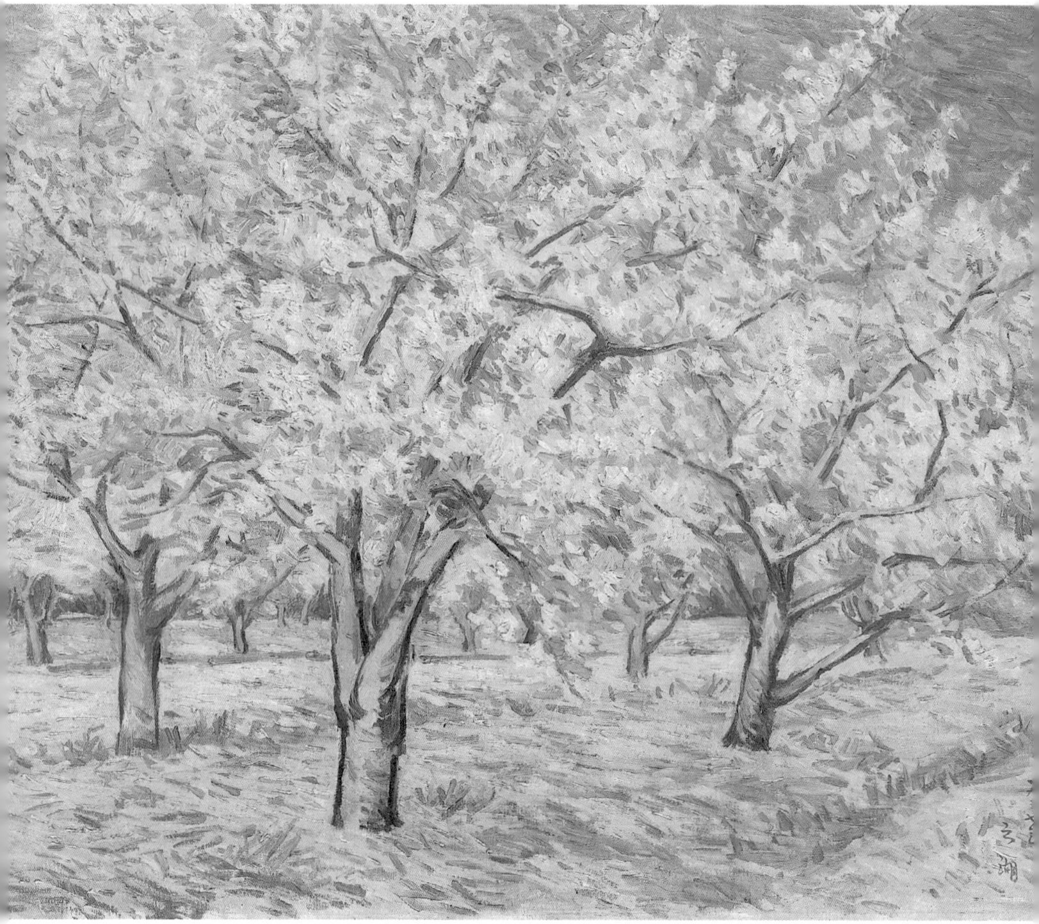

—

오지호, 〈사과밭〉
1937년, 캔버스에 유채, 71.3×89.3cm, 개인 소장

—

확신이 고스란히 그림에 스몄다. 상대적으로 계절 변화에 무심한 편이었던 김주경의 눈에는 때와 빛과 꽃에 취해 있는 친구가 별나 보였던지 중절모 쓰고 과수원 복판에 이젤을 펴고 앉아 작업하는 오지호의 뒷모습을 붉고 푸른 원색의 그림으로 남겼다. 봄볕에 새카맣게 얼굴 그을릴 정도로 공들여 그린 〈사과밭〉에 대해 작가는 "꽃도 희고, 햇빛도 희고, 휘영청 밝은 5월 초순의 임금원 색채의 혼탁混濁을 피하기 위해서 점묘적 수법을 썼다"라고 설명했다. 정성스런 화집을 만들 정도로 귀히 여긴 그림을, 오지호는 곰팡이 슬지 않게 옷·솜과 함께 궤짝에 넣고 못질까지 해 철저하게 지켰다. 해방 후 1948년이 되어서야 첫 개인전을 열고 작품을 꺼내며 "왜놈들 등쌀에 그림도 제대로 못 그렸어. 어디 그게 사람 사는 세상이야. 내 나라 내 강산을 내가 못 그리면 누가 그린단 말이야"라고 역정을 냈었다고 한다.

• • •

국립현대미술관이 소장한 〈남향집〉은 지난 2013년에 문화재로 지정됐다. 등록문화재 제536호다. 인상파 미술을 수용하는 과정에서 한국적 토착화를 이룬 역사적 가치가 높이 평가됐다. 오지호가 조선대학교 교수로 근무하던 1953년부터 세상을 떠날 때까지 30년 가까이 산 광주 동구 지산동의 초가집은 '오지호가家'라는 이름으로 광주시도기념물 제6호로 보호되고 있다. 옛 딸기밭 아래에 지은, 100년도 더 된 조선 말기의 집이다. 소박한 이 집의 6평짜리 문간채가 작가의 화실로 쓰였다. 북쪽으로 난 창문은 빛이 들어오게 뚫은 채광창이다. 어딜 가나 빛을 찾는 화가였다. 안방에는 사진액자로 만든 〈추경〉이 걸려 있었다고 한다. 특유의 말간 색채로 무등산 아랫마을의 가을 풍경을 그린 작품이다. 황토색 땅과 붉게 물든 산 사이에 모여 앉은 노랗고 파란 초가지붕들이 단풍보다 곱다. 먼 산은 파랑과 하양의 차가운 색으로 그리고 무등산

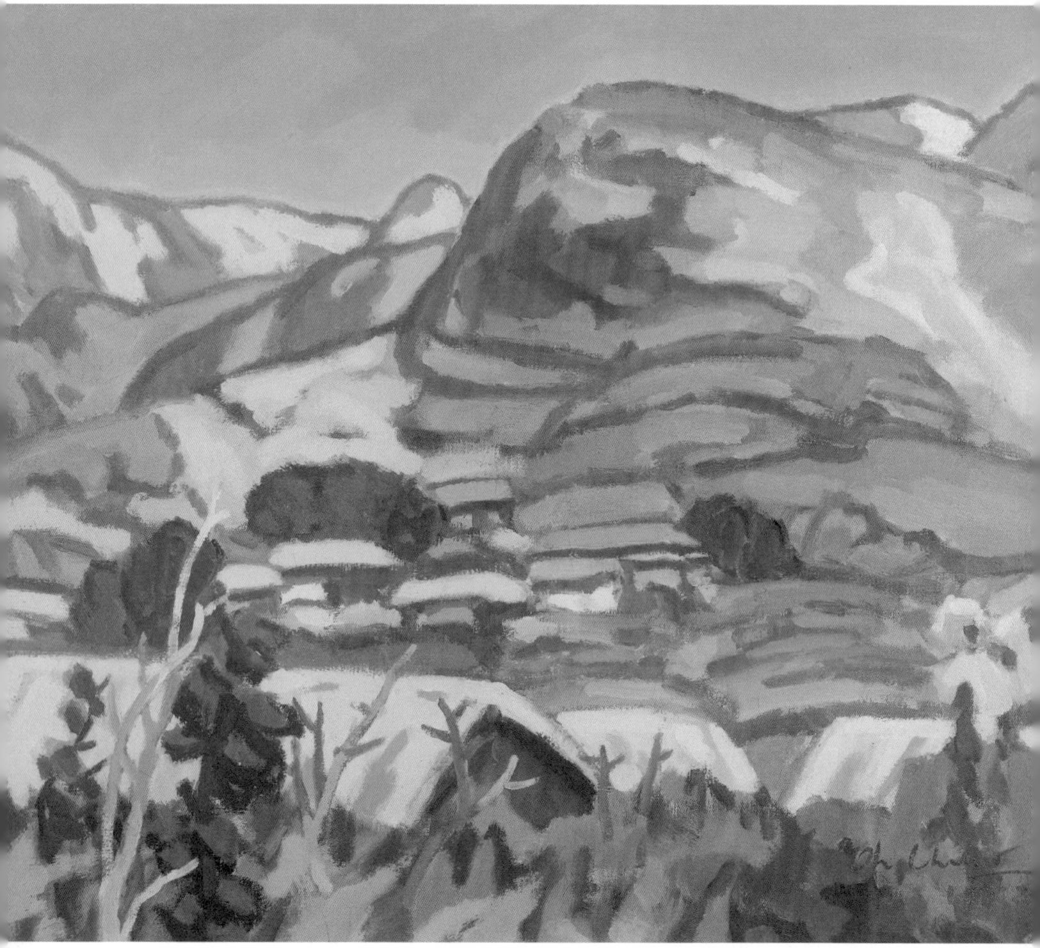

—

오지호, 〈추경〉

1953년, 캔버스에 유채, 50×60cm, 광주시립미술관 소장

—

을 따뜻하고 밝게 중앙에 배치해 색의 대조를 이용한 공기원근법을 구사했다. 고향의 포근함과 우리네 따뜻한 정서를 잘 보여주는 그림으로, 훗날 우표로도 제작됐다. 작가가 여생을 곁에 두고 사랑했던 그림인지라 유족들은 1992년 개관한 광주시립미술관에 이 작품을 기증했다.

개성의 남향집에서 태어나 지산동 초가집에서 자란 아들들이 대를 이어 그림을 그렸다. 큰아들 오승우吳承雨는 인상파적 기법을 물려받았으되 더욱 강렬한 야수파적 경향을 보였다. 색깔 분명한 원로화가로 1993년 대한민국 예술원 회원으로 선출됐으며 자신의 175점 작품을 기증해 전남 무안에 오승우미술관이 세워졌다. 그의 동생이자 오지호의 둘째 아들인 오승윤吳承潤은 서양화의 한국화를 위해 애썼다. 붓을 밀고 당기는 동양화 방식의 붓질을 사용했고 우리 전통의 오방색을 근간으로 하는 독창적 작품세계를 세웠다. 오지호 화백 사후에 유족들은 〈남향집〉과 대표작 34점을 국립현대미술관에 기증했다. 고향 뒷산 이름을 아호로 삼은 모후산인母後山人 오지호가 그린 한국의 사계는 제대로 한국적이라 정겹고, 노년에 여행 다니며 그린 외국 풍경은 너무나 이국적이라 감탄하게 된다. 언제 어디에 있더라도 그곳의 햇빛과 생명의 기운에 정직했고 충실했기 때문이다.

이인성

핏빛 붉은 땅, 살아남아 그날을 기다리리

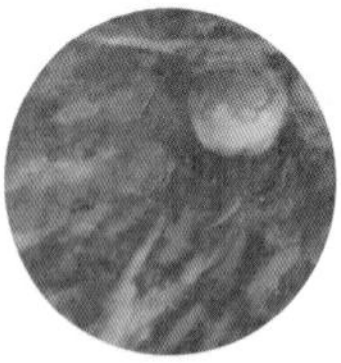

늦봄 사과꽃이 떨어지고 한여름을 온몸으로 견딘 풋사과는 더위가 한풀 꺾이는 처서를 전후로 붉은 옷을 챙겨 입는다. 사과 하면 대구다. 기후 변화로 사과 주산지가 북상하고 있다고 하지만 그래도 사과는 대구의 명물이다. 대구 북구 산격2동에는 '이인성 사과나무 거리'라는 벽화거리가 조성돼 있다. '조선의 고갱Paul Gauguin'이라 불리는 천재화가 이인성李仁星·1912~1950을 기억하는 명소다. 그 이름의 계기가 된 이인성의 1942년작 〈사과나무〉는 늦여름 빨갛게 물들기 시작한 사과를 보여준다. 사과가 어찌나 탐스럽게 달렸는지 가지가 휠 듯하다. 자연의 풍요를 드러내는 파랑과 땅의 생명력을 상징하는 빨강이 대조적이지만 두 색은 동그란 사과 안에 공존한다. 세잔은 그림자와 음영 처리에 검은색 대신 보색을 택했는데, 서로 보색인 적색과 녹색으로 그린 이인성의 사과는 인상주의적 화풍이 느껴지면서도 독자적이고 토속적이다. 나무 아래로 알을 품고 있는 암탉이 보인다. 그 곁을 지키는 수탉은 무언가를 기다리는 듯 먼 데를 바라보고 있다.

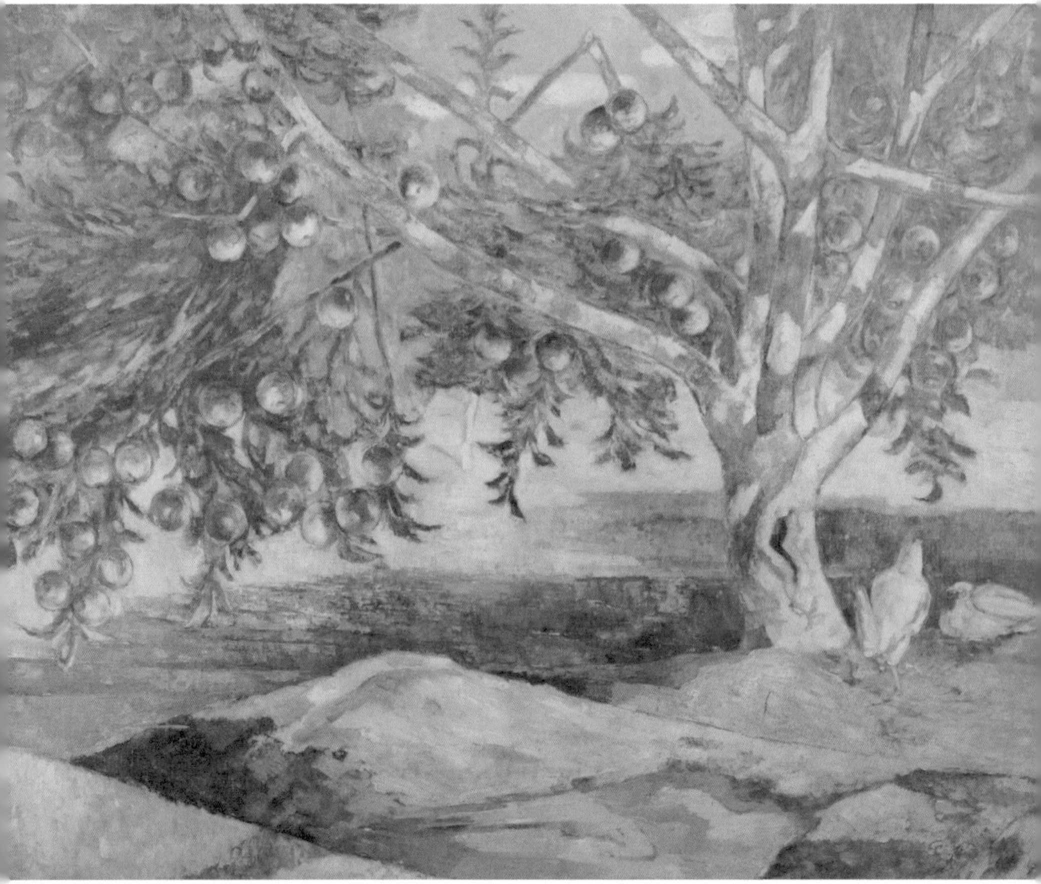

—
이인성, 〈사과나무〉
1942년, 캔버스에 유채, 91.0×116.5cm, 대구 명덕초등학교 소장
—

이 그림은 완성된 그해 대구 명덕초등학교에 기증됐고 한동안 학교에 걸려 있었다고 한다. 무슨 사연인지 그림은 1972년에 국립현대미술관으로 옮겨졌다. 맡겨놓은 것이었으나 되찾아가는 사람 없이 40년간 고향을 떠나 있었다. 국립현대미술관은 지난 2012년 이인성 탄생 100주년전을 열면서 이 〈사과나무〉를 전시했다. 이를 계기로 대구광역시교육청이 소장처를 주장하며 가져가겠다는 의사를 밝혔다. 대구로 돌아간 이 그림을 지금은 대구미술관이 위탁관리 중이다.

• • •

이인성은 사과가 한창 익어가는 늦더위의 끝물, 1912년 8월 28일에 대구 가난한 집안의 4남 1녀 중 둘째 아들로 태어났다. 수창공립보통학교에 입학했고 천부적 재질이 있었던지 독학으로 그림을 그리기 시작했다. 스케치를 다니다 아버지에게 혼나 화구통이 박살나기도 했지만 아랑곳없었다. 그 무렵 대구의 젊은 작가들이 스스로의 문화적 역량을 결집시키고자 영과회0科會를 조직했는데 1928년 이들과의 만남을 계기로 이인성은 미술계에 본격 입문한다. 이듬해 제8회 조선미술전람회에서 〈그늘〉로 입선했고 약관도 되지 않은 젊은 화가의 명성이 전국에 자자했다. 〈가을 어느 날〉, 〈장미〉, 〈여름 실내에서〉 등의 작품이 연달아 상을 받았다. '조선의 지보至寶'라 불렸고 '화단의 귀재鬼才'로 통했다. 전국 규모의 미술제이자 화가 등용문이던 조선미술전람회에서 1932년부터 무려 6년 연속으로 특선을 차지했다. 후원자가 따랐고, 정규 교육을 받지 못한 한을 풀 수 있게 일본 유학의 기회까지 얻었다.

이인성은 1931년 말에 일본 도쿄로 가 일과 공부를 병행하기 시작했고, 이따금씩 고향을 오가며 작업과 전시를 이어갔다. 1932년 여름방학을 틈타 집에 들렀다가 모교 교정에서 수채화 한 점을 그렸다. 몹시도 더웠던 대구를 배경으로 완성한 〈여름의 어느 날〉은 그해 가을 일본 최대의 국전國展이던 제국미술원전帝國美術院展에서 입선을 거머쥐게 했다. 조선미술전람회에서야 조선인 화가들이 수십 명씩 이름을 올렸지만, 제국미술원전에서 상 받는 조선인은 극히 드물었다. 당연히 언론들이 대서특필했다. 한 일간지와의 인터뷰에서 이인성은 "잠시 귀국했을 때 우리의 흰옷을 주제로 뭔가를 하나 그려보고자 했으나 뜻을 채우지 못하고 이리저리 다니다가 뜨거운 햇볕에 쬐여 꽃과 풀조차 시들시들해지는 모습에서 '문득한 느낌'이 있어 그리기 시작해 3주 만에 완성했다"라고 수상작을 소개했고 "이 기회에 더욱 분발해 향토색 내기에 힘쓸 것"이라고 밝혔다. 이어 1934년에도 제국미술원전에서 입선을 차지했고 역시나 수상자 명단에서 조선 사람은 이인성이 유일했다.

신문기자와의 인터뷰에서 밝혔듯 이인성의 관심사는 '조선의 향토색'이었다. "나에게는 적토赤土를 밟는 것이 청순淸純한 안정을 준다. 참으로 고마운 적토의 향기다"라고 했던 그의 눈에는 자신이 살아가는 산천의 아름다움이 견딜 수 없이 사랑스러웠던 모양이다. 1934년작 〈가을 어느 날〉이나 1935년작 〈경주 산곡에서〉를 비롯해 1944년작 〈해당화〉까지, 이인성의 대표작으로 꼽히는 작품들은 그 적토를 품고 있다. 적나라한 적색으로 그린 노골적인 현실, 흙의 색을 넘어 핏빛에 가까운 붉은 땅이 강렬하다. 그러나 이 '향토색'은 이인성에 대한 엇갈린 평가를 끌어내기도 한다. '향토색'은 1930년대를 전후로 문학과 미술계 전반에서 활발하게 논의되기 시작한 개념이다. 원래는 일본이 '지방색'이라는 개념으로 조선을 시골·토속·민속·자연·변두리 등으로 고립시켜 보편적이고 세계적인 가치에서 멀어지게 하려던 계획이었다. 하지만 조선인들 스스로 지방색 대신 향토색이라는 용어를 사용하기 시작했다. 향토색을 긍정적으로 보는 쪽에서는 조선의 민속적인 소재를 통해 목가적인 자연과 삶을 표현한 것이며, 조선의 정체성을 찾고 고유의 정

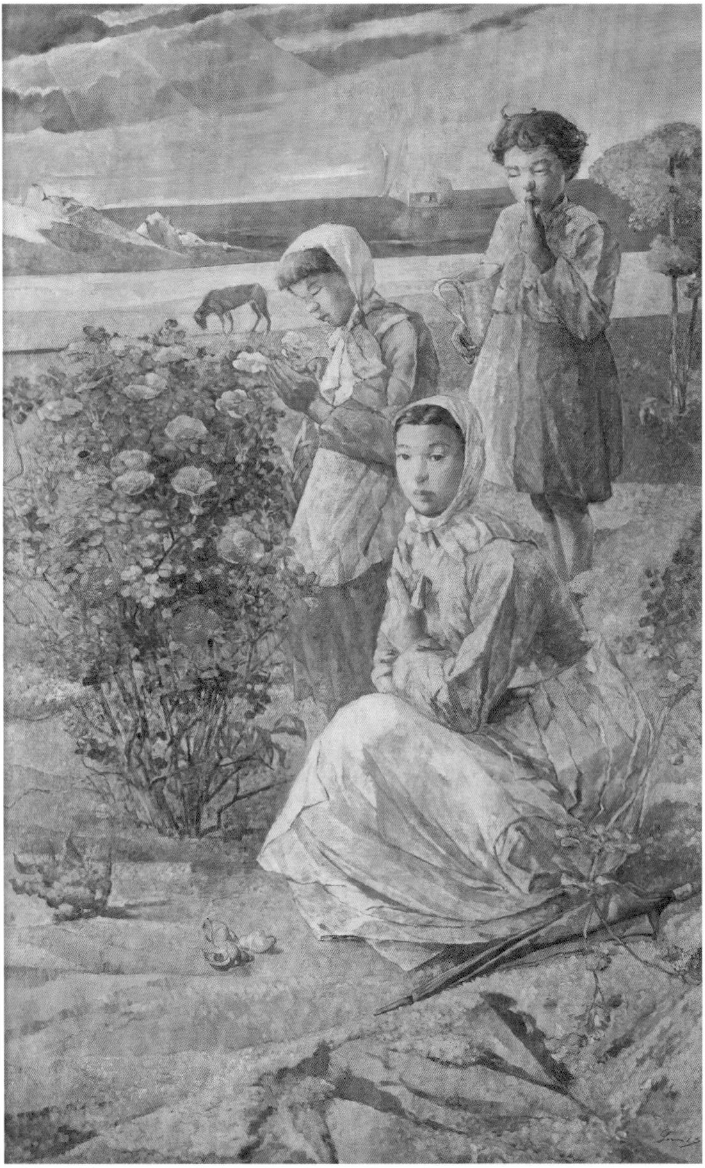

—
이인성, 〈해당화〉
1944년, 캔버스에 유채, 228.5×146.0cm, 개인 소장
—

서를 드러내고자 한 움직임으로 평가한다. 반면 프랑스 화가 고갱이 타히티를 바라보던 시선을 떠올린다면, 향토색이 원시성의 부각이며 조선을 문명화가 덜 된 미개한 곳으로 보게 한 일제의 의도가 스민 것이라는 지적 또한 예리하다. 실제로 조선총독부 주최로 열린 조선미술전람회는 향토색을 심사 기준의 하나로 강조했다.

그렇다면 이인성이 일제의 문화정책에 동조한 친일 인사였다는 말인가? 그렇지는 않다. 비록 그가 강하게 조국의 독립을 외친 일은 없으나 순순히 일본에 굴복한 적도 없다. 《친일인명사전》 편찬위원이기도 했던 미술사학자 최열은 "당시 이인성의 위상과 인기 등으로 미뤄볼 때 주류 미술계로 편입된 그가 친일 예술가단체인 '경성미술가협회' 같은 기구에 가담해 중책을 맡을 법도 했지만 그러지 않았다"라고 강조하며 "1931년 말부터 1935년까지 일본에서 유학하면서도 창씨개명하지 않은 것 또한 뚝심 있는 그의 일면을 보여준다"라고 강조했다. 다만 반일反日 정신이 투철한 화가들 중에는 조선총독부가 주최한 조선미술전람회에는 그림을 걸지 않겠노라 버틴 이도 있었으나 이인성의 경우는 지속적으로 출품했다. 그러나 전쟁을 독려하는 미술전람회인 총후미술전이나 결전미술전엔 근처에도 가지 않았다.

향토색의 표현에서도 이인성은 사뭇 달랐다. 일제의 식민지 문화정책에 입각한, 그래서 정형화된 상투성마저 띠게 된 조선의 향토색은 황폐한 산과 쓸쓸한 들판으로 절망적 분위기를 자아냈다. 반면 이인성의 향토는 태양이라도 집어삼킬 듯 붉은 땅이 강인한 생명력과 의지를 뿜어낸다. 원래 '붉은 땅'이라는 말은 일본인들이 나무 한 그루 없이 붉은 흙을 드러낸 민둥산을 가리킨 것으로, 조선의 무능한 국토 관리를 비하한 표현이었다. 하지만 이인성은 고향 대구의 여름 열기와 붉은 땅, 역경 속에도 견디고 버텨내는 동시대의 사람들을 그림에 담았다. 고갱이

관찰자의 눈으로 남의 이야기를 그린 것이었다면 이인성은 고향 땅에서 우리의 이야기를 기록하고 있었다.

더 나아가 이인성이 해방의 먼 미래를 내다본 것 아니었을까 추측하는 이유는 그의 그림 곳곳에 숨겨진 기묘한 상징들 때문이다. 미술사학자 최열이 이인성의 그림을 두고 "마치 귀족의 밀실처럼, 음모에 찬 구중궁궐의 일들은 따지고 보면 단순하되 드러나는 현상은 더없이 복잡한" 것이라고 한 까닭이다. 바닷가 해당화 곁의 세 소녀를 그린 1944년 작 〈해당화〉를 보자. 맏이 격인 소녀는 그림 밖 관람객 쪽을 응시하는데 그 눈빛에 기다림과 갈망이 묻어 있다. 시선은 저 멀리 수평선 쪽에 떠가는 돛단배와 평행을 이룬다. 그림 속 배는 기다림의 상징이다. 때마침 먹구름 낀 하늘 사이로 몇 개의 빛줄기가 쏟아져 내린다. 일제 강점기의 먹구름을 밀어내고 찾아올 희망을 암시하는 것일까. 그림의 제목도 "당신은 해당화 피기 전에 오신다고 하였습니다. 봄은 벌써 늦었습니다"로 시작하는 만해萬海 한용운韓龍雲의 시 〈해당화〉를 떠올리게 한다. 학자들은 이 그림이 만해의 〈해당화〉에서 영감을 얻었을 수 있다고 분석하기도 한다. 만해가 기다린 봄은 조국의 광복이었다. 바닷가는 여름 기운이 역력한데 소녀들의 옷차림이 두툼한 것을 두고 한겨울 같은 일제 치하를 견디고 따뜻한 날이 올 것을 기약하는 것이라 숨겨진 뜻을 짐작하기도 한다. 이인성은 이 그림을 마지막이 된 1944년 조선미술전람회에 출품했다. 이런 표현이 어쩌면 그가 할 수 있는 최대의 몸부림이었을지 모른다.

• • •

그의 손끝에서는 건물이건 꽃이건 나무건 '이인성식 시적詩的 아름다움'으로 다시 태어났다. 1930년대에 그린 대구 〈계산동 성당〉은 실제

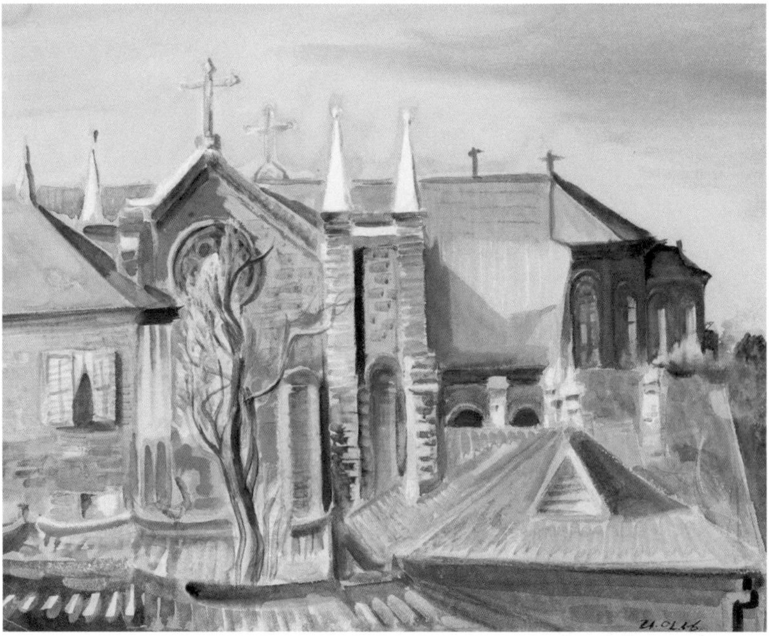

—
이인성, 〈계산동 성당〉
1930년대, 종이에 수채, 34.5×44.0cm, 국립현대미술관 소장
—

대상의 형태나 색에 연연하지 않고 감각적으로, 파스텔톤 색감의 미묘한 변화를 포착해 그려 인상주의 화풍을 막 받아들이기 시작한 우리나라 근대 수채화 연구에 귀중한 자료로 손꼽힌다. 일본식 화풍이 맹목적으로 밀고 들어오던 시기에 작가만의 독자적 감성으로 '한국식 서양화'를 이뤄낸 중요한 그림이다.

1932년 조선미술전람회 입선작인 〈카이유〉는 일본 황실이 소장하고 있다가 어느 신하에게 하사품으로 전달된 것을 국립현대미술관이 발견해 1998년에 되찾은 그림이다. '카이유'란 제목은 칼라꽃을 뜻하는 일

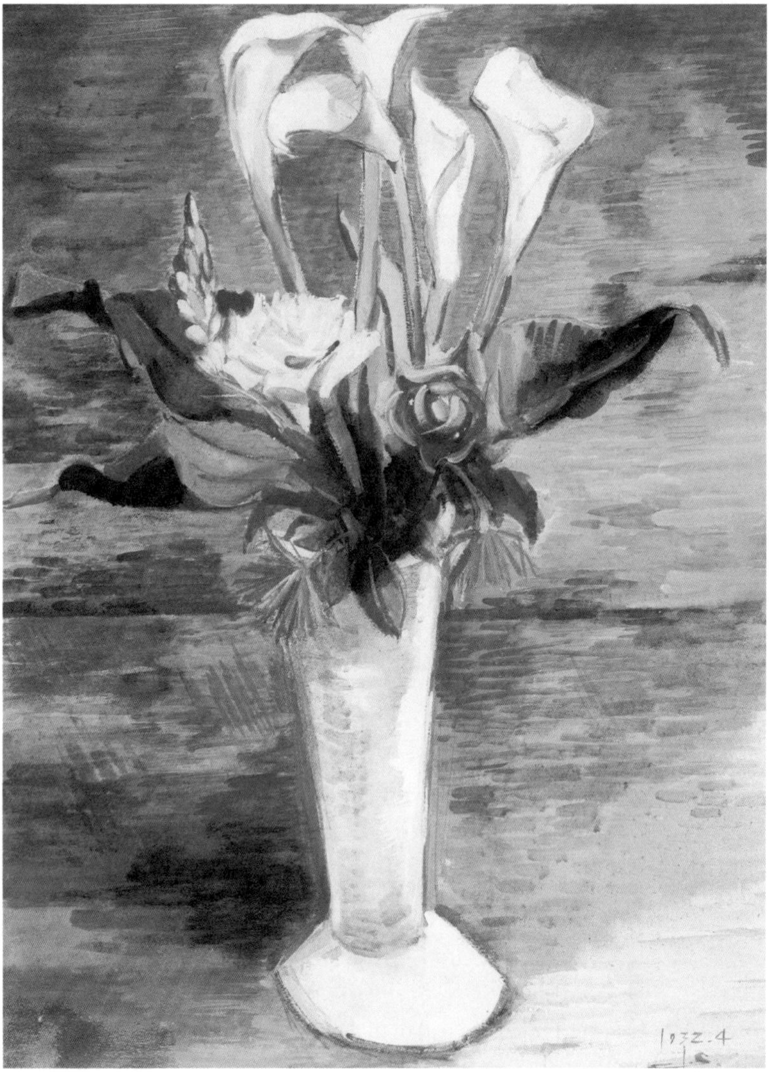

—
이인성, 〈카이유〉
1932년, 종이에 수채, 72.5×53.5cm, 국립현대미술관 소장
—

본어인데, 수채화이면서도 수채화 특유의 맑고 투명한 느낌보다는 유화에 가까운 강렬함이 특징이다. 손질 잘 된 꽃병을 그린 것임에도 색감 때문인지 묘한 야생의 느낌이 감돈다. 그림의 주인공인 꽃과 화병이 수직적인 반면 짧은 선을 수평으로 반복해 그어 배경을 채운 까닭에 긴장감과 안정감이 절묘한 조화를 이룬다. 하얀 꽃병의 그림자가 물빛 파랑인 것도 기이하다. 꽃향기에 취하려다가도 번쩍 정신 차리게 만드는 푸른빛이다.

작품에 인품이 반영된다고는 하나 작가의 인생이 그림처럼 아름다울 수만은 없다. 유학에서 돌아온 이인성은 스물네 살에 연애 중이던 김옥순 씨와 결혼했고 대구 최초의 현대식 화실인 '이인성 양화연구소'를 열었다. '아르스'라는 다방도 경영했는데 괴한 둘이 침입해 조선미술전람회 특선상 수상작인 〈고요한 들〉을 칼로 찢고 난투극을 벌이는 사건이 일어났다. 그림 잃은 괴로움은 가족 잃은 고통보다는 덜했다. 장녀 애향을 제외하고는 태어난 지 얼마지 않은 아들과 딸을 연이어 하늘로 떠나보내야 했다. 서른한 살 때는 부인마저 젊은 나이에 눈을 감았다. 두 번째 결혼 후 이화여자중학교 미술교사로 서울살이 새 인생을 시작했는데 딸 하나를 낳은 후 부인이 가출해 버렸다. 1947년에 세 번째 결혼으로 안정을 찾나 싶었지만 1950년 한국전쟁이 터진다. 전쟁 통이던 그해 9월에 아들 채원을 얻고 뛸 듯이 기뻤던 것도 잠시다. 저녁 취중에 경찰과 시비가 붙었고 잘못 쏜 총에 맞아 다음 날인 11월 4일 날벼락처럼 세상을 떠났다. 아들의 백일도 못 본 아버지는 서른아홉의 삶을 황망하게 마감했다.

거의 마지막 글이 된 1950년 2월 《신경향》에 기고한 〈흰 벽〉에서 이인성은 예견한 듯 이렇게 적었다. "그림 속에서 살고 그림 속에서 괴로움과 함께 사라진다는 것"이라고.

박수근

그림으로 그린 인간의 선함, 진실함

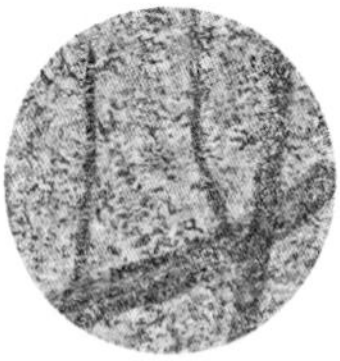

나목裸木 아래로 젊은 아낙이 아이를 업고 섰다. 그의 눈은 짐을 머리에 인 채 장으로 나가는 여인 쪽, 그 건너편 먼 곳을 응시한다. 하염없이 바라보는 그 눈에는 분명 그리움이 가득하리라. 잎 떨어진 나무 탓인지 찬바람이 부는 듯하다. 우둘투둘 화강암 같은 질감의 그림 표면 너머로 1950~1960년대, 배는 늘 고팠지만 마음만은 넉넉하던 그 시절의 기억 한 자락이 파고든다. 박수근朴壽根·1914~1965의 그림은 젊은 사람들보다는 상대적으로 지긋한 나이에 세상사 갖은 풍파를 겪고 연륜과 지혜가 두툼해진 중년층 이상이 열광한다. 반쯤 돌부처 같아서 웬만한 소리에는 꿈쩍도 않을 것 같은 그 애호가들 중 일부가 '손바닥만 한' 박수근 그림 하나를 갖고자 지갑을 열고 수억 원을 선뜻 지불한다. 지난 시간에 대한 애잔함, 향수에 대한 그리움에 쓰는 비용치고는 상당하다. 하지만 그들의 선택은 확고하다. 참으로 단순하고, 심지어 크기도 작은데 박수근의 그림은 비싸다. 이유는 그 독보적인 한국성에서 찾을 수 있다. 박수근이 아니면 세상 어디서도 누구도 그리지 않았을 풍경이며 표정이기 때문이다.

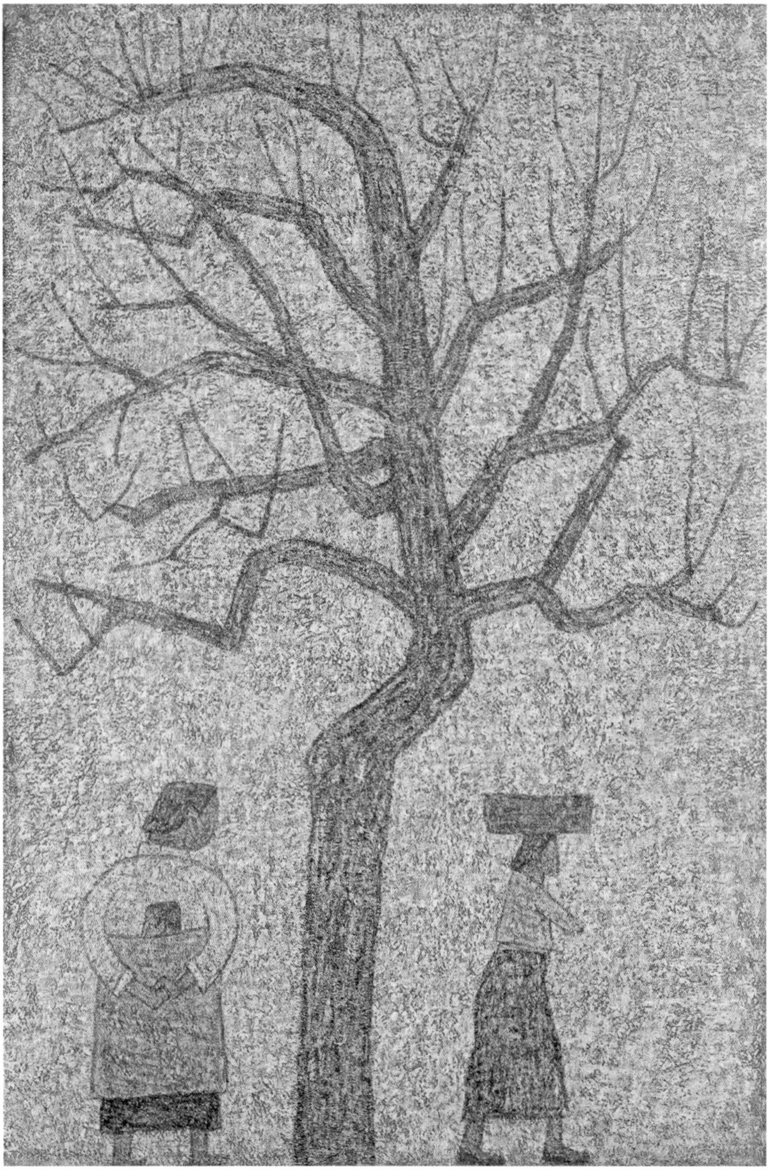

—

박수근, 〈나무와 두 여인〉

1962년, 캔버스에 유채, 130×89cm, 개인 소장

—

• • •

1914년 강원도 양구에서 태어난 박수근은 부친이 농사와 장사를 겸해 일곱 살까지는 부유한 생활을 누렸다. 그러나 아버지가 광산 사업에 손댔다 실패해 큰 손해를 본 데다 홍수로 논밭까지 물에 잠겨 졸지에 가난을 맞닥뜨리게 된다. 양구공립보통학교를 다니던 열두 살의 박수근은 가난 속에서도 감사할 줄 아는 사람들을 그린 밀레Jean-François Millet의 〈만종〉을 보고서 "나는 이다음에 커서 밀레 같은 화가가 되겠다"라고 다짐했다. 가정 형편상 상급학교 진학을 포기할 수밖에 없었던 그는 오로지 독학으로 그림을 공부했다. 같은 세대의 화가인 김환기나 이중섭, 유영국 등이 유학파 출신인 것과 극명한 대조를 이룬다. 박수근에게는 자연이 스승이요, 감각이 조언자였다. 어쩌면 그림 기법을 홀로 터득했기에 동시대 작가들과는 확연히 구분되는 박수근만의 한국적 색깔이 만들어졌는지 모른다.

19세 되던 해 박수근은 조선미술전람회에서 입선했다. 눈 내린 농가에서 빨래 너는 아낙을 그린 수채화 〈봄이 오다〉라는 그림이었는데, 이미 이때부터 박수근의 주제 의식은 농촌 생활의 풍경을 향하고 있었다. 그가 화가를 꿈꾸게 한 밀레처럼. 몇 년 뒤인 1936년 조선미술전람회에서는 아기를 등에 업고 절구질하는 농촌 여성을 그린 〈일하는 여인〉으로 두 번째로 입선한다. 절구질하는 아낙 역시 박수근이 평생을 두고 그린 소재 중 하나다.

1940년 평양으로 가 평안남도 도청 사회과의 서기 일을 할 때도 틈틈이 그림을 그렸고, 막노동을 하던 시절에도 붓을 놓지 않았다. 어렵사리 살아가던 박수근은 아버지가 재혼해 사는 강원도 금성 집에 갔다가 빨래터에서 이웃처녀 김복순을 보고 사랑에 빠진다.

"나는 그림 그리는 사람입니다. 재산이라곤 붓과 팔레트밖에 없습니다. 당신이 만일 승낙하셔서 나와 결혼해 주신다면 물질적으로는 고생이 되겠으나 정신적으로는 당신을 누구보다도 행복하게 해드릴 자신이 있습니다. 나는 훌륭한 화가가 되고 당신은 훌륭한 화가의 아내가 되어주시지 않겠습니까?"

박수근은 청혼의 편지를 보냈고, 그 아내는 일기 형식으로 이를 적어 남겼다. 실제로 박수근은 평생 다정한 남편이었고 아내를 모델로 여러 그림을 그렸다. 빨래터를 즐겨 그린 것도 부부의 연을 만들어준 곳이었기 때문이라 한다. 만삭의 자신을 온종일 맷돌 앞에 앉혀두고 그린 〈맷돌 돌리는 여인〉 때문에 "온몸이 뻣뻣해질 정도로 저리고 빈혈이 왔었다"라는 고백을 남편을 여의고서야 비밀처럼 털어놓은 아내의 사랑도 극진했다. "친정어머니 같은 마음으로 챙겨주던 남편"이라 추억할 정도였다. 화가는 그렇게 알콩달콩 일상에서 느낀 소소한 행복을 화폭에 새기듯 담았다.

박수근은 한국전쟁 때문에 가족과 몇 번이나 헤어졌다. 1952년에 그린 아들 성남의 초상화 〈소년〉에는 언제 또 못 보게 될지 모르는 아들을 향한 아버지의 사랑이 붓끝에 눈물처럼 맺혀 있다. 이듬해 서울 창신동 집으로 마침내 온 가족이 모이게 되고 그때부터 박수근은 활발하게 작업한다. 생계를 위해 미군 PX에서 초상화 그려주는 일도 했는데, 당시 매점에서 일하던 소설가 박완서가 그를 모티프로 〈나목〉을 집필하게 된 인연이 유명하다.

"나는 인간의 선함과 진실함을 그려야 한다는 예술의 대단히 평범한 견해를 가지고 있다. 따라서 내가 그리는 인간상은 단순하고 다채롭지 않다. 나는 그들의 가정에 있는 평범한 할아버지나 할머니 그리고

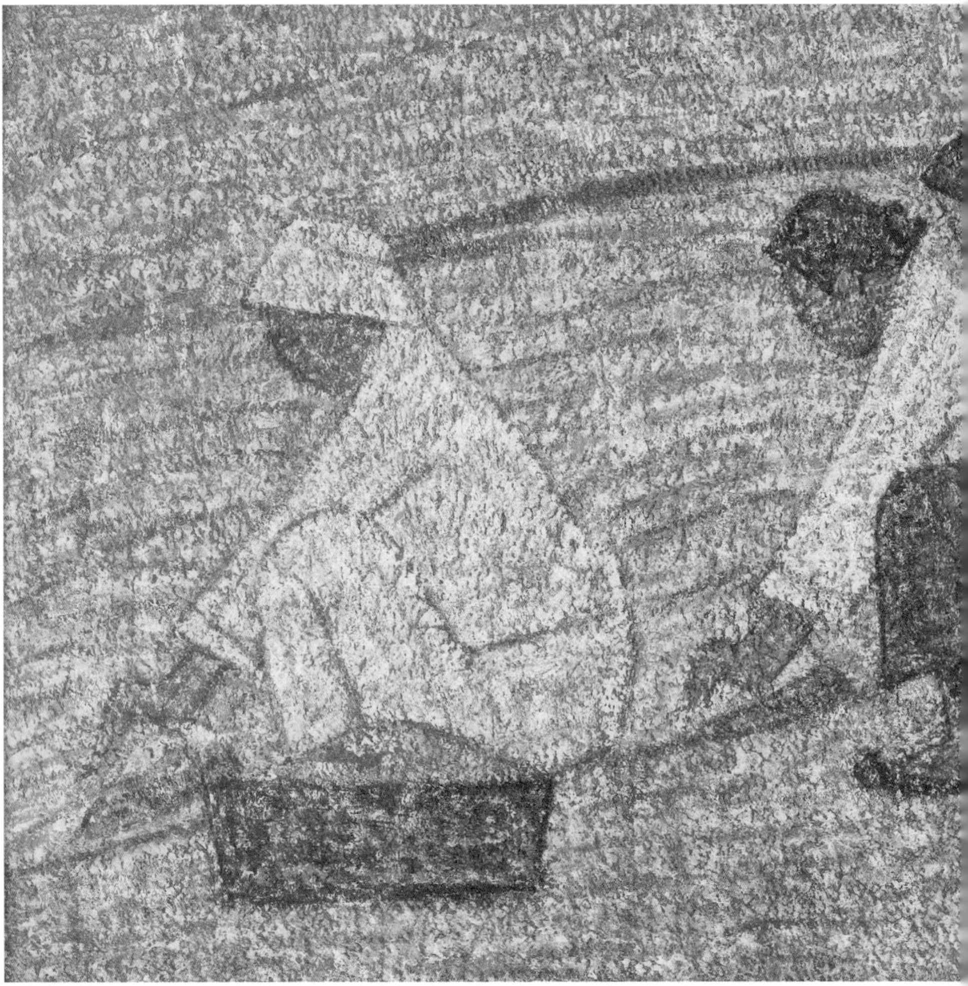

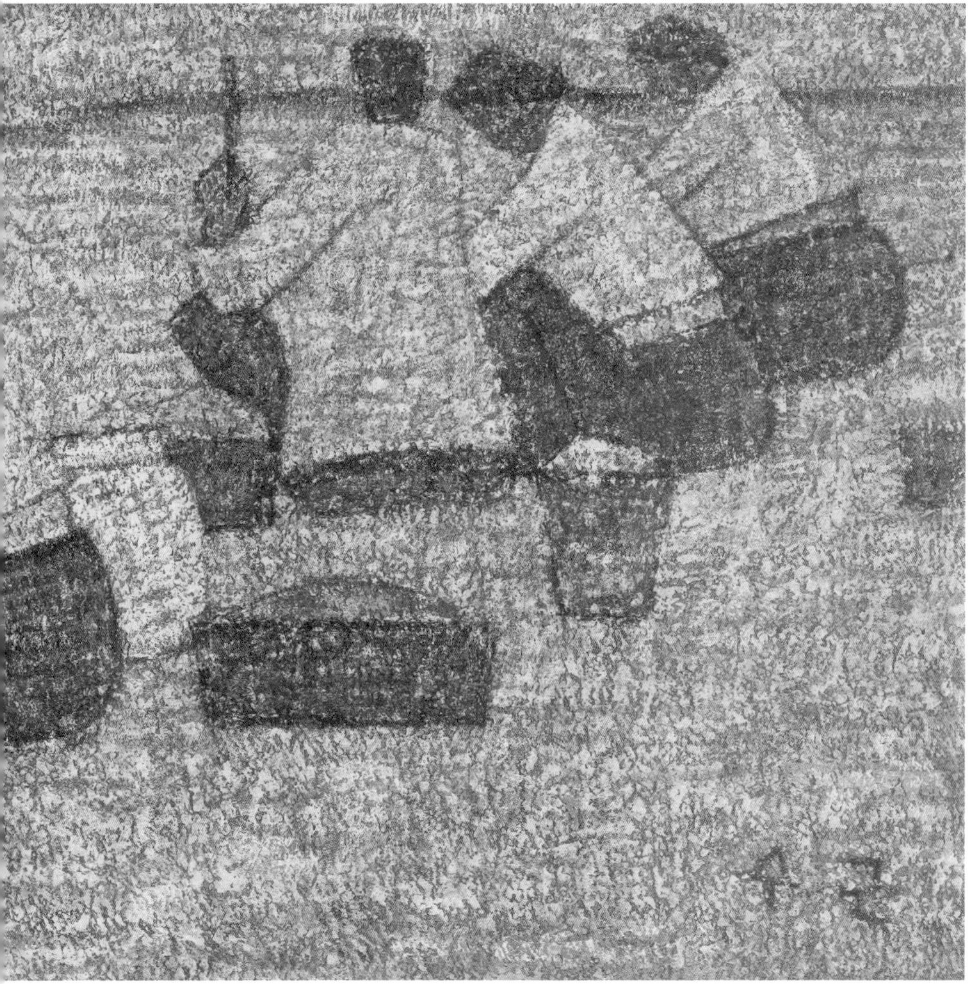

—
박수근, 〈빨래터〉
1959년, 50.5×111.5cm, 캔버스에 유채, 개인 소장
—

어린아이들의 이미지를 가장 즐겨 그린다."

박수근의 그림 소재는 서너 가지가 고작이다. 일하는 아낙과 모여 앉은 소녀, 아이들과 할아버지 아니면 노상에 모인 사람들 정도다. 고가의 그림에는 위작이 따르기 마련인데, 수년에 걸쳐 같은 내용으로 반복적인 그림을 그린 것도 위작의 빌미가 됐다. 그림의 배경은 거의 없다시피 하고, 사람들은 눈코입이 희미한 채 무표정에 가깝다. 의도적으로 단순화한 결과 인물은 구체성을 떨치고 시대를 대변하는 인물이 된다. 나의 어머니이자 모두의 어머니이며 누구나의 아내로. 어색할 만치 딱딱한 인물상은 중세의 성화聖畵를 떠올리게 하는데, 단순하게 이룬 보편성이 숭고함을 풍긴다. 아이 젖 먹이는 아내를 그린 그림은 언뜻 성모자상으로 보인다.

박수근 그림 특유의 화강암 질감도 마찬가지다. 젊은 시절부터 경주 지역의 마애불에 관심이 많았던 그는 거친 표면을 만들기 위해 기름 섞지 않은 물감을 몇 번이나 덧바르는 노고를 견뎌야 했다. 그 덕에 그림은 돌에 새긴 듯한 확고함을 입게 되었다. 한편 박수근의 그림에서는 젊은 남자가 거의 등장하지 않는다. 전쟁 직후 '젊은 남자 씨가 말라버린' 당시의 상황이 그랬을 수도 있으나, 화가는 피폐한 현실을 다시 일으킬 힘의 근원을 여성들에게서 찾고자 한 듯하다.

• • •

전후 당시 최고급 호텔이던 반도호텔 안에서 반도화랑을 운영하던 화가 이대원李大源에 따르면 "10호 미만의 작품 20여 점을 걸 수 있는 작은 공간이었는데 박수근의 작품이 한 달에 두어 점씩 팔렸다"고 한다. 지금처럼 비싼 값도 아니고, 불티나게 많이 팔린 것도 아니었지만 서서

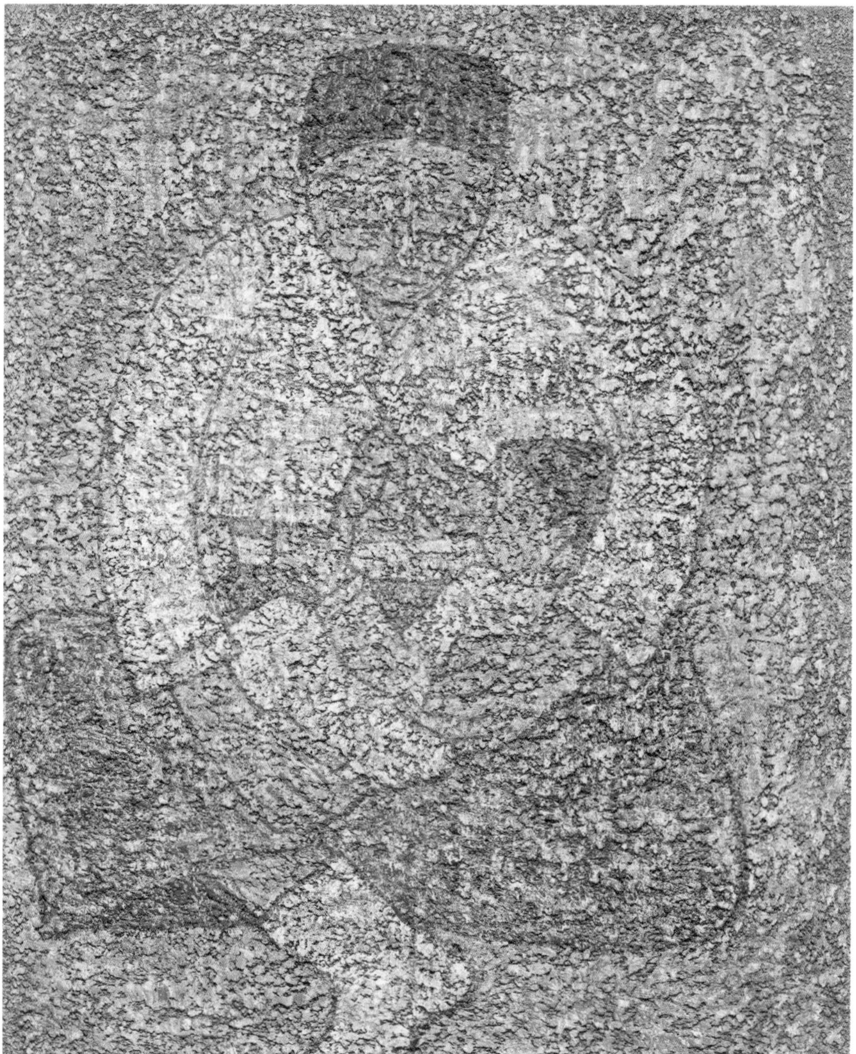

—
박수근, 〈젖먹이는 아내〉
1960년대, 캔버스에 유채, 45.5×38.0cm, 개인 소장
—

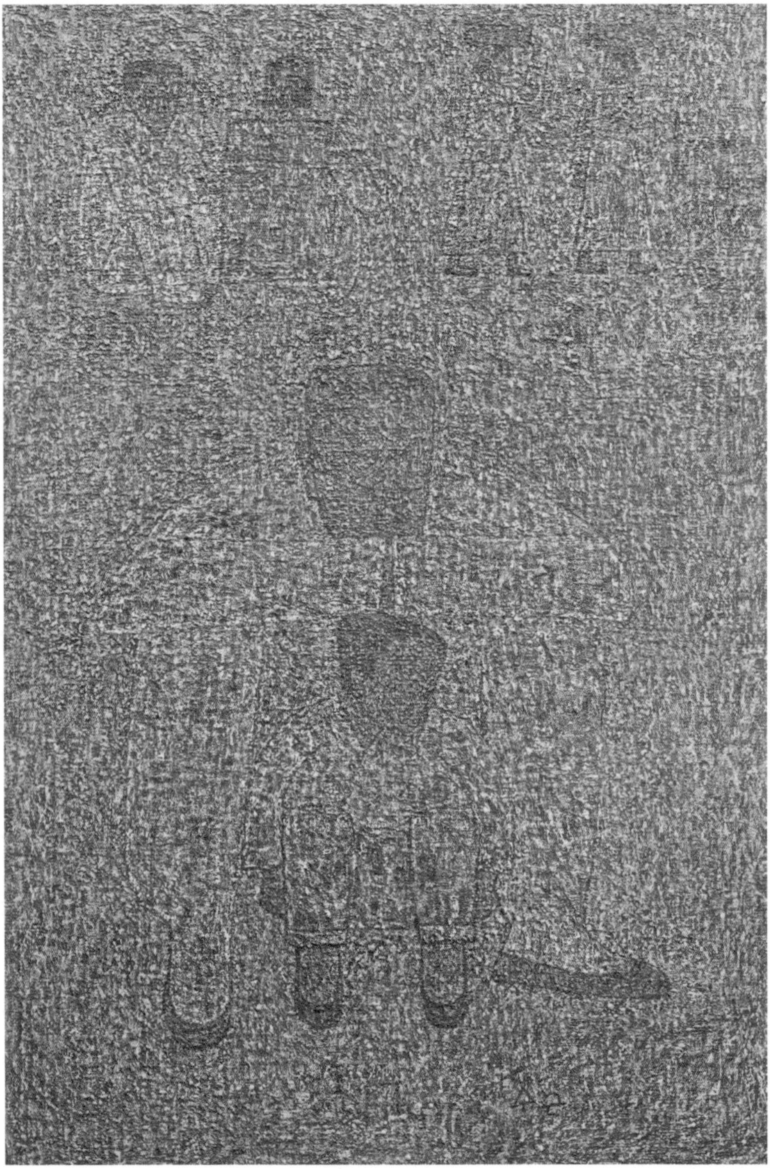

—

박수근, 〈할아버지와 손자〉
1960년, 캔버스에 유채, 146×98cm, 국립현대미술관 소장

—

히 인정받기 시작한 것이다. 수수하고 질박한 아름다움은 느릿하나 깊게 파고든다. 미군 부대에서 그림을 그렸던 인연으로 외국인들이 먼저 박수근의 가치를 알아봤다. 외교관 부인 자격으로 한국에 와 있던 마거릿 밀러 부인이 대표적이다. 그는 박수근의 작품을 많이 구입한 수집가이자, 아쉬울 만하면 잊지 않고 귀한 물감을 사서 보내는 후원자였으며, 엽서로 그림의 이모저모를 평해주는 조언자이기도 했다.

박수근은 생활이 안정되면서 소품에서 벗어나 대작도 그리기 시작했지만, 병마가 찾아왔다. 파벌이 극심하던 화단에서 기댈 학벌도 없던 그는 연거푸 고배를 마셔야 했다. 속상해 과음하는 일이 잦아졌고 왼쪽 눈에 백내장이 발병했다. 일본 유학파들이 대한민국미술전람회를 쥐락펴락하던 시절이라 영문도 모르게 탈락한 적도 있었고, 낙방한 그의 그림을 화가 권옥연이 다시 집어넣어 붙인 적도 있다. 치료비가 없어 수술이 늦어지는 바람에 한쪽 눈을 실명하고 어두운 안경을 낀 채 한 눈으로 그림 그리는 신세가 됐다. 결국 박수근은 1965년에 간경화 등으로 세상을 등진다. 생전에 번듯한 개인전 한 번 못하고 떠났다.

시력을 잃기도 했지만 박수근은 눈으로 본 것을 묘사하지 않았다. 마음과 기억이 간직한 풍경을 그렸다. 300점 정도의 작품만을 남긴 그가 몇 가지 주제로 반복적으로 그렸던 대상은 가난과 고통의 시절이 아니라 소박한 일상과 인정 있는 풍경이었다. 뻣뻣하게 멈춘 듯하나 그의 그림 속 사람들은 바라보고 나아가는 '방향'이 분명하다. 정치색 드러나지 않는 '소리 없는 외침'이 민초의 삶 속에서 온몸으로 터득한 '시대정신'이었다.

전혁림

하늘을 끌어놓은 듯 푸른 남해, 정겨운 항구

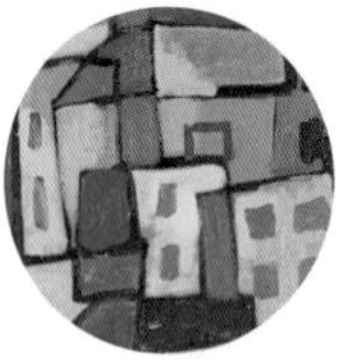

바다는 꿈을 꾸게 한다. 일터에 종일 매인 직장인은 시원한 바닷바람을 떠올리며 휴가를 꿈꾼다. 파도 넘실대는 푸른 바다는 피서객의 백일몽인 동시에 어부의 부푼 꿈이다. 누군가에게는 화려한 외출이며, 어떤 이에게는 그리운 고향인 바다. 시퍼런 바다색이 눈에서부터 더위를 날려주는 전혁림全爀林·1915~2010의 〈통영항〉이다. 경남 통영에서 나고 자라 말년에도 여기서 그림만 그리다 눈감은 그에게는 모든 것이 푸른 세상이었다.

품에 안길 듯한 통영항 여기저기에 정박한 고깃배가 정겹다. 따개비처럼 다닥다닥 기댄 집들은 그곳에 사는 인심 좋은 사람들을 느끼게 한다. 그림에서 깊은 바닷물을 길어온 듯한 울트라마린부터 코발트블루, 하늘을 끌어다 놓은 듯한 파란 옥색의 세룰리안블루까지 눈부시게 넘실댄다. 통영항 너머로 내다보이는 미륵산이 바다에서 솟은 양 그림 한가운데를 차지했다. 그 오른쪽의 아치형 다리가 미륵도와 통영 내륙을 연결하는 운하교다. 그림 앞쪽으로 작게 솟은 남망산은 해발 80미터의

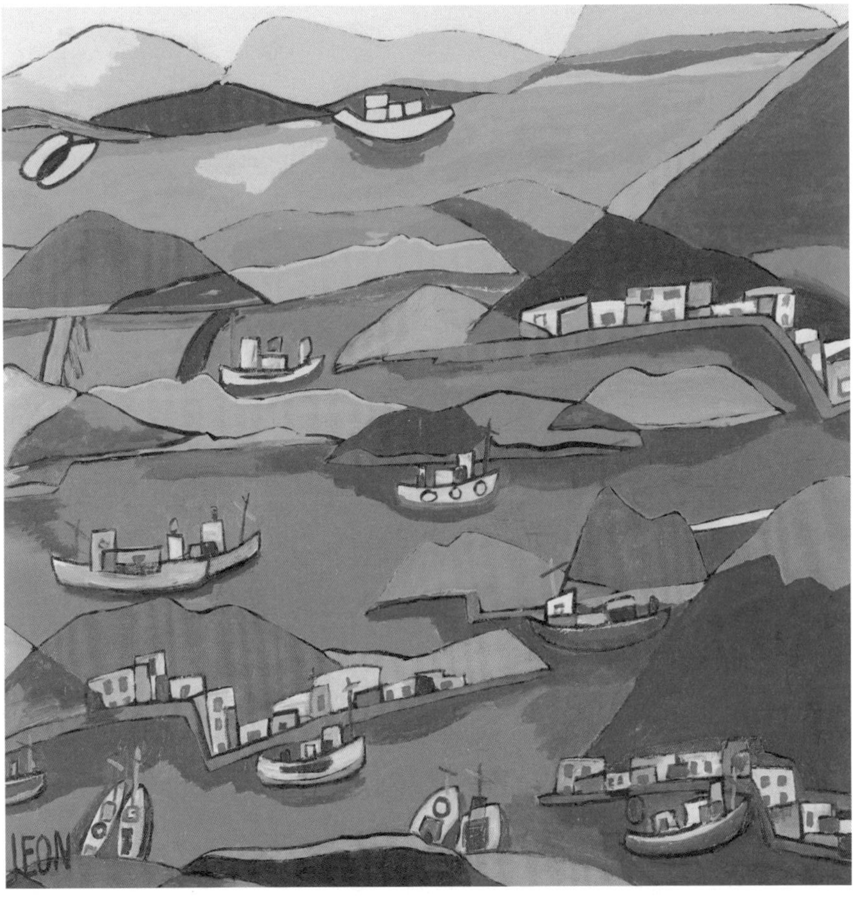

—
전혁림, 〈통영항〉 (부분)
—

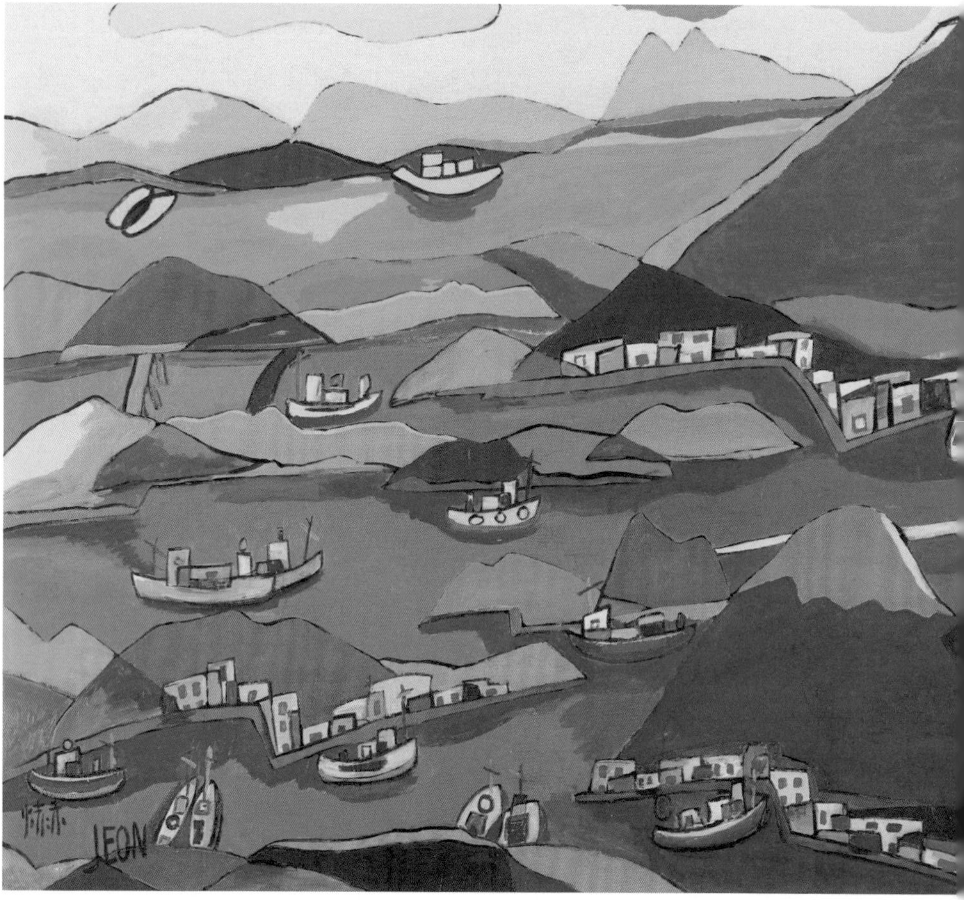
LEON

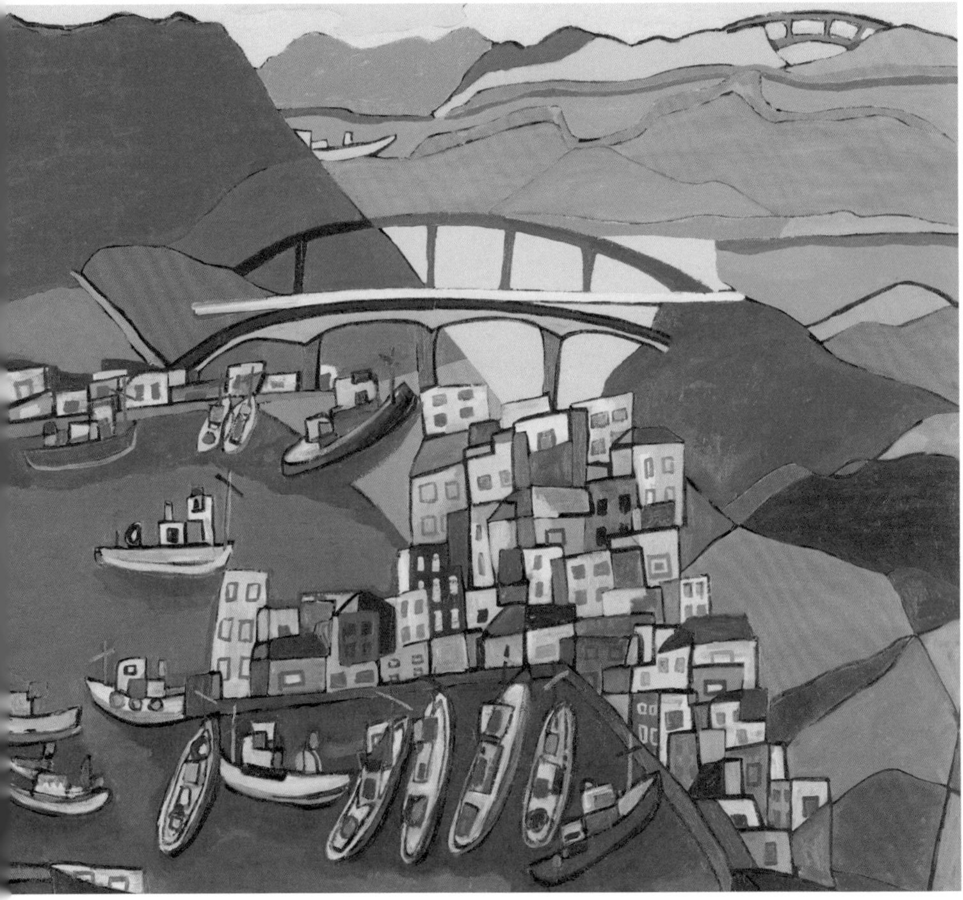

—
전혁림, 〈통영항〉
2006년, 캔버스에 유채, 255.6×602.6cm, 청와대 소장
—

야트막한 산이라 그런지 좀 작다. 그 둘 사이로 올망졸망 다도해가 펼쳐진다. 영주산 산허리 길을 따라 올라가 국보 제305호 세병관 뒤쪽 부근에 서면 실제로 이런 통영항을 볼 수 있다.

하지만 그림 왼쪽에 나란히 놓인 통영·거제 간 거제대교와 신거제대교, 오른편 위쪽으로 무지개처럼 굽은 삼천포대교 다섯 다리 중 하나인 초양대교에는 작가적 상상이 가미됐다. 화가의 발은 땅을 딛고 섰으되 그의 눈은 한려수도 곳곳을 누비는 갈매기처럼 높이 날아올라 멀리 내다봤다. 안평대군安平大君의 꿈을 그린 안견安堅의 〈몽유도원도〉나 꿈에서도 다시 보고 싶다며 겸재謙齋 정선鄭敾이 그린 〈금강전도〉도 그랬다. 한 자리에서 보고 그린 풍경화가 아니다. 정면을 묘사하나 싶다가도 산 뒤의 보이지 않는 부분까지 넘어다보며 그린 기법을 부감시俯瞰視라고 한다. 서양화의 단일시점 투시도법과 달리 여러 시점을 동시에 한 화폭에 담는 다시점 기법이다. 시선을 자유자재로 바꿔가며 풍경을 두루 훑는다는 뜻이다. 큐비즘도 동일한 사물의 서로 다른 측면을 쪼개듯 여러 시점에서 살펴 본질을 파악하고자 했다. 전혁림이 조형성에서는 '한국의 피카소'요, 색채에서는 '한국의 마티스Henri Matisse'라 불리던 이유다. 실제 풍경을 근거로 했으나 실경實景보다는 마음을 따라 그린 심경心景이라 할 만하다. 화가는 이 바다 앞에서 "저 멀리 스칸디나비아, 지중해 혹은 알래스카로부터 밀려온 파도가 아닌가" 생각하며 드넓은 세계를 바라봤다. 그리고, 섬 속 산 중턱 절에서 공부하던 한 사법고시생은 이 바다를 보며 '사람 사는 세상'을 꿈꿨다.

• • •

1915년 태어난 전혁림은 어려서부터 "막연하나마 세계적으로 이름을 떨칠 것이라는 꿈"을 품었다. 처음에는 문학 소년이었다. 하지만 우리말로 한 생각을 일본 글자로 적고, 그걸 다시 영어든 제3의 외국어로 번역해야 한다면 나중에는 글이 너덜너덜해질 것만 같았다. 문학의 꿈을 접었다. 언어의 장벽 없이 곧바로 뜻을 전할 수 있는 것은 그림뿐이라는 생각에 이르렀다. 무역업을 하던 형님이 외국에서 컬러 도록과 잡지를 사다 줘 독학으로 그림을 공부했다. 대학 입시를 앞두고 심한 골절상을 당해 1년 남짓 병석에 누워 지냈고, 집안 사정도 갑자기 기울어 통영수산전문학교로 진학했다. 뱃멀미 심하고 피부도 바닷물 알레르기가 있는지라 어부가 될 생각은 처음부터 없었다. 만날 화구를 메고 등교했다.

전혁림은 그러다 금융조합에 취직했다. 5년간 근무하며 줄곧 그림을 그리고 꼬박꼬박 저축해 파리 유학을 준비했다. 한국 화단에 막 소개된 서양화풍에 일본 영향이 깊은 것이 못마땅했다. 그래서 프랑스를 택했고, 거기서는 밥 대신 빵을 먹어야 한다며 5년 동안 매일 한 끼 이상은 빵으로 상을 차렸다. 굳이 연습까지 할 일은 아니었지만 빵을 뜯어 물며 꿈을 되새겼다. 그러다 해방을 맞았다. 감격에 들떠 억눌렸던 예술혼을 불태우고자 의기투합했다. 시인 유치환柳致環·김춘수金春洙, 시조시인 김상옥金相沃, 작곡가 윤이상尹伊桑 등과 함께 통영문화협회를 창립했다. 그 바람에 유학의 때를 놓치고 말았지만 가히 젊은 시절의 황금기였다. 한국전쟁이 일어나 부산으로 피난을 떠났고, 당시 밀려 내려온 예술인들의 아지트 같았던 다방 밀다원에서 첫 개인전을 열었다. 1953년 제2회 대한민국미술전람회에 〈늪〉을 출품해 문교부장관상을 받으며 주목받았다. 들뜬 기분은 잠시 뿐, 학맥에 휘둘리는 미술계 정치놀음이 싫어 고향으로 돌아왔다.

인생은 확실히 새옹지마다. 한참 지난 1979년에 당시 국내 유일의 미술전문잡지에서 '과소평가된 화가'를 발굴한 기획 기사가 계기였다. 천

릿길 통영까지 찾아오는 이들이 많아졌다. 환갑 넘긴 화가가 제2의 전성기를 맞았다. 통영 외곽에 거대한 비닐하우스 같은 작업실을 마련한 노화가는 매일 붓을 들었다.

작가는 생전에 우리 민화의 가치를 부르짖었다. 우리 미술이 수묵 문인화 중심의 '백색 미학'으로 평가되는 것이 안타까웠다. 서민들의 애환을 화면에 담아 공감을 얻은 민화民畵에서 화면 구성법이나 색채 사용, 시대정신을 배웠다고 했다. 색동저고리 같고 단청 같은 오방색이 등장하는 '풍물도' 연작은 그런 전혁림의 대표작이다. 작곡가 윤이상이 서양음계에 우리 전통음악의 궁상각치우를 접목해 독창적인 교향곡을 만들어 천재 소리를 들었듯, 그의 벗이자 동지였던 전혁림은 서양화 기법에 전통 민화의 모티브와 그 정신을 녹여 자신만의 화풍을 개척했다. 2000년 부산광역시청의 로비 벽화로 제작된 가로 27미터짜리 대작 〈한국의 풍물〉이나 국립현대미술관이 소장한 2001년작 〈백락병百樂屛〉도 눈여겨볼 작품들이다. 조선 중기의 김홍도金弘道는 중국식 정물화가 아닌 자신만의 고유한 양식으로 〈책가도冊架圖〉를 고안했다. 그 뒤를 이은 장승업은 귀한 물건들을 차곡차곡 나열하는 〈기명절지도器皿折枝圖〉를 그렸다. 둘의 공통점은 복을 부르는 상징물과 선비의 책장에서 나온 각종 진귀한 정물들을 다룬다는 것. 전혁림은 이를 현대미술로 이어냈다. '백락병'은 '즐거움[樂]을 주는 백百 가지 사물을 담은 병풍'이라는 뜻으로 그림 안에 해와 달을 비롯해 거북이, 영지 등 십장생 등이 노닌다.

2002년에는 국립현대미술관의 '올해의 작가'로 선정돼 전혁림의 대규모 회고전이 열렸다. 2005년 11월에는 경기도 용인에 위치한 이영미술관이 신작들로 '구십, 아직은 젊다'전을 열었다. 고故 노무현 전 대통령이 아침 방송으로 그 전시 기사를 접한 것은 우연이었고, 버스로 전시장을 찾은 것도 즉흥적이었다. 화가와 대통령은 일면식도 없는 사이

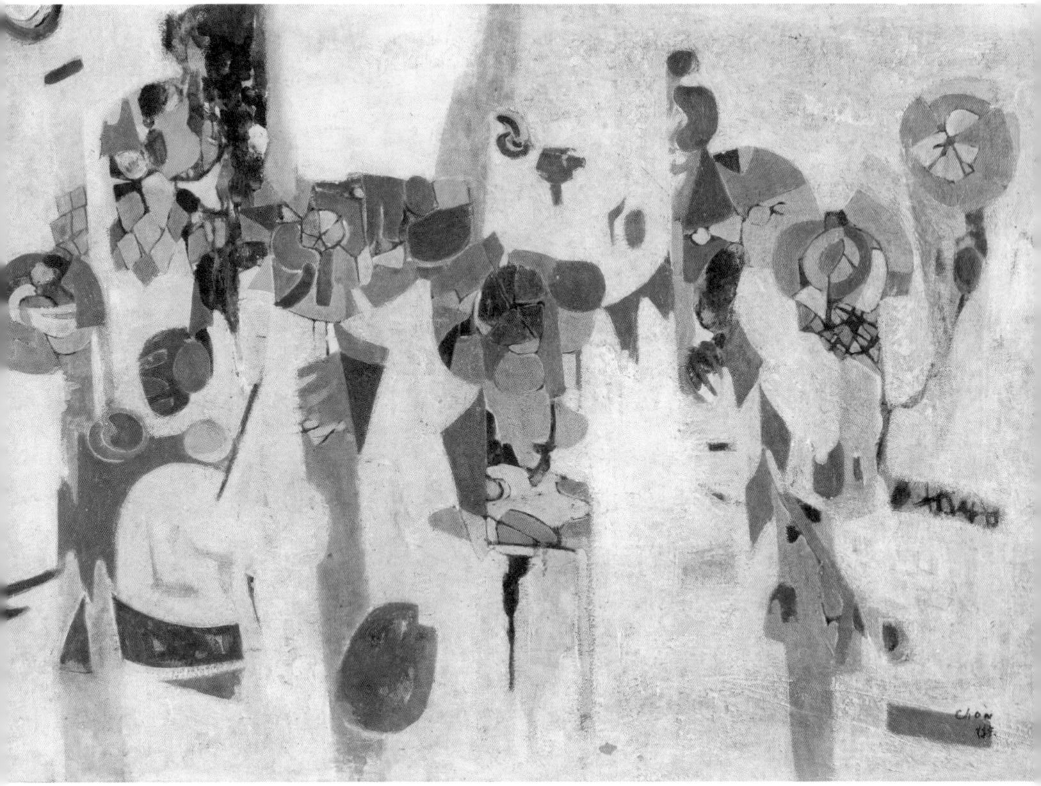

—

전혁림, 〈화조도〉

1954년, 캔버스에 유채, 42.5×73.0cm, 국립현대미술관 소장

—

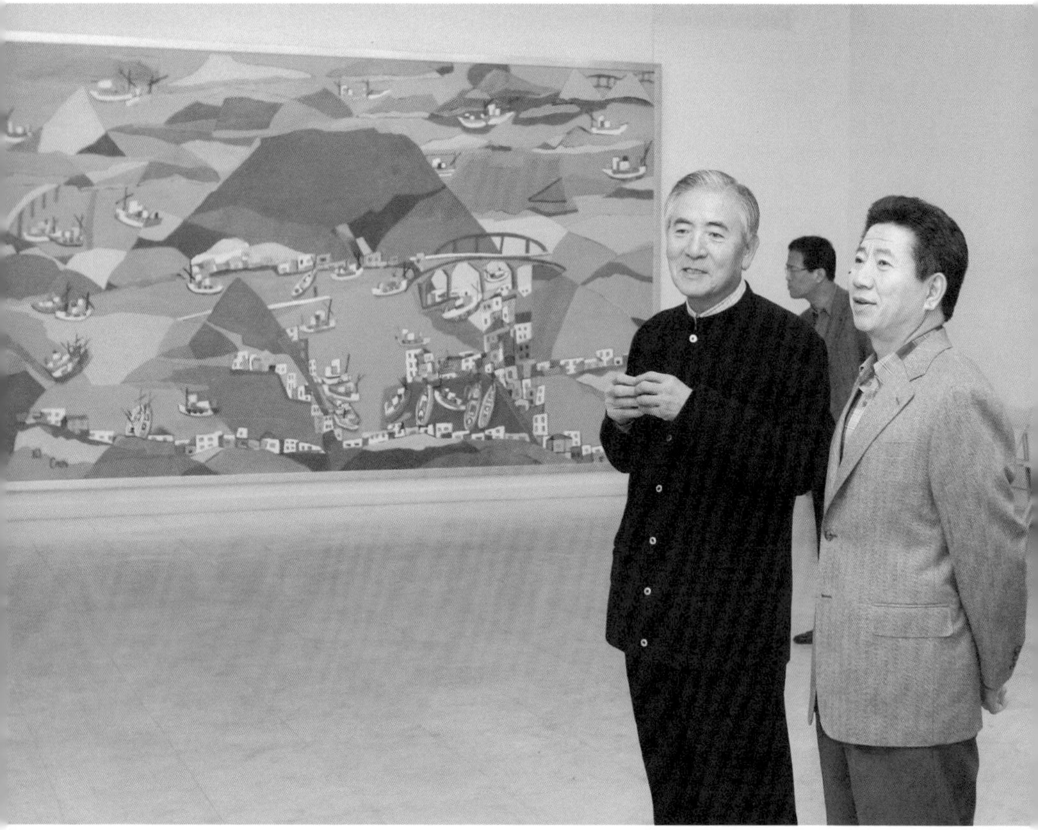

—

2005년 이영미술관을 찾아 전혁림의 작품을 감상하는 노무현 전 대통령.
뒤로 보이는 그림은 〈한려수도〉다.(사진 | 노무현재단)

—

였다. 전혁림이 잠시 교편을 잡았던 시절 가르친 제자가 법조인과 결혼했는데, 그들 부부가 부산에서 근무하던 시절에 가끔 찾아오던 인권변호사가 바로 노 전 대통령이었다. 노 전 대통령은 집에 걸린 그림이 묘하게 마음을 끈다며 화가의 이름을 물었다. 인연이 수십 년을 가로질러, 아침 방송에서 우연히 '전혁림' 이름 석 자가 다시 들렸다. 여전히 작품 활동을 한다는 게 놀라워 노 전 대통령은 당장 전시장으로 가자고 했다. 전시를 본 그는 〈한려수도〉라는 작품을 원했다. 고시생으로 통영의 미래사라는 절에 있을 때 봤던 풍경과 비슷하다고 했다. 추억으로 존재하던 풍광을 다시 만난 것. 하지만 그 작품은 너무 커서 청와대에 걸기 어려웠다. 새로 그려주기를 요청했고, 아흔한 살의 전혁림은 꼬박 4개월을 매달렸다. 그렇게 〈통영항〉이 탄생했다. 2006년 3월 그림은 청와대 본관 인왕실에 걸렸다.

〈통영항〉은 노무현 전 대통령이 재임 시절 구입해 유명세를 탔다. 하지만 뒤이어 청와대 주인이 된 이명박 전 대통령이 그림을 치우라 했다. 〈통영항〉은 몇몇 미술관을 전전하다 2014년 말부터 국립현대미술관 과천관 수장고에서 숨죽인 채 지냈다. 2017년 5월 취임한 문재인 대통령이 비서실장 시절 자주 보던 그림의 안부를 물었다. 먼지를 뒤집어쓴 채 방치됐던 그림이 다시 빛을 봤다. 지금 〈통영항〉은 원래 자리였던 청와대 인왕실에 걸려 있다. 애초부터 그 벽을 염두에 두고 크기까지 맞춰 그린 것이니 영락없이 '제자리'다. 윤석열 대통령이 2022년 5월 취임과 함께 전격 개방한 청와대에서 우직하게 자리를 지킨 유일한 미술작품으로 또 한 번 눈길을 끌었다. 지금도 이따금씩 청와대 소식을 전하는 뉴스에서 〈통영항〉을 볼 수 있다. 전혁림이 생전에 작업실로 사용했던 통영의 옛집은 전혁림미술관이 됐다. 아버지에 이어 화가가 된 전영근 관장이 이끌고 있다. 한여름에는 지중해인 듯 착각할 정도로 이국적 풍취가 짙다.

변월룡

고려인 화가가 그린 고국의 봄

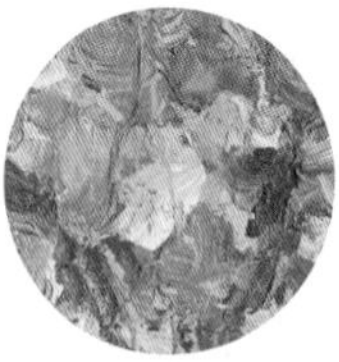

진달래다. 살에 닿는 따스한 바람으로, 코끝 스치는 풀내음으로, 눈길 사로잡는 화사한 진달래와 함께 봄이 왔다. 환하게 핀 진달래 한 무더기가 항아리를 채우고도 넘친다. 가만있기만 해도 빛이 날 정도인데 창가에 둔 까닭에 더욱 눈부시다. 붉은색과 흰색을 진득하게 섞어 그린 꽃잎은 수십 송이이건만 어느 것 하나 같은 것이 없다. 꽃가지 꺾어온 이는 봄을 보듬어 안고 싶은 마음을 주체하기 어려웠던가 보다. 달덩이 같은 항아리 가득 꽂고도 남아 옆에 놓인 푸르스름한 화병에까지 진달래를 담았다. 바닥에 드문드문 떨어진 분홍 꽃잎은 넘치도록 퍼준 밥공기에 묻은 밥알 같다. 욕심이라기보다는 인심이다. 그렇게 마음을 풀어헤치는 게 봄이니까. 문 너머로 보이는 처마와 마루, 수수한 도자기 곁에 놓인 파이프와 벼루가 예스러운 정취를 더한다.

화가는 변월룡邊月龍·1916~1990. '못 들어본 이름'이라면 당연하다. 지난 2016년 국립현대미술관이 탄생 100주년을 기리며 덕수궁관에서 개최한 대규모 전시가 국내 최초의 변월룡 회고전이었으니까. 한때 발해

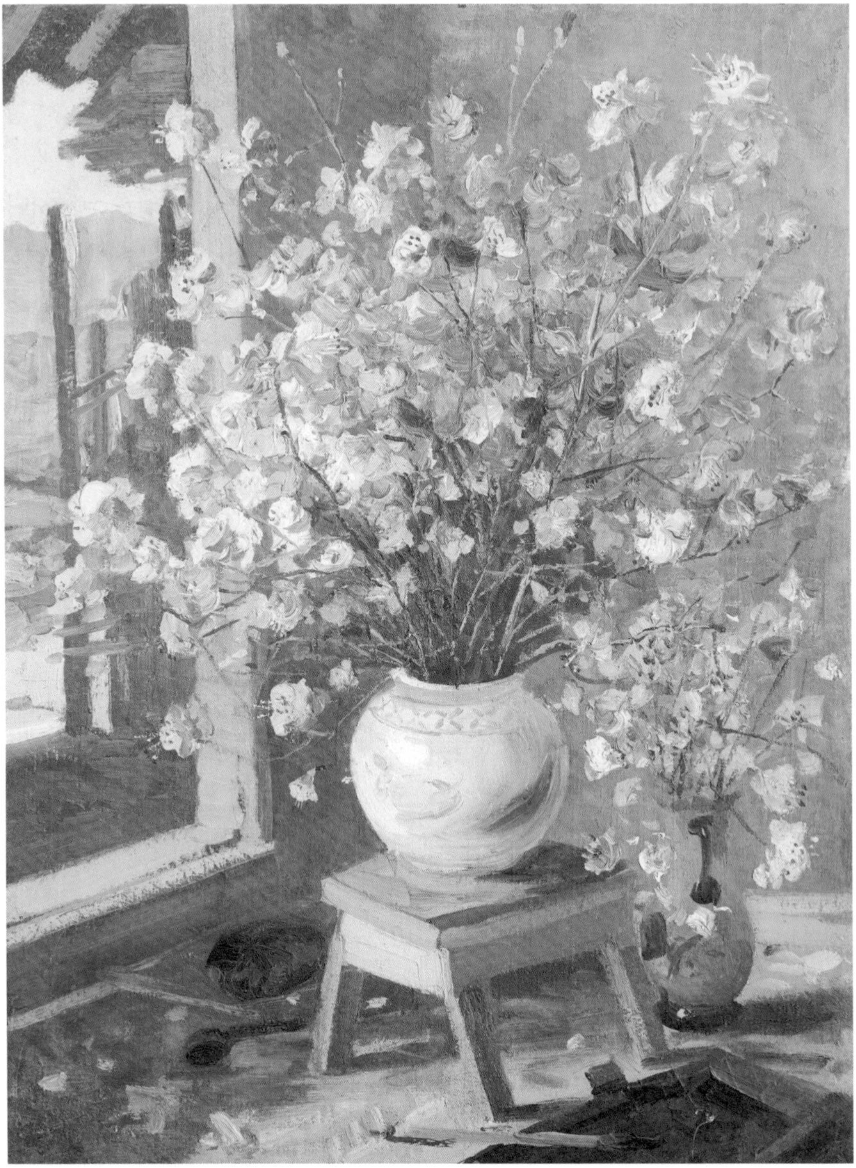

—
변월룡, 〈진달래〉
1954년, 캔버스에 유채, 78×59cm, 국립현대미술관 소장
—

의 영토였으나 청나라로, 1860년 베이징조약 이후 러시아로 귀속된 연해주에서 태어난 변월룡의 국적은 소련이었다. 한국이 국권을 상실했던 때에, 국경 밖에서 태어났다. 고국에서는 '고려인'이라 불린 영원한 이방인이었다. 다른 고려인들이 니콜라이 박, 빅토르 최 식으로 러시아 이름을 썼던 것과 달리 그는 할아버지가 병진년 용띠 해 달밤에 태어났다고 지어준 월룡月龍이란 이름을 개명하지 않았다. 동료들은 '변월룡'을 '뻰 와를렌' 혹은 '펜 바를렌'이라 발음했다.

아마도 19세기 중반쯤, 그의 아버지와 할아버지는 신분 차별과 가난을 피해 연해주로 갔으리라 추측된다. 더 잘 살고 싶어서라는 생각보다는 어떻게든 살아야겠다는 마음으로 민들레 홀씨처럼 두만강을 건넜다. 이리 옮기고 저리 쫓겨 다닌 처지는 유대인으로 러시아에서 태어난 화가 마르크 샤갈과도 비슷하다. 샤갈의 고향인 벨라루스의 비텝스크는 유대인이 모여 살던 가난한 마을로 마치 고려인들의 연해주 같은 곳이었다. 상트페테르부르크 왕실미술학교에서 그림을 공부한 샤갈은 러시아혁명 이후 망명을 택했다. 그런 샤갈에게 고향은 사랑하는 아내 벨라와 더불어 평생을 매달린 그림 주제였다. 가난하고 조금은 우울한 고향 마을을 아름다운 환상으로 그려내며 샤갈은 행복했다. 기억 속 고향을 더듬어 꿈처럼 표현한 샤갈은 그나마 나았으려나. 변월룡은 자신이 자란 곳도 아닌 부모의 고국을 그리워했다.

• • •

변월룡은 남한이 몰랐고 북한이 지워버린 화가다. 떠돌던 이들이 하나둘씩 정착해 형성된 연해주 유랑촌에서 태어난 그는 열 살 때 한국인 자녀들만 다니는 신한촌新韓村의 학교를 다녔는데, 미술 실력으로 낭중지추였다. 주변 사람들이 재능을 알아봐 미술학교로 등을 떠밀었고, 스승의 권유로 레닌그라드지금의 상트페테르부르크에 있는 소련 최고의 미술 교육기관인 레핀예술대학에 진학한다. 그림 재주 하나로 유라시아대륙을 가로질렀다. 1951년에 예술학 박사 학위를 취득했으니 한국인 미술 분야 박사는 그가 최초였다. 1953년 모교 레핀예술대학의 데생과 조교수가 된 그를 당시 소련 문화성은 북한으로 파견한다. 전쟁으로 파괴된 평양미술대학을 재건하는 게 임무였다. 그 시절 평양미술대학 교수진 대부분은 일본 유학에서 익힌 형식주의에서 벗어나지 못한 상태였고, 변월룡은 그들에게 '사회주의 리얼리즘' 미술을 전수하는 동시에 미술 교육 시스템을 구축했다.

가본 적 없는 부모의 고향이었음에도 작품 곳곳에 한국적 향수를 묻혀 소수민족의 정체성을 투영하던 변월룡이다. 처음 고국 땅을 밟은 것이 1953년 7월이었고 1954년 봄에 〈진달래〉를 그렸다. 한국과 중국·일본 등 동아시아에서 주로 서식하며 우리 산천에 흐드러지게 피는 야생 진달래는 영문 이름도 '코리안 로즈베이Korean Rosebay'이다. 〈고향의 봄〉에서 복숭아꽃, 살구꽃과 함께 아련한 향수의 한 자락을 차지할 만한 꽃이다. 러시아 전역은 아니지만 연해주에는 진달래가 핀다. 변월룡에게도 진달래는 '고향의 꽃'이었으리라.

'형식적으로는 민족주의, 내용적으로는 사회주의'를 요구한 사회주의 리얼리즘에 뛰어난 변월룡이 원래 탁월한 분야는 인물화, 군상이었지만 북한에 머무르던 시기에는 〈어느 흐린 날의 금강산〉 등 소박하지만 자신에게 의미 있는 풍경을 종종 그리곤 했다. 국립현대미술관 소장품인 〈1953년 9월 판문점 휴전회담장〉도 그중 하나다. 빈센트 반고흐의 1888년작 〈아를의 밤의 카페〉에 놓인 초록색 당구대 같은 느낌의 탁자들이 등장한다. 반고흐의 녹색 당구대는 핏빛 붉은 벽과 대조를 이루며 술 취해 흔들리는 몽환적인 카페에서 홀로 중심을 잡고 있었다. 반

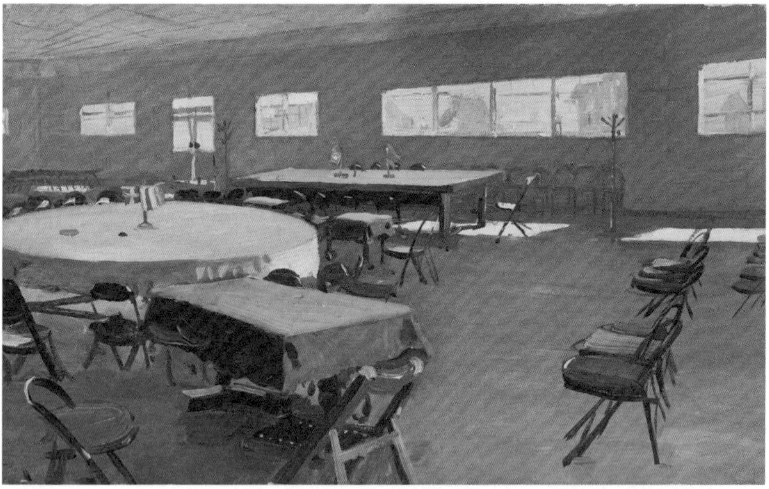

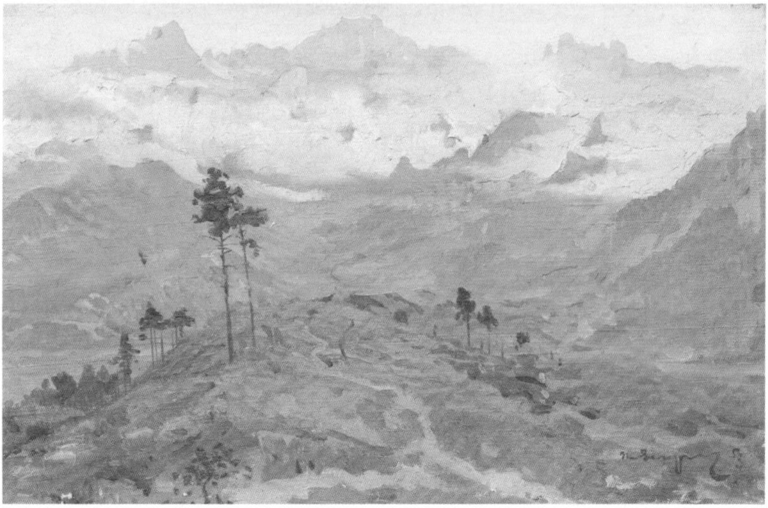

—

변월룡, 〈1953년 9월 판문점 휴전회담장〉

1953년, 캔버스에 유채, 28.1×47.0cm, 국립현대미술관 소장

—

변월룡, 〈어느 흐린 날의 금강산〉

1953년, 캔버스에 유채, 37.5×55.5cm, 국립현대미술관 소장

—

면 판문점 회담장의 녹색보 덮인 탁자는 사람 하나 없는 그곳에서 봄을 기다리는 이끼 같다. 조용하고 쓸쓸한 내부와 달리 창 너머 바깥이, 새어든 햇빛이 너무나 밝아서 역사적 비극이 더 두드러질 뿐이다. 이후 변월룡이 평양미술대학 학장으로서 대학 설립에 크게 기여했음에도 불구하고 북한 당국은 그의 이름을 철저하게 지웠다. 끝내 귀화하지 않았다는 게 이유였다. 1년 3개월의 북한 출장을 마치고 소련으로 돌아온 변월룡은 동양화 연구에 매진했고 〈금강산 풍경〉, 〈평양 대동문〉 등 고국에서 그린 그림을 여러 번 전시했다. 그리움이었다.

하지만 그 이후 북한으로부터의 입국 초청장은 오지 않았다. 동료 작가들에게 보낸 편지에 답장도 끊겼다. 레핀예술대학의 정교수가 된 1961년부터 변월룡은 방학마다 고향 연해주로 가 국경 너머 할아버지의 나라를 바라보곤 했다. 말년에는 회귀본능이었는지 수십 년 전 돌아가신 어머니, 오래 전 봤던 고국의 풍경을 그리다가 1990년 5월 레닌그라드에서 뇌졸중으로 영면에 들었다. 평생 그림에 한글로 서명을 적더니 비석에도 한글로 이름을 새겼다. 한국과 소련의 공식 수교는 그의 타계 4개월 후에 이루어졌다.

• • •

변월룡의 삶과 예술은 일제강점기, 분단과 전쟁, 이념 대립 등 한국의 기구한 근현대사를 비롯해 공산주의 혁명과 세계대전, 전체주의, 냉전, 개혁과 개방을 겪은 러시아와 동아시아의 역사를 관통한다. 그럼에도 불구하고 한국 미술사의 사각지대에 놓여 있던 그는 1994년 국립러시아미술관 복도에 걸린 그림에서 한국인의 피를 느낀 미술평론가 문영대 씨에 의해 발굴됐다. 이후 반평생을 작가 연구에 매달린 문영대 평론가는 변월룡을 "통일 한국 미술사에서 남과 북을 잇는 연결 고리가

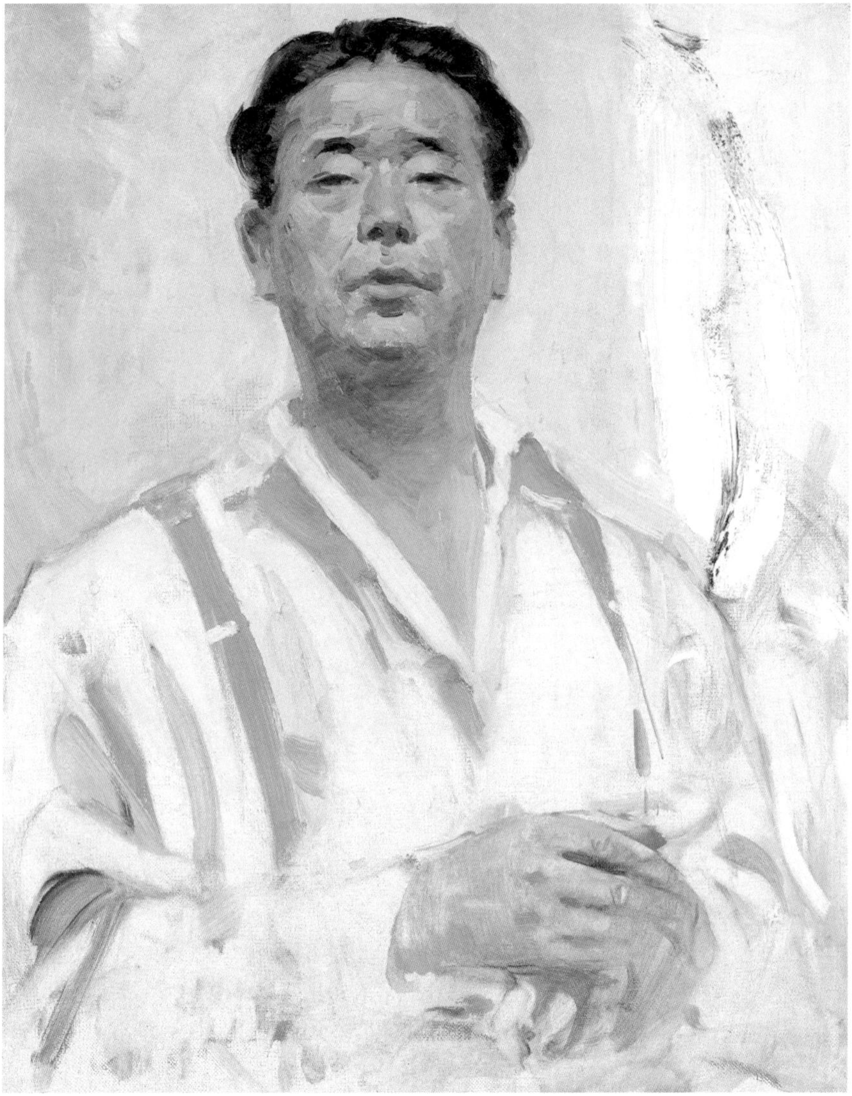

—
변월룡, 〈자화상〉
1963년, 캔버스에 유채, 75×60cm, 개인 소장
—

될 작가"로 평가했다.

'자화상의 화가'로 유명한 렘브란트Rembrandt Harmenszoon van Rijn를 가장 존경했다는 변월룡은 정작 자신의 자화상은 1963년에 그리다 만 미완성 한 점만 남겼다. 자화상 속 화가의 눈빛이 흔들린다. 평생을 이중적 정체성의 갈증 속에서 살았던 터라 자화상마저 그리기 힘들었던 것일까. 풍채 좋고 잘생긴 화가가 어째 안쓰럽다. 대신 변월룡은 소나무를 많이 그렸다. 희고 곧은 러시아의 자작나무와 달리 한국의 소나무는 줄기가 검붉고 구불구불하게 뒤틀렸다. 다시 가게 되면 북한 친구들에게 선물할 요량으로 '바람'이라 이름 붙인 소나무 그림을 여러 점 제작했지만 결국 고국 재방문은 무산됐다. 뿌리내리지 못하고 방랑하는 바람을 따라 변월룡의 소나무는 유난스레 굽이친다. 나무의 굽은 허리가 굴곡진 화가의 인생, 우리 민족의 역사와 닮았다.

겨우 한글을 떼고 제 이름을 쓰기 시작한 여섯 살짜리 작은 아이는 자다가도 더듬거리며 두 살 위 오빠를 찾곤 한다. 전날 싸우고 때리고 맞고 울었던 건 기억조차 안 나는 모양이다. 아침에 깨면 실없을 정도로 마냥 웃는 아이들이, 그래서 피붙이인가 보다. 정치와 이념의 논리가 날을 바짝 세워 한반도를 갈라놓고 있지만 변월룡의 그림 앞에서는 그 서슬이 누그러진다. 내 아이들, 우리 형제는 다시 만나는 날 과연 어떤 노래를 함께 부르게 될까.

박고석

전쟁 속에서도
놓지 않은
삶에 대한 의지

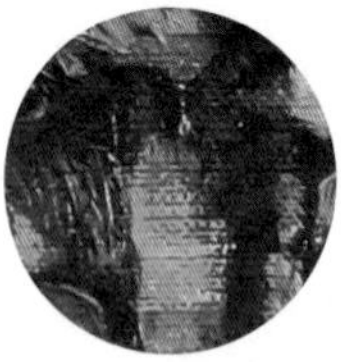

하늘과 땅이 온통 황토빛이다. 밝음과 어둠의 구별이 있어야 빛을 향해 걸을 텐데. 푸르른 하늘이라야 희망이라도 품어볼 텐데. 하늘이나 땅이나 다를 바 없으니 막막함 뿐이다. 천상이 별거냐, 살아만 있으면 어디든 상관없다 싶으니 하늘이나 땅이나 같은 색인가 보다. 때는 한국전쟁, 살아남아야 한다는 그 사실만이 절박한 시절이라 '오늘도 무사히'를 되뇌며 보는 석양은 그저 누렇기만 하다. 노을이 영롱한 오렌지빛이나 강렬한 붉은빛으로 느껴지는 것도 마음의 여유가 있어야 가능하다. 전쟁 통의 해질 무렵은 태풍이 몰려올 듯 서늘하다.

그럼에도 그림 전반에서 강인함이 흐른다. 검고 굵은 윤곽선 때문이다. 살아남아야 한다는 의지를 담아 진하고 두껍게 그은 선이다. 희망의 생명력과 삶의 치열함은 붉은 기운에서 감지된다. 전봇대 몸통과 판잣집의 지붕, 아기 업은 엄마의 옷자락에 선명하고 강렬한 붉은색 선이 드리웠다. 불탔던 숲이 사람의 도움 없이 스스로 살아날 때, 시커먼 그루터기 아래서 솟아나는 움싹이 꼭 저런 붉은색이다. 검은 척박함을 이

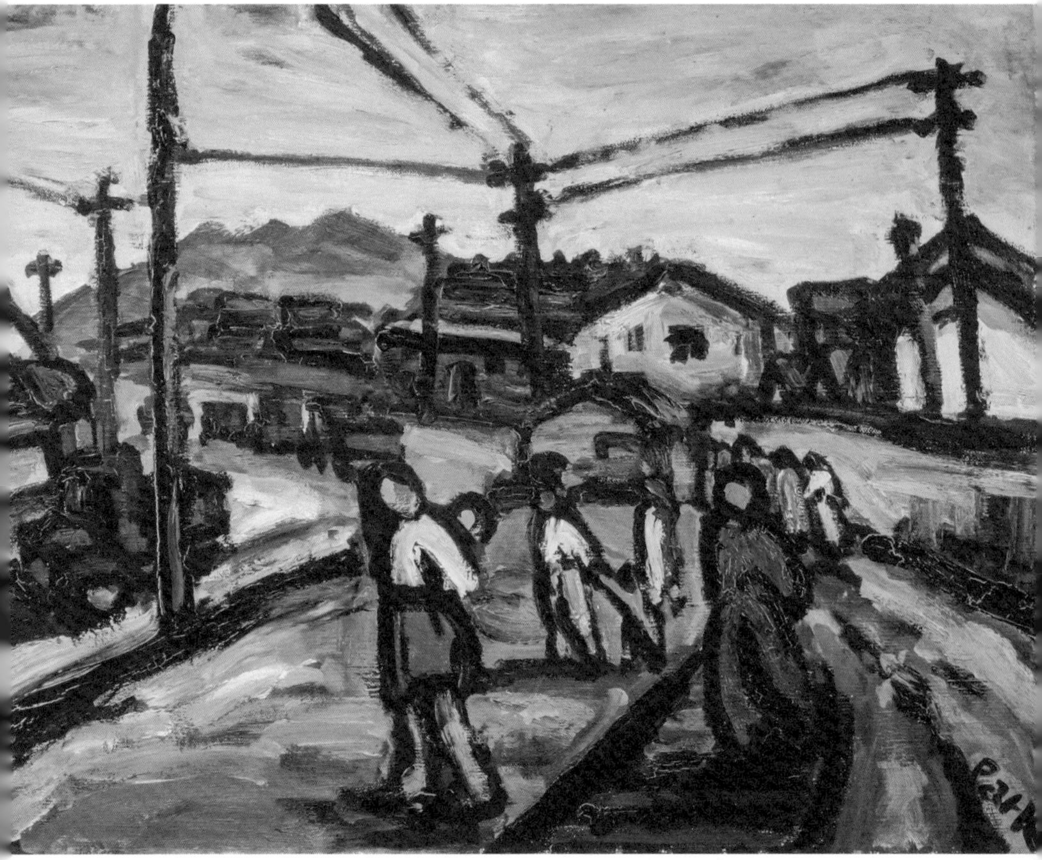

—
박고석, 〈범일동 풍경〉
1951년, 캔버스에 유채, 39.3×51.4cm, 국립현대미술관 소장
—

겨낸 붉은 싹은 연둣빛 순이 되고 푸른 나무로 커간다. 범일동 풍경에는 초록이 없다. 나중을 기약하며 미뤄둔 색이다.

화가 박고석朴古石·1917~2002은 철길 위에 앉아 있다. 평양 태생인 그는 한국전쟁이 터지자 장사를 하며 식솔을 건사하다 1·4후퇴 때 부산으로 피난 내려와 공동묘지 근처인 범일동에 자리를 잡았다. 음식 솜씨가 좋았던 아내가 개천 위에 간이식당을 열어 카레라이스를 팔아 생계를 이어갔다. 부산공업고등학교 미술교사로 재직하던 화가는 그 부근에다 나무를 얼기설기 엮어 단출하지만 운치 있는 작업실을 지었다. 부산 최초의 아틀리에였던 셈이지만 앉기도 서기도 불편했다. 그래서 종종 이렇게 밖에 나와 그림을 그리곤 했다. 피난지의 일상을 그린 1951년작 〈범일동 풍경〉은 현재 전하는 그의 가장 오래된 그림이다. 유족이 국립현대미술관에 기증한 그림이며, 교과서에서도 등장하는 작품이다.

• • •

목사였던 아버지가 박고석에게 준 원래 이름은 박요셉, 한자로는 요섭耀燮이다. 오래된 옛 돌을 뜻하는 고석古石이라는 예명은 1935년 일본으로 건너가기 전 스스로 지어 붙인 이름이다. 되짚어 보면 그의 인생은 딱 그 이름처럼 우직했다. 그는 니혼대학 예술학부를 졸업했다. 한 10년 일본에 머무르며 초기 화풍을 다졌는데, 도쿄가 폭격을 당하면서 그 시절 작품들은 모조리 사라져 버렸다. 광복 후 귀국해 교편을 잡고 있던 중 전쟁이 터졌다. 피난 시절 부산은 당대의 예술인들의 집합지였다. 고향 친구 이중섭도 범일동에서 함께 지냈다. 전쟁은 예술가들을 나락으로 떨어뜨렸지만 바로 그 절망의 지점에서 새로운 작업의 동력이 생겨나곤 했다. 박고석은 동인 활동의 중심에 있었다. 이중섭, 이봉상李鳳商 등과 함께 광복동 르네상스다방에서 열었던 '기조전'은 피난 시기의 몇 안 되는 그룹전으로 미술사에 기록됐다. 1956년 결성된 모던아트협회를 통해 문신文信·유영국·천경자千鏡子·한묵·황염수黃廉秀 등과 교류했다. 지금 생각하면 전쟁 통에서도 이어간 예술 활동이 다행스럽지만, 그 곁을 지켜온 아내는 고생을 감내해야 했다.

"부산에서 가난하게 살았는데 그때 이중섭 선생이 와 계셨어요. 남편이 나더러 '중섭이 방 굴뚝에 연기라도 한 번 내보라' 역정을 내는 게 화가 나 이중섭 선생 방 청소를 하면서 은박지 그림 그리다 만 것, 부인한테 그림 편지 쓰다가 만 것들 다 쓸어다 아궁이에 넣고 불을 땠어요. 수십 년 지나 그 미안한 마음을 고백했더니 '당신이 안 태웠으면 지금 그게 돌아다녔을 텐데, 잘 태웠어. 그림이 너무 많으면 희소가치가 없어'라고 해 뜻밖이었어요."

2017년 4월 지은이와의 인터뷰 중에서-

박고석의 미망인 김순자金順子·1928~2021 여사는 이화여자대학교 미술과 출신의 재원이었는데, 화가와 결혼하겠다고 하는 바람에 아버지의 반대에 부딪혔다. 전쟁 중이던 1950년 가을 아버지의 불참 속에서 친구 몇과 조촐하게 식 올리던 날 결혼사진을 찍어준 남동생이 바로 건축가 김수근金壽根이다. 서울올림픽 주경기장을 비롯해 기념비적 건축물을 설계하던 말년의 김수근은 누이의 부탁으로 명륜동 집을 지었다. 박고석은 '고석공간'이라는 문패를 단 이 주택의 지하 아틀리에에서 마지막까지 붓을 들었다.

박고석의 부인은 평생 자기가 손해 본 결혼 생활이라 속으로 투덜거렸건만 이제서야 아깝지 않은 인생이었다는 생각이 든다고 털어놓았다. 그의 집에서 사라진 게 이중섭의 그림뿐 아니다. 고은 시인도 한때 그들의 집에서 지냈다. 〈세노야〉를 비롯해 원고지에 적은 시의 원본은

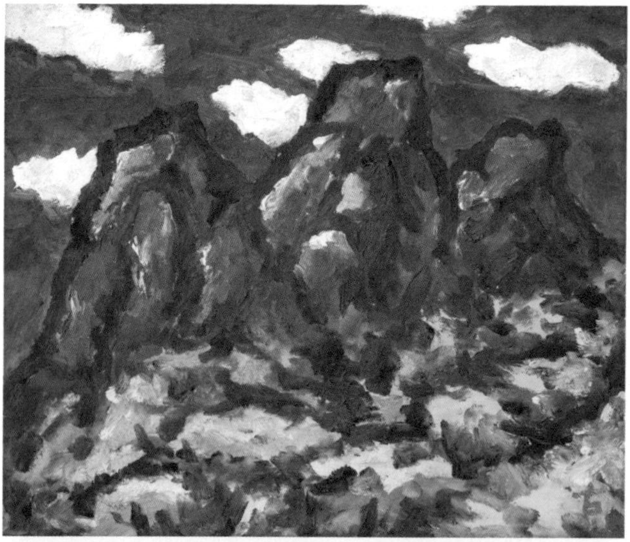

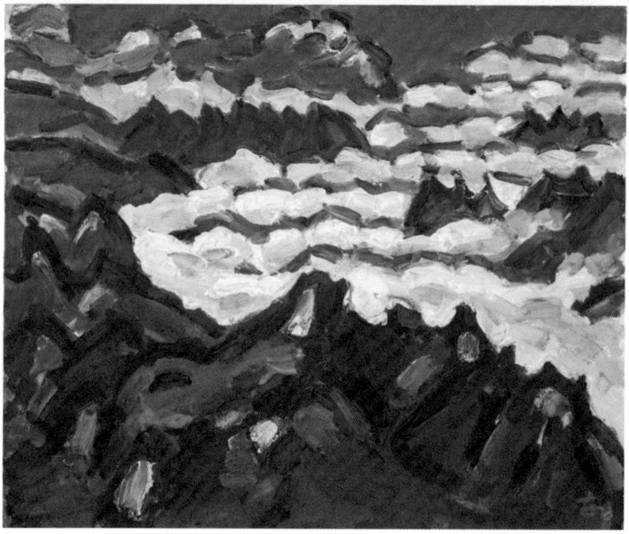

—

박고석, 〈도봉산〉

1980년대, 캔버스에 유채, 45.5×53.0cm, 개인 소장

—

박고석, 〈외설악〉

1977년, 캔버스에 유채, 50.0×60.6cm, 개인 소장

—

아이들의 실수였는지 종이뭉치 통째로 화장실에서 쓰였다고 한다.

● ● ●

초반에는 추상미술을 시도하다 1960년대 초반 잠시 작품 활동을 중단하기도 했던 박고석은 1968년 산행을 시작하면서 자연스럽게 산을 그리기 시작했다. 산에서 떨어져 다치기도 여러 번이건만 거듭 산으로 향했다. '도봉산' 연작을 비롯해 〈백암산〉, 〈내설악〉, 〈외설악〉, 〈세존봉〉, 〈백학봉〉 등 산 시리즈가 탄생했다. 오래된 돌이 구르고 굴러 결국 돌아갈 제 집은 아마도 산이었으리라.

여기 맑은 푸른색으로 한국의 산세가 펼쳐진다. 박고석의 눈에는 도봉산 암벽의 서슬이 푸른빛 그 자체였다. 산세를 타고 흐르는 푸른 기운은 하늘에 닿았고 숲으로 퍼졌다. 조국의 산하를 푸른색에 담아 그린 김환기의 푸른색 '환기 블루'가 동양적 기품의 애잔함으로 심금을 울린다면, 박고석의 맑은 파랑은 테너의 음성처럼 힘차게 감각을 자극하고 뇌리를 스쳐 정신을 깨운다. 뚝심으로 고집스럽게 마음에 품은 산을 그리며 산의 추상성을 완성한 이가 유영국이라면, 박고석은 몸소 산을 오르며 산과 일치된 경험을 화폭에 옮겼다. 오죽했으면 산에서 내려와 등산화를 벗지도 않은 채 그 생생한 발의 기운을 느끼며 그림을 그렸을까. 과감한 생략과 선과 색 몇 개만을 다루는 대담한 붓질로 대상의 특징부터 분위기와 속내까지 끄집어내는 구상具像 능력으로는 이중섭에 버금간다고 할 만하다. 절친했던 동료 중섭을 먼저 보내고서는 그 유골을 1년이나 집에 두고 살았다. 절망과 허무에 휩싸였던 이중섭의 울부짖음과 시대정신은 신화가 됐고, 그 두 배의 시간을 살았던 박고석은 중년 이후 산을 오르기 시작해 돌아가 안길 자연에 눈을 떴다.

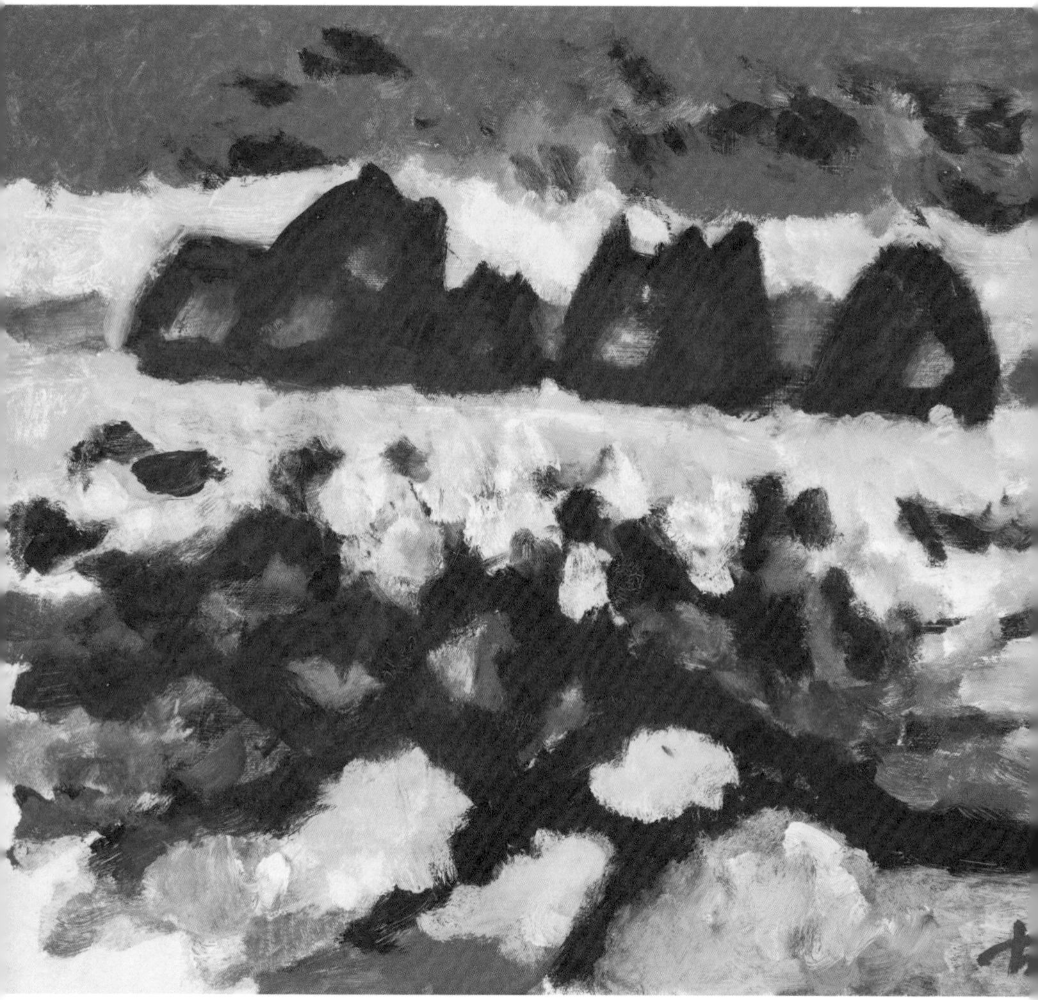

—

박고석, 〈홍도〉
1985년, 캔버스에 유채, 45.5×53.0cm, 개인 소장

—

• • •

박고석은 과작寡作한 작가였다. 밥 먹고 이야기하듯 일상적으로 그린 스케치류는 3000점 이상으로 추산되지만 그가 남긴 유화는 300점 정도다. 아내는 '게으른 남편'이라고 타박했지만 과묵한 화가는 감동이 오기를 기다렸다 몰아치듯 그림을 그리는 게 다였다. 그를 오래 전부터 보아온 엄중구 샘터화랑 대표는 "그림 사겠다는 사람은 백 명인데 그림은 열 점이 채 안 돼 속 태우던 분"이라고 소개했다. 일찍이 박고석을 알아본 박명자 갤러리현대 회장은 "집에 가 보면 팔아줄 그림은 안 걸려 있고 등산 장비만 잔뜩이더라"라고 회고한다.

분류하자면 박고석은 표현주의적 경향이 강하다. 그중에서도 푸른색 드리운 산이 최고로 꼽히지만 '박고석의 산'은 화가와 산이 하나가 된 그림이라 남다르다. 스케치 여행을 겸한 산행을 따라간 적 있는 사진작가 강운구는 "스케치할 때 연필이 내달리는 속도가 무시무시할 정도라 다 쓰신 4B연필을 깎아 올리는 내 손도 덩달아 빨라졌다"라고 회고했다. 스케치북도 빠르게 넘어갔다고 한다. 자연을 온몸으로 받아들인 화가는 산과 사람의 혼연일체를 보여줬다. 접신한 듯 그렇게 그려낸 선들은 몸부림치며 춤을 췄고 그대로 그림이 됐다. 형태뿐만 아니라 색의 사용도 과감하고 특별했다. 홍도를 그린 그림에서 그는 노란색으로 바다를 그렸다. 해질 무렵 노을이 드리운 물결이라고만 여기기에는 너무도 샛노랗다. 이따금 태양의 기운을 머금은 붉은 구름, 쑥빛 하늘과 검은 구름이 뜻밖의 활력을 더한다. 그 기발함이 박고석이다.

변시지

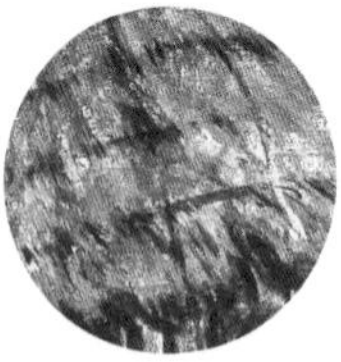

처연한 바람에
휩싸인 누렁고
검은 제주

저 멀리서 폭풍이 밀려온다. 작은 섬을 후려치는 파도가 하얗게 부서진다. 저것이 차라리 한 무더기 핀 구절초, 쑥부쟁이였으면 좋으련만. 하나하나 쌓아올린 검은 돌담을 금방이라도 무너뜨릴 기세다. 초가지붕도 위태롭다. 외로이 솟은 나무마저 잔뜩 휘었다. 그 아래 남자 하나가 웅크리고 앉았다. 의지할 곳 하나 없는 그의 유일한 벗은 조랑말이다. 야윈 그 등에 올라타지도, 설령 탄다 한들 섬 밖으로 달아나지도 못할 망아지지만 너라도 있어 다행이다. 변시지邊時志·1926~2013의 1981년작 〈절도絶島〉는 '외딴섬'이라는 제목처럼 처연하다. 태풍으로 고립된 섬과 그 안에서 아무것도 할 수 없어 그저 웅크리고 주저앉은 인간의 근원적 고독으로 꽉 찬 그림이다.

"제주는 검은빛"이라고 말한 그는 고향이 제주라고 했다. 화산섬 제주의 현무암이 검은색이니 땅도 검고 그 돌로 쌓아올린 담도 검다. 푸른 바다 푸른 하늘이지만, 검은 바다 검은 하늘도 분명 존재하는 것이

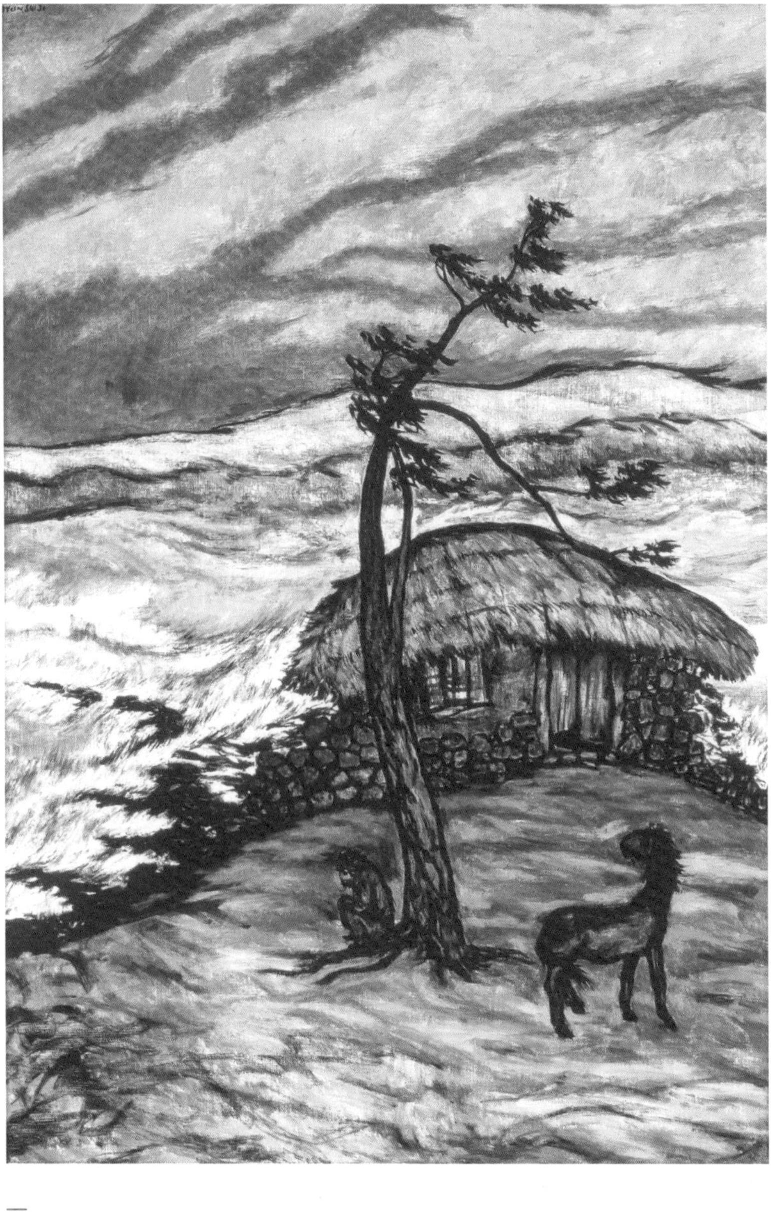

—

변시지, 〈절도〉

1981년, 캔버스에 유채, 160×112cm, 국립현대미술관 소장

—

제주의 자연의 풍경이니 그리 말할만 했다. 제주도에서 나고 자란 그는 오색창연한 다채로움이 겹치고 겹쳐진 색이, 역사의 쌓이고 쌓인 모습이 검은빛으로 보인다고 말했다.

그런가 하면 제주도에서 태어나 중년 이후 이곳에서 생을 마무리한 화가 변시지에게 제주는 '누런색'이었다. 가을바람이 추수 앞둔 들녘을 쓰다듬을 때면 통통하게 익어 고개 떨군 벼들이 펼쳐 보이는 깊은 누런색의 파도 같은, 그런 색이다. 황토색은 고향의 색이요, 황금색은 풍요의 색이며, 갈색은 자연의 색이다. 이 셋을 다 섞은 듯한 변시지 특유의 황갈색을 뭐라 불러야 할까. 어릴 적 시골 외갓집의 아랫목 뜨끈한 자리, 진하게 바랜 방바닥 장판 색 같기도 하다. 구수한 밥 지어내고 가마솥에 눌어붙은 누룽지 색과도 비슷하다.

변시지는 1977년을 즈음해 본격적으로 고향인 제주 풍경을 그리기 시작했다. 그의 제주 그림에 사치스러운 남국의 풍요는 없다. 폭풍으로 쓰러질 듯한 바닷가 초가집과 무너질 듯한 돌담, 넘어질 것 같은 조랑말 등이 주요 소재였다. 그의 황색은 고독하기는 하나 절망적이지는 않다. 아니, 흙과 뿌리를 닮은 그 색에서 오히려 희망을 본다. 섬에 살아본 사람은 안다. 세상을 집어삼킬 듯한 태풍은 언젠가 지나가고, 바람도 그칠 날이 온다는 것을. 그러면 누런 황톳물과 뒤집힌 흙더미에서 새 생활이 시작되고, 무너진 담 다시 쌓아올리면 된다는 것을 알고 있다. 웅크린 사내가 바람의 향방을 알 수 없는 집 안에서 두려움에 떠는 대신 폭풍 휘몰아치는 밖에서 자연과 마주한 이유이기도 하다. 인간의 근원적 고독에 자연에 대한 경외심을 묻혀낸 변시지의 〈절도〉에서 추사 김정희가 제주도 유배 시절에 그린 〈세한도歲寒圖〉가 떠오른다. 검은 갈필과 널찍한 여백, 화면을 차지한 나무 때문이다. 제주의 바람과 흙이 어떻게 화가를 키워내는가도 짐작할 수 있다.

• • •

변시지는 1926년 5월의 햇살이 눈부시던 날 제주 서귀포시 서홍동에서 태어났다. 5남 4녀 중 넷째 아들이었다. 물려받은 농토와 재산을 가진 아버지는 한학에 조예가 깊었고 일본을 오가며 신학문을 익혔다. 그의 나이 여섯 살이던 1931년, 아버지가 결단을 내렸다. 일본으로 가 개화 문물을 배워야 한다고 했다. 14대째 살아온 제주를 떠나 일본 오사카에 정착했다. 그런데 변시지는 소학교 2학년 때 덩치 큰 일본 학생과 오기로 씨름하다 다리를 다쳤다. 오른쪽 대퇴부 관절을 다쳐서 평생 지팡이를 짚게 됐다. 뛰어놀지 못하는 바람에 그림에 매달렸나 보다. 1942년, 변시지는 오사카미술학교 서양화과에 입학했다. 친구들은 태평양전쟁에 징집됐지만 그는 다리 때문에 면제였다. 친일이 강요되던 국내 분위기에서도 살짝 비켜나 있었다. 불행 중 다행이었다. 어렸을 적 이름은 '변시군'이었는데 이름 뒤에 '군'을 붙이는 일본식 호칭 때문에 '시군군'으로 놀림 받자 아버지가 배 타고 고향까지 가 개명했다. 그렇게 '변시지'가 됐다.

해방되던 해 미술학교를 졸업한 변시지는 도쿄로 가 프랑스어를 공부하면서 본격 작가의 길을 걷는다. 오사카에서 고무공장을 경영하던 형들이 후원자였다. 1947년 일본 최고 권위의 광풍회光風會 공모전에 출품한 〈겨울 나무〉 두 점이 입선했고 그해 가을 일본 정부가 주최한 일본미술전람회에서 〈여인〉이 입선했다. 인상파 화풍을 자유자재로 구사한 그의 그림을 본 심사위원이 "이 작품을 인정하면 기존 대가들의 그림이 위험하다"라고 했을 정도로 참신했다. 급기야 이듬해에는 광풍회전에서 최고상을 받았다. 일본 서양화단 최고의 권위를 자랑하는 광풍회전에서 새파란 나이 스물셋 한국 청년이 최고상을 받다니, NHK뉴스에 보도될 정도로 화제였다. 김인승金仁承과 김원金源이 입선하고 이인성이 특선했던 전시에서 당당히 최고상을 받은 이 기록은 이후로도 깨지지 않았다. 당시 수상작 〈베레모의 여인〉은 일본 가누마미술관이 소장하고 있다. 이듬해 도쿄 최정상급 전시장인 긴자의 시세이도화랑에서 첫 개인전이 열렸다.

일본에서 승승장구할수록 화가의 마음에는 갈증과 초조함이 일었다. 민족의식에 대한 자각이었다. 때마침 장발 서울대학교 미술대학 학장이 강의를 청했다. 1957년 11월 변시지는 일본 생활을 청산하고 고국으로 돌아왔다. 교수로 오래 있지는 않았지만 서울 생활은 우리 것을 통해 한국적 화풍을 개척하는 계기였다. 그 시절 변시지는 한옥 처마 밑에서, 고궁 후미진 곳에서 종일 그림만 그렸다. 고궁을 많이 그려 '비원파'라 불릴 정도였다. 1965년작 〈가을의 애련정〉은 정자의 기왓장 수까지 실제와 정확히 일치할 정도로 화풍이 섬세했다. 한국 화가들의 해외 진출이 붐이던 1970년대에 변시지는 반대로 고향으로 향했다. 1975년의 제주대학교 초빙이 전환점이 됐다. 오사카로 떠난 후 44년 만에, 나이 쉰이 되어 돌아온 고향에서 정체성에 대한 실존적 반성의 시간이 시작됐다. 변시지의 귀국 초반 작업에는 근대 풍경화의 시초인 영국화가 존 컨스터블John Constable의 성실함이 보인다. 컨스터블은 매일 밖으로 나가 풍경을 관찰하고는 객관적인 시선으로, 자연의 진실에 접근하려 했다. 그러나 고향 제주로 옮겨간 그는 오히려 컨스터블의 동시대 경쟁자였던 윌리엄 터너William Turner에 더 가깝다. 폭풍우 몰아치는 바다를 가장 낭만적으로 그린 터너 말이다.

• • •

1977년작 〈서귀포〉만 보더라도 모네 같은 인상파의 빛 그림자 같은 푸른색이 두드러졌다. 그런데 제주로 돌아와 고뇌하던 어느 날, 하루는

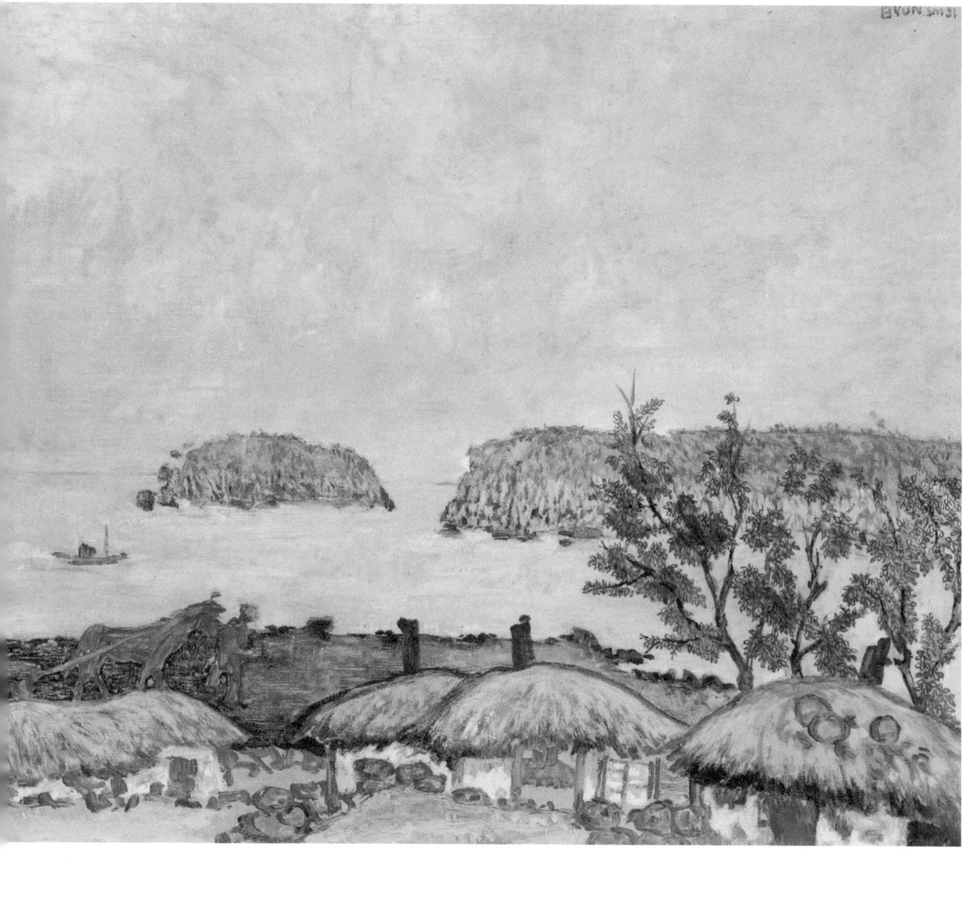

—
변시지, 〈서귀포〉
1977년, 캔버스에 유채, 45×53cm, 제주도립미술관 소장
—

숙취에서 느지막이 깨서 본 텔레비전 프로그램에서 원색으로 표현된 제주 풍광을 보았다. 울렁거림을 느꼈다. 비틀거리며 눈 돌렸을 때, 간밤에 밀어둔 캔버스에서 기묘한 황갈색을 보았다고 한다. 그 후로는 특유의 누런 색깔이 화면 전체를 뒤덮었다. 마침내 '변시지풍'이 완성됐다. 화가는 이 황갈색의 바탕색을 제주도의 자연광에서 얻었다고 말하곤 했다.

"아열대 태양 빛의 신선한 농도가 극한에 이르면 흰빛도 하얗다 못해 누릿한 황토빛으로 승화된다. 나이 오십에 고향 제주의 품에 안기면서 섬의 척박한 역사와 수난으로 점철된 섬사람들의 삶에 눈을 떴을 때 나는 제주를 에워싼 바다가 전위적인 황토빛으로 물들어 감을 체험했다."

《월간조선》 1995년 7월호 중에서-

자연을 그리며 색을 버리기란 결코 쉽지 않은 일이다. 여러 물감을 섞어 누런 바탕을 만들고 그 위에 먹 같은 검은 선묘로, 감각적으로 대상을 그려간다. 색깔은 파도에 씻기고 형상은 바람에 날아가 버린 셈이다. 제주를 그리되 현란한 색채의 유혹과 이상적인 껍데기를 떨쳐내고 순수와 원시의 속살을 그린 이는 변시지가 처음이었다.

"우리 앞에 놓은 하나의 풍경이 제각기 다르게 보이는 것은 그 풍경이 여러 가지 모습을 하고 있어서가 아니라 그것을 바라보는 사람이 여럿이기 때문이다. 하나의 풍경은 어떤 사람에게는 그 사람만이 볼 수 있는 풍경이며 그 사람 이외에는 아무도 볼 수 없는 세계가 된다."

《예술과 풍토》(변시지 지음, 1988년, 열화당 펴냄) 중에서-

1987년 고향 서귀포에 들어선 기당미술관은 변시지의 외사촌인 재

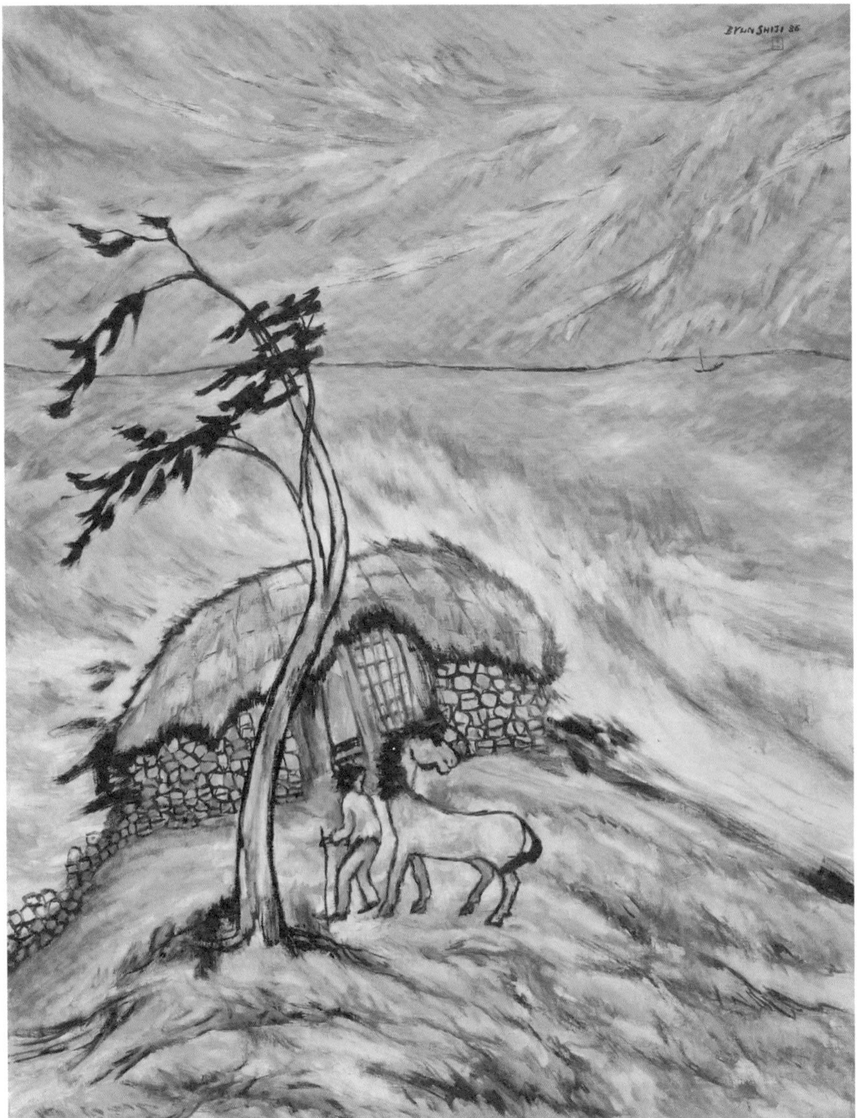

—

변시지, 〈풍파〉

1986년, 캔버스에 유채, 145×112cm, 제주도립미술관 소장

—

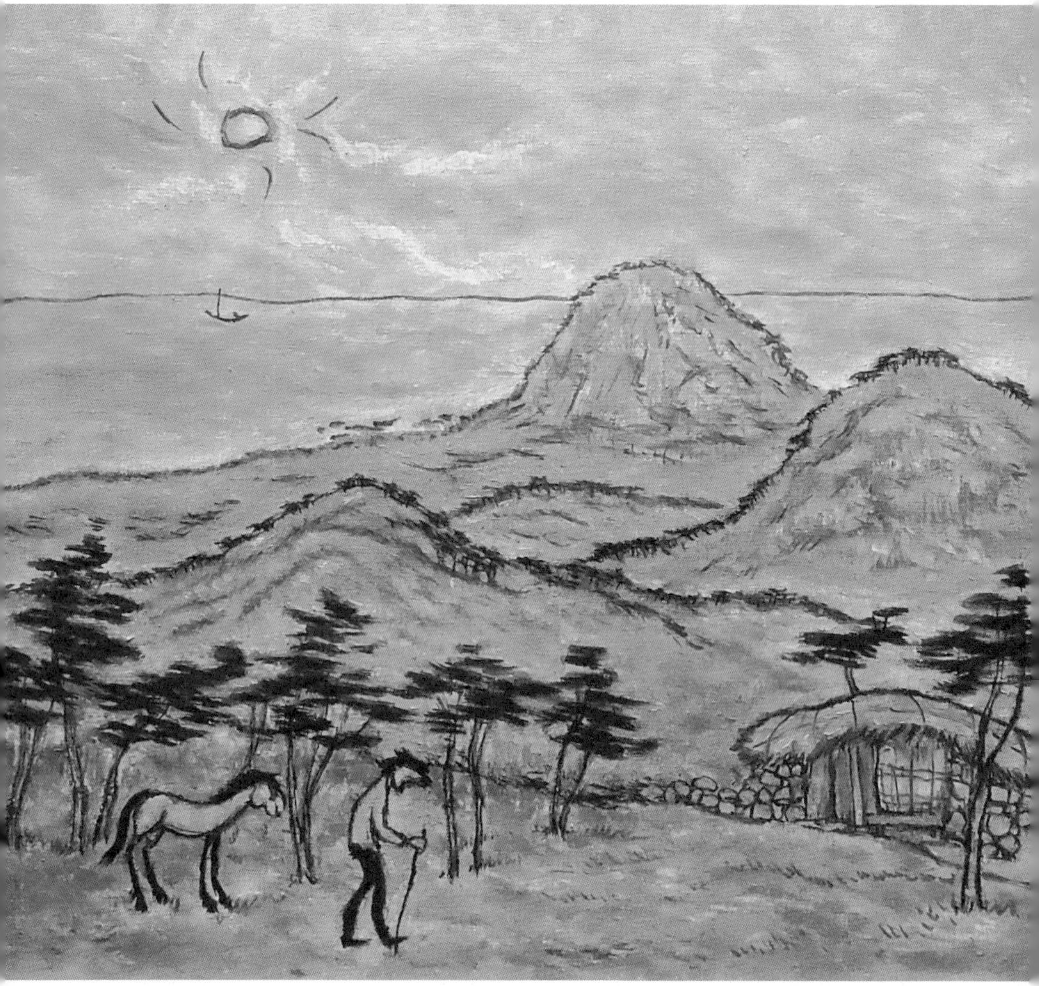

—
변시지, 〈하산Ⅱ〉
1980년대, 캔버스에 유채, 45.5×53.0cm, (주)SK핀크스 소장
—

일기업인 기당 강구범의 호를 땄다. 기당미술관과 제주도립미술관이 변시지의 대표작을 다수 소장하고 있다. 재일교포 출신 건축가 이타미 준伊丹潤의 설계로도 유명한 SK핀크스골프장의 포도호텔에서는 〈하산 Ⅱ〉를 만날 수 있다. 변시지 특유의 구부정한 사내와 말, 초가집과 소나무를 보여준다. 멀리 보이는 산과 그 너머의 수평선을 둥글고 선명한 태양이 비추고 있다. 역시나 희망이다. 그 옆 비오토피아에는 〈해변 돌담 위에 까마귀〉가 걸려 있다. 뭍에서와는 달리 제주에서 까마귀는 길조로 통한다. 돌담 곁에서 풀 뜯는 소와 까마귀들이 바람 그친 뒤의 고요한 평화를 보여준다.

"유독 내게는 바람을 소재로 한 그림들이 많다. 그것은 바람 부는 제주가 나에게 많은 것을 생각하게끔 하기 때문이다. 고독, 인내, 불안, 한恨, 그리고 기다림 등이 내가 자주 다루는 소재이다. 어떻게 보면 제주도는 바람으로부터 역사가 시작되었다고 생각해본다."

《예술과 풍토》(변시지 지음, 1988년, 열화당 펴냄) 중에서–

고향은 떠나온 곳인 동시에 돌아갈 집이다. 변시지가 포착한 실존적 고독이 온 세상을 끌어안는다. 그림에서 바람 냄새가 난다.

자연의 아름다움, 그 생명력

4

도상봉
윤중식
유영국
이대원
김종학

도상봉

지친 마음을 보듬는 싱그럽고 온화한 꽃다발

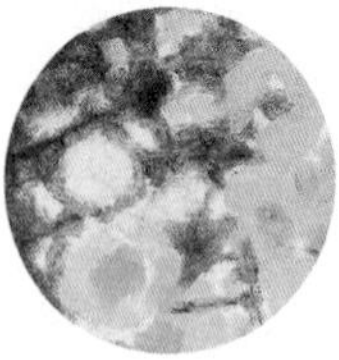

가을을 따라온 국화 한 무더기가 꽃을 피웠다. 노랗고 하얀 국화가 백자 항아리를 빽빽하게 비집고 나왔다. 싱그럽고 명랑하다. 화려하기보다는 정겹다. 도상봉都相鳳·1902~1977이 1975년에 그린 〈국화〉다. 꽃이라는 것이 마음을 들뜨게 하기 마련이건만 도상봉의 국화는 오히려 마음을 쓰다듬어 평정을 찾게 한다. 특유의 안정감은 백자 항아리가 잡아주고 있다. 백자라 불리나 하얗지만은 않은 유백색이며, 둥글지만 울룩불룩 휘기도 한 표면에서 도공의 손맛이 느껴지는 자기다. 사실 그림에서 가장 빛나는 지점은 꽃이 아니라 볼록한 항아리에 있다. 색조가 화려하지 않지만 화면은 환하다. 어둑한 듯 단조로운 배경을 뒤로하고 자기와 꽃이 모습을 드러내 서정성을 보여준다. 분류하자면 고전주의, 학교에서 배운 전통에 충실한 아카데미즘에 속하는 그림이다. 고백하건대 균형과 조화의 미학을 펼친 이런 그림을 두고 촌스럽고 답답하다는 생각을 품었던 적 있다. 하지만 시간을 거슬러 해방과 전쟁 이후 고단한 그 시절에는 온화하고 안정적이다 못해 고상함의 극치를 보여주는 이 그림은 위안과 행복 그 자체였을 것이다.

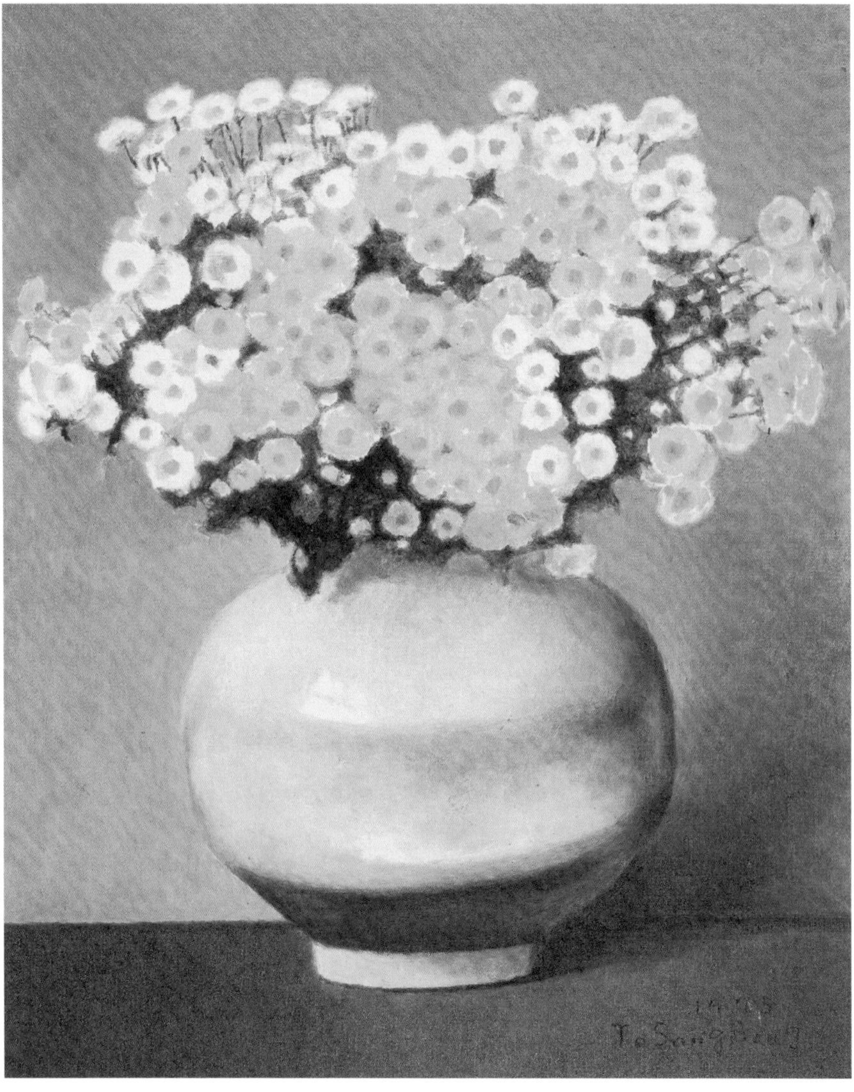

—

도상봉, 〈국화〉

1975년, 캔버스에 유채, 65×53cm, 국립현대미술관 소장

—

화가는 캔버스를 펼쳐두고도 마치 얇은 꽃잎 위에 그림을 그리듯 살살 붓을 놀린 모양이다. 칠했다기보다는 다독거린 붓 터치가 잔잔하고 그윽하다. 은은하게 퍼져간 붓질이 수묵화 기법을 연상하게 한다. 정물화, 그것도 화병에 꽂힌 꽃 그림은 특별하기가 쉽지 않다. 그림이 꽃 자체의 자연미를 능가하기가 어려운 데다 감성이 과하면 천박하거나 속물스러워진다. 도상봉은 이런 한계를 깼고, 원 없이 꽃을 그렸다. 국화와 라일락뿐 아니라 안개꽃, 장미, 수국, 매화, 카네이션, 개나리 등을 즐겨 그린 도상봉의 생각은 뚜렷했다.

> "꽃 보기와 그리기를 좋아하는 것은 예로부터 인간은 누구나 꽃을 좋아하고 그 아름다움을 동경해 왔을 뿐 아니라 이를 통해 감성을 부드럽게 하고 우리 심정에 더할 수 없는 행복을 가져다주기 때문이다."

이들 꽃은 한결같이 백자 항아리에 꽂힌다. 도상봉 자신이 백자 애호가였고 뛰어난 감식안의 소유자였다. 어찌나 도자기를 좋아했던지 자신의 호를 '도자기의 샘'이라는 뜻으로 도천陶泉이라 지었다. 백자 사랑으로는 어딜 가도 뒤지지 않을 김환기조차 자신의 수필에 "새로 도자기를 구입하면 반드시 도상봉 선생을 모시고 와서 보였다"라고 적었을 정도다. 특히 조선백자가 띠는 유백색의 미감을 "신비한 기쁨"이라며 "한국적 빛깔이며 멋과 정취"라고 한 도상봉은 사랑하고 좋아한 꽃과 항아리를 그리되 조금 떨어져 지켜보는 관조의 미학을 펼쳤다.

• • •

도상봉은 1902년 함남 홍원에서 당시 관북 지역 최대 기업인 덕흥상회를 운영하던 도명수都明洙 씨의 장남으로 태어났다. 부친 도명수는 민족주의 투사이자 사업가였다. 도명수가 젊은 점원으로 일했던 점포의 사장은 서울역에서 조선총독 사이토 마코토齋藤實에게 폭탄을 던지고 사형당한 독립투사 강우규姜宇奎였다. 그 영향을 받은 도명수는 독립군에게 자금을 제공한 혐의로 복역하는 등 지속적 감시를 받았다.

부전자전이다. 아들 도상봉은 보성고등보통학교에 다니던 1918년에 일본인 교사 배척을 위한 동맹휴학에 앞장서고 1919년 3·1운동 때는 보안법 위반으로 10대 학생 신분이었음에도 수개월 옥고를 치렀다. 자강을 위한 실력 양성을 위해 도상봉은 근대 신문물을 배우겠다며 일본 유학길에 오른다. 도쿄에 자리를 잡고 메이지대학 법학과에 입학하지만 교양수업으로 듣던 서양미술사에 빠지면서 특히 서양화의 계몽주의, 고전주의에 매혹된다. 민족의 자각이 반드시 정치나 법률을 통해 이뤄지지 않는다는 깨달음에까지 이르렀다. 그래서 1년간 그림을 공부해 1922년 9월 도쿄미술학교 서양화과에 입학했다. 법학도에서 미술학도로 전향한 것. 그는 우리나라 '1세대 서양화가' 중 핵심 작가가 되었다. 그보다 앞서 1902년 우리나라 최초의 서양화가로 도쿄미술학교에 입학한 이가 고희동이었지만 그는 귀국 후 서양화가 아닌 동양화가로 활동한다. 뒤이어 서양화 유학길에 오른 김관호는 돌아와 그림보다 서예에 더 심취했고, 같은 시기에 유학파로 그림을 공부한 김찬영은 고향 평양에서 서울로 삶터를 옮기며 김덕영으로 이름을 바꾸고 그림도 접었다. 서양화를 먼저 접한 선배들이 있었으나 본격적인 서양화가로 활동한 것을 치자면 도상봉까지 '1세대'로 묶인다.

그는 계몽적이고 교훈적인 고전주의와 아카데미즘 신봉자였다. 화풍이 잘 맞았음에도 조선총독부가 주최한 조선미술전람회 등에는 참여하지 않았다. 민족의식이 탄탄했음을 짐작할 수 있다. 제도권 미술과 교류한 것은 해방 이후 1950년대의 일이다. 본인은 정제된 미학을 추구했지만 대한민국미술전람회 심사위원으로서는 과감한 시도를 응원했고 류경채柳景埰, 전혁림 등 상투적인 국전풍國風에서 벗어난 작가들을 발굴했다. 도상봉의 결혼 뒷얘기도 흥미롭다. "평생의 반려자와 즐겁고 행복하게 살기 위해서는 예술에 대한 이해와 대화가 있어야 된다"라며 정혼녀 나상윤 씨를 죠시미술전문학교에 보내 서양화를 배우게 한 후 결혼했다. 일찍이 신문물에 눈 뜬 '댄디한 모던보이'의 면모가 읽히는 일화다. 1930년대에 신식 가정을 꾸미고 부인과 산책 다니는 이들 부부 화가는 신문에 기사화될 정도로 특별했다. 무엇보다 "그림은 보는 이에게 쉽게 이해되어야 하며 즐거움과 명랑함과 평화로움을 주어야 한다"라고 강조한 화가는 "회화는 생활의 반영"이라며 명륜동 집 근처의 성균관이나 고즈넉한 고궁, 광릉 풍경도 즐겨 그렸다.

• • •

도상봉의 그림 재주는 대를 이었다. 부유하듯 아련하고 오묘한 풍경 그림으로 알려진 화가 도윤희가 손녀다. 그는 도상봉 탄생 100주년이던 2002년, 국립현대미술관 덕수궁관에서 열린 기념전 개막식 날에야 비로소 몰래 할아버지 화실을 들락거린 수십 년 전 비밀을 털어놓았다.

> "할아버지는 매일 일어나자마자 화실로 들어가셔서 오후 3시쯤 나오셨는데, 화실엔 아무도 못 들어가게 하셨죠. 할아버지가 친구 만나러 잠깐 나가신 뒤 몰래 들어가 할아버지 그림을 보곤 했어요. 겨울에 난로도 잘 안 피우고 썰렁하던 그곳에 들어가면 물감 냄새 뒤섞인 화실의 묘한 냄새가 좋았어요. 사과가 캔버스 위에 옮겨간 듯 너무도 똑같은 그림에 놀라곤 했어요."

신뢰와 의리를 중시한 도상봉은 우리나라 최초의 현대미술 전문 화랑으로 1970년 개관한 현대화랑과 평생 동행했고, 그곳에서만 전시를

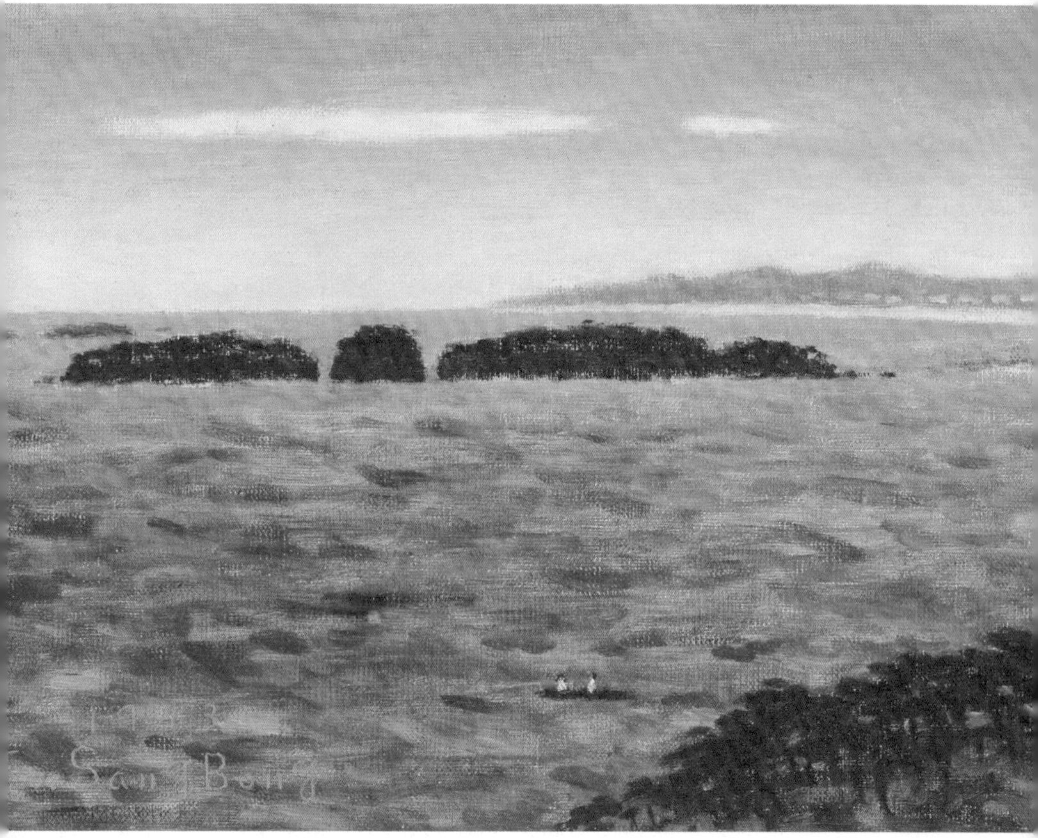

—

도상봉, 〈동해풍경〉

1973년, 캔버스에 유채, 24.0×33.4cm, 국립현대미술관 소장

—

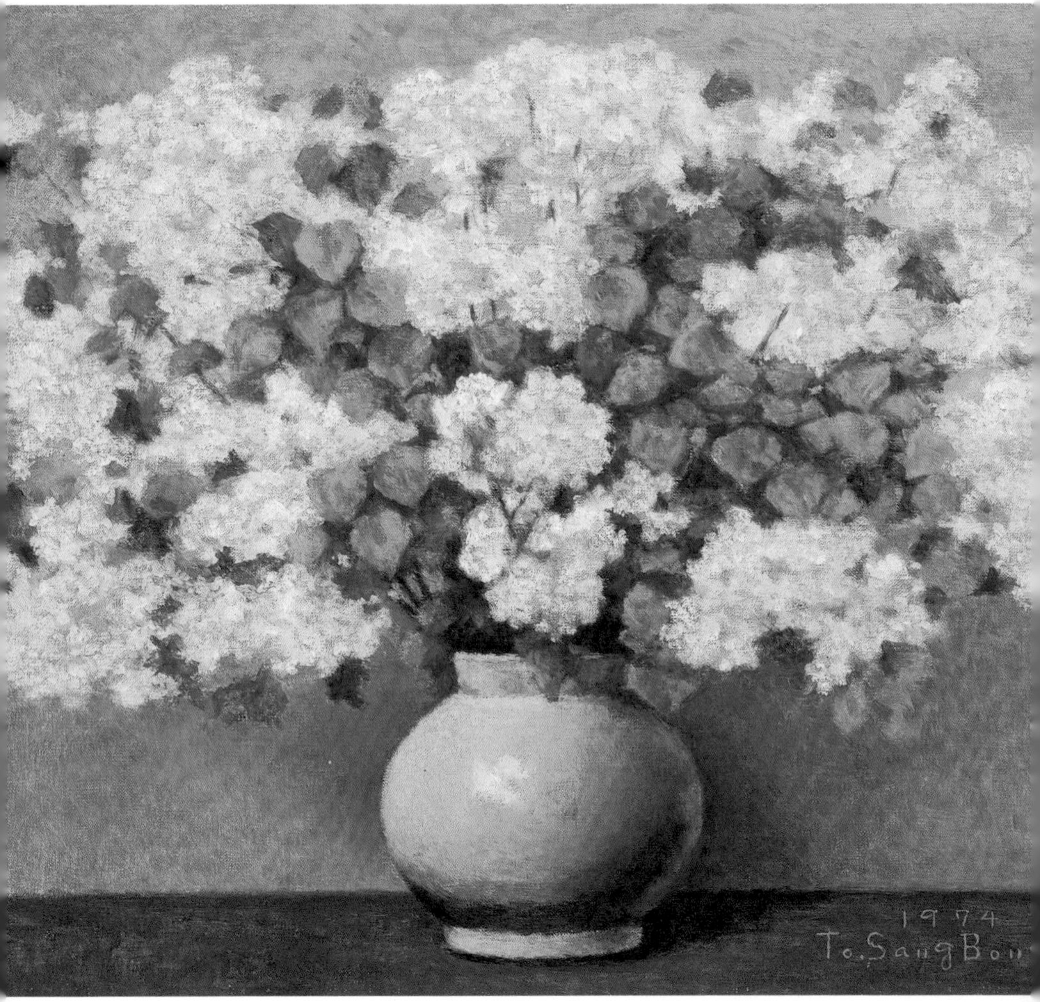

—
도상봉, 〈라일락〉
1974년, 캔버스에 유채, 45.5×53.0cm, 개인 소장
—

열었다. 그럼에도 우리 화랑사畫廊史에 막강한 영향을 미쳤으니, 인사동 화랑가에서 터줏대감으로 불린 선화랑과의 사연이다. 선화랑의 창업자 김창실 회장은 이화여자대학교 약학과를 졸업한 후 약국을 운영하던 이다. 미술 애호가였던 그녀는 인사동 거리가 비포장도로이던 1950년대부터 그림 보러 다니길 즐겼다. 눈 호사가 기뻤을 뿐 선뜻 그림 살 엄두는 내지도 못하던 그녀가 1965년에 처음으로 그림 한 점을 품에 안았다. 둥그런 백자 항아리 위로 하얀 꽃송이들이 흘러넘치듯 탐스럽게 피어오른 도상봉의 〈라일락〉. 10호 크기였으니 폭 50센티미터 안팎의 작은 그림 앞에서 그녀는 눈을 떼지 못했고 몇 번을 다시 찾아가 보고 또 보다가 마침내 지갑을 열어 수년간 모은 돈 1만 원을 내놓았다. 첫 컬렉션이었다. 이후 늘어난 그녀의 수집품은 300점에 이르렀고 급기야 1977년에 화랑 설립으로 이어졌다. 국내 미술 시장 본격화를 이끈 화랑 1세대의 김창실은 미술 대중화를 위한 계간지 《선 미술》 창간, 젊고 실험적인 작가 육성을 위한 '선미술상' 제정 등으로 '미술계의 대모'라 불렸다. 1980년대에는 1972년 개관한 유진 대표의 진화랑과 1977년 문을 연 김창실의 선화랑, 이난영 대표의 미화랑이 '화랑가의 진선미'로 통했다. 한국화랑협회 회장까지 역임한 김 회장은 2009년 옥관문화훈장을 수훈했다. 이 모든 것이 그림 한 점, 도상봉의 〈라일락〉에서 시작된 인연이었다.

도상봉은 라일락 향기를 너무도 사랑해 화실 앞마당에 라일락나무를 심고, 그 꽃을 손수 화병에 꽂아 그림을 그리곤 했다. 화가는 떠나고, 꽃도 졌건만 그림에 담긴 라일락 내음은 영원하다. 작업실이 있던 서울 종로구 창경궁로의 옛집은 작가 기념관과 유족 살림집을 겸한 벽돌집으로 새 단장을 했다. 집 이름이 '도천 라일락집'이다. 고궁의 돌담과 나란히 자리 잡은 집이 동네의 역사와 공간에 대한 배려를 보여주는 명소가 됐는데, 그마저도 화가와 닮았다.

윤중식

그렇게 시간은, 빛은 층층이 내려앉는다

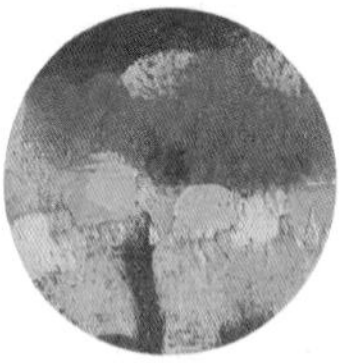

새벽바람에 살갗이 느끼는 차가움. 딱 그만큼의 파르람이 화폭을 채운 윤중식尹仲植·1913~2012의 〈아침〉이다. 나뭇가지에 잎사귀 하나 없는 것을 보면 겨울인가 싶기는 하나 저쪽에서부터 둥글게 올라오는 태양의 노란빛이 온화한 분위기를 내뿜어 춥지 않고 그냥 선선한 정도로 느끼게 한다. 멀리 초록의 능선을 따라 여명이 노란색 띠를 이뤘다. 산과 맞닿은 자리는 좀 어둡게, 산 아래쪽 그림자 자리도 청회색 띠가 드리웠다. 벌판을 건너온 아침의 기운은 담장에, 담 아래에, 마당에, 계단에 수평으로 층층이 "내 곧 가리다" 기별 보낸다. 그렇게 시간은 층층이 내려앉는다. 아침의 동터 오는 풍경도 수평선이나 지평선, 혹은 산의 능선과 건물, 숲의 빈자리를 따라 가로로 널찍하게 빛을 퍼뜨리며 찾아온다.

화가 윤중식에게 시간과 빛이 그려낸 풍경은 그렇게 '수평층'을 이뤘다. 그가 즐겨 그린 아침·황혼·석양·강변·태양, 그리고 일련의 계절 풍경화는 한결같이 겹겹이 층을 그린다. 고고학 발굴 현장에서도 쌓인 흙

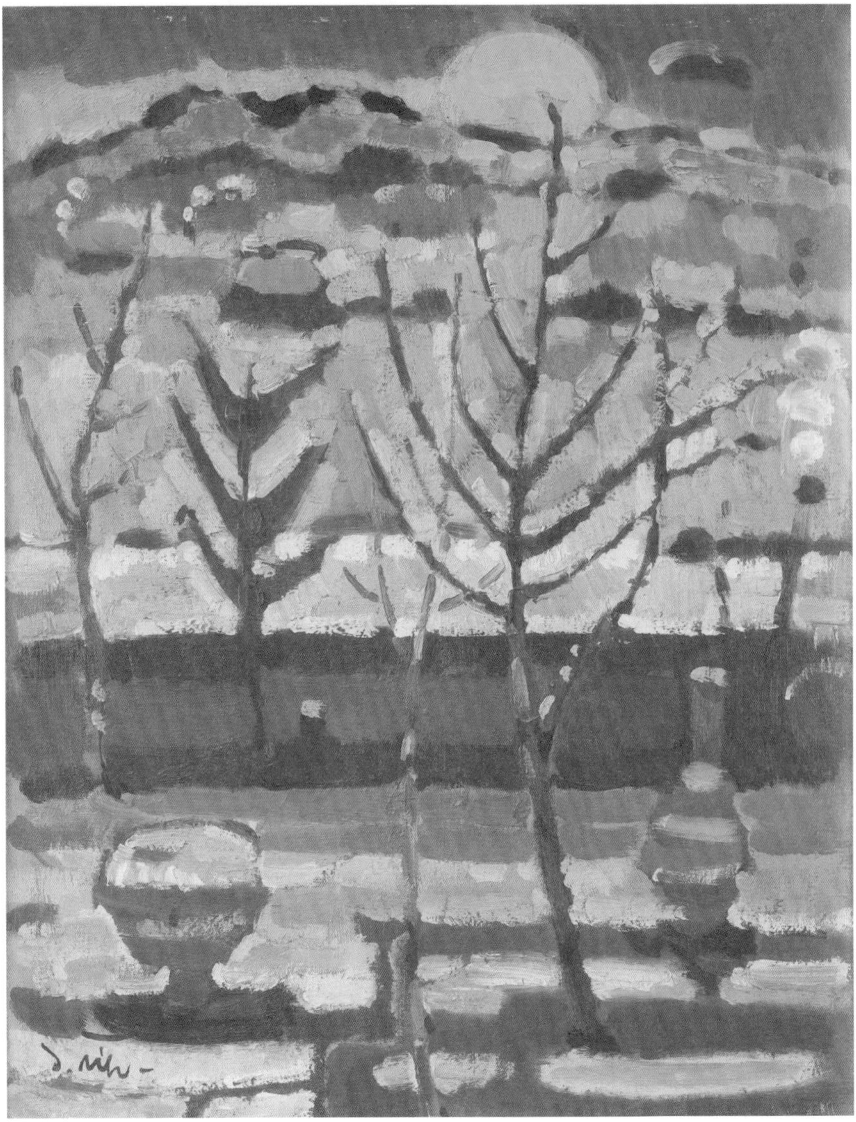

—

윤중식, 〈아침〉

1953년, 캔버스에 유채, 40.4×31.0cm, 국립현대미술관 소장

—

의 층위를 근거로 시대를 추정하니, 그게 시간의 속성일까. 아니면 심성 고운 화가의 눈이 하늘 한 조각, 들판 한구석, 나무와 숲과 풀 한 포기까지 찬찬히 쓸며 바라본 탓에 한 겹 한 겹 각자의 자리를 '층'으로 차지한 것일까. 아침도 노을도 아련하게 떠오르고 아득하게 잠긴다.

● ● ●

윤중식은 1913년 평양에서 태어났다. 이중섭이 그의 고향 후배다. 정미소를 운영하던 부친이 아홉 남매가 뛰어놀아도 좁지 않아야 한다며 기와집 세 채를 터서 생활했으니, 꽤 부유했다. 여섯째이자 차남이던 그는 누나들이 음악을 전공해 악기를 접할 일이 잦았고, 한때 작곡에도 관심을 뒀다. 하지만 미술로 그를 이끈 결정적 계기는 아버지의 친구 김관호의 부추김이었다. 우리나라 최초의 서양화가는 일본의 도쿄미술학교에서 서양화를 배운 고희동이다. 그리고 김관호는 두 번째로 서양화를 전공해 1세대 서양화가로 꼽히는 인물이다. 숭실중학교에 입학하면서부터 그림에 재능을 보인 윤중식은 2학년이던 1931년에 미술 등용문이던 조선미술전람회 서양화부에 응모했고 소녀와 풍경을 그린 유화 두 점이 모두 입선했다. 이듬해, 또 그다음 해까지 3년 연속 입선하니 술 마시러 집에 들른 화가 친구에게 아버지가 그만 '아들 자랑'을 했던 것이다.

소년은 자연스럽게 화가로 인생의 항로를 확정했다. 일본 도쿄의 데이코쿠미술학교 서양화과로 유학을 떠났다. 당시 도쿄에서 공부하던 조선인 미술학도들의 결속체였던 백우회에서도 이중섭 등과 함께 활동했다. 1940년에 졸업하고 1942년 조선미술전람회에 출품한 〈석양〉이 입선했다. 저녁 햇살이 눈부신, 평화로우면서도 향토적인 석양 풍경이었다고 한다. 작품이 전하지 않는데다 당시 전쟁 중이던 일제가 물자

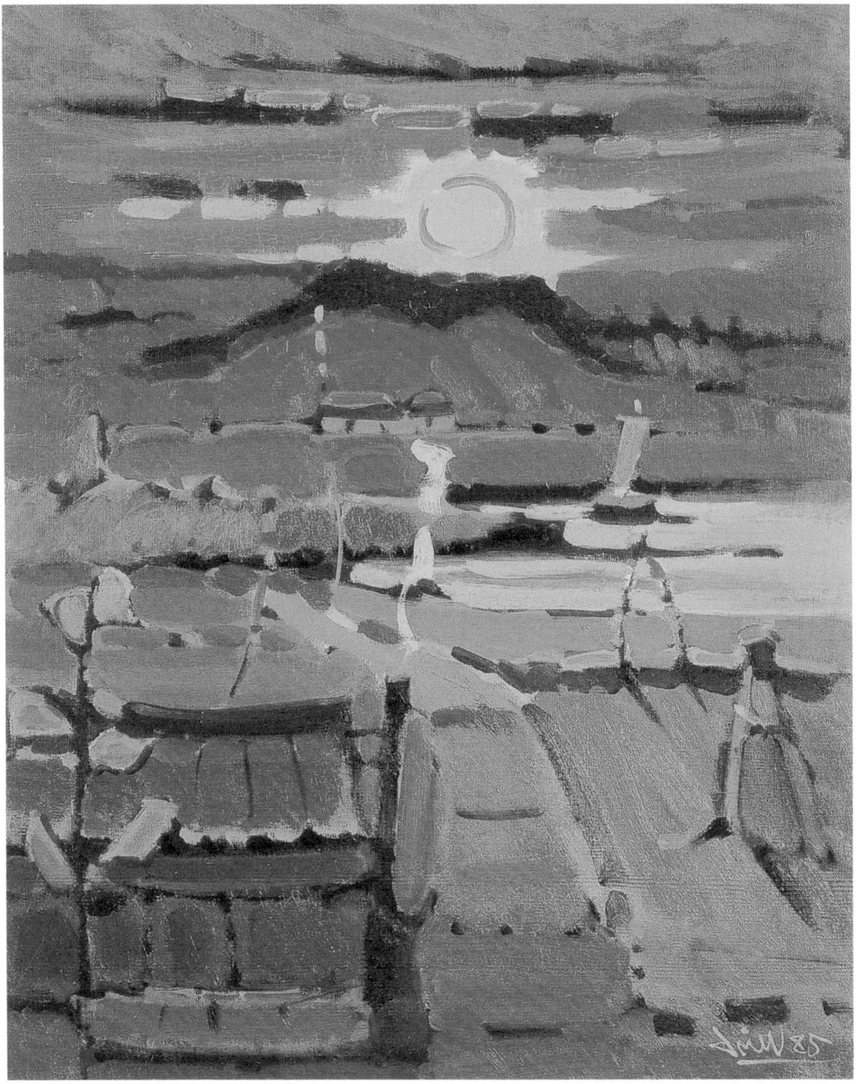

—
윤중식, 〈강변〉
1985년, 캔버스에 유채, 65×53cm, 개인 소장
—

부족을 이유로 정식 도록을 제작하지 않아 그 모습을 확인하기도 쉽지 않다. 어쨌거나 그 무렵부터 윤중식 특유의 따뜻하면서도 강렬한 색조와 정취가 자리 잡기 시작했다.

해방 직후 1945년 서울에서의 첫 개인전 때, 훗날 국립현대미술관장이 되는 미술평론가 이경성은 "작품 전반에 시적 정서가 넘쳐흐른다"라고 평했다. 화풍으로는 앙리 마티스의 야수파를 떠올리게 하는데, 실제 미술대학 재학 시절의 일본인 선생이 마티스의 제자였다고 한다. 풍경화에서는 인상주의적인 붓질이 감지되고 인물화 등에서는 조르주 루오의 강인한 검은 윤곽선이 뿜어내는 힘이 느껴진다.

• • •

화가의 인생 전환점은 한국전쟁과 그로 인한 월남, 그리고 가족과의 생이별이다. 1·4후퇴 때 윤중식은 아내와 세 자식까지 온 가족이 피난길에 올랐다. 그런데 황해도 해주 근처에서 그만 아내와 여섯 살 난 큰딸 혜경이의 손을 놓치고 말았다. 풍경과 정물, 새 그림 외에 윤중식이 종종 그린 인물화 속 여인과 소녀의 얼굴에 드리운 애잔함의 근원이 아마도 그 이별인 듯하다. 그는 홀로 아들의 손을 잡고, 젖먹이 작은딸을 업은 채 남쪽을 향해 걸었다. 빗발치는 총알 사이를 헤치고 간신히 한숨 돌리는 밤이면, 종이와 연필을 꺼내 피난길을 그렸다. 절박함에 비례해 손놀림이 분주했다. 살리고자 걸었건만, 업고 있던 작은딸은 못 먹고 앓다가 결국 흔들어도 영영 깨어나지 못했다. 부산까지 손목 꼭 붙들고 함께 내려온 아들 대경 씨는 그에게 살아야 할 이유가 됐다.

아들 내외가 지금도 살고 있는 오래된 집에는 한 번도 전시한 적 없는 작품 뭉치가 담긴 스크랩북이 있다. 피난길에 간신히 구한 종이에

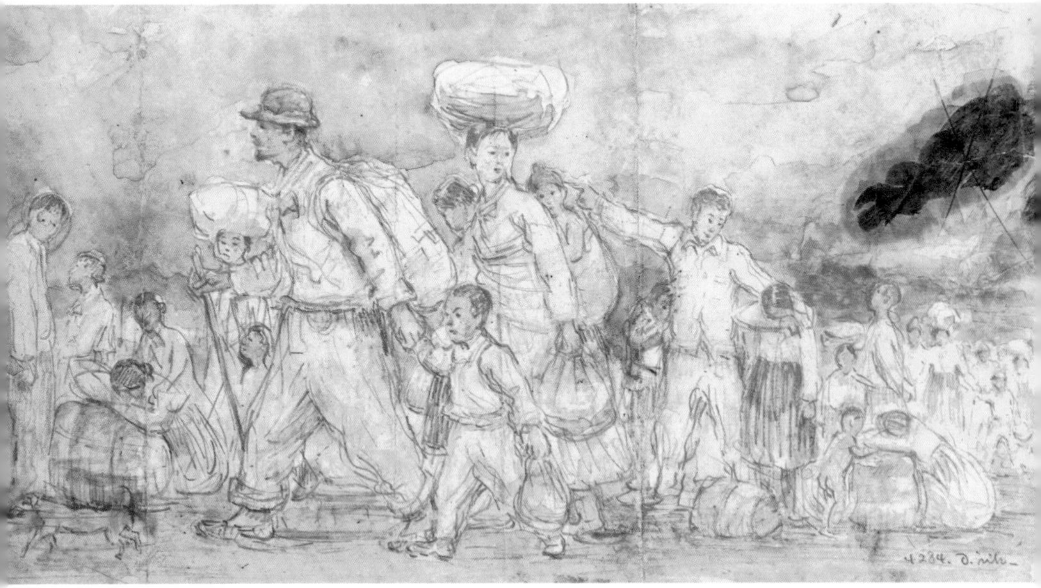

—
윤중식, 〈피난길〉
1951년, 종이에 수채, 18×33cm, 개인 소장
—

연필과 수채물감으로 급히 그린 피난 풍경이다. 길게 늘어선 피난 행렬, 길에 앉아 젖 먹이는 엄마, 총질하는 군인 등이 등장한다. 피난길에 인민군에게 잡혔다 풀려나고, 국군을 만나 태극기 아래 선 남자의 등에는 분홍 포대기에 싸인 아이가 업혀 있고 손끝에 꼬마가 매달려 있다. 화가의 자화상이요, 경험담이다. 빠른 필치로 순간의 분위기를 잡아챘다. 현란한 붓질 사이에 잊지 않으려는 안간힘이 읽힌다. 오래된 그림이 지금도 생생한 것은 그 아픔이 현재진행형이기 때문일지 모른다.

1953년 휴전 직후 윤중식은 서울에서 재개된 제2회 대한민국미술전람회 서양화부에 출품한 〈가을 풍경〉이 특선을 받으며 작가적 역량을 널리 알렸다. 그렇게 대한민국미술전람회에서 몇 번의 입선을 거듭하니 1959년부터는 대한민국미술전람회 추천작가에 올랐다. 화가로 살았을 뿐 아니라 교직에도 몸담았다. 창덕여자고등학교에서는 학교 측의 배려로 소강당 한쪽에 작업실도 얻었다. 황영연을 부인으로 맞아 두 딸을 얻어 비로소 삶의 안정을 찾게 됐다.

이후 윤중식은 이마동의 추천으로 홍익대학교 교수가 됐다. 이때부터 그의 깐깐한 성격이 두드러지기 시작했다. 까칠하기보다는 곧고 맑은 성품이었던 것인데, 그때만 해도 입시 청탁이나 심사 부정 등이 제법 있던 시절이다. 하지만 윤중식은 바늘 하나 들어갈 틈도 허락하지 않았다. 학교 밖에서는 절대 미대 입시생의 그림을 봐주는 일이 없었으며 오로지 작품만 놓고 사흘 밤낮을 고심해 채점하곤 했다. 어떤 이들은 홍익대학교 미술대학이 명성을 쌓은 이유 중 하나로 윤중식 교수의 엄격한 심사를 꼽기도 한다.

윤중식은 1963년부터 성북동에 둥지를 틀었다. 자연에 대한 경외심이 깊었던 그는 자신보다 더 나이 많은 큰 소나무를 다치게 할 수 없다는 이유로, 아들네가 살아야 한다는 핑계로 옆집까지 사들였다. 고향 평양을 떠나 이산의 삶을 사는 자신이 이식移植된 존재였기에 그 나무를 옮기는 것조차도 그리 싫었던 모양이다. 종종 야외로 나가 이젤을 세워놓고 사생하며 그림을 그릴 때도 풍광을 앞에 둔 그의 마음속에는 고향 대동강변이 아른거리곤 했다. 그가 그린 풍경화의 수평층이 단단해진 것은 누르고 누른 그리움이 굳어버린 탓일지도 모른다.

그림 중에 비둘기를 소재로 한 작품도 많다. 어릴 적 정미소를 하던 집에서 누룩공장도 운영한 덕에 주변 비둘기들이 잔뜩 모여들었고 그 비둘기를 가까이서 살펴보며 키웠던 기억이 자꾸만 그림으로 이어졌

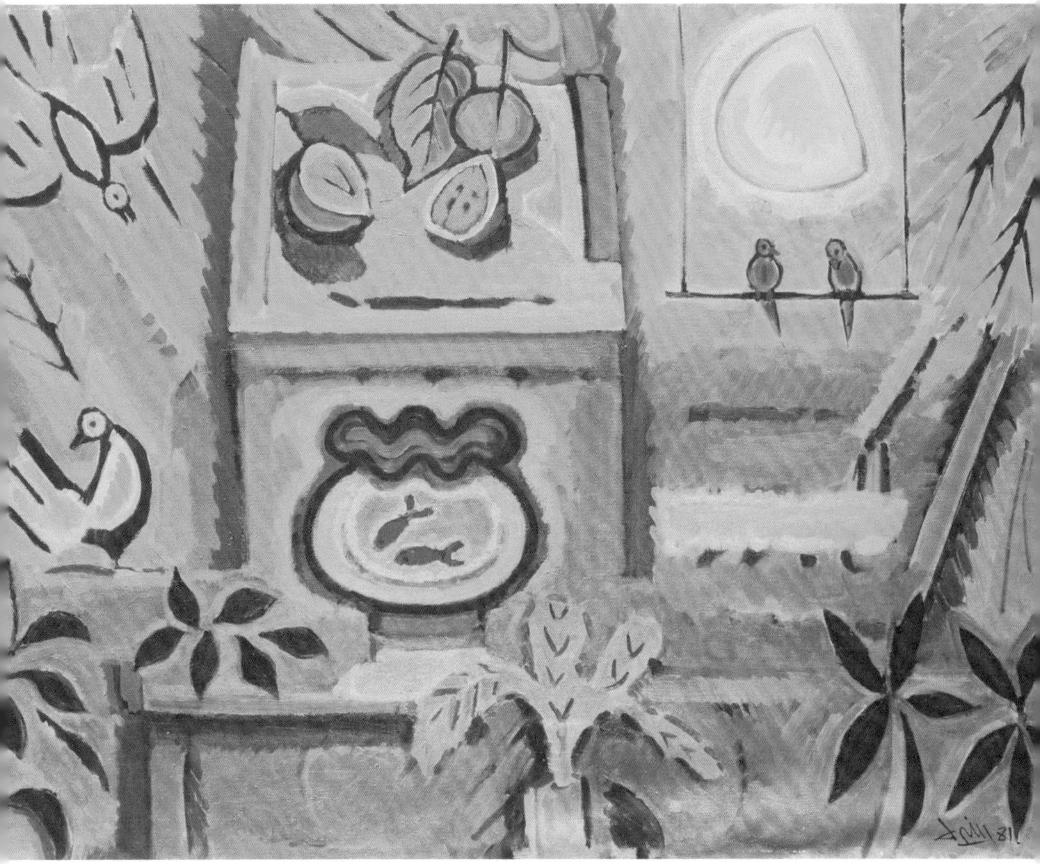

—

윤중식, 〈파랑새〉

1981년, 캔버스에 유채, 97.0×130.3cm, 국립현대미술관 소장

—

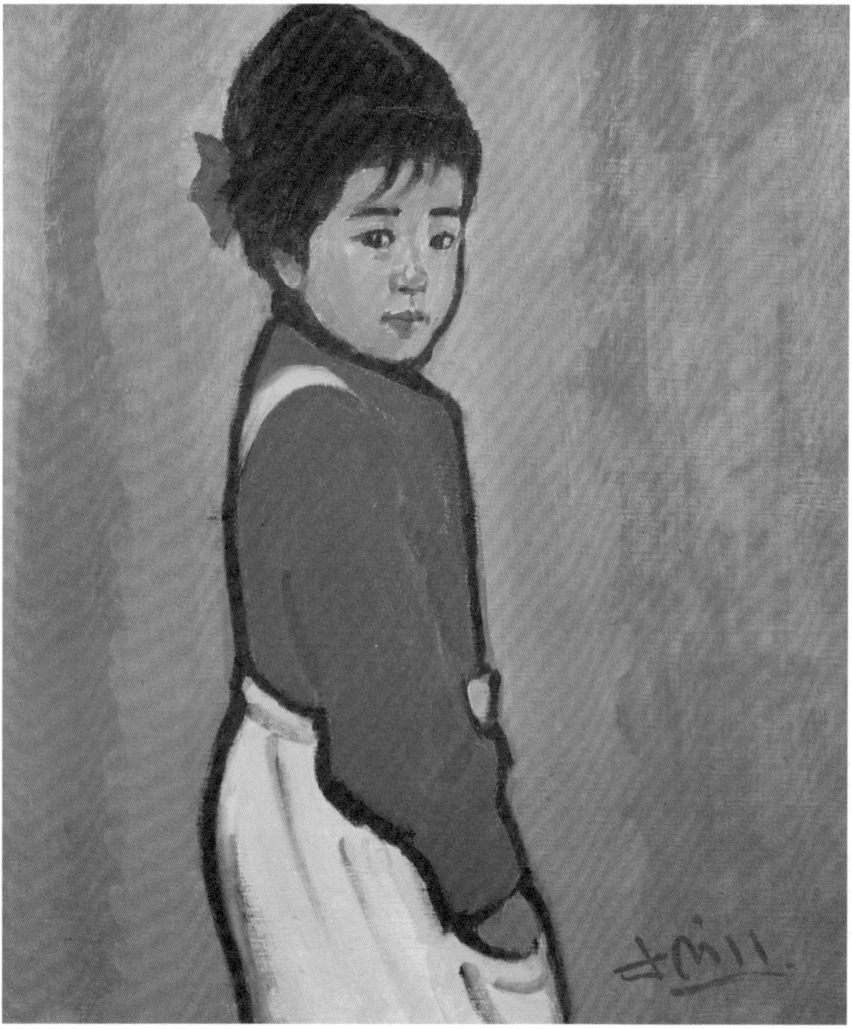

—
윤중식, 〈어린이A〉
1991년, 캔버스에 유채, 53.0×45.5cm, 개인 소장
—

다. 물론 비둘기는 전쟁을 겪은 그에게 평화와 자유의 상징이기도 하다. 국립현대미술관이 소장한 〈파랑새〉는 나이 든 화가가 마침내 발견한 희망의 파랑새를 온화한 정물과 더불어 담고 있다.

"가을은 낭만과 애수와 기대의 계절, 천공을 날아가는 이름 모를 새들은 끊임없이 생과 자유의 갈망을 우리에게 계시하며 사라진다. 먼 하늘과 깊은 숲과 찬란한 황혼이여! 맑은 가을이여! 길이길이 나에게 진실과 사랑과 믿음을 주소서."

《화랑》 1975년 여름호 중에서-

• • •

1990년대 초 그의 집에 도둑이 들어 벽에 걸어둔 그림들을 죄다 도난당했다. 사실을 안 작가가 맨 먼저 한 일은 이젤 앞에 앉아 그림을 그리는 것이었다. 벽에 나란히 걸어둔 그림이 손녀의 초상화였는데 아이가 그림 없어진 것을 알면 속상할까 봐 눈치채기 전에 다시 그린다며 분주했던, 정 많은 할아버지였다.

2000년 갤러리현대에서 연 88세 미수전米壽展과 2012년 성북구립미술관에서 개최한 100세 상수전上壽展에서도 신작을 선보인 화가는 세상 떠나기 전날까지도 그림을 그렸다. '또 오겠다', '다시 만나자'는 약속을 결코 어기는 법 없는 아침의 태양, 변치 않는 석양과 자연 등 작은 그림 몇 점이 미완성으로 남았다. 아마도 고인은 새가 되어 대동강변 고향집 주변을 휘익 돌아본 후 떠났으리라.

유영국

산은 내 앞이 아니라 내 안에 있다

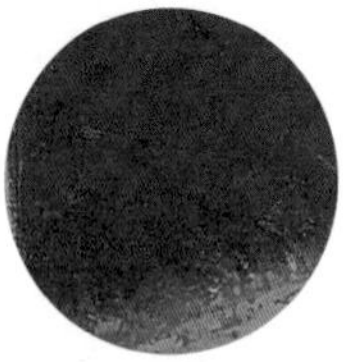

세상이 요동칠수록 절대 흔들리지 않는 굳건한 무언가가 절실하다. 그런 묵직함이 산山만 한 게 또 있으랴. 꽃은 피고 지고 사람은 들고 날지언정 산은 늘 묵묵히 자리를 지킨다. 어제도 그랬고 오늘도 그랬으며 내일도 분명 그럴 것이다. 그 산만큼이나 한결같은 화가가 유영국劉永國·1916~2002이다. 그는 평생을, 심지어 가슴에 심장박동기를 단 채 병고와 싸워가면서까지 추상화에만 매달렸고 더 이상 붓을 들 수 없는 그날까지 산을 그리고 또 그렸다.

그저 '작품'이라 이름 붙인 이 1967년작은 부연 설명 없어도 노란색 세모가 산을 떠올리게 한다. 삼각형은 산의 근원적 형태다. 이제 막 크레파스를 쥐기 시작한 아이도 아마 어쩌면 그렇게 산을 그릴 것이다. 저 눈부시게 순수한 샛노랑은 갓 피어난 개나리의 노란 꽃잎부터 저무는 해가 드리우는 석양빛 황금색까지 모두 아우르는 색이다. 그 색으로 인해 빛이 산을 비추는 게 아니라 산 스스로 태양이 되어 빛을 발산하는 것 같다. 자리를 지키는 산과 시간을 지키는 해는 있으리라, 오리라

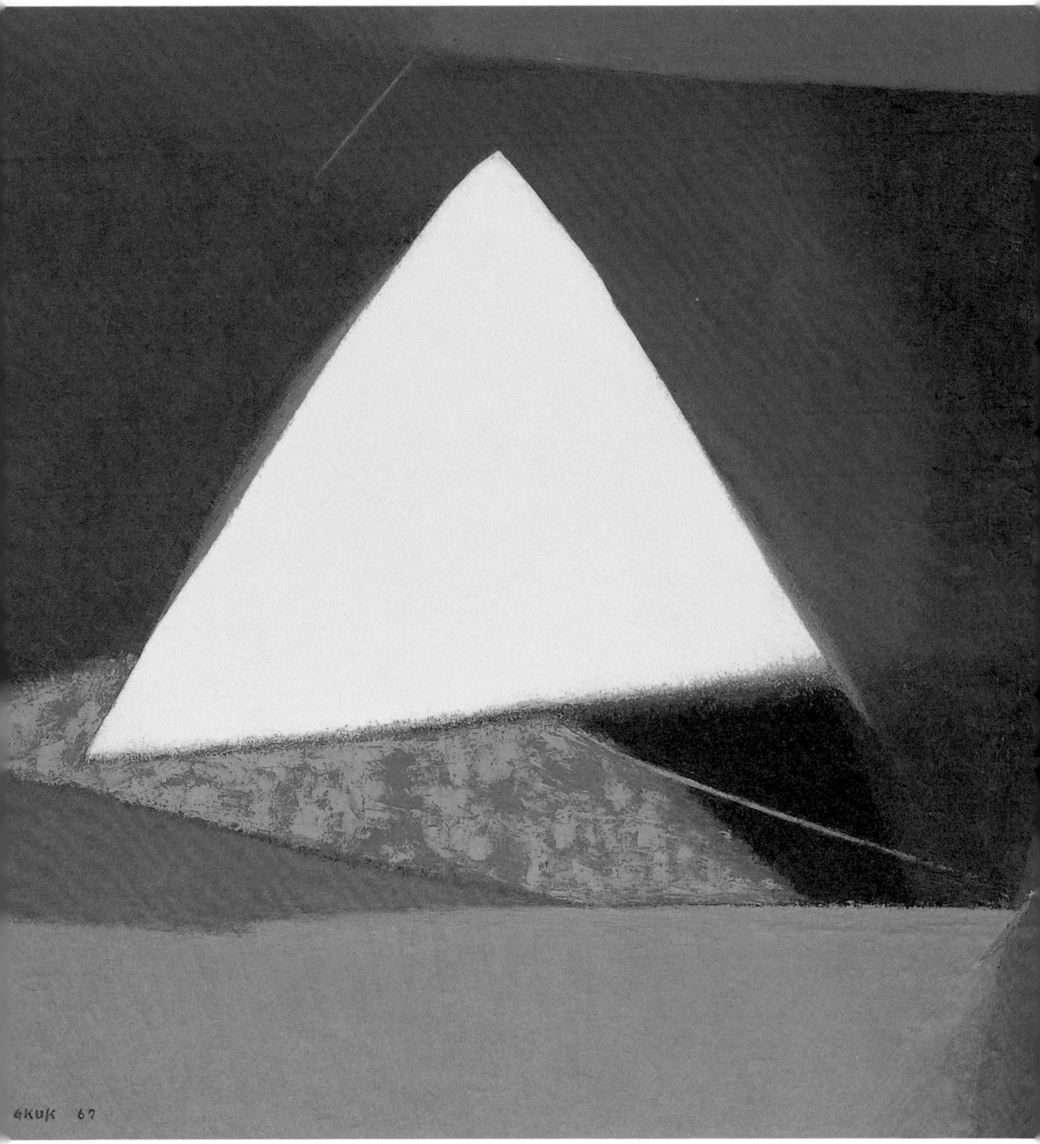

—

유영국, 〈작품(Work)〉

1967년, 캔버스에 유채, 130×130cm 서울시립미술관 소장

—

하는 어김없는 약속을 지킨다는 점에서 닮은 꼴이다. 노란색 삼각형은 그렇게 태양 같은 산이 된다. 산 아래로 푸른 계곡 물이 흐르고 싱그러운 초록 벌판이 펼쳐진다. 기막힌 것은 산 그림자를 대신하는 보랏빛이다. 산을 에워싼 보라는 노란 산을 돋보이게 하는 동시에 절대적 존재감을 부각시킨다. 커다란 색덩어리는 안정감 있으되, 방향을 달리하는 선들은 맞물려 돌아가는 듯 순환의 율동감을 이룬다. 단순한 형태, 기본적인 색상으로 이뤄져 '쉬운' 그림처럼 보이나 어느 것 하나 허투루 택한 것은 없었다.

산은 항상 같은 자리를 지키지만 시시각각 모습을 달리 한다. 화가는 산의 묵묵함도 존경했고 그 변화무쌍함도 사랑했다. 잎 떨어뜨린 겨울에 눈 뒤집어쓴 설산의 황량함 속에서도 매화를 피우고, 산수유와 진달래 품어 봄을 부르는 게 산이다. 꽃을 바꿔 색을 입고 녹음을 변주해 계절을 노래하니 어느 하루도 같은 날 없는 것 또한 산의 속성이다.

• • •

"산은 내 앞에 있는 것이 아니라 내 안에 있다."

유영국의 고향인 경북 울진은 바다를 끼고 있으면서도 산이 많은 곳이다. 망망대해와 첩첩산중의 교차점이다. 100여 년 전 울진은 강원도에 속했고, 선조들이 원주에서 울진으로 옮겨와 살았던 까닭에 유영국은 자신을 '강원도 사람'이라 소개하곤 했다. 소문난 '유부자 집'의 4남 4녀 중 여섯째로 태어났으니 흔히 말하는 '금수저'다. 소유한 땅이 많았을 뿐만 아니라 50톤급 어선 두 대를 굴렸고, 양조장을 세 개나 돌렸다. 드넓은 바다와 굳건한 산의 기운을 온몸으로 받은 유영국은 성품도 그와 비슷했다. 항상 당당했고 의젓했다. 키도 크고 공부도 잘 하고 그림도 곧잘 그리는, 어느 것 하나 빠지는 데 없는 그를 두고 식구들이 입을 모아 "영국이는 공부를 시켜야 한다"라며 서울 유학을 권했다. 오늘날 경복고등학교의 전신인 경성제2고등보통학교에 입학했다. 5년제 공립 학교였는데 졸업을 1년 앞두고 자퇴했다. 모범생이 학교를 박차고 나왔다. 일본인 담임선생의 괴롭힘을 참을 수 없었기 때문이다. 담임선생은 반장이자, 키가 커 맨 뒷자리에서 학급 전체를 보고 앉는 그를 매일 오후 불러내 오늘은 누가 무슨 잘못을 했는지 일러바치라며 추궁했다. 매번 잘못한 학생은 아무도 없다 답하니 되레 유영국을 혼내고 때리기 시작했다. 매질 피하려 없는 일 꾸며 밀고하면 친구들의 믿음이 깨지고 학급 전체가 무너진다. 강직한 그는 끝까지 맞섰다. 제국주의 교육에 대한 혐오로 학교가 싫어질 지경에 이르렀다. 자퇴서를 던지고 고향으로 돌아갔다.

이제 어떻게 할 거냐고 묻는 아버지에게 유영국은 지금의 해양학교에 해당하는 상선학교에 진학하겠다고 답했다. 일본 요코하마의 상선학교를 졸업하고 1등 항해사가 돼 바다 너머 넓은 세상을 누비고 다닐 것을 꿈꿨다. 꿈은 금세 깨졌다. 고등학교를 졸업하지 않으면 입학 기회 자체를 얻을 수 없었다. 좌절하지는 않았다. 견습 선원 생활을 하다 타히티에 정착했던 폴 고갱이 있지 않은가. 세무사를 하다 그림을 그린 앙리 루소Henri Rousseau, 목사가 되려다 화가가 된 빈센트 반고흐도 있다. 유영국이 바란 것은 배[船]를 타고 다다를 수 있는 더 넓고 자유로운 세상이었다. 방해도 간섭도 받지 않는 '정신의 자유'를 향해 가려면 굳이 배가 아니어도 된다. 예술이 그를 자유로 태워 나를 수 있었다.

항로를 예술가로 돌렸다. 당시 한국 학생들이 선망하는 미술학교는 주로 일본의 데이코쿠미술학교나 도쿄미술학교였지만 제국주의 학교는 유영국의 선택지가 아니었다. 대신 그는 자유로운 교육철학을 실천

하는 사립학교인 분카학원을 택했다. 경성제2고보 재학 시절 미술교사였던 사토 쿠니오佐藤九二男 선생이 분카학원에 대한 진학 정보를 전해줬다. 당시 재야 미술계에서 활동하던 사토는 다른 일본인 교사들과는 달랐다. 야수파적 색채로 우수에 찬 조선인을 그리던 그는, 깨어 있는 화가였다. 유영국은 1935년 4월 분카학원 유화과에 입학했다. 군복 같은 교복을 강요하지도 않는 학교는 첨단의 예술 경향을 받아들이며 자유와 철학을 논할 수 있는 곳이었다. 이중섭·김병기 등이 그의 동문이다. 그곳에서 만난 무라이 마사나리村井正誠는 유영국에게 상당한 영향을 끼쳤다. 분카학원 제1회 졸업생인 무라이는 이미 고리타분해지기 시작한 아카데미즘적 교육방식을 버리고 프랑스 유학을 다녀온 후 빠르게 추상미술을 흡수했다. 태평양전쟁 중에 일제가 요구하는 전쟁화를 그리지 않고 '버틴' 의식 있는 화가이기도 했다. 그는 1937년에 새로운 예술 경향을 추구하며 생겨난 자유미술가협회의 핵심 인물이었다. 유영국은 자유미술가협회를 거점으로 활동을 펼쳤다. 그 무렵 데생 공부를 위해 다니던 SPA연구소에서 만난 선배 화가 김환기와 '절친'이 됐는데, 둘이 함께 무라이 선생의 작업실을 찾아가기도 했다. 그들은 기하학적 형태로만 이뤄진 '모던 아트', 즉 추상미술을 대거 접하고 매료됐다.

• • •

유영국이 화가가 되는 과정은 경이롭다. 어릴 적 곧잘 그림을 그렸고, 잘 그린 그림이 교실이나 교장실에 걸릴 정도의 실력이었으니 미술학교로 진학한 것까지는 자연스럽다. 놀라운 점은 이후 급속도로 완벽하게 추상미술에 빠져들었다는 사실이다. 인정하고 싶건 그렇지 않건 상관없이 우리는 일본을 거쳐 서양미술을 받아들였다. 우리나라 최초의 서양화가인 고희동은 1909년 일본으로 건너가 도쿄미술학교에서 서양화를 배웠고, 최초의 서양조각가 김복진은 1920년 같은 학교에 입학해 조각을 전공했다. 국제 예술계와의 '시간차'는 어쩔 수가 없었다. 그런데 유영국은 시대적 한계를 감안하면 거의 '실시간'으로 유럽의 첨단 경향을 받아들였고 신속히 자기 것으로 만들었다.

러시아 화가 블라디미르 타틀린Vladimir Tatlin은 1914년 파리의 피카소 작업실에 다녀온 후 충격을 받고 회화의 틀을 벗어나겠다며 철·나무·유리 등의 재료를 화판에 붙이기 시작했다. "재료가 형태를 만든다"는 그의 작업이 '구축주의구성주의'로 명명된 때는 1916년, 유영국이 태어나던 그 해다. 카지미르 말레비치Kazimir Malevich가 새카만 사각형으로 화면을 채운 〈검은 사각형〉이나 흰 사각형을 비스듬히 서로 포갠 〈백색 위에 백색〉 등을 발표해 '절대주의' 추상이라 불린 것도 그 무렵이다. 피에트 몬드리안Piet Mondrian은 선·색·면을 암호화 된 코드처럼 변환해 그리는 구성 작업에 이르러 "과거 인간은 자연의 아름다움만을 그리고 묘사했던 반면 이제는 새로운 정신을 통해 스스로 아름다움을 창조한다"라고 선언했다. 1920년의 일이다.

이처럼 1920년대에 갓 태어나 1930년대에도 여전히 말랑말랑 따끈따끈하던 추상미술이다. 유영국도 처음에는 고갱이나 고흐 같은 과감한 색채의 야수파적 표현주의 그림을 그렸다. 하지만 2년이 채 지나지 않아 그는 추상미술로 진입했고 단숨에 안착했다. 작품 없이 사진으로만 전하는 등단작 〈랩소디〉는 스물두 살이던 1937년 독립미술가협회전에 출품한 작품으로 러시아 구축주의의 영향을 드러낸다. 그해 처음 열린 자유미술가협회전에 꾸준히 선보인 작품들은 베니어판이나 골판지를 자르고 이어 붙여 단순한 기하학적 형태로만 '구성'한 부조浮彫였는데 지금 봐도 파격적일 정도로 앞서갔다. 형태뿐만 아니라 색채도 배제한 채 나무의 자연스러운 무늬와 매끈한 광택만 남겨놓았다. 당시 그런 작업을 한 사람은 한국인은커녕 일본인도 적었다. 실물은 소실된 채 전시 기념 흑백 엽서로만 남았던 1930년대 후반 작품들을 유영국은 공예가인 큰딸 유리지와 재제작해 1979년 국립현대미술관에서 열린 '유영국 초대전' 때 선보였다.

유영국은 왜 추상을 택했을까. 그 답은 자유다. 그는 일관되게 자유롭고 싶었다고 했다. 일본 치하의 교육에서 환멸을 느낀 그는 옥죄는 현실이 갑갑했다. 형태 없는 추상미술은 시비 붙을 일도 없지 않은가. 순수한 본질에 대한 탐구는 타고난 진중한 성정과도 잘 맞았다. 질서와 평형성을 추구하고 근원과 보편을 찾아가는 추상은 새로운 시대에 새로운 예술이 걸어가야 할 당연한 길로 여겨졌다. 비슷한 시기 한국의 화가들은 구상 작업에서 출발해 점차 추상으로 옮겨 갔다. 반면 유영국은 처음부터 추상에서 출발했고 훗날 산을 껴안았다.

예술은 이상적이나 유영국은 현실적이기도 했다. 고향의 아버지는 일본 유학 동안 어디다 돈을 썼는지 단 한 번도 묻지 않았다. 그것이 독립심과 책임감 강한 아들을 자극했다. 자신이 택한 추상미술로는 "그림 팔아 먹고살기"가 어렵다는 것을 직감했다. 돈이 너무 많아도 예술을 못하지만 돈 없이 예술 하는 것도 어려운 일이다. 생계수단으로 사진을 택했다. 고향으로 편지를 보냈다. 평생 아버지 신세를 질 수 없으니 사진을 배워 자립하겠다고, 사진기 살 돈을 좀 보내달라고 했다. 당시 집 한 채 값이던 독일제 라이카 카메라를 샀고, 1940년 오리엔탈사진학교에서 6개월 과정을 이수했다. 그 시절 사진은 일본 화단에서 전위적 예술의 하나로 부상하고 있었다. 이듬해 고향에 들렀다 경주를 방문해 남산의 마애불과 석탑, 불국사와 분황사 등을 사진에 담았다. 흔한 관광기념 사진과는 달랐다. 구도나 대상을 바라보는 시선이 독특했고 유물의 표면 질감에 주목했다. 1950년대 후반 그림에서 나타나는 화강암처럼 거칠거칠한 질감이 그 시절 마애불과 석물 사진에서 보인다.

—

유영국, 〈작품 404-C〉

1940년 원작, 2003년 유리지 재제작, 혼합재료, 90×74cm, 유영국미술문화재단 소장

—

젊은 추상화가가 승승장구하던 일본에서는 전운이 스멀거리고 있었다. 중일전쟁을 벌이던 일본이 군국주의의 극단으로 치달았다. 자유·독립·전위 등의 단어를 붙이는 예술 활동은 금지됐다. 자유미술가협회는 미술창작협회로 개명해야 했다. 전위적인 추상미술은 탄압받았고, 화가들은 군국주의 찬양화를 그리도록 강요당했다. 이에 반발한 지각 있는 화가들은 절필하고 농사를 짓거나 다도에 빠지곤 했다. 자유미술가협회전이 '자유'를 잃자 유영국은 그림 대신 사진을 출품했다. 결국 1943년, 그는 유학 생활과 작품 활동을 접고 귀국 가방을 싼다. 경성제2고등보통학교 자퇴 때와 비슷한 표정이었다. 그해 봄, 다니던 분카학원의 교장 니시무라 이사쿠西村伊作가 천황에 대한 불경죄 등의 혐의로 체포됐다. 제국주의에 순응하지 않는 학교라 정부의 눈엣가시였다. 결국 8월 말 분카학원은 일본 역사상 전무후무하게도 국가권력에 의해 폐교된다. 유영국은 학교가 문 닫기 직전에 그간 제작한 100여 점 작품 중 일부만 배에 실어 귀국했다. 강압적인 제국주의와 타협할 생각은 추호도 없었다.

• • •

고향 울진으로 돌아온 그를 일본 특별고등경찰이 수시로 감시했다. 자유롭고 싶어 예술을 택했는데 예술의 자유마저 억압당하자 그는 붓을 잡는 대신 고기잡이를 택했다. 아버지의 배를 운영하는 어부가 됐다. 1944년 11월에 결혼해 금강산으로 신혼여행을 다녀왔고 이듬해 큰딸 리지를 얻었다. 맞선으로 만난 훤칠한 남편이 화가라고 들었는데 도통 그림 그리는 모습은 볼 수 없고 뱃사람으로만 지내는 것을 아내는 이상하다 여겼다. 유영국은 훗날 "만약 일제가 망하지 않았더라면 영영 화가로의 길에 다시 들어설 수 없었을 것"이라며 이 시기를 곱씹었다. 유영국은 1947년 말, 일본에서 친하게 지낸 김환기로부터 자신이 재직하

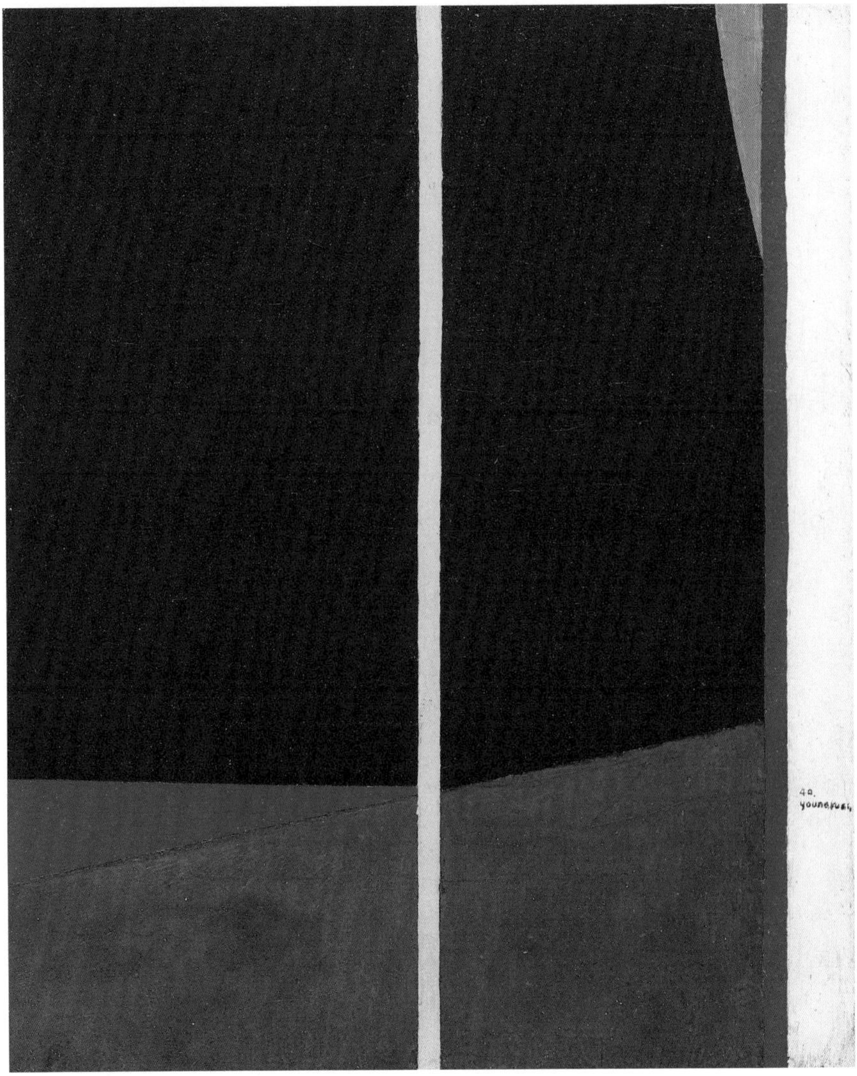

—

유영국, 〈작품〉

1940년, 캔버스에 유채, 46.0×37.5cm, 유영국미술문화재단 소장

—

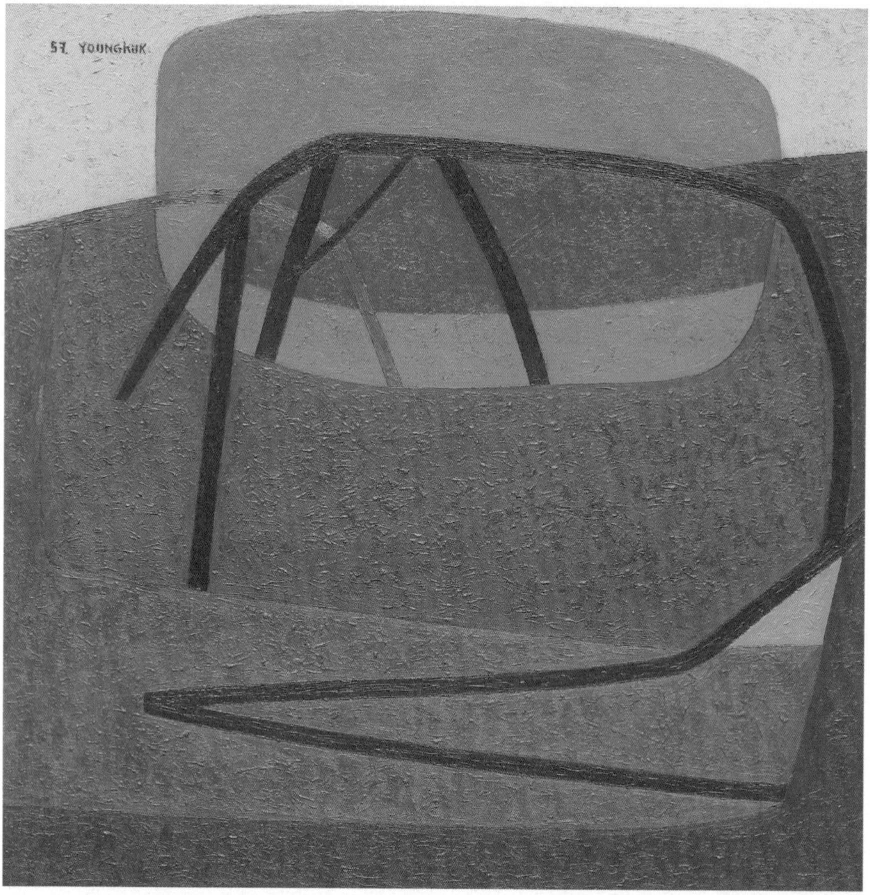

—

유영국, 〈작품〉

1957년, 캔버스에 유채, 101×101cm, 국립현대미술관 소장

—

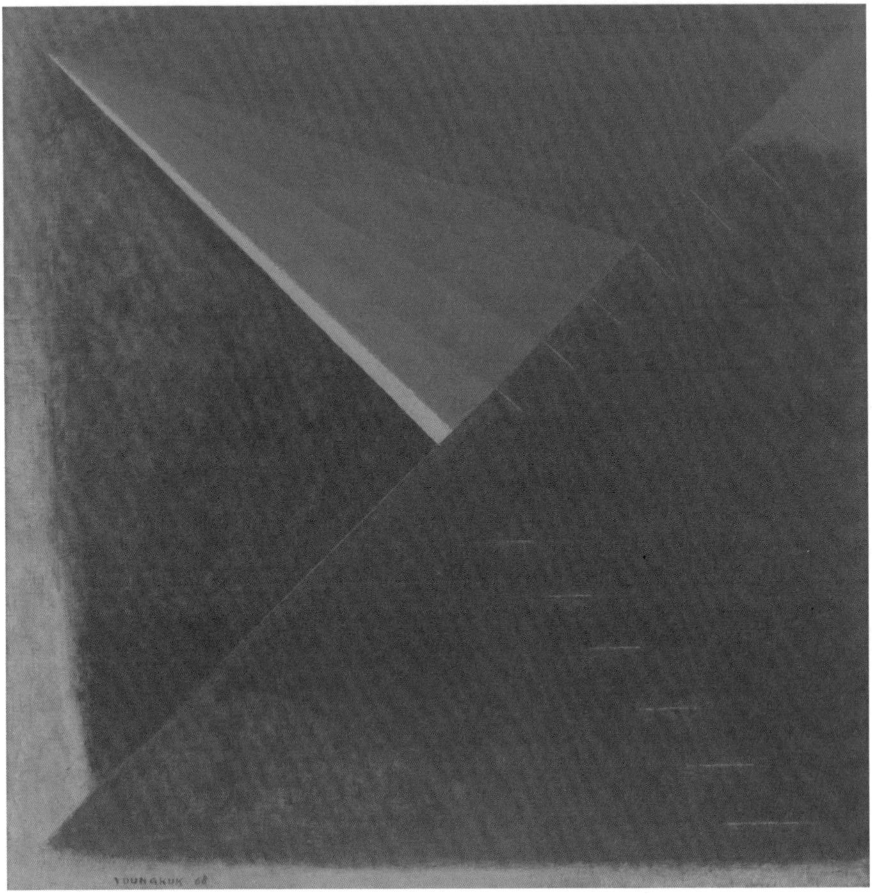

—
유영국, 〈작품(산)〉
1968년, 캔버스에 유채, 135×135cm, 국립현대미술관 소장
—

는 서울대학교의 응용미술과 교수를 맡아주겠냐는 제안을 받아 서울로 옮겨가면서 다시 적극적인 화가로 살기 시작했다. 그때부터 작품에 등장한 추상적인 자연은 숨 막히던 시절 그를 안아주고 뉘어준 고향의 바다와 산이었다.

점령의 시대가 가나 싶었더니 대립의 시절이 왔다. 이데올로기가 첨예하게 맞서던 때라 예술조차 정치적 활동으로 간주되는 분위기였다. 유영국은 1948년 김환기, 이규상 등 추상작가를 중심으로 정치성 없이 오직 예술 자체에만 뜻을 둔 해방 후 첫 순수미술단체인 '신사실파'를 결성해 활동했다. 1950년 1월에는 좌우익 구분 없이 예술의 자유로움과 새로운 민족미술을 추구하는 '50년미술협회' 창립에 참여했다. 우익 성향으로 치우쳤던 서울대학교 미술대학의 간부가 "50년미술협회 전시와 국립대 교수직 중 하나를 고르라"라고 요구했다. 유영국은 좌고우면 않고 사직서를 썼다. 고등학교 자퇴서를 쓸 때와 다를 바 없었다.

같은 해 6월 25일 전쟁이 터졌다. 7월 1일로 예정됐던 '50년미술협회 창립전' 무산에 대한 안타까움을 생각할 겨를이 없었다. 그림 그리던 손으로 장작을 패다 팔아 식구들을 먹여 살렸다. 1·4후퇴 때 천신만고 끝에 트럭을 구해 타고 가족들과 고향 울진으로 내려갔다. 셋째 아이이자 장남인 유진 유영국미술문화재단 이사장이 태어난 지 100일도 채 되지 않았을 때다. 몸 추스르지도 못한 산모도, 제대로 먹지 못해 울 힘조차 없던 아이도 살아서 함께라는 것만으로 감사했다. 고향으로 돌아온 유영국은 가업인 양조장 일을 다시 하기로 했다. 술기운으로 버텨야 했던 피난민의 지친 마음을 내다봤고 줄리앙 뒤비비에르 감독의 영화 제목을 따 소주 이름은 '망향望鄕'으로 붙였다. 대성공이었다. 1952년에야 양조장 한쪽에 작은 방을 화실로 쓰기 시작했다. 벌이는 쏠쏠했으나 예술가로서의 고립감이 컸다. 김환기, 이중섭, 장욱진이 피난 내려와 있다는 부산으로 향했다. 3년 반의 공백을 깨고 1953년 5월에 '신사실파 부산전'을 열어 작품을 선보였다.

1955년 유영국은 울진에서 서울로 돌아오면서 그림을 그리다 말다 했던 '잃어버린 10년'을 청산한다. 이따금 백두대간을 넘어 서울과 고향을 오가는 길은 그에게 장엄한 자연을 새로이 보여줬다. 1950년대 말 유영국은 산·계곡·노을 등 자연을 추상화해 단순하게 그리면서 절묘한 색채를 추구했다. 이후 1960년대 전반기까지의 작품들은 힘과 자신감의 절정을 이룬다. 신사실파부터 모던아트협회, 현대작가초대전, 60년 현대미술가연합, 신상회 등 여러 단체를 이끌며 현대미술 운동에 적극적이던 유영국이 1964년 돌연 그룹 활동의 시대가 끝났다고 선언했다. 이제부터 자신의 작업에 몰입하기로 했다. 마흔아홉 살이던 그해 11월 첫 개인전을 열었다. 100호 이상의 대작으로만 15점을 출품했다. 관객들이 자연의 품에 안긴 것이라는 착각이 들 정도로 압도적이었다.

• • •

전업작가로 그림에만 몰두한 그는 매일 아침 7시에 일어나 8시부터 11시 반까지 작업하고 점심식사 후 다시 오후 2시부터 6시까지 작업하는 규칙적인 일상을 살았다. 그러면서 끊임없이 조형 실험을 이어갔다. 구체적인 형상을 단순하게 표현하는 것을 넘어 모호할 수밖에 없는 현실의 표면을 확고한 이미지로 단단하게 아로새겼다. 기하학적 형태는 숭고함을, 미묘한 차이의 색채는 긴장감을 이루며 회화적 아름다움의 절정에 오른다.

"나는 예순 살까지는 기초를 좀 해 보고, 이후 자연으로 더 부드럽게 돌아가 보자는 생각으로 그림을 그렸다. 그림 앞에서 느끼는 팽팽한

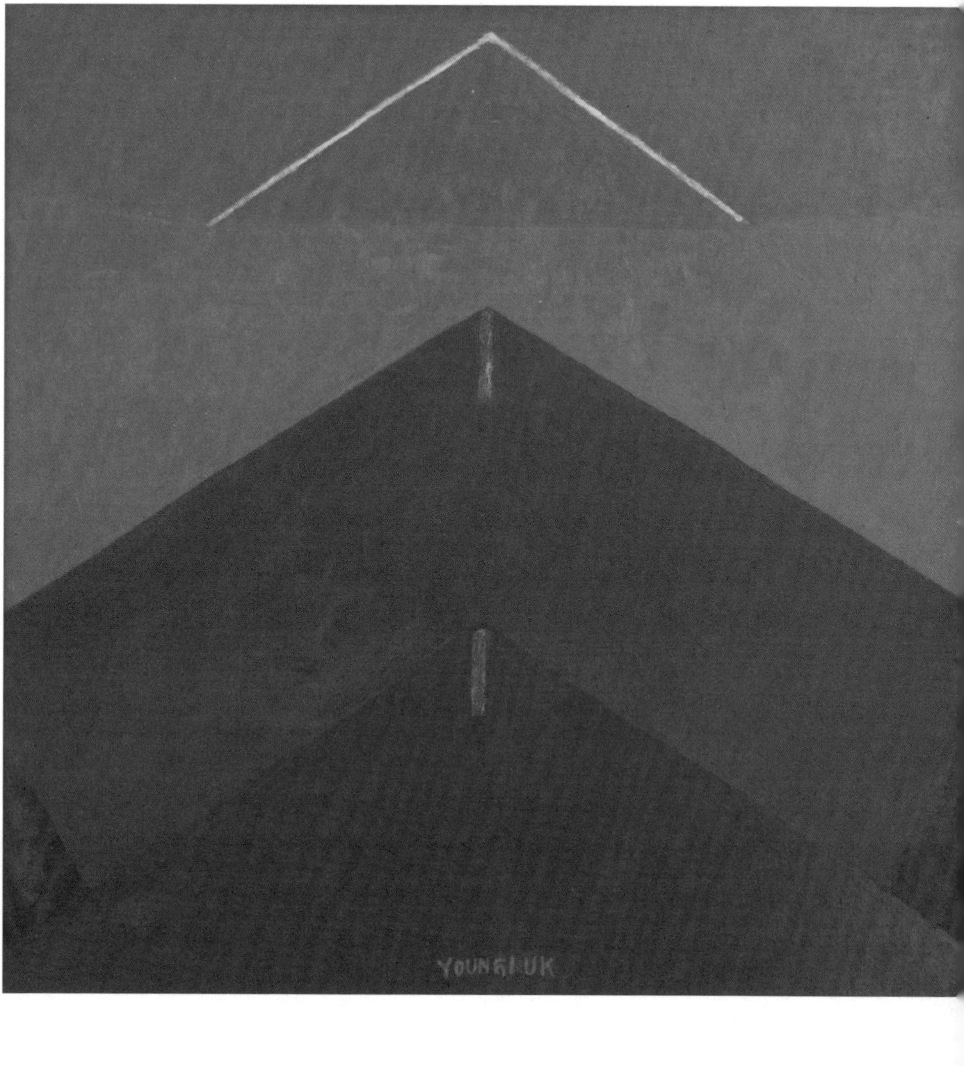

—

유영국, 〈작품〉

1999년 절필작, 캔버스에 유채, 105×105cm, 유영국미술문화재단 소장

—

긴장감, 그 속에서 나는 다시 태어나고 새로운 각오와 열의를 배운다. 나는 죽을 때까지 이 긴장의 끈을 바싹 나의 내면에 동여매고 작업에 임할 것이다."

자신의 말처럼 성실하게 살았던 유영국은 공교롭게도 예순두 살이던 1977년에 심근경색을 앓았고 심장박동기를 달고 살게 됐다. 2002년 타계할 때까지 무려 여덟 번의 뇌출혈과 서른일곱 번의 입원 속에서도 그는 그림밖에 몰랐다. 화가의 마지막 붓질이 닿은 1999년작 〈작품〉은 채도가 다른 적색 삼각형이 좌우 대칭을 이루며 층층이 위를 향하는 형태다. 붉은 땅 빛이 솟구친 맨 꼭대기에는 투명에 가까운 흰 선의 삼각형이 하늘로 오른다. 마치 자신의 죽음을 예감한 듯.

화가가 꾸준히 한 곳만 바라보는 것은 지루하지 않은 아름다움이다. 그가 추구한 것은 보이는 것 이면의 본질이었고 그 안에서 장엄하고 절대적인 어떤 것을 찾는 일이었다. 유영국은 자기 안에 자신만의 산을 가진 사람으로 뚝심을 지켰다. 그가 남긴 저 태양 같은 산은 흔들리지 않고, 내일도 그 자리를 지키고 있을 것이라는 든든한 다짐을 건넨다.

이대원

풍요와 행복을 품은 생동감 넘치는 산

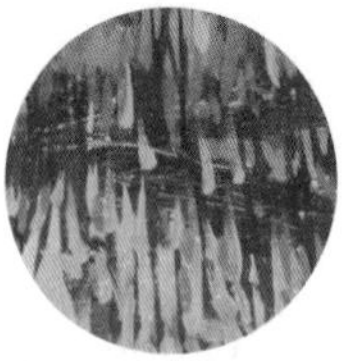

가을 햇살에 나뭇잎이 파르르 떨린다. 연둣빛 새순도 짙푸른 초록도 아니건만, 초가을 햇빛은 자꾸만 이파리 하나하나를 건드린다. 작당한 듯 바람이 가세해 단풍 들기 전 마지막 생명력을 과시하라며 잎을 들추고 반짝임을 찾아낸다. 그런 영롱한 자연을 바라보는 사람의 마음은 농락당한 듯 어지럽다. 그래서 가을을 타나 보다. 어떤 그림은 남의 숨겨둔 감정을 후벼 파듯 끄집어내거나 아픈 자리 다시 꼬집은 것처럼 흠칫하게 만들곤 한다. 반면 슬픔 하나 없이 마냥 기쁘고 행복하게 만드는 그림이 있으니 이대원李大源·1921~2005의 작품이 그렇다. 외로움을 벗 삼은 가을일지라도 그의 화폭에는 생명력과 풍요로움이 쓸쓸함을 압도한다. 노랗게 물든 산이 가을빛을 발산한다.

이대원의 〈산〉을 보며 서양미술사를 좀 아는 사람이라면 인상주의 화풍을 감지할 것이다. 강렬한 원색으로 채운 화려한 화면은 야수파를, 짧고 연속적인 점을 찍어 빛을 표현한 것은 쇠라, 시냐크Paul Signac 등의 신인상파를 떠올리게 한다. 일찍이 해외 방문의 기회를 가졌고 서유럽

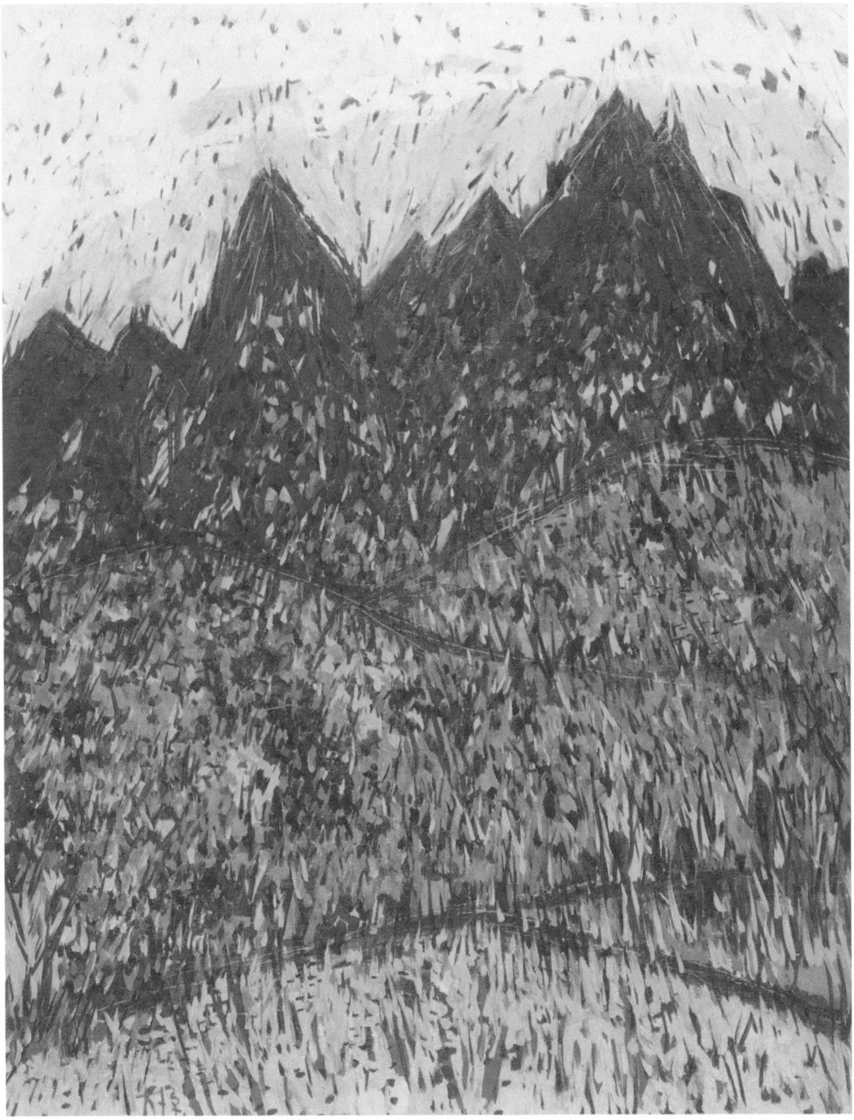

—

이대원, 〈산〉
1964년, 92×73cm, 캔버스에 유채, 국립현대미술관 소장

—

미술관을 남들보다 먼저 다녀온 이대원이 '점묘파'라 불리는 신인상주의 미술을 놓쳤을 리 없다. 그러나 막무가내로 그들의 기법을 들여오거나 흉내 내는 것은 용납할 수 없었다. 그래서 고심했다.

• • •

고고학자이자 미술사학자인 김원룡金元龍은 "이대원 특유의 색과 선의 율동감은 그대로지만 그전의 짧고 힘센 곡선들은 1960년대 들어서면서 자취를 감추고 대신 길게 휘어지는 직선과 모난 산릉들의 새로운 동감이 화면을 주도하는데 이 변화는 동양화적 요소를 수용한 데서 온 것"이라고 분석했다. 동양의 산수화에서는 바위나 산의 표면 질감을 드러내기 위해 여러 붓질 기법을 사용했는데 이를 준법皴法이라고 한다. 16세기 초에는 점처럼 짧은 2~3밀리미터의 선을 반복적으로 사용하는 단선점준短線點皴이 유행했다. 풍경의 결을 짧은 선으로 표현한 것이다. 짧은 쌀알 같은 점을 찍어 안개 자욱한 산을 표현한 미점준米點皴, 마麻의 올을 풀어 늘어놓은 듯한 짧은 선을 거듭 찍은 피마준披麻皴, 도끼자국 같은 붓질로 거칠고 강한 기운을 드러낸 부벽준斧劈皴 등이 있는데 놀랍게도 이대원의 그림에서 그 모든 준법을 찾아낼 수 있다. 화가가 일부러 전통 준법을 구현한 것은 아니다. 그저 눈에 익고 몸에 밴 감각이 자연스레 드러난 결과다. 한국화가 청전 이상범은 이대원의 그림을 보고 "서양 물감으로 그린 동양화"라 했다.

이대원의 그림이 한국적이라는 사실에 의문이 든다면 조르주 쇠라의 그 유명한 그림 〈그랑드자트섬의 일요일 오후〉와 비교해 보자. 쇠라는 빛을 분해해 그 원소를 찍듯, 혹은 스프레이로 빛 알갱이를 분사하듯 점을 찍어 모자이크 같은 작품을 완성했다. 이대원은 삐쭉거리는 짧은 선을 반복적으로 찍어 풍경을 이뤘다. 자유자재로 여기저기로 향하는 선과 점들이 곧 생동감의 근원이 됐다. 그림에 바람이 담기고, 바스러질 듯 햇빛의 질감까지 느껴지는 게 이 때문이다. 덕분에 그의 가을 풍경에서는 윤기 자르르 한 자연의 생명력과 단풍의 서걱거림이 공존한다. 그의 붓질에서는 조선시대 선비 화가의 문기文氣가 느껴진다. 언젠가 화가는 자신이 "성장해서 꽃이 피는 나무들과 풀들이 그려내는 기氣의 자연스러운 서술을 보는 데 대단히 민감하다"라고 말한 적 있다.

또한 그는 "서양화 기법의 2대 원칙으로 명암법과 원근법이 있으나 나 스스로도 왜인지 알 수는 없지만, 그것이 싫다"라고 했다. 그는 원색에 가까운 색을 사용하되 그림자를 그리지 않았고 점과 선에 의한 색·면의 대비로 형태를 만들었다. 서양식 명암법과 원근법을 깨버리고 수묵화 같은 대담한 구도를 택했다. 화가는 서양화에 동양화 기법을 도입하고자 했던 꿈을 이뤘고, 이를 본 미술평론가 박래경은 "이대원의 그림이 단순한 모티프에서 오는 넓은 공간감을 직감적으로 느끼게 하는 것은 우리가 조상 때부터 내려 받아온 '텅 비면서 꽉 찬 특유의 공간감'과 같다"라고 했다. 첫인상은 화려한 서양화지만 곱씹을수록 은은함 내뿜는 동양화의 미감이 담겼다는 데 많은 이들이 공감했다.

• • •

복 많은 화가 이대원은 경기도 문산에서 태어나 서울 누하동에 살며 청운공립보통학교, 경성제2고등보통학교를 다녔다. 어려서부터 그림을 잘 그렸고 당시 전국 규모의 미술전에 참가해 상도 숱하게 받았다. 서양화가 도상봉에게서 데생을 배워 미술대학에 진학하고자 했으나 완강한 반대에 부딪혔다. 법관이 되어야 한다는 집안 어른들의 바람을 배반하지 못하고 서울대학교의 전신인 경성제국대학 법문학부에 들어갔다. 법대만 들어간다면 취미로 그림을 그리는 것 정도는 눈감아 준다는 것이 입학 조건이었다. 당시 법학과 입학 정원 30명 중 한국인 학생은 10명도 채 되지 않았으니 바늘구멍을 뚫고 들어간 셈이다. 법대생 이대원에게 가장 기뻤던 일은 미대생 못지않게 실컷 그림을 그릴 수 있다는 사실이었다. 엄한 아버지도 만족하셨던지 계속 그림을 그릴 수 있게 후원했고, 꾸준히 전람회에 출품도 했다. 해방 직후의 혼란기에 잠시 직장 생활을 했지만 그림에 대한 애착을 떨칠 수 없었다. 1957년 동화백화점 화랑에서 첫 번째 개인전을 열었다. 동서양 그 어떤 사조에도 속하지 않는 그의 그림이 화단의 인정을 받았다. 더 이상 집에서도 그가 화가가 되는 것을 말릴 길이 없었다. 온유한 인상에 넉넉한 성품을 지닌 그였으나 그림에 관한 고집은 쇠심줄이었다. 대학 동창이기도 했던 김원룡은 "(이대원의) 부인이 소아과 전문의여서 생활에 걱정이 없었으니까 나라와 민족이 해방된 호기를 타고 자기가 하고 싶던 예술가가 되어 '이대원 양화洋畵'를 우리 미술사에 남겨보려고 한 것이 아닌가 생각한다"라며 부러운 듯 평했다. 1957년 하버드대학 세미나 참석을 계기로 미국 주요 미술관의 작품들을 접한 것이 자극이 됐다. 그때 맺은 인연으로 독일에서 반년 가까이 체류했고 당시 한국인으로는 유례없이 현지에서 세 번이나 전시를 열었다. 타고난 감각이 있었고 견문 확장의 운도 좋았으며 글재주도 뛰어났기에 그는 단연 돋보였다.

1959년에는 우리나라 최초의 상설 상업화랑으로 반도호텔 내에서 운영되던 반도화랑을 인수했다. 반도호텔은 지금의 서울 중구 소공동 롯데호텔 자리에 있었는데, 이곳에 미국 여성 실리아 짐머만을 중심으로 한국에 머무는 외국인 부인들이 주축이 되어 조직한 서울아트소사이어티가 1956년에 개관한 화랑이 반도화랑이다. 반도화랑에서는 외국인 여행자와 주재원들을 대상으로 한국화와 유화를 판매했는데, 초기에는 이승만 전 대통령의 부인 프란체스카 여사가 지원하기도 했다. 그때 이대원이 발굴해 국내는 물론 서양인에게도 소개한 화가가 바로

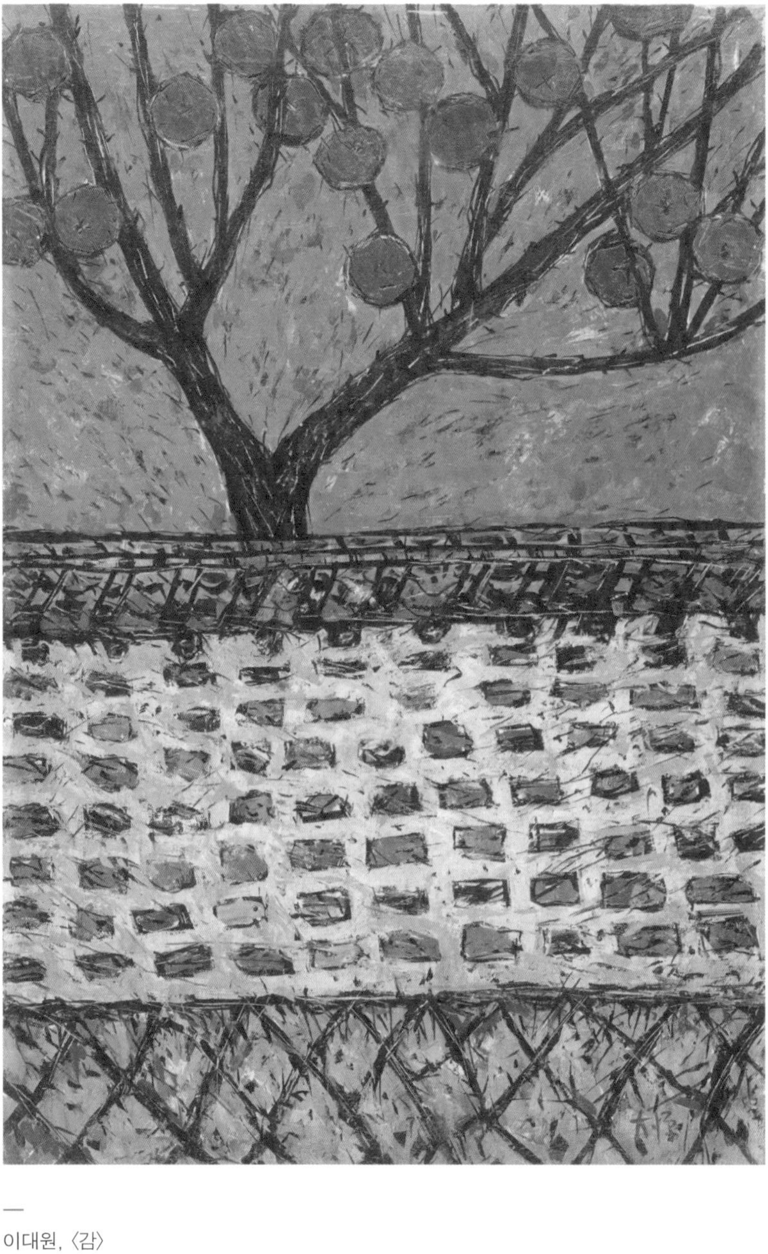

—
이대원, 〈감〉
1963년, 캔버스에 유채, 91.0×60.5cm, 국립현대미술관 소장
—

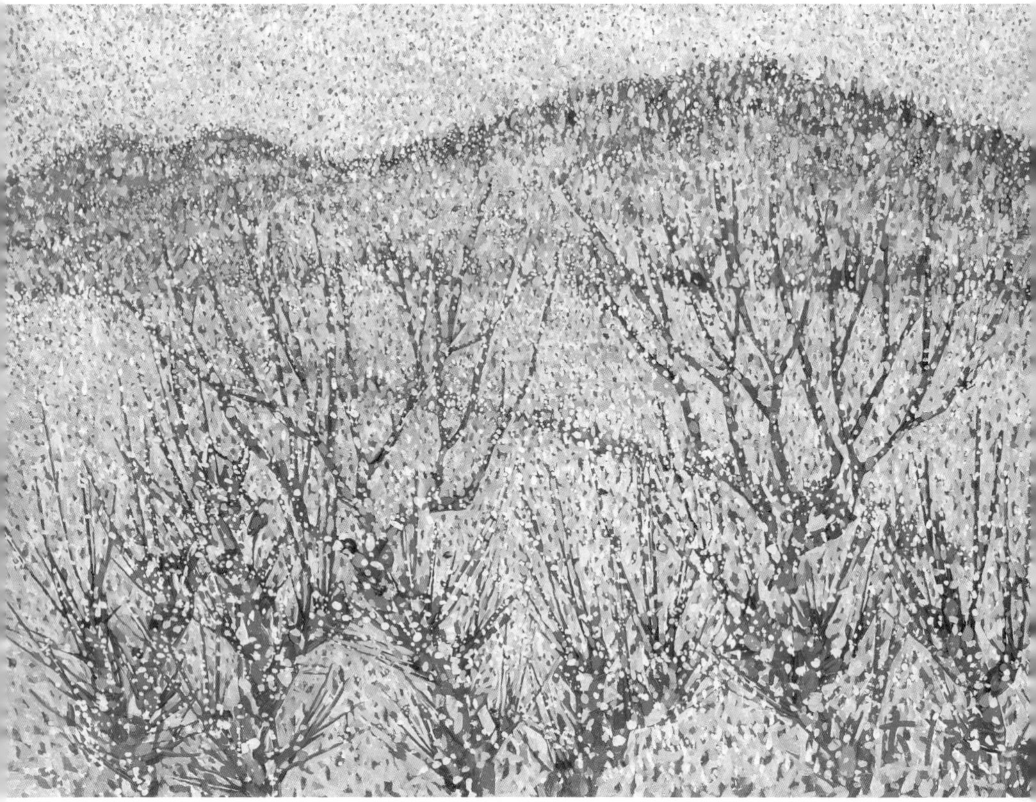

—
이대원, 〈농원〉
1980년, 캔버스에 유채, 110.5×161.0cm, 고려대학교박물관 소장
—

박수근이다. 1961년에 채용해 반도화랑에 입사한 박명자는 훗날 독립해 1970년에 현대화랑을 열었다. 갤러리현대의 전신인 현대화랑은 우리나라에 처음 생긴 현대미술 화랑이었으며 오늘날 한국 현대미술의 기반을 닦았다. 그가 뿌린 씨앗은 곳곳에서 큰 나무로 성장했다.

• • •

어둑한 앵포르멜과 단색조의 모노크롬이 화단을 지배하던 1960년대에 이대원은 산·들·나무·연못·돌담·과수원 등 자연을 소재로 택해 화려한 색채로 그려냈다. 독보적이었다. 1965년부터는 그에게 강의를 의뢰하는 이들이 생겼다. 이후 홍익대학교 교수로 미술대학 학장, 총장을 거친 이대원은 예술인의 최고 명예인 예술원 회원이 되고 회장까지 지냈다. 명성을 누리고 작품성까지 인정받았고, 화랑가에서는 생존 작가 중 가장 그림 값 비싼 화가로 통했다. 누구나 그의 그림을 원했다. 지난 2014년 전두환 전 대통령의 추징금을 환수하기 위한 미술품 경매에서 가장 높은 가격에 낙찰된 그림도 이대원의 〈농원〉이었다. 전두환의 집 거실을 독차지하고 있었던 이 그림은 6억 6000만 원에 낙찰되었다.

겉으로 드러난 명성에 비해 이대원의 삶은 강렬한 색채 속에 정제된 고요함을 보여주는 그의 그림처럼 정갈했다. 젊어서부터 살기 시작한 혜화동 집에서 70년 가까이 살았고, 유명세에 따라붙는 여성 편력도 없었으며 60년 해로한 부인과의 사이에 둔 딸 다섯과 화목하게 살았다. 주중에는 집과 학교를 오가며 작업했고 주말에는 꼭 파주 농원에 가 자연을 그렸다. 배나무와 사과나무의 낙엽이 소복하게 쌓인 자리에서 색채의 교향곡이 들린다고 했다. 지금 우리가 보고 즐기는 〈복숭아밭〉, 〈사과나무〉, 〈농원〉, 〈못〉 등의 대표작이 그 농원에서 탄생했다. 그림에서 전이되는 행복감은 화가가 건네는 선물이다.

김종학

자유롭게 어울려 살 부비며 함께 사는 자연

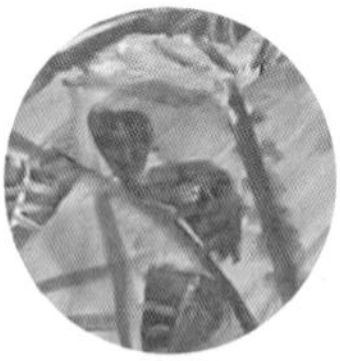

시원한 계곡을 따라 날렵하게 날아오른 물총새가 향하는 곳은 한 무더기 꽃밭이다. 새의 날갯짓 아래로 물고기 떼가 미끄러지듯 몸을 놀린다. 새는 어딘가 숨었을 벌레를 찾아 꽃잎을 뒤적인다. 이에 질세라 꽃 속에 얼굴을 처박은 벌은 꿀에 취한 듯 고개를 들 줄 모른다. 자연의 생명력과 자연다운 자연스러움이 넘쳐나는 김종학金宗學·1937~의 1997년작 〈설악의 숲〉이다. 인공으로 조성한 정원에서는 맛볼 수 없는 자유분방함과 공존의 미학이 꿈틀댄다. 꽃을 품종과 모양으로 나눠 골라 심은 이는 누구인가. 인공적으로 관리한 정원과 달리 야생화는 키도 제각각 종도 다양하지만 그리 부대끼며 살아간다. 각자 제 색깔 저마다의 향기를 내뿜지만 돋보이기 위해 일부러 옆의 것을 누르는 놈은 없다. 부딪히면 좀 피해 가면 그만이다. 햇빛을 덜 받는다 싶으면 줄기와 가지의 방향을 틀어 각자의 방식으로 하늘을 향하는 게 식물의 습성이다. 땅이 좁아 그마저도 힘들면 살 부비듯 뒤엉켜 지낸다.

이 그림을 볼 수 있는 곳은 서울 여의도 국회 제2의원회관 정현관

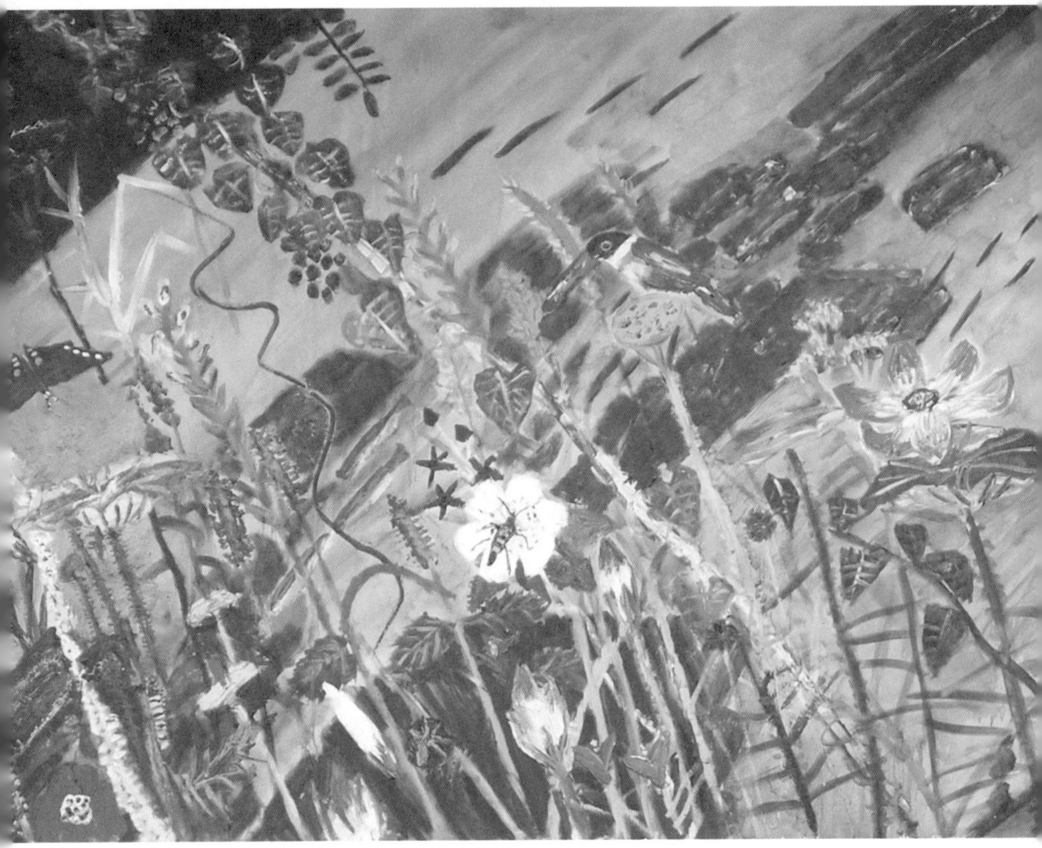

김종학, 〈설악의 숲〉 (부분)

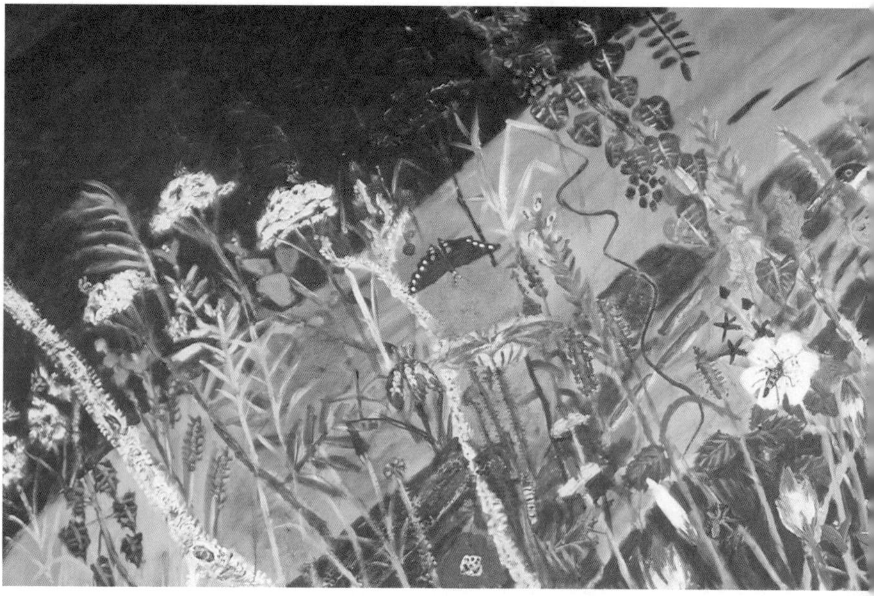

2층이다. 입구에서 들어서자마자 오른쪽으로 벽면 전체를 차지한 가로 5미터의 대작을 만날 수 있다. 색감이 화려한 김종학의 그림은 회색빛 도시를 사는 현대인에게 생명력을 선사하기에 인기다. 그런 그의 대표작이 국회 안에 걸려 있으니 정쟁이 치열한 정치 현실 속에서 화합과 공존을 제언하는 듯하다. 색깔 논쟁, 출신 공방은 내려놓고 어우렁더우렁 잘 지내라고 다독이듯 말이다.

• • •

김종학은 1937년 평북 신의주에서 태어났다. 서당 훈장 집안의 꼬장

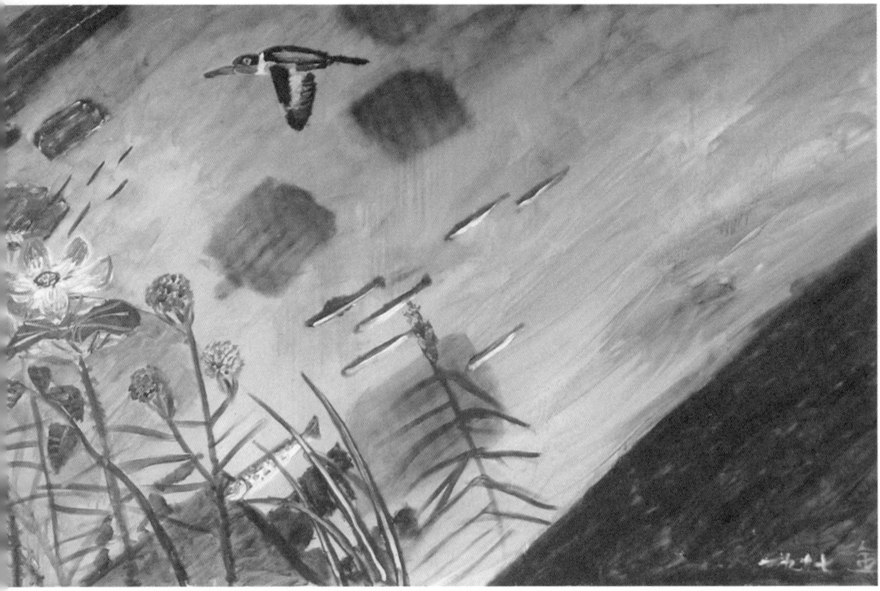

—
김종학, 〈설악의 숲〉
1997년, 캔버스에 유채, 150×500cm, 대한민국 국회 소장
—

꼬장한 가난이 싫어 그의 부친은 일본으로 건너갔고 와세다대학을 졸업한 후 고향으로 돌아와 사업으로 일가를 이뤘다. 그러나 1940년 미군의 폭격으로 할아버지의 고향인 평북 선천으로 옮겨 가야 했다. 급기야 1948년에는 북한 정권의 숙청을 피해 보따리 하나 제대로 챙기지 못한 채 하룻밤 만에 온 가족이 월남했다. 근대사의 격변을 온몸으로 겪고도 살아남은 그는 경기고등학교를 졸업하고 서울대학교 회화과에 들어갔다. 전후 미술대학은 척박함 속에서도 호기로운 분위기였다. 전공인 서양화과의 장욱진 교수는 잘 그렸다 싶으면 틀렸다 하고, 잘못 그렸다 싶으면 잘 그렸다고 하는 엉뚱한 도인 같아서 그의 수업이 늘 기다려졌다. 당시 미술대학의 장발 학장은 "전공에 관계없이 조각이나 동양화도

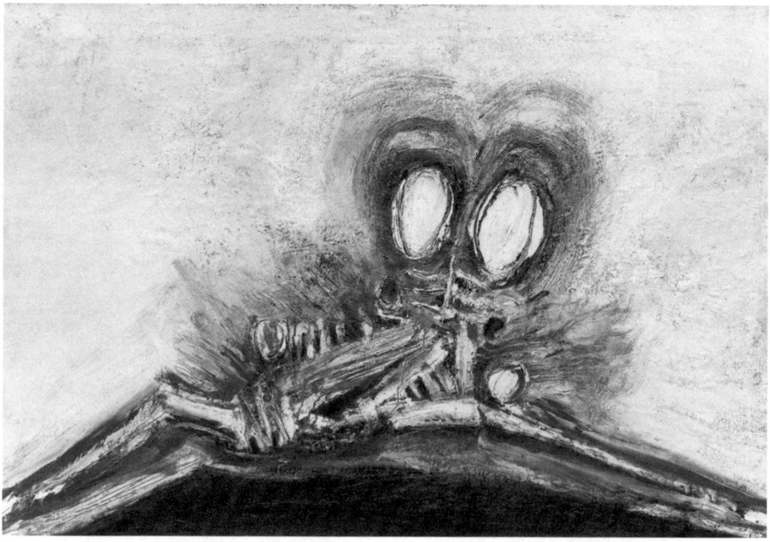

—
김종학, 〈작품 603〉
1963년, 캔버스에 유채, 95.2×144.0cm, 국립현대미술관 소장
—

다양하게 실습하라" 권했고, 동양화과 장우성張遇聖 교수는 "붓은 뼈의 연장"이라 강조했다. 여든이 넘은 노화가는 지금도 붓질을 하노라면 은사들의 말이 귓전에 맴돌곤 한다고 한다.

1960~1970년대 화단에는 엄정한 추상미술과 전위적 실험예술이라는 두 개의 큰 흐름이 존재했다. 젊은 시절 김종학은 추상회화의 경향이 강했다. 1960년대 초반에는 김창열·박서보朴栖甫·윤명로尹明老 등과 함께 전위예술가 연합 단체인 악뛰엘Actuel의 창립 동인으로 활동했다. 이들은 서양의 전후미술인 앵포르멜의 영향을 받은 추상화가로 형태보다는 색을 강조해 격정을 표현했다. 국립현대미술관의 대표 소장품 중 하나인 그의 1963년작 〈작품 603〉은 전혀 다른 화가의 그림처럼 보일

정도다. 근접해서 본 곤충의 머리를 거대하게 확대한 것 같다는 이도 있는데, 뼈만 앙상하게 남은 두 해골이 등 맞대고 기댄 형상으로도 보인다. 전구처럼 밝게 빛나는 이들의 머리는 피폐한 몸으로 쥐어짰던 생과 실존에 대한 고뇌를 엿보게 한다.

• • •

한국과 미국을 오가며 작업하던 그에게 '변모'의 시기가 닥쳤다. 오직 그림만 생각하며 살던 그가 1979년, 돌연 설악산으로 들어가 버렸다. 가정불화 등 세속의 번뇌에 산으로 등 떠밀렸기 때문이었지만 결과적으론 "새로운 화두를 찾아 나선 길"이 됐다. 헤매다 그리다 울다 외치다를 반복하던 나날이었다. 인생의 밑바닥까지 떨어졌다고 여기고 엎드렸던 그가 힘겹게 눈을 떴을 때 흙이, 거기서 제멋대로 자라난 생명들이 보였다. 꽃 무더기가 피어난 달밤에, 야생화의 아름다움에서 위안을 얻었다. 설악동에 집과 작업실을 짓고 꽃을 그리기 시작했다.

모더니즘을 표방하는 추상미술이 대세였으니 "꽃을 그리면 타락한 작가"라 하던 시절이었다. "네가 추상을 얼마나 잘 그리는데, 정신차려라" 설득하는 친구도 있었지만 그는 묵묵히 마음 가는 대로 그리겠다는 자세를 밀고 나갔다. 그렇게 자연이, 꽃이 화폭에 피어나기 시작했다. 그 어떤 유파에도 속하지 않은 그에게 '설악산 화가'라는 별명이 붙었다. 나중에 딸에게 보낸 편지에서 화가는 "1979년 나는 설악산으로 도망갔다. 가정도 떠나고 싶었고 화단으로부터도 떠나고 싶었다"라고 털어놓았고 "설악산의 밤은 왜 그다지도 낮게 떠서 빛나고 있었던지 하여간 열심히 밤하늘을 보며 백 장의 좋은 그림 남기고 죽자, 그때까지 억지라도 살자며 입술을 깨물고 그림을 그린 것이 오늘날 나비, 꽃 그림들을 나오게 했다"라고 고백했다.

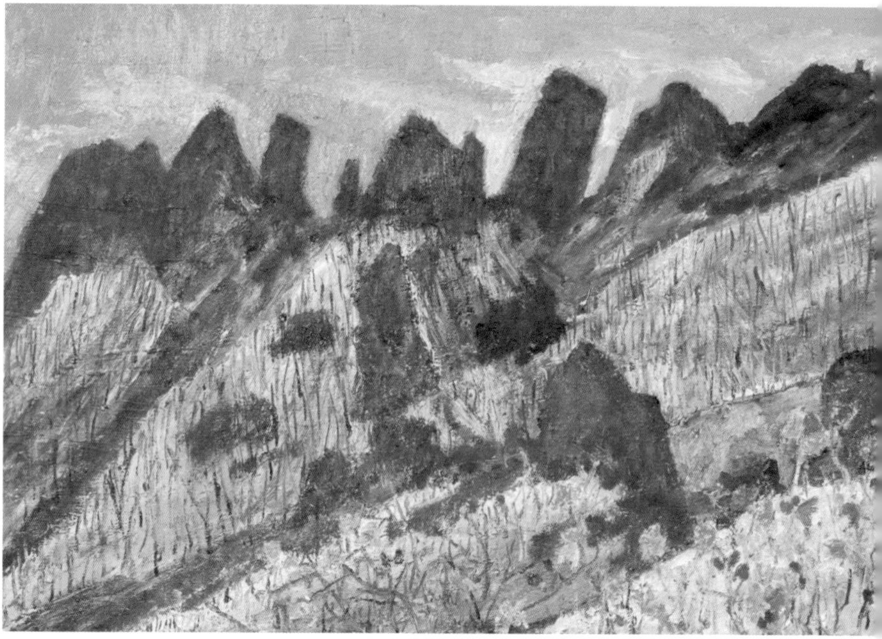

"자연 속에 추상, 구상 모두 존재한다"라고 한 그의 그림 속에는 서양화와 동양화가 공존한다. 전형적인 서양미술의 재료와 색감으로 그리지만 투시도법을 배제한 채 동양화처럼 원근과 시점을 초월해 대상을 배치한 까닭도 있고, 추상화풍이 근간에 있는 터라 과감한 생략과 여백으로 구성한 것도 이유다. 색으로 보자면 고상한 문인화풍과는 거리가 먼, 화려한 채색의 민화에 가깝다. 그러나 그 안에는 추사의 〈세한도〉나 겸재의 〈박연폭포〉 같은 여백의 운치, 과감함과 생략의 미학이 있다.

"설악산 눈 내리는 물이 무섭구나. 여름에 애들이 수영도 하고 고기 잡

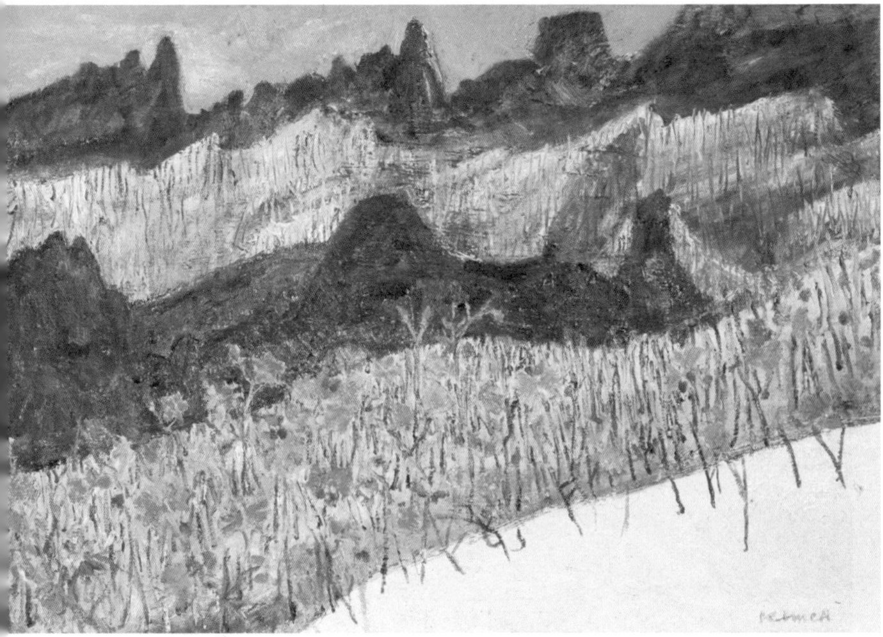

—
김종학, 〈No.13〉
2006년, 캔버스에 아크릴, 91×290cm, 국립현대미술관 소장
—

는 둑에 지나지 않는데 이렇게 힘차고 물살이 빠른지 몰랐다. 바람 센 둑에 털썩 주저앉아 내가 마치 반고흐처럼, 아니 팔대산인八大山人·명나라 왕족 출신의 청나라 초기 승려 화가처럼, 아니 김홍도처럼 비록 연필이지만 손으로 꼭 붙잡고 급하게 그렸다."
《김종학의 편지》(김종학 지음, 2012년, 마로니에북스 펴냄) 중에서-

김종학은 '꽃'으로 유명하지만 그에게 꽃은 특정한 식물이라기보다 존재 그 자체다. 새는 날아다니는 꽃이라 했고, 꽃은 그저 계절의 한 자락이니 딱히 무얼 그렸나 따지기보다는 그것들이 어우러지며 이루는

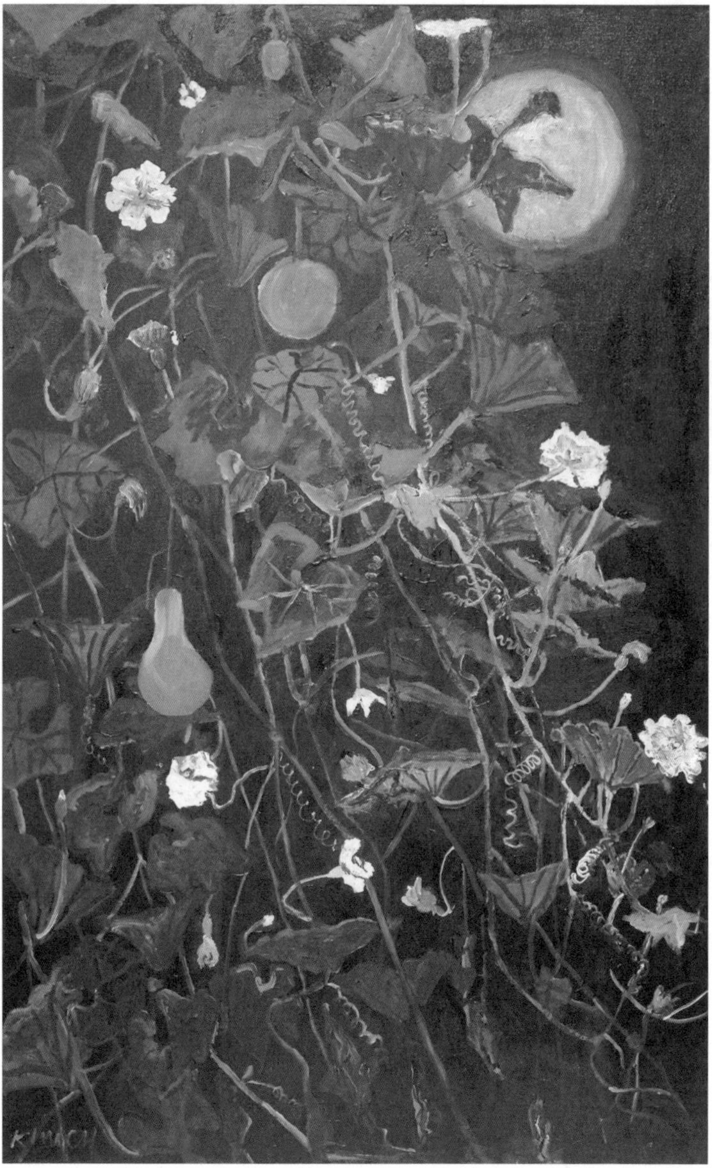

—

김종학, 〈박꽃〉

2006년, 캔버스에 아크릴, 145×89cm, 개인 소장

—

조화와 느낌 자체를 음미하는 게 낫다.

● ● ●

국회 제2의원회관에 걸린 〈설악의 숲〉은 작가가 지인을 통해 국회에 기증한 작품이다. 십수 년간 수장고에 있다가 2012년 제19대 국회 개원에 맞춰 완공된 제2의원회관을 위해 밖으로 나왔다. 공공미술 활성화를 표방한 문화예술진흥법에 따라 국가가 건축주인 건축물은 건축비의 1퍼센트 이상을 미술작품을 설치하는 데 써야 한다. 그런데 예산이 여의치 않은 상황이었다. 순발력 있는 누군가가 예전에 작가로부터 기증받은 〈설악의 숲〉을 생각해 냈고, 작품의 평가액이 5억 원으로 산정돼 준공 불발의 위기를 넘겼다는 말이 전한다. 〈설악의 숲〉은 드나드는 사람들이 보기 좋도록 입구의 널찍한 벽을 독차지하게 됐다.

정치학자들이 종종 얘기한다. 정치는 생물이라고. 정치는 상황에 따라 판단과 주장이 달라지기도 하고 적과 동지가 뒤바뀌기도 한다지만, 생물에 과도한 인위적 조작을 가하면 기형이 되고 만다. 자연이 자연답게 넘실대는 그림 속 풍경처럼 우리 정치판에도 공존과 화합의 아름다움이 피어나기를 꿈꾼다. 무릉도원 같은 이 그림이 국회에 있다는 게 퍽 다행스럽다.

전통에서 벼려낸 새로움

5

이상범
변관식
이응노
권영우
서세옥

이상범

일상의 자연, 대가가 사랑한 한국의 풍경

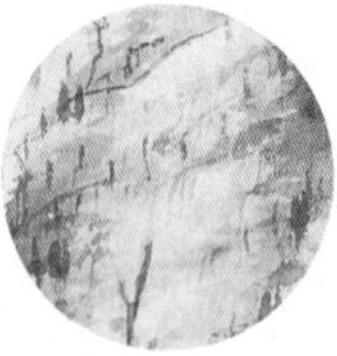

새하얀 눈이 온 산을 뒤덮었다. 어느 산인고 하니 북한산이다. 너른 북한산 중에서도 서울 종로구와 경기도 고양시 경계쯤인 대남문 쪽이라 한다. 저기 산 중턱에 대남문의 기와가 보인다. 그 뒤 왼쪽으로 우뚝하니 솟은 봉우리는 문수봉이렸다. 날이 좋았으면 근처의 문수사도, 북한산성의 성곽도 한눈에 들어왔을 터이나 두툼하게 내린 눈이 모조리 뒤덮어 버렸다. 청전青田 이상범李象範·1897~1972이 1947년에 그린 〈실경산수(북한산 대남문)〉이다.

눈[雪]을 그리는 일은 달[月]을 그리는 것만큼이나 어렵다. 흑백으로만 그려내는 수묵화에서는 더욱 그렇다. 그리는 게 아니라 빈 자리를 드러내는 일이기 때문이다. 옛 화가들은 한밤 비춘 달을 그리기 위해 '달을 그리지 않는 것'을 택했다. 대신 달 주변의 구름을 어둡게 칠해 밀어 올리듯 달을 드러냈다. 그을릴 홍烘에 구름 운雲, 밀어낼 탁托에 달 월月을 써 '홍운탁월烘雲托月법'이라 부른다. 구름으로 달을 받쳐 올린다는 것인데, 구름이 없으면 달무리처럼 먹으로 테를 둘러서 가운데 빈 자리

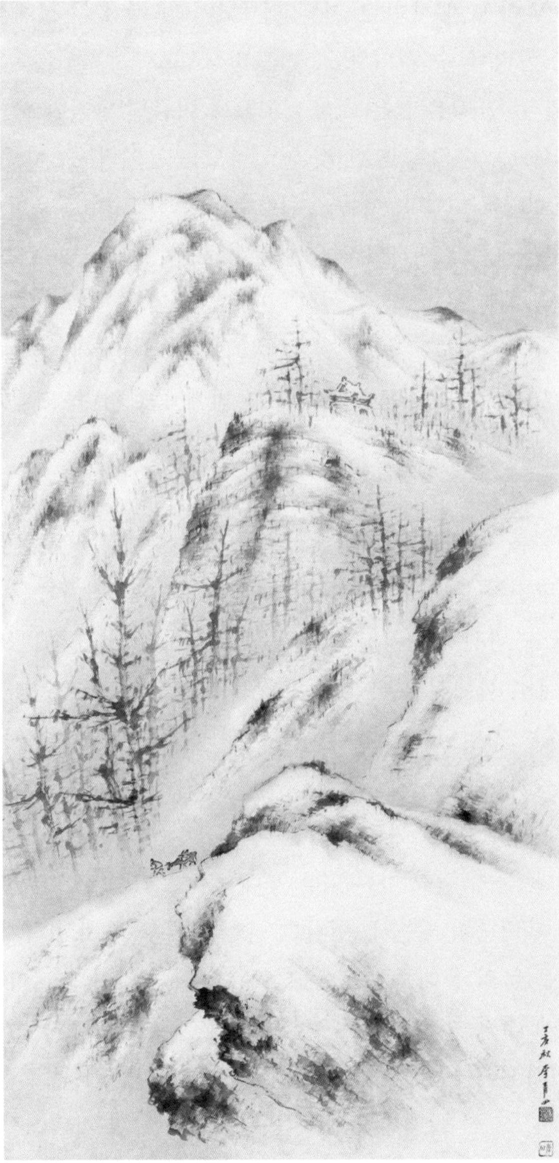

이상범, 〈실경산수(북한산 대남문)〉
1947년, 한지에 수묵담채, 133.3×66.7cm, 국립현대미술관 소장

에 동그란 달이 뜨게 했다. 노자老子가 《도덕경道德經》 첫 장에서 도의 진리는 말로 설명할 수 없다는 "도가도비상도道可道非常道"를 얘기하면서 "있음[有]과 없음[無]은 같은 데서 나왔으나 이름만 달리할 뿐 … 신비롭고 또 신비롭다. 수많은 묘한 것들이 나오는 문이다[此兩者同出 而異名…玄之又玄 衆妙之門]"라고 했다. 이를 그림으로 표현한 것이 홍운탁월이 아닐까 한다. 없음에서 존재하고 있음에서 비워진 존재는 눈[雪]도 마찬가지다. 사군자의 대나무 그림 중 설죽雪竹에서, 화가는 댓잎을 그리되 눈은 칠하지 않았다. 차가운 바람과 짙은 대기를 그림으로써 잎새에 얹힌 흰 눈이 드러나게 했다. 설중매雪中梅 또한 밤에 돋보이며 그 굽이치고 굵은 줄기도 유난히 시커멓다.

세상이 온통 눈뿐인 설경을 펼치면서 청전은 어둑한 바위 그늘과 앙상하나 암팡진 나뭇가지를 그림으로써 '그리지 않은 눈'이 돋보이게 했다. 깨끗한 눈 위인지라 청전 특유의 붓질 양식인 '청전준靑田皴'이 더 잘 드러난다. 산수화에서 깊이 있는 표현을 위해 붓으로 자연의 '주름[皴]'을 그려 넣는 기법인 준법은 산·바위·언덕 표현에 자주 사용됐다. 청전은 부벽준과 절대준을 혼합한 준법을 고안해 자신만의 비법으로 휘둘렀다. 부벽준은 큰 도끼로 내리친 나무 표면처럼 거친 자국을 보여주는 붓질이다. 물기 적고 마른 먹을 붓에 묻히고 옆으로 뉘어 빠르게 내려 그으면 부벽준이 되는데, 험악한 산을 박력 있게 표현하기 좋다. 띠를 꺾는다는 뜻의 절대준은 붓을 옆으로 뉘어 긋다가 끄트머리에서 직각으로 짧게 내려 ㄱ자를 이루게 하는 필법이다. 돌산이나 둔치를 표현할 때 쓰였다. 이 둘을 섞은 '청전준'이 저기 대남문이 딛고 선 산 중턱의 곳곳에서, 그 산을 떠받드는 벗은 나무의 칼칼한 가지에서, 그림 앞쪽을 널따랗게 차지한 암산의 육중함에서 보인다. 그렇게 이뤄낸 자연의 흡인력이 어찌나 대단하던지 오솔길을 따라 짐 진 나귀 데리고 묵묵히 걸어가는 농부를 그만 놓칠 뻔했다.

• • •

중국을 추종하던 조선의 식자識者들 사이에서 가본 적 없는 중국 명산을 그림만 보고 따라 그린 '관념산수'가 인기를 끌기도 했으나, 발 딛고 서 눈앞에서 직접 본 우리 땅의 실경實景에 대한 화가들의 애착은 오랜 역사를 거슬러 올라간다. 실재하는 삶의 진득함과 실제 경치의 참맛에 대한 끌림은 어쩌면 본능적일지도 모른다. 그림이 전하지는 않으나 고려시대에 실경산수화를 그렸다는 기록이 상당수 남아 있고, 14세기에 제작된 고려 불화의 배경에서는 금강산 특유의 산세가 확인된다. 조선에 이르러 경치 좋기로 유명한 명승지의 모임을 그린 계회도契會圖가 유행했고, 유람기 문학이 퍼지고 인문지리서 편찬이 활발해진 조선 중기에는 실경산수화가 한층 발전했다. 유명세로는 18세기 조선 방방곡곡을 누비며 본 명산 실경의 감흥을 그린 겸재 정선의 진경眞景산수가 압도적이다. 하지만 그보다 훨씬 앞서 금강산과 관동 지역 유람을 그린 1557년작 〈경포대도〉와 〈총석정도〉를 보면 솟은 돌기둥의 질감을 묘사하고자 가는 붓으로 짧은 선을 숱하게 그었던 이름 모를 화가의 주체적 시각과 표현법이 고스란히 드러난다. 그런 실경산수의 태도가 조선 말 이상범에 이르렀다.

평생 대가大家로 불렸고 '최후의 조선 산수화가'로 추앙받은 청전은 이웃 같은 농부를 자주 그렸다. 여기 동이 채 터오기도 전인 이른 아침, 부부가 일을 하러 나서고 있다. 이들의 일터는 자연이다. 일이라는 게 해도 해도 끝이 없건만 아득함으로 여겨지기보다는 넉넉한 땅의 품 안이 가난해도 아늑할 따름이다. 지게 멘 허리가 휘고 머리에 바구니 짊어진 목이 뻐근해도, 그래도 고향 땅을 지키는 이유다. 졸졸 흐르는 개울이, 착착 줄지어 순응하는 풀 무더기가, 손 흔드는 나뭇잎이 이들을 응원한다. 국립현대미술관 소장품으로, '아침'이란 뜻의 제목이 붙은

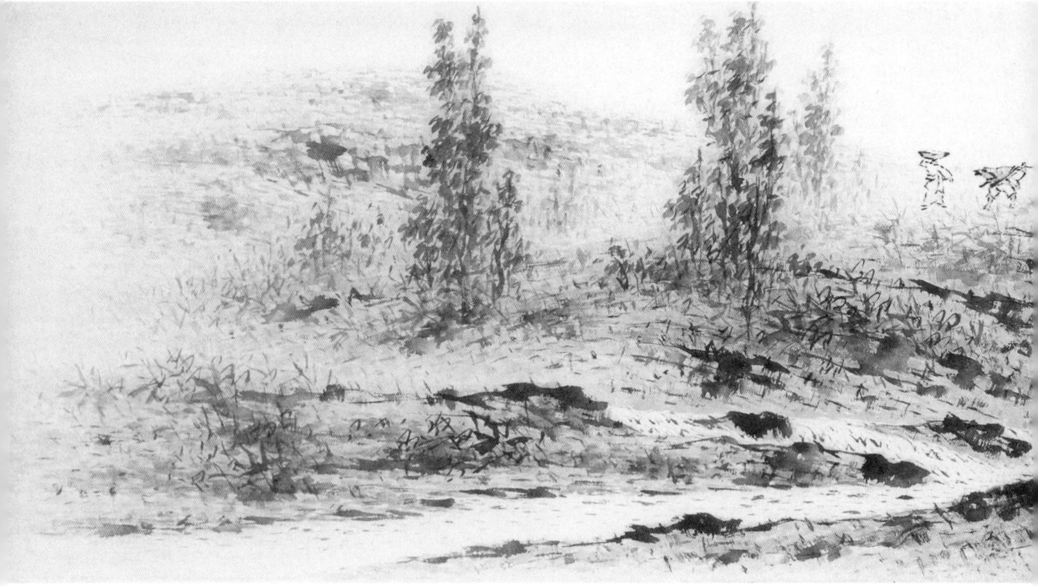

〈조朝〉는 낮은 야산을 가로로 길게 펼쳐놓아 폭 270센티미터가 넘는 대작이다. 야산·수목·농부는 이상범이 즐겨 그린 소재이고, 이들이 이룬 향토색 짙은 풍경은 청전 양식이라 불린다. 야트막한 야산은 산이라고 하기에는 나직하고 논과 밭을 곁에 두고 있지만 들판이라고 부를 수도 없는, 그야말로 한국의 산이다. 풍수로 치면 동네를 품은 안산이요, 눈 뜨면 늘 보이는 앞산이다. 물기가 없는 붓을 비벼서 갈필로 표현한 나뭇잎 사이로 아침나절의 조금 쌀쌀한 바람이 느껴진다. 전통 산수화는 근경·중경·원경의 3단 구성이 대부분이었는데 청전은 근경과 원경으로 나뉘는 2단 구성을 개척했다. 근경의 대지와 원경의 하늘이 흐르듯 자연스럽게 이어지는 그 사잇길로 아무도 밟지 않은 이슬 맺힌 새벽길이

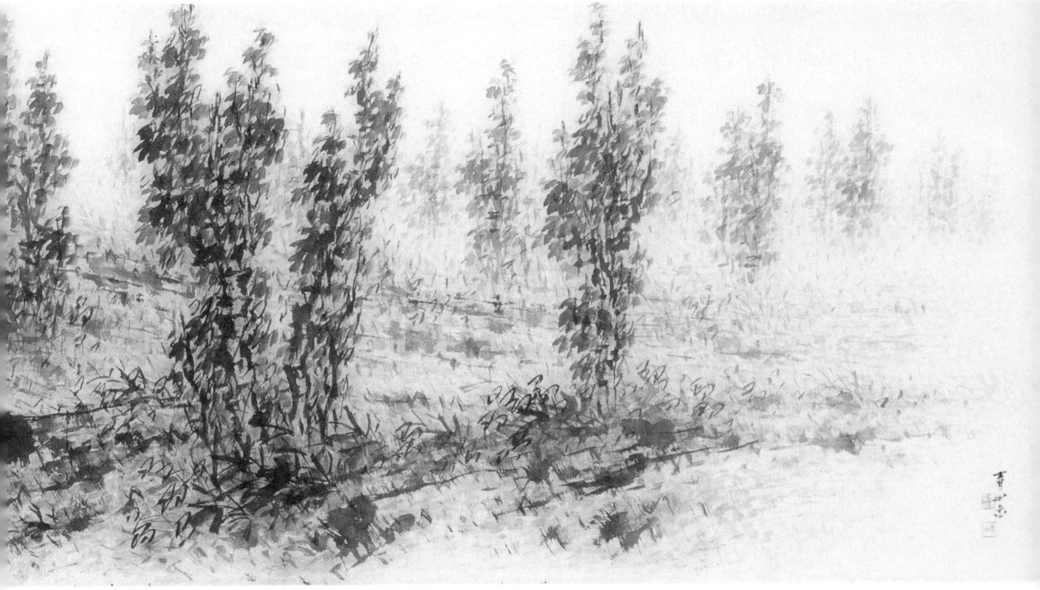

—

이상범, 〈조〉

1954년, 한지에 수묵담채, 68.0×271.3cm, 국립현대미술관 소장

—

펼쳐진다. 그 촉촉한 길을 옷자락 펄럭이며 종종걸음으로 일하러 나가는 농부의 고단함을 화가는 서정적이고 낭만적인 풍경으로 끌어올렸다. 청전의 인기가 예전만은 못하다지만 1957년작 〈영막모연嶺幕暮煙〉이 지난 2016년 미술품 경매에서 3억 4000만원에 낙찰되는 등 여전히 건재함을 과시하고 있다.

• • •

이상범은 1897년 충남 공주의 이름 모를 벽촌에서 태어났다. 돌도 지나기 전에 아버지를 여의었고 열 살 즈음해 홀어머니가 자식들을 이끌고 상경했다. 형편이 빠듯했지만 공부하고 싶다는 막내의 바람을 꺾지 않은 어머니 덕에 계동보통학교를 졸업했으나 상급 학교로 진학하기는 어려웠다. 마침 '돈 안 드는 학교'라 해서 찾아간 곳이 서화미술회였다. 조선 왕조의 도화서는 폐지됐지만 옛 도화서 자리 부근에 우리나라 최초의 근대식 미술학교로 들어선 것이 서화미술회書畵美術會였다. 마지막 화원인 소림小琳 조석진趙錫晋, 심전心田 안중식安中植이 교수진으로 있었고 망국 이후 이왕가李王家로 낮춰 불린 옛 대한제국 황실 집안의 재정 지원도 받는 곳이었다. 멋모르고 찾아간 이상범은 묵국墨菊을 따라 그려보라는 현장 즉흥 시험에 단번에 합격하면서 자신도 미처 몰랐던 재능을 감지하며 화가로 첫발을 내디뎠다. 1914년에 입학해 화과畵科 3년, 서과書科 2년을 수학했다. 그의 스승인 심전 안중식은 이상범과 노수현盧壽鉉을 수제자로 두고 아꼈다. 심전은 가난한 두 청년에게 집 걱정 말고 그림만 그리라며 자신의 화실 아래채를 내주는가 하면, 자신의 호 심전을 한 글자씩 나누어 노수현에게는 심산心汕, 이상범에게는 청전이라는 이름으로 주기도 했다.

실력파로 급부상한 이상범은 1920년 창덕궁 벽화 제작에도 참여했다. 을사늑약 후 1907년에 즉위한 순종은 말이 '마지막 황제'이지 일제 치하의 허울뿐인 초라한 왕이었다. 1910년 경술국치로 통치권을 빼앗기고 '이왕李王'으로 낮춰 불린 그는 창덕궁을 거처로 삼았는데 1917년 11월 대조전에 불이 나 내전 일대 건물들이 다 타버렸다. 3년 뒤 경복궁의 전각을 옮겨 와 창덕궁의 내전을 재건하면서 벽화 작업이 추진된다. 일제는 허수아비일 뿐인 왕이지만 극진히 모시는 척 과시하고 싶었다. 이미 1919년 3·1운동으로 거대한 저항의 힘을 겪어본 터라 겉으로나마 우리 문화를 존중하는 척 민심을 무마하려 했던 성싶다. 1920년 6월 24일자 《동아일보》 기사에 이 벽화 작업에 관해 "조선 사람의 미술을 숭상하며 겸하여 전하의 평생 애호하시는 본지本志에 어김이 없고

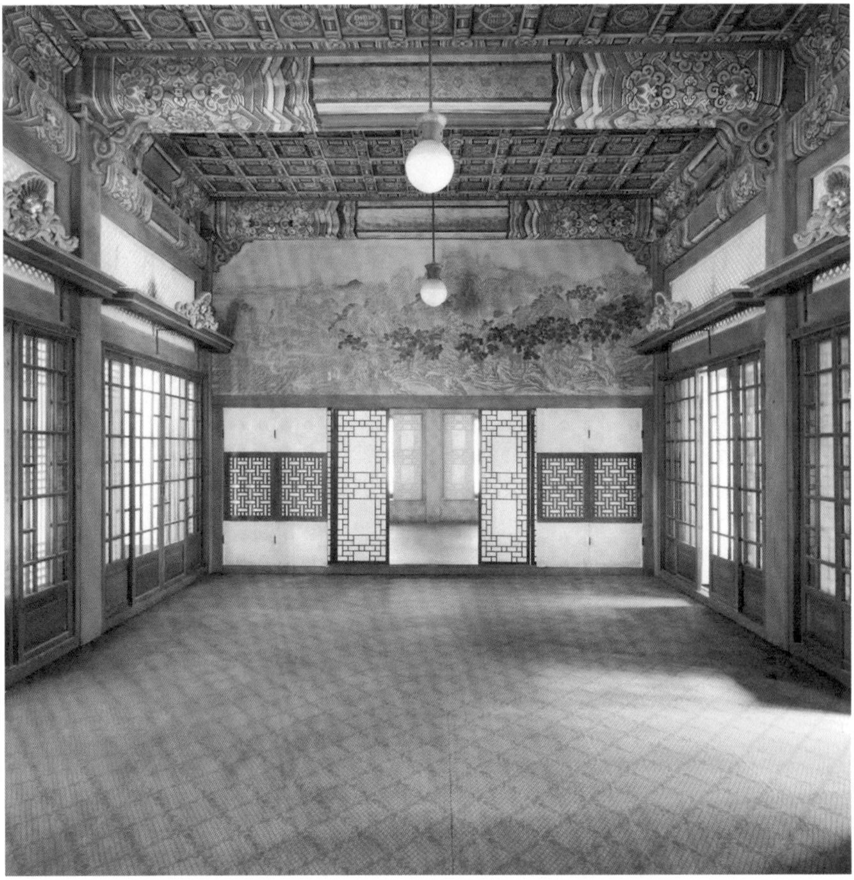

창덕궁 경훈각의 내부. 정면으로 보이는 서벽 상단에
이상범이 그린 〈삼선관파도〉가 보인다.(사진 | 국립고궁박물관)

자" 한 것이라 적혀있다. 이상범은 경훈각 서벽 상단 전체를 뒤덮는 폭 526센티미터의 대작 〈삼선관파도三仙觀波圖〉를 맡았다. 국가등록문화재 제245호로 지정된 이 벽화 덕에 이상범의 초기작을 맛볼 수 있다. 이 그림은 세 명의 신선이 파도를 바라보며 서로 자기가 위라며 나이 경쟁을 했다는 고사에서 유래한 것으로 부귀, 장수를 상징한다. 파도와 산세가 대구를 이루는 이 아름다운 청록산수는 도화서 화원 장승업을 이어 스승 안중식이 이룬 반복적 형태의 산수화 전통을 최고의 기술력으로 충실하게 보여준다.

가난했던 이상범은 결혼을 하고도 수년간 아내를 수원의 처가에 두고 '기러기 남편' 생활을 했다. 1922년에 시작된 조선미술전람회에 참가해 입지를 다져갔다. 첫 도전에 입선을 차지했고, 연속 8회의 특선 수상에, 최고상인 이왕가상까지 받아 13년 내내 출품 명단에 이름을 올렸다. 그러는 동안 어렵게 서울에 단칸방을 마련해 식구들을 데려왔건만 유일한 패물인 은가락지와 은비녀까지 전당포에 맡겨가며 남편 뒷바라지하던 아내는 1926년 병으로 세상을 떠난다. 눈물 적셔가며 그림을 그린 청전은 당대 문화계로부터 '미술계의 춘원春園 이광수李光洙'라는 찬사를 받았다. 상금과 이후 팔린 그림값으로 집 한 채를 마련했을 정도로 승승장구했다.

인기 작가가 된 그는 신문사에 학예부미술부 기자로 재직하며 삽화와 도안, 사진 수정 등의 일을 맡는다. 그 유명한 '일장기 말소 사건'이 그 시절의 일이다. 1936년 8월 베를린올림픽 마라톤 경기에서 조선 청년 손기정의 1등 소식이 전해지자 《동아일보》 체육부의 이길용李吉用 기자가 청전에게 나직이 말했다. 손기정 선수의 사진에서 앞가슴의 일장기를 지워버릴 수 없겠느냐는 심각한 부탁이었다. 다음 날 지면에 일장기 없는 손기정 선수의 사진이 실렸고 당장 형사가 찾아들었다. 이길용 기자는 물론 청전도 꼬박 40일간 경찰에 붙잡혀 협박과 고문을 당했고, 다시는 신문사에서 일하지 않겠다는 서약을 하고서야 풀려났다. 당시의 고초가 극심했던지 이후 청전은 '기울어진 행보'를 보여 안타까울 뿐이다. 이미 관전官展으로 명성을 쌓은 지라 일제를 위한 국방헌금 모금 전시에 동원됐다. 결정적으로 총독부 기관지 《매일신보》에 〈나팔수〉라는 제목으로 일장기 아래서 나팔 부는 병사 그림을 그렸다.

• • •

하지만 화가로서, 그를 빼고서는 근대 한국화단을 설명하기 힘든 것을 어쩌겠는가. 이상범이 1933년 서울 종로구 누하동 집에 마련한 청전화숙은 일종의 미술학원으로 문하생들을 배출했다. 도시형 한옥이 원형 그대로 보존된 이곳은 문화유산으로서 가치가 인정돼 2005년 서울시 등록문화제 제171호로 지정됐다. 조선미술전람회에서 입선한 작품이자, 그의 초기 실경산수인 1926년작 〈초동初冬〉은 국가등록문화재 제532호이다. '황량미荒凉美'라 불리는 청전의 화풍은 첫 제자 배렴裵濂을 필두로 뻗어 나갔고 1950년부터 정년퇴임한 1962년까지 홍익대학교 동양화과 교수로 꾸준히 후학을 양성했다. 마지막 제자인 박노수朴魯壽에게는 청출어람을 독려하며 당시 막 생긴 서울대학교 동양화과에 진학하기를 권했다. 청전은 국내 예술가들에게 최고의 명예로 꼽히는 대한민국 예술원에는 개원 첫해 회원으로 입성했으니 작가로서 영예는 모두 누렸다 해도 과언이 아니다. 격동의 근대사를 온몸으로 맞닥뜨린 그 삶은 부침이 심했으나, 예술가로는 더없이 행복했을 듯하다.

청전의 특징이자 업적을 꼽자면 가장 한국적인 일상의 풍경을 화폭의 주인공으로 삼았다는 점이다. 그는 한눈에 알아볼 수 있는 명승 비경을 그리기보다는 누구나 친숙하게 여기고 어디서나 볼 법한 범부들

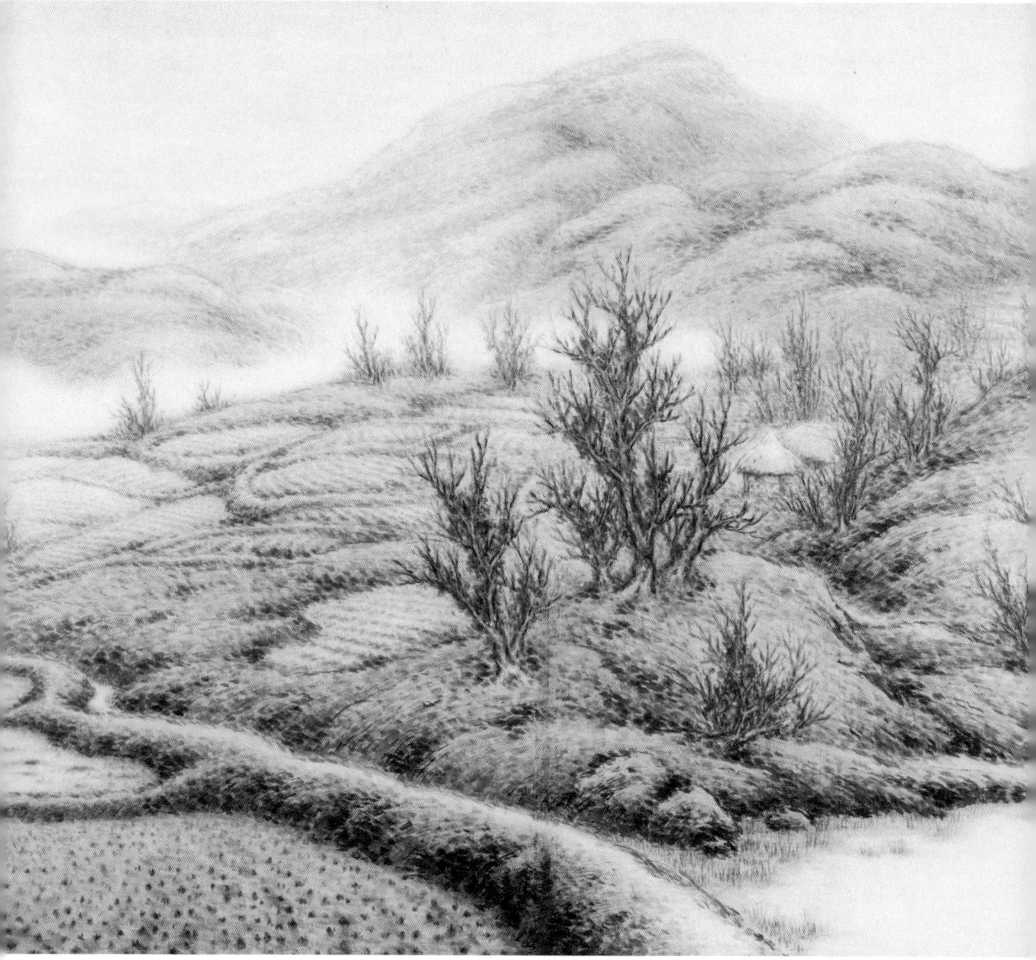

—

이상범, 〈초동〉

1926년, 종이에 수묵담채, 152×182cm, 국립현대미술관 소장

—

의 삶터나 논밭 붙은 앞산을 소재로 택했다. 특별한 곳보다는 한국의 보편적 풍경을 그렸다. 이상범과 거의 같은 시기 지구 반대편 미국에 살았던 화가 호퍼Edward Hopper는 가까이서 봤을 법한 사람들을 포착해 도시인의 고독을 그렸다. 그 역시 유명한 사람이나 특별한 풍경을 그리지 않았음에도 가장 미국적인 화가로 꼽힌다. 호퍼의 사실주의와 청전의 실경산수가 보여주는 리얼리티는 경험해 본 사람이면 누구나 공감하는 보편성과 통한다. 그게 곧 대중적 인기의 비결이기도 했다. 다 쓰러져 가는 초가집을 통해 이상범은 고향에 대한 애착과 조국의 산하에서 살아가는 촌부들에 대한 사랑을 그렸다. 결핍에서 태어난 이상향인 셈이다. 고향에 대한 그리움은 청전 자신에게 사무쳤다. 그는 가난에서 벗어나고자 홀어머니와 함께 떠나온 고향을 두 번 다시 가보지 못한 채 눈을 감았다. 평생을 도시에서, 근대화를 목격하며 살았던 그는 그리워하면서도 가보지 못한 고향을 꿈속에서 되짚으며 그 기억의 조각들로 그림을 완성했다.

그림을 자주 보는 사람의 즐거움이라면 이상범의 봄, 여름, 가을, 겨울 산수화를 번갈아 가며 한국의 독특한 계절감을 음미하는 재미를 놓칠 수 없다. 봄은 은은한 색감으로 돋아나는 생명력을 탁월하게 보여주고, 여름은 습기 머금은 푸른 먹을 사용해 수묵을 한층 맛깔나게 표현했다. 가을은 힘 있는 필선이 도드라지는 갈색 톤에 까칠까칠한 느낌이 나도록 그린 반면 겨울은 설경으로 주로 그렸다. 춘하추동 사계를 고루 그렸지만 이상범은 "나에게는 한국적인 정서와 향토적인 것에 무척 집착이 있었다. … 특히 청초하고 고아한 한국의 가을은 내가 가장 사랑하고 즐긴 풍경"이라고 말했고, 말년에는 특히 여름 풍경을 많이 남겼다. 노환이 심해진 이후에는 노송의 힘주어 뻗은 솔잎에 천착해 마지막까지 붓을 놓지 않은 '천생 화가'이자 '평생 화가'였다.

변관식

반골 화가가
그려낸, 꿈틀대며
치솟은 바위

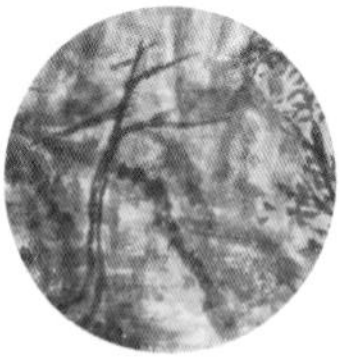

그림을 가로지르며 치솟은 저 우뚝한 것이 나무인가, 절벽인가? 아니 이 장면은 꿈인가, 실제로 있는 풍경인가? 소정小亭 변관식卞寬植·1899~1976은 30대에 8년이나 금강산을 누볐고 이후 두고두고 당시의 감동을 머금어 그림을 그렸다. 〈외금강 삼선암 추색外金剛三仙巖秋色〉은 변관식이 그린 여러 점의 금강산 중에서도 작가의 전성기 개성이 드러나는 대표작으로 꼽힌다.

삼선암은 금강산의 만물상 입구 왼쪽에 솟은 상선암, 중선암, 하선암의 세 바위를 가리킨다. 구름이 움직이면 마치 하늘에서 신선들이 내려오는 것 같다고 해서 붙은 지명이다. 변관식의 그림을 비스듬히 양분하는 상선암에선 마치 생명력을 품고 치솟은 거목 같은 꿈틀거림이 느껴진다. 바위를 끝까지 그리지 않고 윗부분을 싹둑 잘라낸 파격에서는 거장의 기개 또한 감지된다. 삼선암 꼭대기를 한정 짓지 않고 화폭 너머 무한대로 뻗어나가게 한 작가의 의지가 읽힌다. 먹을 주로 쓰고 색이라면 갈색 정도만 사용한 변관식이지만 추색秋色 깃든 나뭇가지에 노르스

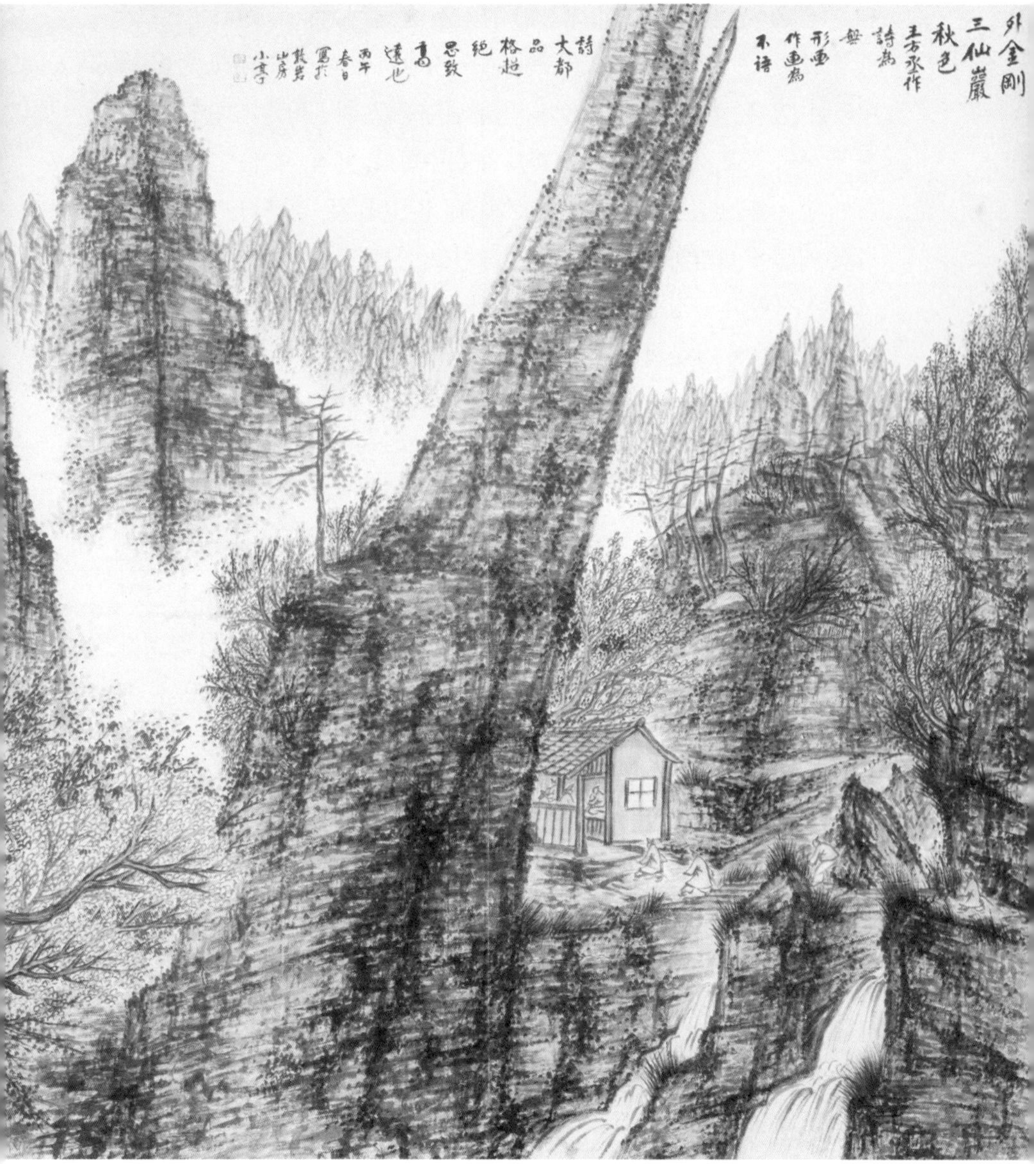

—

변관식, 〈외금강 삼선암 추색〉

1966년, 종이에 수묵담채, 125.5×125.5cm, 국립현대미술관 소장

—

름한 물을 들여놓았다. 이 생동감은 삼선암 골짜기로 들어서는 두 가객의 노란 두루마기에 닿았다. 산속 작은 암자에는 이미 네댓 명이 들어앉아 있다. 허리 살짝 굽은 노인의 발걸음은 가을이 다 가버리기라도 할세라 도포자락이 휘날릴 정도로 분주하다. 제작 시기는 1966년이지만 한복에 갓 쓴 노인들은 조선시대에서 튀어나온 듯하다. 물기 적은 갈필 때문에 과감하지만 다소 저항적이고 삭막할 수 있었던 풍광이다. 그러나 사람이 등장한 덕에 순간 해학미까지 풍겨, 당장이라도 그들의 뒤를 따라나서고 싶게 만든다.

다녀온 지 이미 20년이 훌쩍 지난 금강산을 그리워 그리며 변관식은 당나라의 시인이자 화가인 왕유王維의 말을 빌어 "시를 지으면 형상 없는 그림이 되고, 그림을 그리면 말하지 않는 시가 되어야 한다. 그러면 대개 품격이 빼어나고 정취가 높고 원대하다"라고 화제를 적었다. 그처럼 그림은 말이 없어도 많은 것을 이야기한다. 변관식은 1937년을 시작으로 해방 전까지 '낭인'처럼 금강산의 명승을 다니며 보고 그렸다. 속세를 훌훌 벗어던진 자유로운 생활은 근대 예술가들의 이상이기도 했지만 그의 그림이 추구하는 이상향이기도 했다. 그러나 세월이 흘러, 민족 분단을 경험한 20세기 중엽 이후의 금강산은 조선의 선비들이 유람하던 경치 좋은 산에서 벗어나, 민족문화의 상징이 됐다. 변관식의 그림 속 산골짜기를 누비는 갓 쓴 노인들은 개성 있는 화법을 구사하는 소정의 근간이 조선의 전통에 있음을 보여주는 동시에, 현대인을 옥죈 이념의 굴레에서 상대적으로 자유롭다.

높은 산에서 내려와 들판을 돌아보자. 소정의 1957년작 〈농촌의 만추晩秋〉에서는 시골의 구수한 흙냄새가 물씬 풍긴다. 금강산처럼 특정한 어떤 지역을 그린 것은 아니지만 우리나라 어디서든 볼 수 있는 농촌 풍경이라 정겹다. 가을걷이를 끝낸 여유로움은 논둑을 따라 걷는 황소의 커다란 엉덩짝과 목동의 느릿한 걸음에서도 묻어난다. 정성스레 지붕을 이은 초가집에서도 넘치는 풍족함은 아닐지라도 이웃 돌아볼 줄 아는 따스함이 느껴진다. 화가가 평범한 우리네 일상에서 찾아낸 유토피아인 셈이다. 변관식의 그림엔 불탄 그을음처럼 어두운 부분이 많다. 먹을 엷게 찍어 그림의 윤곽을 만들고 그 위에 다시 먹을 쌓듯이 칠하는 적묵법積墨法과 그 위에 진한 먹을 튕기듯 찍어 선을 파괴하며 율동감을 주는 파선법破線法으로, 그의 작품만이 갖는 특징이다.

• • •

변관식은 1899년 황해도 옹진에서 태어났다. 아버지는 한의사였고, 어머니가 그 유명한 도화서의 마지막 화원 소림 조석진의 딸이다. 당대 최고의 화가이던 조석진은 외손자를 열두 살 때부터 서울로 불러 가업을 잇게 한다. 변관식은 조선총독부 공업전습소 도기과에서 2년제 도화陶畵 수업을 마친 후 나이 열일곱에 외할아버지가 교수진으로 있던 서화미술회에서 본격적으로 공부한다. 서화미술회에서 그는 스승인 심전 안중식을 만났고 동문으로 이당以堂 김은호金殷鎬 등과 친분을 쌓았다. 1921년에 제1회 서화협회전에 출품해 등단하면서 본격적인 화가로 활동하기 시작한다. 외할아버지의 별호 소림小琳과 친할아버지의 호 춘정春亭에서 한 자씩 따 소정小亭이라는 이름을 스스로 지어 부른 것도 이때다. 그러나 그가 등단하기 전인 1920년 외조부 조석진이 별세했다. 이듬해 어머니를 여의고, 설상가상 세 살 난 딸 하나를 남겨놓고 부인마저 세상을 떠난다. 곧 재혼을 했지만 이내 파경을 맞고 소정은 심리적 방황 속에 그림에만 몰두하게 된다. 변관식은 계간지 《화랑》의 1974년 여름호와 그해 현대화랑 개인전 도록에 실린 〈나의 회고록〉에서 이렇게 적었다.

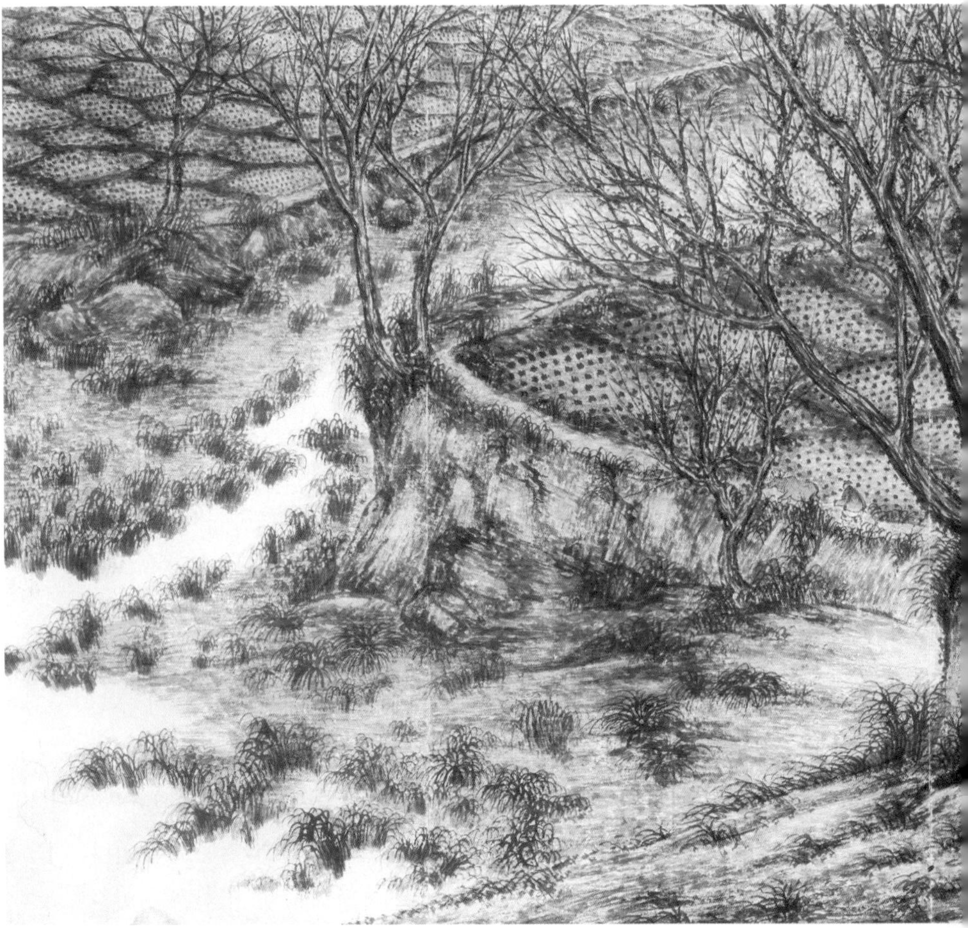

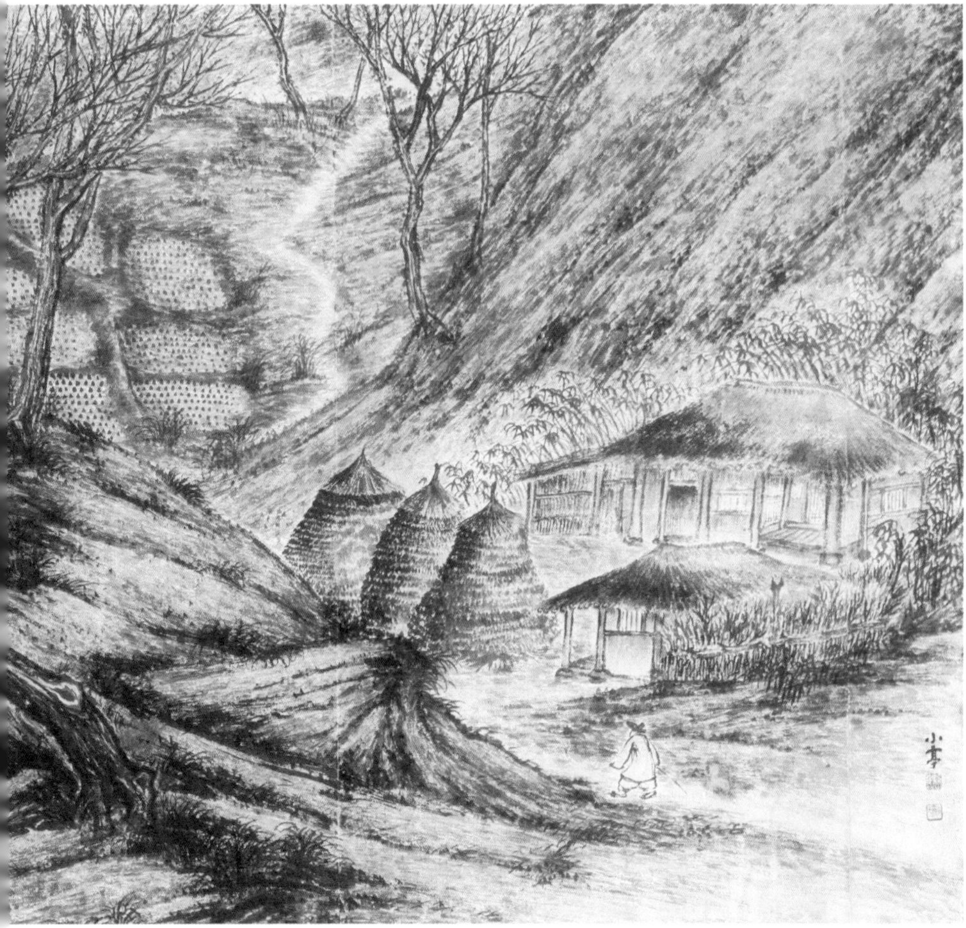

변관식, 〈농촌의 만추〉
1957년, 종이에 수묵담채, 115.3×264.0cm, 국립현대미술관 소장

"조실부모 하고 외가에서 자란 나는 육친의 따뜻한 정을 알 수가 없었으며 첫 번째 아내와의 빠른 사별은 나를 더욱더 쓸쓸하게 만들었고 술과 산천과 그림에 빠져들게 했다. … 때문에 나의 한평생은 영원한 여인과 절승을 찾아 헤매는 역정이 되고 만 것 같다. 그렇다고 일생을 후회하지 않는다. 좋아하는 그림을 그렸고 아름다운 명대산천을 두루 보고…"

개인사의 비극을 딛고 1923년에는 같이 그림 공부를 한 노수현·이상범·이용우와 함께 동연사同硏社를 조직했다. 이는 우리나라 최초의 한국화 동인회로 전통 회화를 새로운 근대적 사조와 감각에 맞게 개혁하고자 했으나 재정난 등의 이유로 짧게 활동하고 해체됐다.

1925년 일본으로 간 변관식은 도쿄미술학교에서 청강생으로 공부하고 고무로 스이운小室翠雲의 문하생으로 남종화 화풍을 배웠다. 남종화는 직업화가의 채색화와 대비되는 문인화풍의 그림인데 조선 중기 이후 크게 유행했다. 허백련許百鍊이 남종화 전통을 더 깊이 파고든 것과 달리 변관식은 독특한 자신의 화풍으로 재흡수했다. 정형민 전 서울대학교 동양화과 교수는《한국의 미술가-변관식》에 쓴 작가론에서 "남종화의 정신과 기법의 바탕 위에 자신의 기질을 주저하지 않고 펼쳐내 근현대 한국미학의 어법으로 구사할 수 있는 개성적 화풍을 창출했다"라면서 "남화남종화의 기법보다는 문인화의 기저를 이루는 야일사상野逸思想에 더 큰 매력을 느꼈는지 모른다"라고 분석했다.

• • •

이처럼 변관식의 이름 앞에는 야인野人과 반골反骨의 수식어가 붙어다닌다. 타협하지 않는 성격 때문이다. 일제강점기에는 조선총독부가

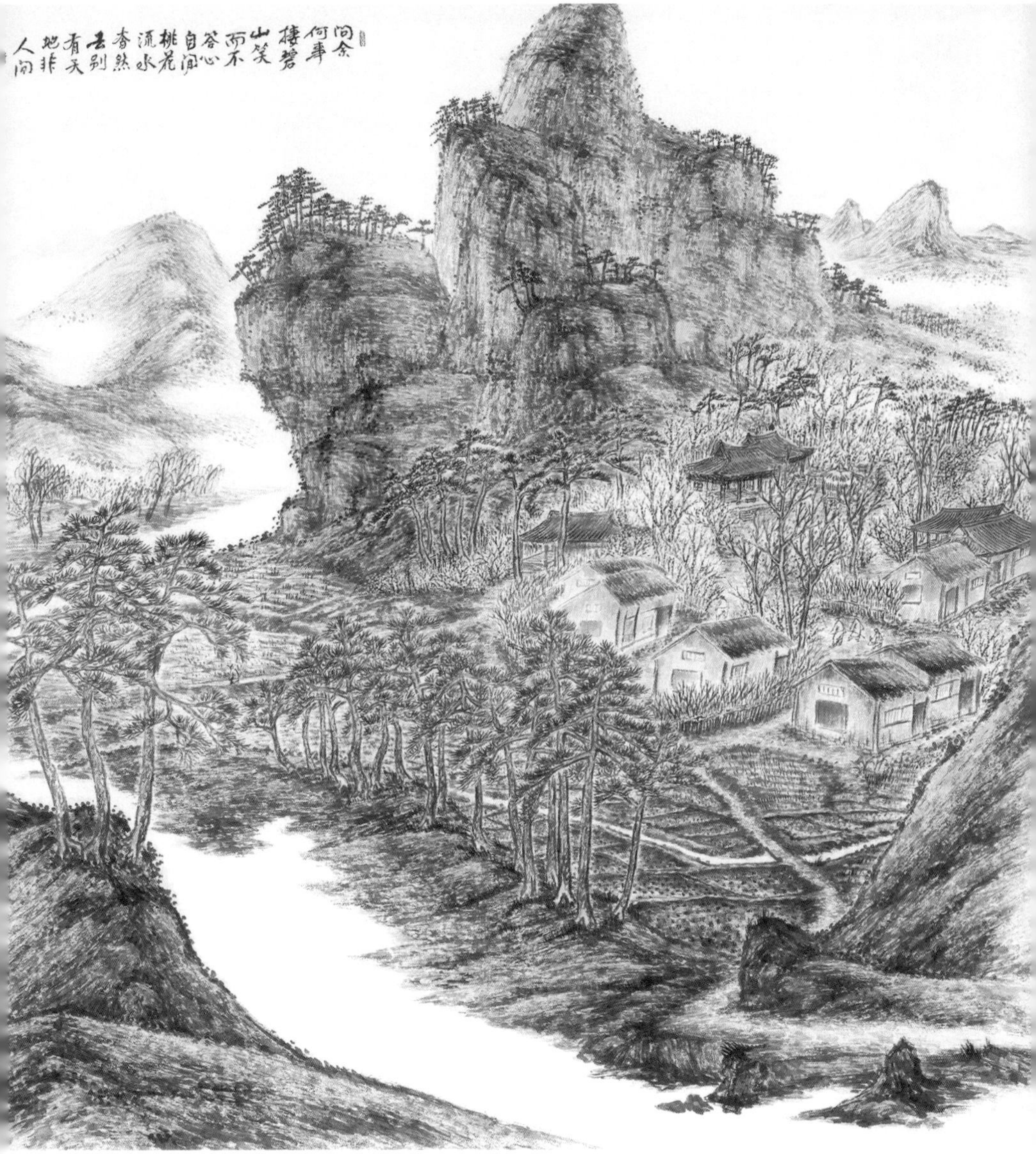

—
변관식, 〈도화산촌〉
1962년, 종이에 수묵담채, 129×129cm, 개인 소장
—

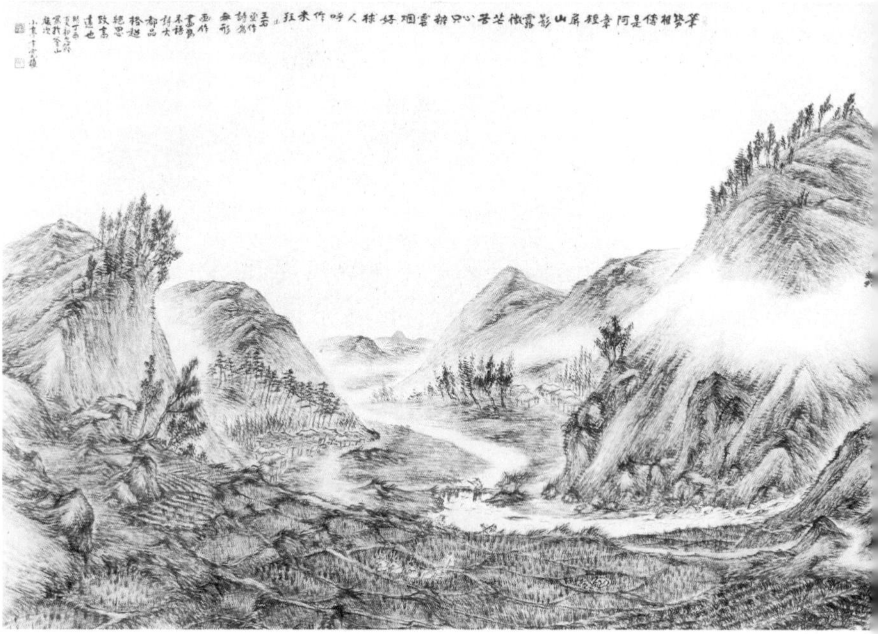

주도하는 관전官展을 외면했다. 해방 후 서울 성북구 동선동에 화실 돈암산방을 마련하고 활동하던 1950년대 중반 당시 대한민국미술전람회 운영의 편파성을 신문 기고를 통해 수차례 고발하면서 재야 작가의 길을 걷게 된다. 이후 안주하지 않고 산으로 들로 바삐 돌아다니는, 그림 속 선비 같은 삶을 살았다. 오히려 야인 생활을 시작한 1957년을 기점으로 변관식의 화풍은 절정에 올라 실제 풍경과 고전적 이상향이 어우러진 '소정 양식'을 이룬다. 그는 단절된 겸재 정선의 진경산수 전통을 계승한 동시에 역동적이면서도 사실적인 화풍으로 독보적 위상을 차지했다.

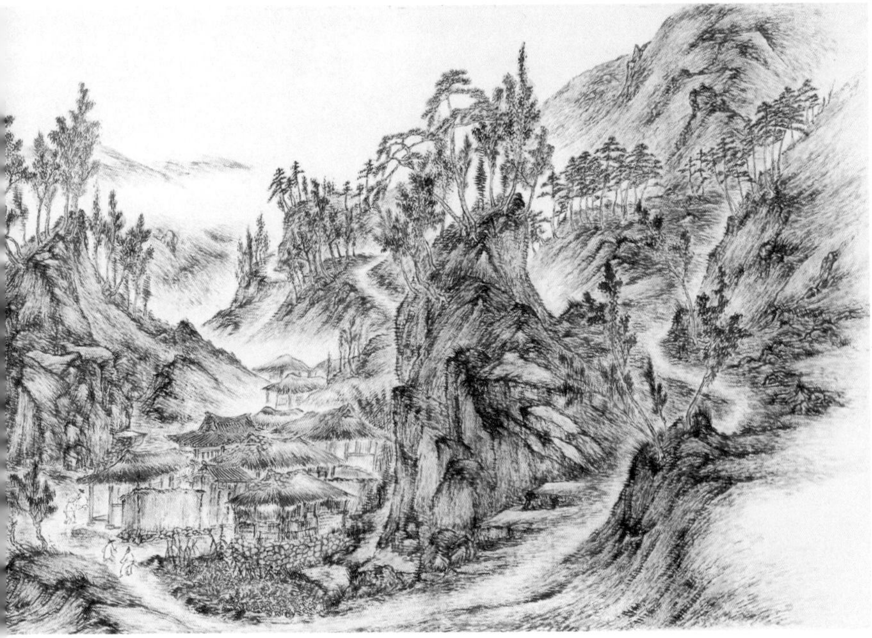

—
변관식, 〈촌락 풍일〉
1957년, 종이에 수묵담채, 133.5×420.0cm, 국립현대미술관 소장
—

변관식은 전통의 답습만 꾀하는 것은 구식이라 여기고 새로운 변모를 모색한 결과 향토적 자연주의를 특징으로 하는 근대적 한국 산수화풍 형성에 기여했다. 미술사학자 최순우와 이경성 전 국립현대미술관장은 1981년에 '한국적 회화미의 정립에 앞선 7인의 거장'으로 변관식과 더불어 이상범·김기창金基昶·박수근·이중섭·김환기·유영국을 꼽았다. 근대에 태어나 현대를 살다 간 그는 이런 당부도 남겼다.

"그림을 그리는 것은 단순한 기술이 아니다. 그림을 그리는 기술이나 방법을 배우기 전에 시대를 사는 정신을 배워야 한다."

이응노

통일과 화합을 염원하는 흥겨운 군무

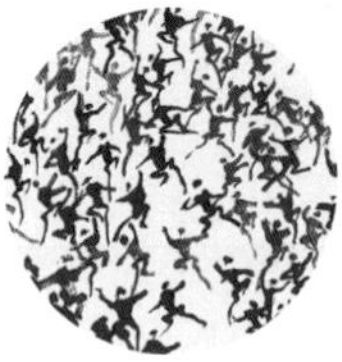

광장의 함성이 걷힌 자리에 일상이 내려앉았다. 사람들이 모였다 흩어지는 것, 원래 광장이 그런 곳이고 그게 제 역할 아니겠나. 여기 한지韓紙를 광장 삼아 모인 군중이 있다. 양팔을 크게 벌려 가슴을 열어젖힌 사람이 있는가 하면 두발로 힘껏 땅을 박차 하늘로 솟구치는 사람도 있다.

고암顧菴 이응노李應魯·1904~1989의 1986년작 〈군상群像〉이다. 멀리서는 새카만 개미떼인가 싶지만 사람이다. '군상'이 아니라 '군무群舞'라 했어도 좋았겠다 싶은 작품이다. 뛰고 솟고 얼싸안고 구르는 모양새가 음표가 되어 흥을 부르는 듯하다. 혼자인 사람도 있지만 둘 혹은 서넛이 짝을 이뤄 기쁨에 몸을 놀린다. 수백 명 군상 중에 어느 하나도 같은 게 없으니 이게 삼라만상인가 보다. 삐죽한 먹선 몇 개 놀리고 점 하나 찍어 이토록 다채롭게 인간사를 보여주다니 참으로 기발하다. 가로 270센티미터의 대작이라 한 아름에 다 닿을 수 없으니 이리저리 화폭을 누비며 그렸을 화가도 대단하다.

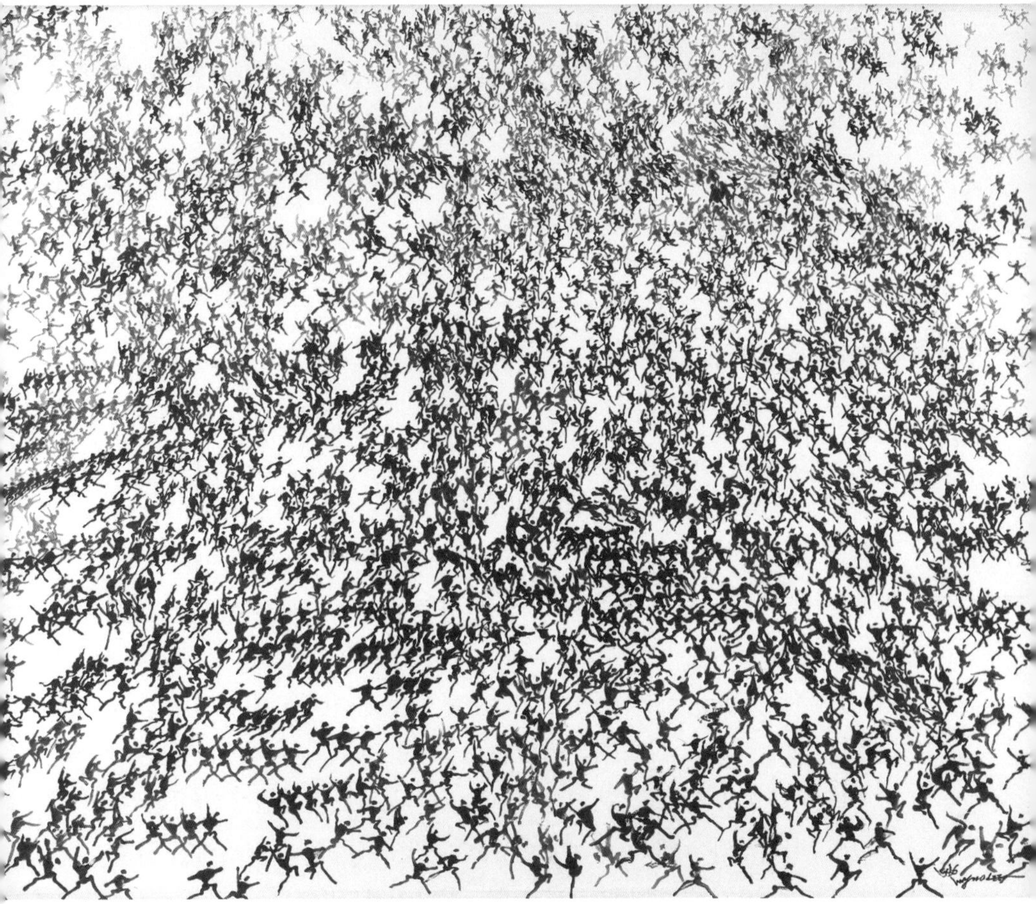

—

이응노, 〈군상〉

1986년, 종이에 수묵, 211×270cm, 국립현대미술관 소장

©Ungno Lee/ADAGP, Paris–SACK, Seoul, 2020

—

• • •

이응노의 군상은 대나무에서 나왔다. 그의 1970년대 〈대나무〉 작품을 보면 바람에 흔들리는 댓잎이 휘고 굴러 얼핏 사람 형상을 이룬다. 1904년 충남 홍성의 의병장 가문에서 태어난 이응노가 대나무를 그림 소재로 택한 것은 숙명이었던 것 같다. 그림을 배우고 싶어 열다섯에 집을 나와 충남 당진의 송태회宋泰會 선생 문하생으로 처음 먹을 배웠다. 큰 뜻을 품고 서울로 가 '장안 최고의 화가'가 누구냐고 물었다. 한결같은 대답은 해강海岡 김규진金圭鎭이었다.

중국 유학까지 한 김규진은 서예가이면서 묵화에도 뛰어난 인물이었다. 고종의 아들로, 형 순종이 재위하는 동안 잠시나마 황태자이기도 했던 영친왕에게 서법을 가르치기도 했다. 신문물에도 밝아 국내 최초의 상업 사진관인 천연당사진관을 설립해 황실 사진사로 고종의 어진 사진을 찍기도 했다. 만약 도화서가 폐지되지 않았다면 김규진은 당대 도화서 최고의 화가가 됐을지 모른다. 그의 그림은 '조선의 마지막 궁중 장식화'로 통하는 창덕궁 희정당 벽화로 남아 전한다.

1907년 즉위한 허울뿐인 '마지막 황제' 순종은 창덕궁으로 거처를 옮겼다. 경술국치로 통치권을 뺏기고 이왕이라 불리던 와중에 설상가상 창덕궁 화재로 희정당 등 건물 몇 채가 타버렸다. 김규진이 참여한 일련의 벽화 작업은 화재 후 재건이었으며 허수아비 같은 왕이지만 일제가 극진히 모신다는 것을 과시하려는 전략이기도 했다. 왕의 응접실인 희정당 벽화를 의뢰받은 김규진은 〈해금강 총석정 절경〉과 〈금강산 만물 초승경〉으로 양 벽을 채웠다. 과감한 표현이 다소 과장된 듯하면서도 채색이 화려한 이 그림들은 왕실의 위엄을 떠받들기 손색없다. 하지만 김규진의 기량은 묵죽도, 즉 대나무 그림에서 가장 잘 드러난다. 굵

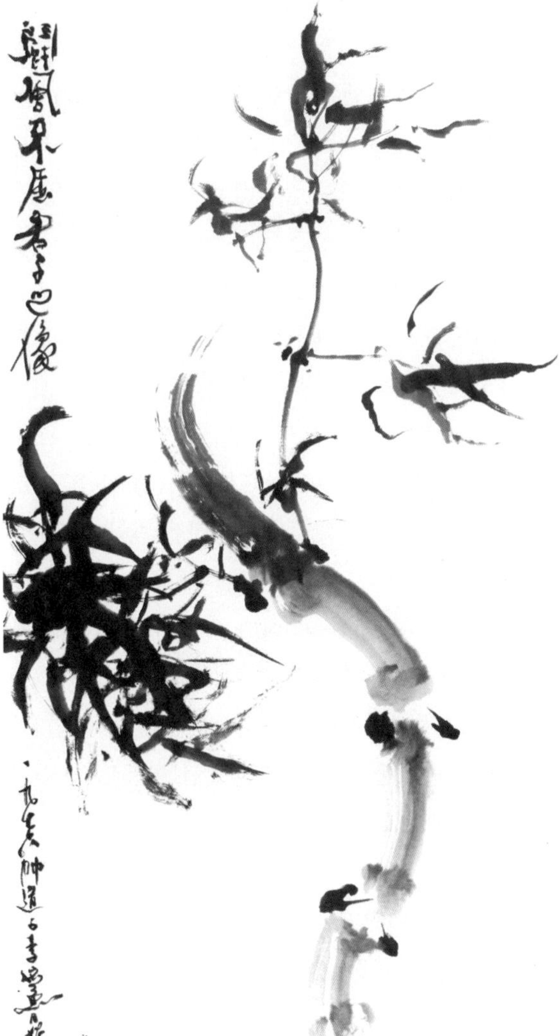

—

이응노, 〈대나무〉

1976년, 한지에 수묵, 133×69cm, 이응노미술관 소장

—

은 통죽의 중간 부분에 바람에 나부끼는 잎을 배합하는가 하면 중간먹으로 줄기를 그리고 진하고 가는 선으로 죽간을 표현했다. 세찬 바람에 나부끼는 짧은 댓잎을 그리고 그 소리가 마치 가을비 내리는 소리와 같아 사람의 속됨을 치료해 준다며 "여우추성如雨秋聲"이라 적었을 정도로 그의 대나무는 눈뿐 아니라 귀도 즐겁게 하는 그림이었다.

그런 김규진에게 그림을 배우고자 이응노는 무보수로 허드렛일을 해주며 주변을 맴돌았다. 문하생이 된 이응노는 대나무에 탁월하고 죽순처럼 빠르게 배운다 하여 스승에게 죽사竹史라는 호를 받았다. 더한 영광이 어디 있으랴. 1933년부터 '고암'이라는 호를 쓰기 전까지 그는 죽사였다. 1924년에는 조선미술전람회에 〈청죽晴竹〉으로 입선했고 1931년에는 대나무 그림으로 최고상인 특선을 받았다. 그러다 문득, 그간 서법의 규범에 맞춰 그렸던 대나무가 아니라 내 마음이 본 것을 그려야겠다고 생각했고 사의적寫意的 대나무가 시작됐다. 또 무작정 떠난 일본 유학에서는 당대 거장인 마쓰바야시 게이게쓰松林桂月를 사사하고자 그가 지나는 길에 눈에 띄도록 자신의 그림을 놓아뒀다는 뒷이야기가 전한다. 배움 앞에서 물불 가리지 않았던 이응노다. 화가 나혜석이 고향 근처인 수덕사에 머물고 있다는 소문을 듣고 배우고자 찾아가 지필묵 서화에서 미술 전반으로 시야를 넓히고, 동양을 벗어난 유럽과 파리의 예술 일상에 대한 이야기를 들었다. 훗날 나혜석이 떠났다는 소식에 그녀가 기거하던 수덕여관을 인수하기도 했다.

해방 후 서울로 돌아온 이응노는 일본 미술의 잔재를 청산하고 민족 고유의 화풍을 강조하는 단구미술원을 조직했고, 남산에 고암화숙을 차려 제자들을 가르쳤다. 한국전쟁 전까지는 홍익대학교 교수로도 활동했다. 고암은 1957년 미국 뉴욕에서 열린 '한국현대미술전'에 내놓은 작품이 록펠러재단을 통해 뉴욕 현대미술관에 소장된 것에 자신감을

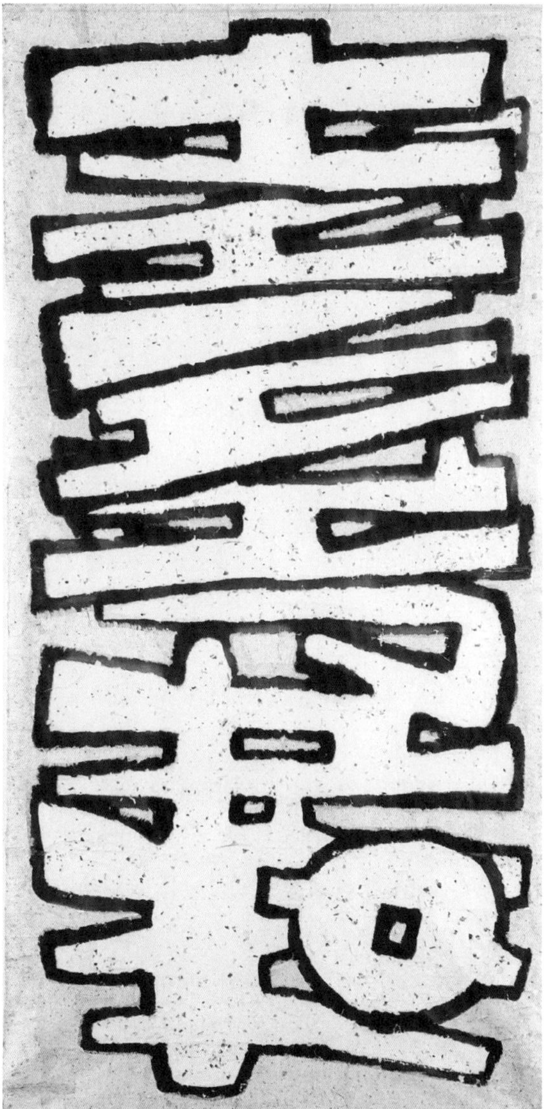

—

이응노, 〈구성〉

1972년, 한지에 수묵·콜라주, 274×132cm, 이응노미술관 소장

—

얻어 해외로 눈을 돌린다. 이듬해 미술사를 전공한 독일 대사의 호의로 1년간 카셀·본·프랑크프루트 순회전을 열었는데 그 과정에 전후 독일의 이미지를 씻고자 마련된 국제미술제인 카셀 도쿠멘타를 접했다. 캔버스를 찢은 폰타나Lucio Fontana, 캔버스 위에 돌을 매달아 놓은 라우센버그Robert Rauschenberg 등의 작품은 충격 그 자체였다. 자신의 생각을 펼치기 위해 세상 무엇이든 재료가 될 수 있다고 생각한 이응노는 1959년 프랑스에 정착했고, 이듬해 종이와 먹을 잠시 내려놓고 실험적 미술인 콜라주 작업을 시작했다. 이지호 전 이응노미술관장은 이응노의 작품을 굳이 서양미술사의 맥락에 이어 붙이자면 "앵포르멜의 영향을 받아 추상 양식을 발전시켰다"고 볼 수 있다고 말한다. 앵포르멜의 근거지인 파케티화랑이 그를 전속화가로 꿰어 찰 정도였다.

• • •

그러나 이응노는 1967년 동백림 사건에 걸려들었다. 월북한 아들을 만나게 해준다는 말에 베를린으로 찾아간 촌부의 순진함이 화근이 됐다. 미술사학자 김복기와 최열 등에 따르면 이응노는 해외에서 민족문화를 알린 공로자로 박정희 전 대통령의 초청을 받았지만, 김포공항에서 바로 체포돼 무기징역을 선고받은 뒤 2년을 복역했다. 꽉 막힌 감옥에서도 화가는 휴지에 간장으로 그림을 그리고 밥풀을 뭉쳐 조각을 만들었다. 끼니마다 모은 밥알을 신문지에 개어 종이죽을 만든 것인데, 눈물과 땀으로 빚은 작품 속 사람들은 거나하게 취한 듯 뒤엉켜 춤춘다. 조각을 제외한 '옥중화獄中畵'만 300여 점에 이른다. 스스로도 "나에게 학교는 교도소였다"라고 한 이응노는 사회의식을 가진 작가로 변모해 있었다.

1969년 그는 프랑스로 돌아갔지만 한국 정부의 탄압이 계속됐다. 요

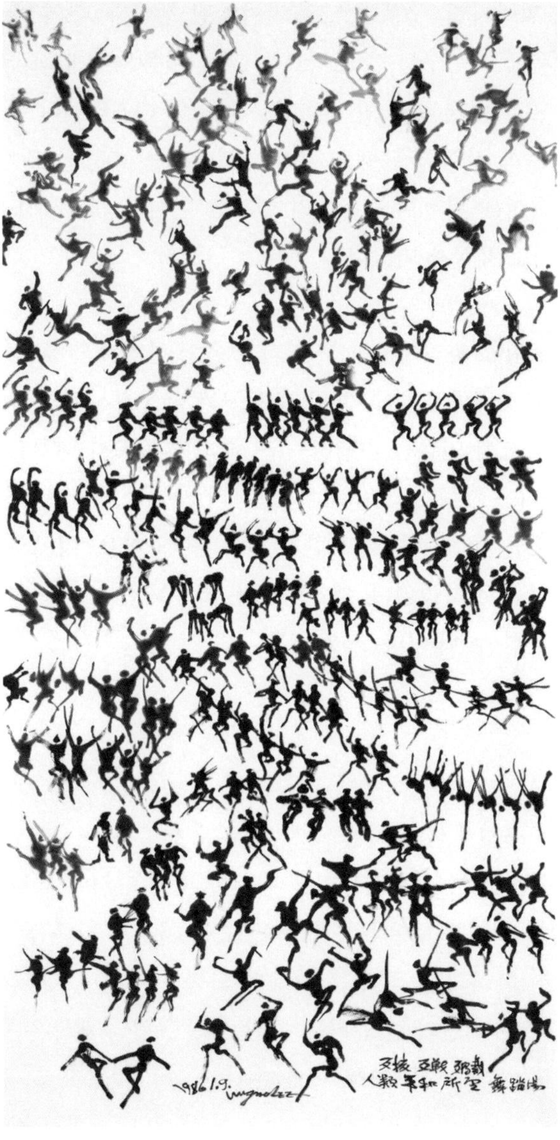

—

이응노, 〈군상〉

1986년, 종이에 수묵, 136.5×70.0cm, 가나문화재단 소장

—

즘 식으로 말하자면 '블랙리스트' 작가였던 셈이다. 그의 예술은 이념과 무관했음에도 불구하고. 프랑스는 그런 이응노에게 적극적으로 귀화를 권했고, 그렇게 품에 안은 작가를 자국의 대표급이라 평가하며 존중했다. 그토록 간절히 고향을 그리던 이응노는 1989년 호암미술관의 대규모 회고전을 계기로 귀국하려 했지만 전시가 개막하던 날 파리에서 심장마비로 세상을 떠났다.

2017년 프랑스 파리에서는 두 건의 이응노 전시가 열렸다. 하나는 파리 시립 세르누치박물관이 "20세기 서구와 극동아시아의 문화적 교류에서 가장 중요한 인물을 기념하는 전시"라며 기획한 대규모 개인전이었다. 또 하나는 프랑스 국립현대미술관의 기증작 전시였는데, 아주 특별하지 않으면 작품 기증조차 받지 않는 '콧대 높은' 이곳의 관행으로 보면 무척 뜻깊은 자리였다. 여전히 이응노에 대한 평가는 한국보다 프랑스에서가 '한 수 위'이다.

• • •

이응노가 댓잎에서 끌어낸 군상은 우리 민족을 연상시킨다. 두 동강난 조국을 안타까워하며 통일을 염원한 것이 그림에 담겼을지도 모른다. 생전의 작가는 춤추는 사람들을 그린 자신의 작품을 두고 "통일된 광장에서 환희의 춤을 추는 남북의 사람들"이라며 '통일무統一舞'임을 강조했다. 1988년의 한 인터뷰에서는 "내 그림의 제목은 모두 '평화'라고 붙이고 싶다"라며 "모두 서로 손잡고 같은 율동으로 공생공존을 말하는 민중의 삶이 곧 평화"라고 말하기도 했다. 정치적 갈등이 첨예한 요즘의 한국 사회에 절실한 화합의 메시지일 수도 있다. 뒤엉킨 이들 군상에서는 날 선 논쟁도 이념도 없다. 그저 기쁘기 그지없다. 대담하면서도 치밀하고 단순한 반복성에도 불구하고 탁월한 구성력을 펼쳐

보였기에 그의 대표작으로 꼽힌다.

풀이 눕는다
비를 몰아오는 동풍에 나부껴
풀은 눕고
드디어 울었다
날이 흐려서 더 울다가
다시 누웠다

풀이 눕는다
바람보다도 더 빨리 눕는다
바람보다도 더 빨리 울고
바람보다 먼저 일어난다
…

김수영 시 〈풀〉 중에서-

바람이 불었고 흐렸고 울었으니 이제 '먼저' 일어날 때다. 바람에 밀리지 말고, 바람보다 먼저 말이다.

권영우

찢긴 한지에 스민 젊은 날의 아픈 초상

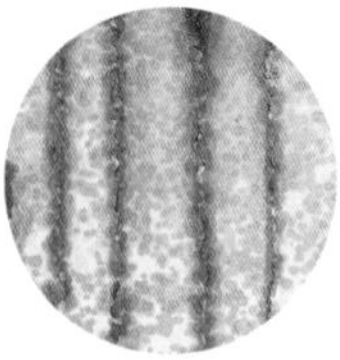

어슴푸레한 겨울밤 갓 내리기 시작한 눈송이처럼 경건하다. 푸른 물감이 스민 화선지 사이로 드뷔시Claude-Achille Debussy의 '베르거마스크 모음곡', 그중에서도 〈달빛〉의 선율이 배어 나오는 듯하다. 은은함 때문만은 아니다. 피아노 건반을 하나하나 누르듯, 지긋이 뚫린 구멍에서 미세한 떨림이 번져가고 물감이 따라 퍼져간다. 순리를 따르는 음률에는 격정도 과장도 없지만 신비로운 분위기를 이룬다. 권영우權寧禹·1926~2013의 1985년작 〈무제〉도 마찬가지다. 피아니스트가 건반 한두 개 짚어놓고 청중의 숨결까지 다음 소리에 담으려 잠시 기다리는 것처럼, 화가는 물감을 떨어뜨린 후 그것이 절로 퍼져나가 우연의 효과를 그리기까지 숨죽여 기다린다. 푸른 물감에 먹을 섞어 검푸른 색을 띠는 그 갈라진 자리는, 파괴된 균열이 아니라 새싹과 꽃눈이 터져 나오는 길이다. 달빛 아래로 느리고 나직이 거닐던 고양이가 앞발로 긁어놓았을 법한 그곳에서 말이다.

한지를 발라 바탕을 만든 다음 또 한지를 바르고 또 덧바르는 식으로

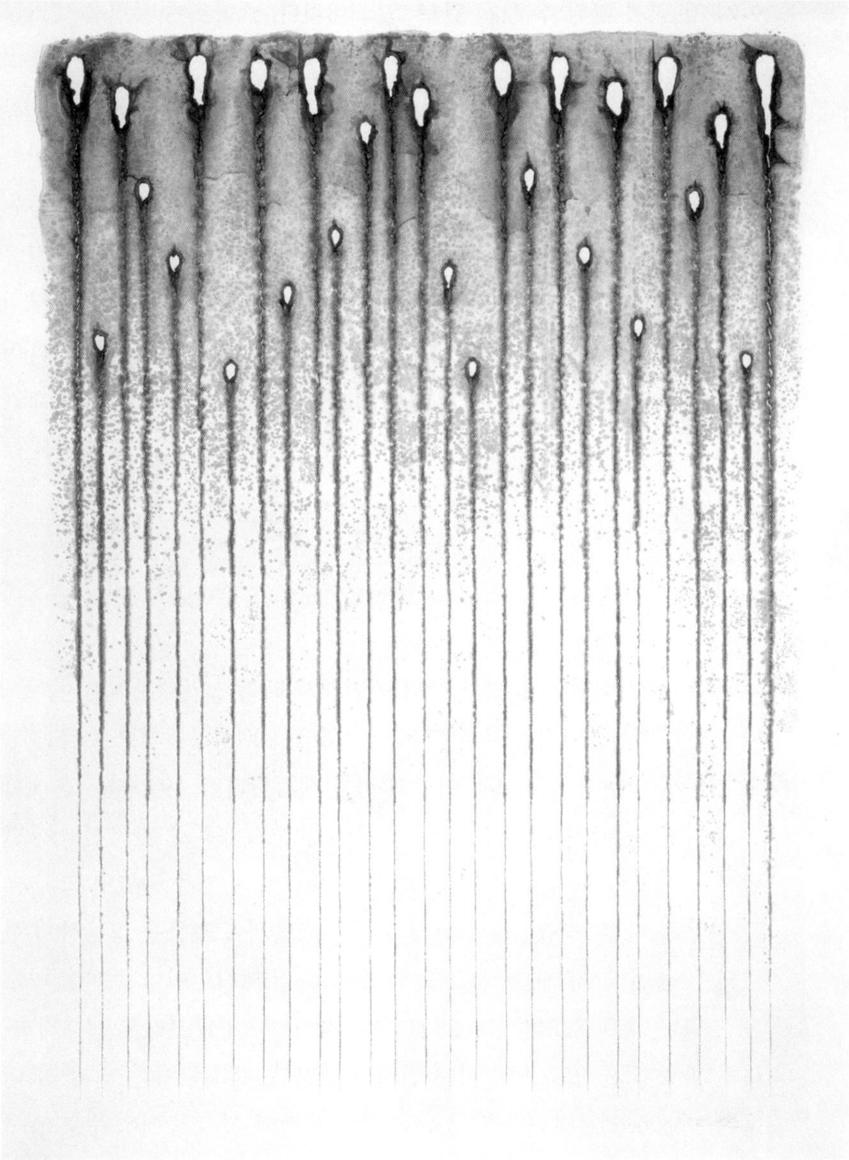

—
권영우, 〈무제〉
1985년, 종이에 수묵·과슈, 224×170cm, 국립현대미술관 소장
—

여러 장 겹쳐 다진 후 얇은 칼로 그어 내린다. 캔버스에 칼집을 내거나 구멍을 내는 등의 방식은 이탈리아의 조각가 루치오 폰타나를 떠올리게도 한다. 그러나 알을 깨고 나오는 것만큼이나 적극적인 폰타나의 칼질이 평면에서 공간을 창조하려는 시도라면, 권영우의 칼집은 종이를 찢어 열어준 '숨통'이며 물감이 스스로 움직여 갈 수 있는 길을 내주는 행위다. 이 칼자국 때문에 먹과 과슈를 섞은 반투명의 청회색 물감은 종이 뒷면에 칠한 것인데도 앞면까지 색이 번져 나온다. 예리한 칼날이 그린 선을 따라 틈을 파고 들어간 물감이 화면의 표면에 다양한 운율의 파문을 일으킨다. 폰타나의 초록, 빨강 등 원색이 자신의 존재를 화려하게 뽐내는 것과 달리 권영우의 색채는 여백 속에 녹아드는 중성적 색감이라는 점 또한 대비를 이룬다.

• • •

일제강점기이던 1926년에 함남 이원에서 태어나 일제강점기의 여느 예술가 지망생들처럼 일본 유학을 생각했으나 태평양전쟁으로 꿈을 접고 영화사에 취직했던 그의 어린 시절을 생각한다면. 1946년 서울대학교 동양화과 제1기로 입학해 졸업작품전을 준비하던 중 한국전쟁이 발발하고, 학교가 문을 닫은 동안 종군화가단으로 전쟁을 누볐던 그의 젊은 날들을 되짚는다면. 달빛 아래 눈과 빗방울과 고드름을 상상하게 한 그의 1985년작 〈무제〉를 두고 높이 쏘아 올린 미사일이나 주변을 비추는 조명탄, 폭죽을 연상할지도 모른다. 작가는 "그저 그러고 싶으니까"라며 말수 적은 입을 닫았지만 전쟁의 상흔을 핏속에 품은 채 소리 내 울어보지 못한 세대였기에 작품 속 뚫린 구멍과 찢긴 종이를 두고 총구멍과 상처와 갈라진 조국을 이야기한들 누가 아니라고 하겠는가. 여러 겹으로 발라 탄탄하고 순수한 백색의 종이가 예리한 칼질로 나뉜 채 간신히 엉겨 붙은 형상에서 눈감는 날까지 고향에 다시는 가보지 못한 이

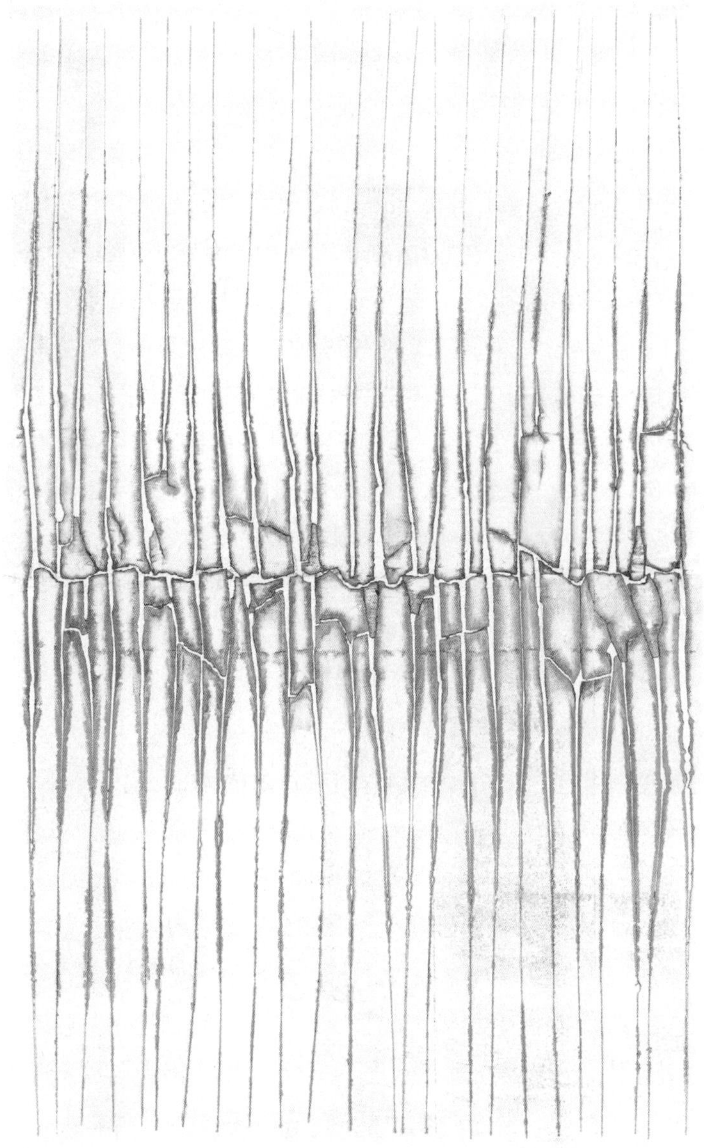

—

권영우, 〈무제〉

1984년, 종이에 수묵·과슈, 259×162cm, 프랑스 국립현대미술관 소장

—

북 태생 작가의 향수도 느껴진다. 권영우가 평생을 보여준 갈라짐과 찢김의 미학, 바름과 겹침, 스밈과 배임의 미학은 우리 근현대사의 큰 틀에서 다시 봐야 할 대목이기도 하다.

생전에 작가는 "내가 하는 일은 매일 종이 바르는 일"이라며 "찢고 뚫는 도구도 손가락뿐 아니라, 나무꼬챙이나 쇠붙이 같은 것으로 적당히 그때그때 만들어 쓴다. 누가 왜 그 맑고 하얀 종이를 찢느냐고 묻는다면 … 거울같이 맑고 고요한 수면보다는 소용돌이가 있고 물결치는 상황이 더 보고 싶다든지 하는 마음과 같다고 말할 수 있을는지. 오히려 지금 같아서는 그 맑고 고요한 수면에 빗방울이 억수같이 쏟아지는 광경이 보고 싶어진다"라고 이야기했다. 여기에 덧붙여 "어떻게 보면 작가가 무엇을 했다기보다는 사람에게 '백지위임'을 한 것 같은 것이 될는지도 모른다"라는 말로 수행자 같은 작가는 어찌 봐야 할지 몰라 머뭇거리는 감상자들에게 거장의 너그러움을 보여줬다.

본격 추상작업으로 넘어가기 전 청년기 권영우는 동양화 재료를 사용하되 전위적인 시도를 계속했다. 전통을 맹목적으로 받아들이기보다는 현대적 감각을 어떻게 동양화에 적용할 것인지를 두고 고민했기에 고급 한지 대신 허름한 종이를 쓴다거나, 수채물감으로 동양화를 그려 보고, 서양화 전공수업에 들어가 누드모델을 놓고 작업하는 등 범상치 않은 모습을 보였다. 국립현대미술관이 소장한 1957년작 〈폭격이 있은 후〉는 전쟁에 대한 기억을 의도적으로 지우려 애쓰던 시기에, 그것도 먹을 사용한 한국화를 통해 전쟁을 다뤘다는 점이 참신했다. 용산역 기관차고 앞에 폭격으로 부서진 기차·유조탱크가 엿가락처럼 휘어진 철로 위에 나뒹구는 그림이다. 권영우가 화단의 주목을 받기 시작한 것은 이듬해 그려 대한민국미술전람회 장관상을 받은 〈바닷가의 환상〉부터다. 살바도르 달리의 초현실주의 그림들을 떠올리게 하는 전위적인 그

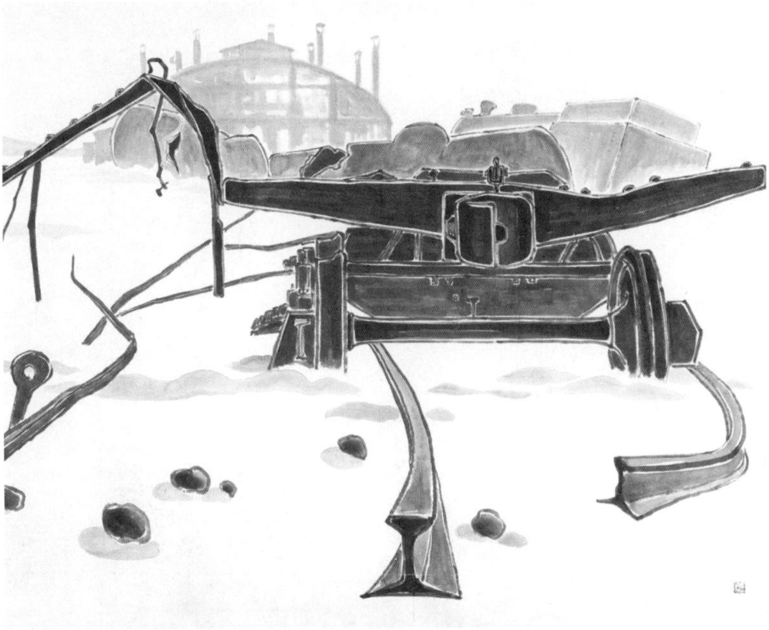

—
권영우, 〈폭격이 있은 후〉
1957년, 종이에 수묵, 146×183cm, 국립현대미술관 소장
—

림이었다. 당시 그는 일상에서 소재를 찾아 변형해 표현하는 시도를 했는데 그해 여름방학에 다녀온 대천해수욕장 풍경이 그림에 얹혔다. 조선시대부터 이어온 관념산수, 실경산수와 전혀 다른 시도였다.

• • •

이후 작가는 지필묵에서 붓과 먹을 내려놓은 채 오로지 종이만으로 작업하기 시작한다. 1970년대 중반 작품인 〈74-9〉는 꼭 눈 쌓인 계단을 보는 듯하다. 조금 누런 듯한 황색의 띠는 권영우 자신이 비유했듯

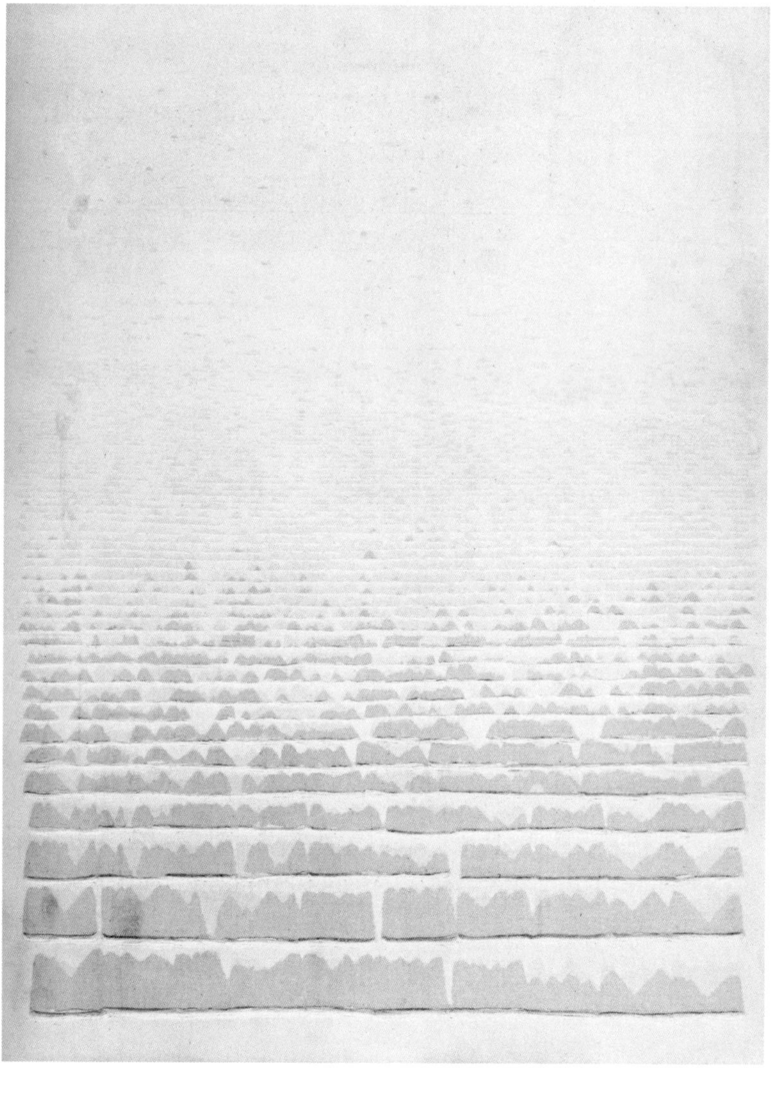

—
권영우, 〈74-9〉
1974년, 한지에 저부조, 160×121cm, 국립현대미술관 소장
—

"마치 농부가 종이 위에 밭갈이를 해놓은" 것 같다. 1980년 무렵의 하얀 작품들은 자그마한 요철이 만드는 부조 효과, 꼬챙이로 뚫은 눈송이 같은 그림, 칼로 도려낸 자리가 벗겨진 나무껍질을 생각하게 하는 등 자유자재의 변주로 펼쳐진다. 이 무렵 작가는 중앙대학교 교수 자리를 박차고 프랑스로 떠난다. 1979년부터 11년간 프랑스에 머무르며 국제적 조형 감각을 인정받았고 1990년 호암미술관 회고전으로 화려한 귀국을 알렸다. 1998년에는 이례적으로 70대의 원로임에도 국립현대미술관 올해의 작가상을 받았다. 당시 전시장은 나뭇가지, 부채, 병, 번호판, 창틀, 못, 철사 등 일상의 사물들을 화판에 붙인 후 한지로 덮은 작품들로 흡사 눈 덮인 겨울 풍경 같았다.

예술원 회원이던 작가가 타계한 2013년부터 그를 필두로 한 한국의 단색화가 세계적 재조명을 받으며 그의 이름이 다시 불리기 시작했다. 단색화는 1970년대 한국 현대미술계의 주요한 경향 중 하나인 단색조의 회화를 가리키는데 색조보다는 수행에 가까운 반복적인 행위가 핵심으로 꼽힌다. 앞서 1975년 일본 도쿄화랑에서 열린 '한국 5인의 작가-다섯 가지의 흰색'전이 이른바 단색화의 시초가 됐으니 권영우를 비롯한 박서보·서승원徐承元·이동엽李東熀·허황許榥이 그 주인공이었다.

> "하얀 종이를 앞에 놓고 벼루에 먹을 갈고 있노라면 시간이 흐른다. 유채 같으면 튜브에서 바로 짜서 쓰면 되지만 먹은 다 갈아질 때까지 지루함을 느끼게 된다. 그러나 이 먹을 가는 동안의 시간을 헛된 것으로만 여길 것이 아니라 하얀 종이 위에 펼쳐질 것에 대한 흥분을 가라앉히고 하얀 종이를 바라보며 명상하듯 화상을 가다듬는 시간으로 생각해야 한다."

내리는 눈뿐 아니라 눈 녹은 자리까지 허투루 보이지 않는다.

서세옥

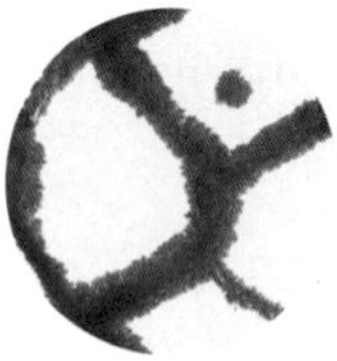

화폭 가득,
붓 지난 자리마다
펼쳐지는 춤사위

한 무리의 사람들이 손에 손잡고 어우러져 춤춘다. 한 사람의 오른손은 옆 사람의 왼손을 붙들고, 또 그 손은 위쪽 사람의 발과 연결되고, 아래에 있는 사람의 손으로 또 이어진다. 화면을 가득 채운 사람들이 거대한 덩어리를 이루더니, 하나라고 외치며 치솟는 듯하다. 농묵의 짙은 흔적에서 인간의 강인한 힘이 느껴지고 먹의 번짐에서는 생명력의 파동이 전해진다. 물기 머금은 촉촉한 선으로 시작해 아스라한 갈필을 넘나들면서도 끊기지 않은 선이 자유자재로 뒤엉키며 사람들 간의 조화를 탄생시켰다. 붓이 지난 자리는 그대로 춤사위가 됐다. 그저 슥슥 그은 선과 툭툭 찍은 점만으로 수십 명 군상의 열정을 만들어내니 재주와 기교를 초탈했다. 전통 한국화 재료인 지필묵紙筆墨을 사용해 조선 문인화가의 정신성을 현대적 추상화풍으로 구현한 화단의 거목 산정山丁 서세옥徐世鈺·1929~2020의 대표작 〈춤추는 사람들〉이다.

그림에서는 〈세한도〉의 추사 김정희나 소나무를 즐겨 그린 능호관凌壺觀 이인상李麟祥 같은 선비화가가 내뿜던 문기文氣가 감지된다. 선線

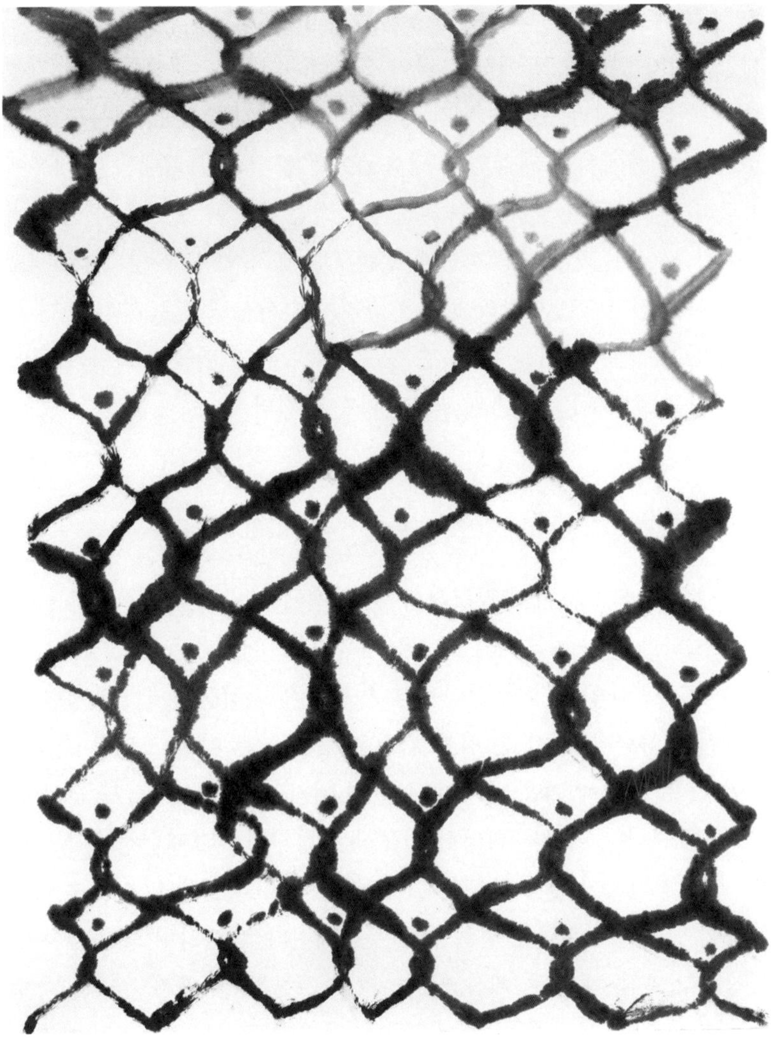

—
서세옥, 〈춤추는 사람들〉
1990년대, 닥지에 수묵, 164×126cm, 국립현대미술관 소장
—

이 사람 되고, 사람은 기氣를 품고 꿈틀거리니 그들의 몸짓 향하는 곳에 세상이치가 있다. 붓끝에서 그림이 흘러나온다 해도 과언이 아닐 그를 '이 시대의 마지막 문인화가'라 칭한다 한들 반대할 이는 아무도 없을 것이다. 조선에서는 지식인의 전유물이던 문인화가 현대의 서세옥에 이르러서는 누구나 공감할 수 있는 감각적인 그림이 됐으니 한 걸음 더 나아간 셈이다. 작가는 1970년대 후반부터 오직 먹 묻은 붓 하나로, 오로지 선과 점만으로 사람의 형상을 그려가기 시작했다. 특히 1988년 서울올림픽을 전후해서는 '손에 손 잡고' 하나 된 사람들의 화합과 희열의 몸짓을 보여주는 이 같은 군상을 다수 남겼다.

• • •

서세옥은 색色 없이도 강렬하다. 1977년에 그린 〈춤추는 사람들〉은 프랑스 화가 앙리 마티스의 〈춤〉을 떠올리게 하는 작품이다. 강강술래를 하는 사람들인 양 어우렁더우렁 손 맞잡은 사람들에게서 생생한 흥겨움이 솟아난다. 엄마 손 붙들고 나온 듯한 작은 아이도 그림 중간에 끼어 있고, 신명에 겨운 나머지 몸을 띄워 거꾸로 선 사람들도 눈에 띈다. 먹선 하나로 이토록 다양한 인물상을 격정적으로 표현하다니 보고 또 봐도 감탄하지 않을 수 없다. 야수파를 대표하는 마티스의 강렬한 색감이 담박한 수묵화의 필력 앞에 무색해진다. 단순하니 쉽다 싶은가. 작정하고 흉내 내본들, 계산해서 따라 그려본들 그 발치도 따라갈 수 없는 것이 바로 붓끝에 어린 기운이다. 화가인 동시에 서예가이며 만萬권의 책을 읽었고 한시漢詩에 일가를 이룬 시인, 글씨를 파는 전각자로 다재다능한 서세옥은 문자향서권기文字香書券氣의 경지에 올랐다는 평가를 받아왔다. 시서화 통달한 문인화가가 '동양화의 현대화'를 내걸고 개척한 수묵추상이 결코 호락호락한 그림이 아니라는 얘기다.

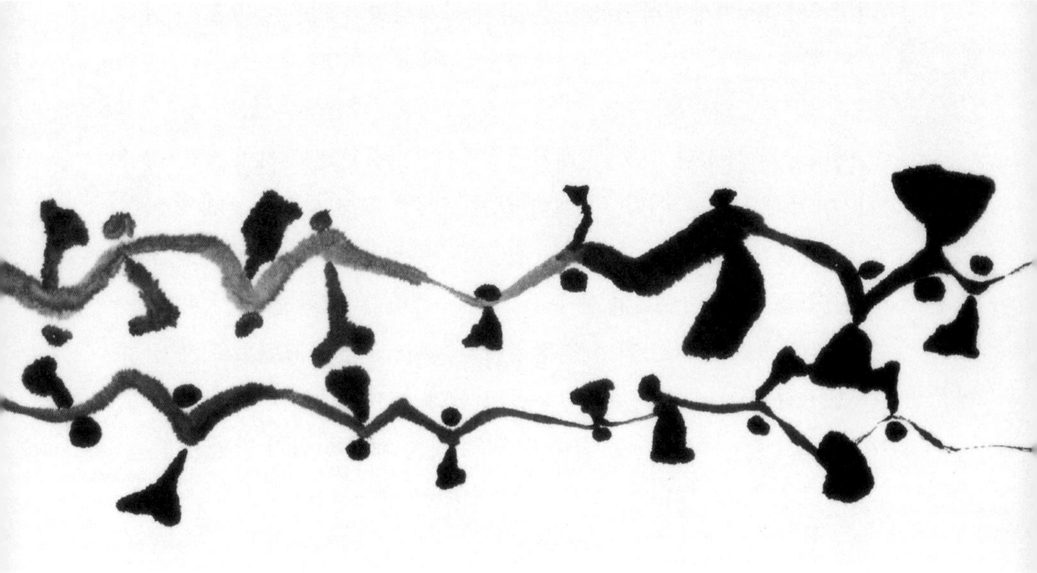

—
서세옥, 〈춤추는 사람들〉
1977년, 한지에 수묵, 73.5×144.0cm, 국립현대미술관 소장
—

손 맞잡은 서세옥의 군상은 '사람들'이라는 제목 아래 다양한 변주를 보여준다. 나선형 유전자처럼 꼬이고 연결된 인물상은 유려하고 부드러워 절로 어깨춤이 난다. 날개 펼친 박쥐처럼 높이 쳐든 팔 아래로 늘어진 옷자락이 역삼각형을 이루는 모습은 경쾌하고 역동적이다. 서예 글씨를 쓰듯 획의 삐침 같은 붓질로 달리는 사람의 동세를 만들기도 했다. 어깨동무를 하고 나란히 붙어 앉은 듯, 각진 어깨를 맞댄 견고한 느낌의 사람들에서는 듬직함과 안정감이 느껴진다. 둥그스름한 몸통 위로 동글동글한 머리를 그려 넣어 무수한 젖무덤인 성 싶은 작품은 출근길 지하철역에 쏟아져 나온 도시 서민들의 처진 어깨를 생각나게 한다. 때로 사람들은 무대인사 하듯 손을 맞잡고 고개 숙인 모습으로도 나타

나고 극도의 기하학적 추상으로 발전해 사각형과 작은 점으로 구현되기도 한다.

이따금씩 특정한 인물 관계가 드러나는 작품도 있는데, 그 중 하나가 〈어머니와 아들〉이다. 두 채의 집이 포개진 형상이다. 아들에게 어머니는 한결같이 비바람 막아주는 집 같은 존재다. 어머니에게 아들 역시 자신의 품 전체를 오롯이 채우는 그런 존재다. 미켈란젤로의 〈피에타〉 못지않은 모자의 애틋함이 격정적이지 않은 담담한 표현으로, 꾸밈없는 보편적 언어로 웅숭깊은 감동을 전한다. 파도가 찰싹이는 백사장에, 혹은 물기 젖은 학교 운동장 흙 위에, 무엇을 채워야 할지 막막한 빈 종이 위에 손으로 그려보고 싶은 그런 어머니와 아들이다.

"화가도 인간이다. 인간에 흥미를 가지는 것은 당연한 일이다. 나는 인간 형상을 다각적으로 표현한다. 외톨박이가 있고, 함께 울고 웃는 사람도 있다. 어머니가 아이를 품고 있는 모자상도 있다. 어머니의 탯줄을 자르고 나서는 혼자 돌아다니며 뿌리 없는 삶을 사는 것이 우리 인간이다. 어머니는 우리 정신의 '집'이다. … 때로는 몸통은 사라지고 인간이라는 껍데기만 남긴 작품도 있다. 수많은 인류의 희로애락을 표현한 것이다."

• • •

1929년 대구에서 태어난 서세옥의 아버지는 한학자 서장환徐章煥으로 독립운동과 의병 가족 지원을 위한 자금줄 역할을 한 항일지사였다. 3·1운동 당시에는 독립선언서와 독립만세 구호를 인쇄해 군중에게 나눠주다 경찰에 붙들려 모진 고문을 받았다. 1921년에는 등사본 형식의 지하신문인 《자유신보》를 발간해 언론기관에 독립운동을 홍보했고,

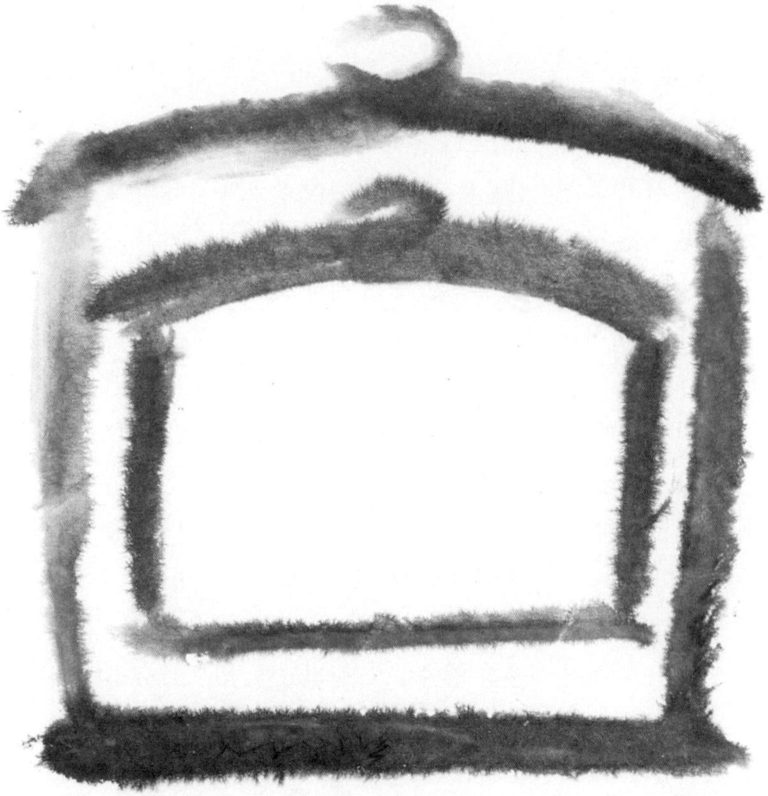

—
서세옥, 〈어머니와 아들〉
2000년대, 닥지에 수묵, 45×43cm, 국립현대미술관 소장
—

영문판으로 제작해 외국에까지 일제의 횡포를 알렸다. 충남 천안의 독립기념관에 서세옥을 주축으로 동양화 중진작가들이 1986년에 제작한 폭 20미터짜리 〈3·1만세운동〉이 걸리고, 이 그림이 2019년 발간된 3·1운동 100주년 기념우표에 수록된 데는 인연과 사연이 겹겹이 깔려 있다.

본래 서세옥은 그림보다 문학에 더 관심이 많았다고 한다. 어린 시절에는 산더미 같은 한문서적에 둘러싸여 살았고 자나 깨나 책만 읽었다. 해방 이후 "흥분과 감격이 환멸로 바뀌는 과정에서 '내가 가진 재주가 아무 것도 아니다'는 생각"이 들기 시작했고 문학으로 등단하려 고심했으나 "문학이란 언어의 부호인 문자를 떠나서 존재할 수 없다. 자유가 없다. 문자의 노예가 되는 것이다"라는 깨달음에 이르렀다. 그래서 택한 미술이다. 서세옥의 부친과 막역한 사이이자, 민족대표 33인 중 한 명인 길선주吉善宙 목사의 아들이 일본에서 서양화를 공부하고 왔다고 하여 그에게서 석고 데생을 배웠다. 나중에 서울대학교 교수를 지낸 길진섭이었다. 마침 1946년에 설립된 서울대학교 미술학부에 서세옥은 제1기로 입학했다. 당시 동양화과 교수를 지낸 근원 김용준의 전통미술 교육과 묵법 화풍의 영향을 크게 받았다. 먹으로 그리되 과거 문인화의 답습은 아니었다. 간결한 선묘, 담채에 의한 담백한 공간 처리를 중시했다. 그 시절은 가는 윤곽선으로 형태를 그려 진채와 호분으로 꽉 채워 칠하는 채색하는 일본화풍이 전염병처럼 동양화단을 파고든 때였다. 일본풍 미의식에서 벗어나야 한다는 절박감은 독립에 대한 절박감 못지 않았다.

서세옥의 이름이 널리 알려진 것은 대학 4학년 때, 해방 후 첫 국가 공모전으로 신설된 제1회 대한민국미술전람회에서 〈꽃장수〉가 국무총리상을 받으면서부터다. 대통령상은 서양화 부문 1등인 류경채의 〈폐

림지 근방〉이 받았고, 동양화 부문 1등상을 서세옥이 차지했다. 지게에 꽃을 싣는 꽃장수 할아버지 주변으로 세 명의 젊은 여인들이 꽃을 구경하는 모습을 그린 이 작품은 비록 전하지 않으나 미술사 연구자인 김복기 경기대학교 교수는 "광복을 맞은 새 시대의 신구 세대의 만남과 교체, 새 나라의 꿈을 개화開花라는 우의를 통해 담아낸 것"이라고 분석했다. 1950년대 후반 한국전쟁의 상흔이 아물 무렵 그는 파격적인 수묵추상 작품으로 미술계에 파란을 일으켰다. 역시나 원작이 유실된 1954년 대한민국미술전람회 수상작 〈운월暈月의 장章〉은 나무 아래 앉아 무릎에 머리를 파묻고 우는 여인과 매서운 눈의 검은 고양이를 담아 전쟁과 분단을 겪은 민족의 울분을 담담하게 증언했다.

같은 시기 서양화단은 앵포르멜의 자극을 받아 아방가르드운동이 조짐을 보일 때였다. 젊은 서세옥은 헝겊에 솜방망이로 먹을 두들기거나 나무판에 석고를 발라 칼로 긁는 그림 등 '그리는 행위'에 대한 근원적 문제 제기를 했다. 닥종이에 그저 먹 점만 연이어 찍은 〈점의 변주〉, 물 번지는 대로 붓 갈라지는 대로 내맡긴 채 획을 내리 그은 〈선의 변주〉를 1959년, 그 이른 시기에 그렸다는 사실 또한 상당히 놀랍다. 1962년 작 〈비명碑銘〉은 비석에 새겨진 글자를 큼직한 점으로 치환해 보여주고 있다. 실상 한자가 익숙하지 않은 현대인의 눈에는 돌에 새겨진 한자들이 제 뜻으로 읽힐 리 만무하고, 또한 세상 떠난 이에 대한 구구절절 칭송이 덧없음을 은유하기도 한다.

활동의 기반을 다진 서세옥은 1960년 전위적 예술가 그룹인 묵림회墨林會를 결성했다. 친일 청산의 의지는 한국전쟁 이후 반공 이데올로기에 파묻혀 대한민국미술전람회에서는 여전히 왜색 그림이 득세하는 현실을 두고만 볼 수 없었다. 대한민국미술전람회 참가 거부와 함께 동양화 혁신운동을 펼친 그는 국전개혁위원장으로 위촉됐고, 비구상 부문

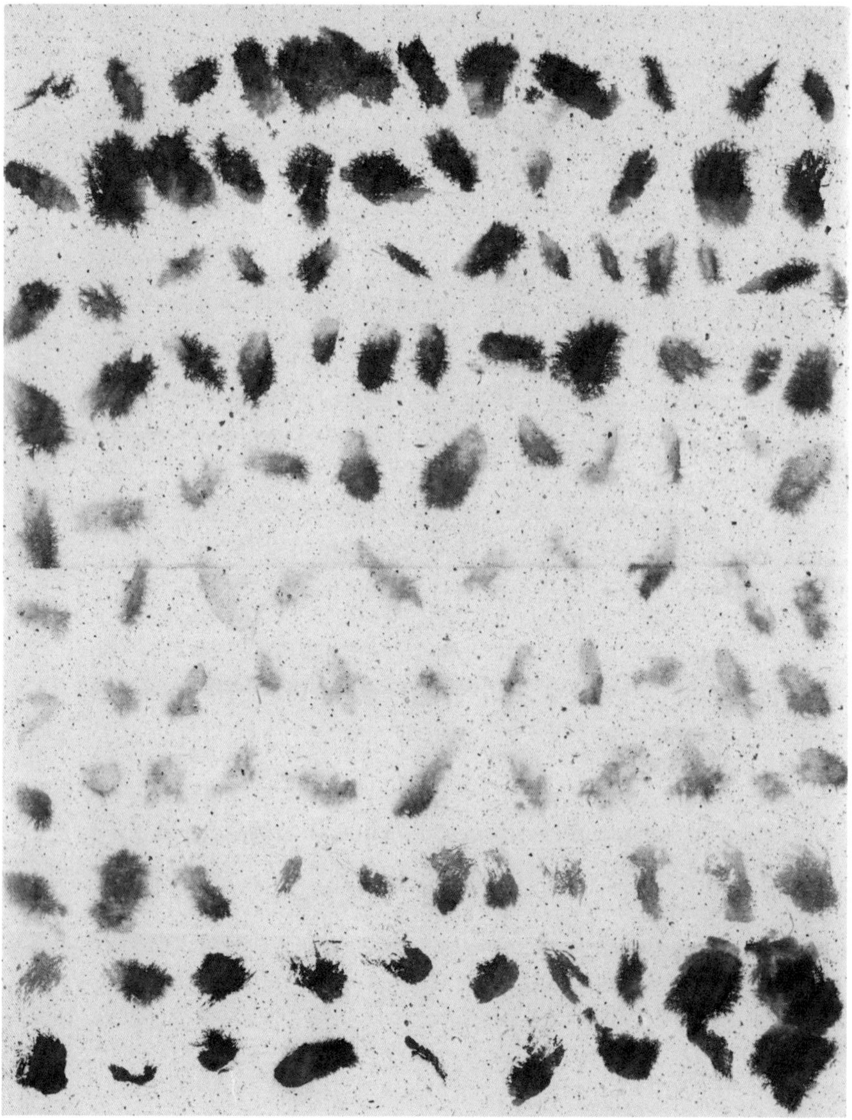

—
서세옥, 〈점의 변주〉
1959년, 닥지에 수묵, 95.0×73.5cm, 국립현대미술관 소장
—

을 신설해 실험적인 작품을 위한 등용문을 열어줬다. 풍랑을 이겨낸 배처럼 수묵추상의 정체성을 자신만의 길로 개척한 서세옥은 한국미술의 국제화 흐름에 앞장서 상파울루비엔날레, 카뉴국제회화제 등에서 활약했다. 서울대학교 교수로 후학을 양성한 후 예술원 회원으로 활동했으며, 성북구립미술관 명예관장 등을 맡기도 했다. 2005년 국립현대미술관의 '올해의 작가'로 선정돼 대규모 전시가 열렸고, 2014년에는 국립현대미술관에 작품 100점을 기증해 기념전이 개최됐다.

서세옥의 탁월한 통찰력과 깊은 철학적 사유는 대물림되었다. 그의 장남 서도호는 공간과 인간의 관계를 모색해 천과 실로 만든 설치작품 '집'이나 다양한 재료로 표현한 군상 등으로 유명한 국가대표급 현대미술가이다. 배우 최무룡이 '최민수의 아버지'로 불리듯, 우스개처럼 서세옥을 '서도호 작가의 부친'이라는 별칭으로 부르는 이가 있을 정도다. 서도호가 정체성의 상징으로서 집을 소재로 한 작품을 만든다면, 그의 동생이자 서세옥의 차남인 서을호는 진짜 집을 만드는 건축가로 활약중이다. 두 아들이 모두 세계 최고의 권위를 자랑하는 국제미술제인 베니스비엔날레 한국관 대표 작가로 참여했고, 둘이 함께 광주비엔날레에 공동 프로젝트로 참가하며 아버지의 빛나는 이름을 이었다.

'산지기'라는 뜻의 자호自號 산정처럼, 성북동 언덕배기 집에서 묵묵히 말년을 보내면서도 마지막까지 붓과 책을 손에서 놓지 않았던 서세옥은 자신의 예술관을 이처럼 표현했다.

"실상實相과 허상虛相이 조화를 이루면 모두가 정토가 아니던가. 여기에 나의 붓끝이 닿으면 춤과 노래가 흥겹게 어우러질 것이다."

끝없는 미의 추구

6

곽인식
권옥연
김창열
박서보
이우환
최욱경
이승조

곽인식

물성 탐구의 효시, 시대를 앞서간 예술가

흐드러지던 꽃잎이 화폭에 내려앉았다. 잡히지 않는 비눗방울을 그림 속에 붙들었다. 낯빛 바꾼 잎사귀를, 손 닿으면 사라질 첫눈을 종이 위에 아로새겼다. 이 고운 계절을 조금만 더, 영롱한 빛을 잠시만 더 보고 싶었을까. 화가는 동글동글한 타원형을 하나씩 놓아나갔다. 봄에는 벚꽃처럼, 여름엔 비눗방울처럼, 가을이면 단풍으로, 겨울 오면 눈송이로 느껴지는 마법 같은 그림은 일본에서 활동한 화가 곽인식郭仁植·1919~1988의 〈작품 83-B〉이다.

진달래는 연분홍으로 피었다가 속상해 토라진 양 파르래지며 꽃을 떨어뜨린다. 병아리 떼마냥 소란스럽던 개나리는 급히 떠나느라 흘려 놓고 간 꽃잎도 수북하다. 상춘객을 홀리는 벚꽃은 단연 봄의 여신이요, 여신은 바람의 정령이 모시고 간다. 바람에 꽃눈 흩날리며 봄날은 간다. 그 꽃잎 내린 자리에 그림이 피어난 듯하다. 봄에 만날 때와 가을에 접할 때가 달리 보인다. 푸른 잎과 노란 잎이 겹친 자리, 노란 잎과 빨간 잎이 만난 자리에 계절이 교차한다. 샛노랗게 바뀐 은행잎 뒤로

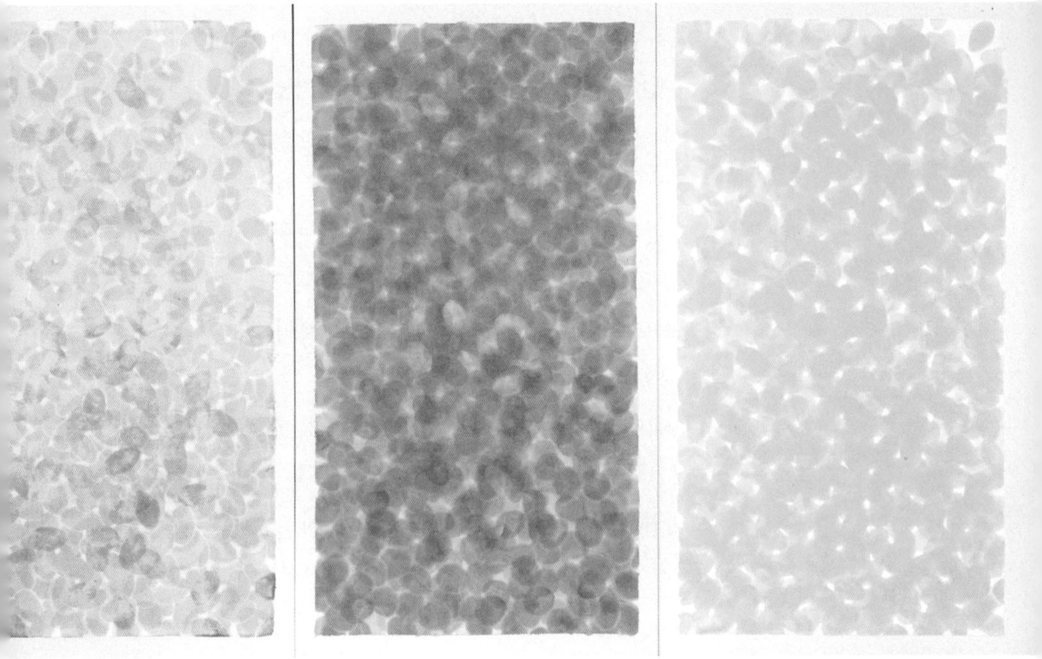

—
곽인식, 〈작품 83-B〉
1983년, 캔버스 위 종이에 수채, 170×96cm 3폭, 국립현대미술관 소장
—

붉은 단풍나무 이파리들이 얼굴을 내밀고, 그 사이사이에 아직도 '버틴' 초록 잎사귀들도 있으니 오늘 이 작품은 꼭 가을을 닮았다.

• • •

섭섭할 마음에 미안할 소리 하나 얹어야겠다. 사실 이것은 꽃도 잎도 아니다. 둥근 형태를 겹쳐놓은 추상화일 뿐이다. 주변의 사물이나 돌멩이, 바둑알과 유리 같은 것을 사용해 '전위적으로' 작업하던 곽인식은 화업 후반기에 회화로 돌아섰다. 3·1운동의 열기가 한반도를 뜨겁게 달궈놓았던 때, 1919년 4월 18일 지금의 대구광역시 달성군 현풍읍 상리에서 태어난 그는 만석꾼의 아들이었다. 현풍공립보통학교 시절부터 미술에 재능을 보였고 YMCA 중등부를 수료한 후 1937년 3월 형과 삼촌이 있던 일본으로 미술 공부를 하러 건너갔다. 일찍이 그곳에서 최첨단의 전위예술을 접한 곽인식은 한국이 서양미술을 막 접하기 시작했을 그 무렵 이미 근대미술의 종말을 예감하고 있었다. 원근법을 이용해 2차원의 평면 위에 3차원의 공간감인 것 같은 착시를 펼쳐놓는 것, 즉 보이는 대로 생생하게 그리고자 하는 일이 더 이상 의미 없다고 판단해 일찍이 '새로운 미술'에 몰두했다. 나중에는 돌·유리·철판 등의 물질을 이용해 온갖 실험을 펼치더니 다시 붓을 쥐었다. 그가 보이고자 한 것은 특정한 장면이나 기억이 아니다. 새로운 확장으로 깊이감과 공간감, 나아가 존재감을 드러내고자 했다. 그림으로 돌아가 점과 점이 포개진 자리를 보자. 색과 색이 겹치면 더 진하고 어두워지기 마련이건만 곽인식의 색점은 빛처럼 겹칠수록 밝아진다. 이따금 흔들리는 꽃잎이나 잎사귀가 햇빛을 온몸으로 받아 투명하게 보일 때가 있는데, 이 점들이 꼭 그렇다. 경쾌하고 투명한 노랑, 주황, 빨강의 동그라미들은 무중력 상태로 떠다니는 듯, 우주 속에 존재하는 만물의 이야기를 재잘거린다.

재료도 한몫했다. 종이에 먹이나 수채물감을 사용해 수용성 안료가 종이 속까지 침투하듯 스미게 했다. 캔버스에 그린 유화의 불투명함과 달리 동양적 재료들은 투명함을 품고 있어 머금고 들어갈 공간의 여지를 가진다. 화가는 종이 저편으로, 얇은 종이의 안쪽으로 공간을 개척하고 싶었다. 착시로 만든 공간이 아니라 진짜 공간을 구현하고자 했다. 무수히 찍은 동그라미는 지문처럼 제각각의 얼굴을 갖고 생글거린다. 떨어진 꽃잎처럼 제멋대로 쌓인 듯하지만, 쌓임은 시간과 동행한다. 또한 쌓임은 수북할 수 있는 공간을 필요로 한다. 시간과 공간을 담으려 했다는 작가의 의지를 알게 되는 순간 숱하게 찍힌 타원형들이 민첩하게 움직인 작가의 발자국으로 느껴진다. "종이라는 사물을 앞에 두면 '있는 듯 없는 것'이라는 생각이 든다"라고 했던 곽인식은 실제로도 이런 회화 작품을 시작하기 전, 종이를 둥글게 주걱칼로 파나간 작업을 선보이기도 했다. 1980년 이후 곽인식의 색점 회화를 두고 일본의 미술평론가 지바 시게오千葉成夫는 동양적 정신의 미니멀리즘을 놓치지 않으면서도 첨단적이라 극찬하며 "꽃과 열매가 동시에 피고 열리는 작품을 실현했다"라고 평했다.

곽인식은 일본 현대미술에서 중요한 화파 중 하나인 모노하物派·물파 또는 모노파의 선구로 불려왔다. 모노하 이론을 정립한 미학자 겸 화가 이우환李禹煥에게 영향을 주었으며, 수행자처럼 반복적으로 물질을 다루되 비물질적인 정신성에 다다른다는 점은 박서보와 1970년대 한국의 단색조 회화 작가들에게 영향을 준 것으로 평가된다. 거의 한평생 일본에서 활동한 그는, 한참 후에야 국내에 정식으로 소개됐다.

그는 도쿄에 있던 니혼미술학교에서 공부했지만 학창 시절 기록이 거의 전하지 않는다. 재학 중이던 1939년의 방학 때 잠시 귀국해 첫 결혼을 했다. 이듬해 일본 내 권위 있는 재야 미술단체의 공모전인 독립미술협회전에 〈모던걸〉을 출품해 입선했다. 본격적으로 공부를 해보려나 싶었건만 태평양전쟁의 그늘이 짙어지자 도쿄 생활을 정리하고 귀국길에 올랐다. 돌아오자마자 전시부터 준비했다. 1942년 6월 대구 미나카이三中井백화점 내 미나카이화랑에서 첫 개인전을 열었다. 당대 최고의 화가로 손꼽히던 이인성과 남관이 그의 작품을 유심히 봤으며 이병철 삼성상회삼성그룹의 전신 사장도 전시에 다녀갔다. 마침 수원중학교에 임용된 아내를 따라 수원으로 거처를 옮겼고 같은 학교에서 미술교사로 일했다. 첫 아들을 얻었으나 이내 아이를 잃고 결혼도 파경으로 치달았다. 해방 이후 고향으로 내려갔고, 현풍공립보통학교 동창들과 조국 재건을 위한 모임도 결성했다. 새 세상에 대한 기대가 부풀어 올랐다. 새 사랑도 만났다. 1946년에 현풍국민학교 교사이던 두 번째 반려자 박을득을 만나 교제를 시작했다. 그녀가 서울 종암국민학교로 발령 나는 바람에 서울과 현풍을 오가는 원거리 연애를 불사했고, 유일한 혈육인 아들 곽경직을 얻었다.

뿌리를 내리나 싶었던 곽인식은 1949년 밀항선을 타고 일본으로 가 1982년까지 단 한 번도 한국에 오지 않았다. 일찍 헤어져 '아버지' 한 번 못 불러본 아들은 서른을 넘기고서야 처음 일본에서 부자상봉을 했다 한다. 곽인식은 왜 이방인의 삶일 수밖에 없는 일본행을 택했을까. 출품을 준비하던 전시 계획을 철회하는 등 뜻한 일이 잘 풀리지 않았기 때문일까. 자신의 미술에 대한 주변의 이해를 얻지 못했고, 당시 집안에서 좌우익 갈등이 벌어져 곤란한 상황이었다는 등 이유는 복합적이다. 실제 한국전쟁 전후로 친형이 빨치산에 의해 피살됐는가 하면, 오촌 숙부는 공산주의자로 몰려 처형당했다. 심지어 부인 박을득이 전쟁 통에 세상을 떠났다는 것도 나중에야 알게 됐다. 그 시절이 그랬을 것이다. 한반도 전체가 좌우익 대결이 첨예하던 때였으니 꼭 그 집안만의 비극은 아니었을 테고, 시대를 앞서간 예술은 동서고금 막론하고 너른 이해를 얻기 어렵기 마련이다.

일본으로 건너간 곽인식은 고무구두를 수선하고, 미군 배급품 장사를 하는 등 닥치는 대로 일했다. 작업을 계속하기 위해서였다. 일본의 권위 있는 미술제인 이과전에 출품해 1951년부터 5년간 연달아 입선했다. 서서히 자리를 잡아갔고 미술계와도 활발히 교류했다. 발레 공연을 본 것을 계기로 세 번째 부인이자 평생의 반려자가 된 일본인 발레리나 오마타 사토코를 만나 새 인생을 살았다. 그 시기 작품들은 앞서 본 〈작품 83-B〉 같은 후기 회화와는 사뭇 다르다. 전통미술이 한 시대의 막을 내리고 현대미술의 새 장이 열리려 하는 격변기에는 전위적인, 그러니까 아방가르드 미술이 그 선두에 나서기 마련이다. 곽인식은 그 선봉장이었다. 강태희 한국예술종합학교 미술원 교수의 분석을 빌려 1950년대 그의 화풍을 말하자면 "피카소와 미로Joan Miró를 혼합시킨 듯"한 "초현실주의적인 심상心想 풍경화"라 할 수 있다. 1961년에는 강렬한 모노크롬 작품을 선보였다. 모노크롬은 한 가지 색조로 이뤄진 작품을 말한다. 이 때문에 1970년대 한국의 '단색화'를 곽인식의 영향이라고 보는 학자들이 많은데, 중요한 것은 색이 아니라 어떻게 그리느냐에 관한 방법론이었다. 작업에 대한 열정이 왕성했던 곽인식은 형태 없이 재료의 물성을 강조하던 앵포르멜, 폰타나의 공간주의, 푸른색만으로 온갖 시도를 다 했던 클라인Yves Klein의 모노크롬, 형태를 해체한 다음 다시 쌓은 아르망Armand Fernandez 등의 작품을 두루 접했다. 우리가 흔히 그림이라 부르는 것이 형태를 그린 '형상회화' 위주라면 곽인식은 물질 자체가 스스로 말을 하는 '물성회화'를 추구했다.

• • •

독보적인 작품으로 '유리 깨기'가 있다. 거리를 걷다가 1960년대 당시로는 보기 드문 큰 빌딩의 유리창이 눈에 들어왔다고 한다. 그는 "너무 커서 눈에 다 들어오지 않기에 크면 클수록 그 정체를 알 수 없는 희한한 존재"인 '유리의 투명성'에 매료됐다. 그리하여 깨뜨린 유리 조각을 덕지덕지 캔버스에 붙이기 시작했고 나중에는 유리 작업으로 단색조의 작품을 제작하기도 한다. 유리 크기만큼 땅을 파서 그 위에 유리를 놓고 쇠구슬을 떨어뜨려 깬 다음, 판넬 위에 천을 깔고 그 위에 깨진 조각을 조심스럽게 다시 붙인 작품들이다. 당시 그런 작업을 하는 사람은 곽인식뿐이었다. 물체에 손을 거의 대지 않고 그 존재성을 그대로 보여주거나, 물체와 공간 혹은 물체와 인간 사이의 관계에 주목한 것이 그로부터 10년 뒤쯤의 모노하와 일맥상통한다. 정작 곽인식은 서구의 전위를 모방하고 따라잡기에 급급해 보이는 모노하 등에 회의적이었으나, 역설적이게도 자신보다 뒤늦게 부상한 모노하 운동과 후배 작가 이우환의 활약이 곽인식을 재조명하게 했다.

뿐만 아니라 그는 인두로 캔버스를 태우거나 동판을 찢어서 철사로 꿰매고, 망치로 두드려 찌그러트리는 등의 행위를 통해 물질의 속성을 드러냈다. 그런 1950~1960년대 작품들은 길었던 일제강점기와 해방 후의 가혹한 시기를 겪은 작가의 체험을 반영한다. 그는 좌우익의 대립과 남북한의 분단을 시대적 균열로 여겼다. 관심은 쪼개져 있는 현실을 하나로 봉합하는 데 쏠렸고, 물질을 찢고 다시 붙이는 것은 일종의 수술처럼 정신적 상처를 치유하는 행위였다. 실제로 통일 운동에도 적극적이었던 곽인식은 1961년에 '평화통일 남북문화교류 촉진문화제'에 참여했고 조총련재일본조선인총연합회과 민단재일본대한민국민단 계열의 미술가협회가 함께 주최한 '연립미술전'을 기획하기도 했다.

그런가 하면 평범하기 그지없어 발로 차버릴지도 모를 돌멩이에 쌀알 같은 흰 점을 찍기도 했다. 그 손길이 훗날 종이 위에 점 찍는 붓질로

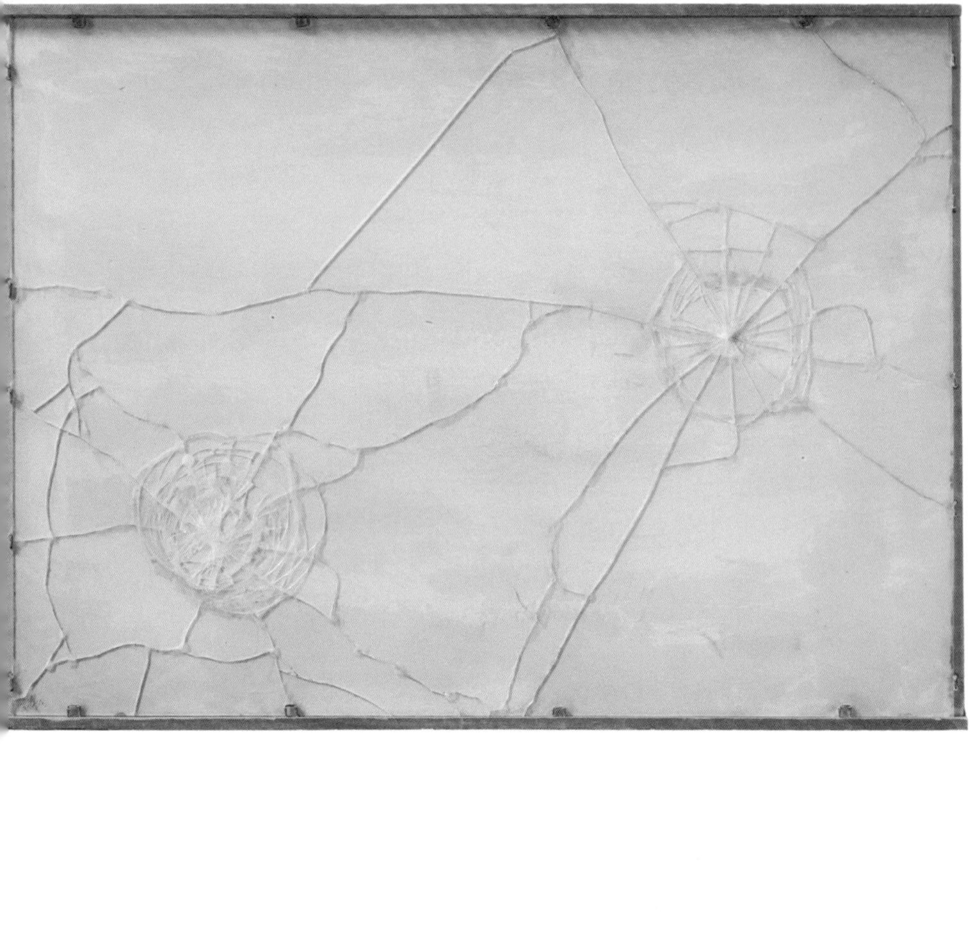

—

곽인식, 〈작품 63〉

1963년, 패널에 유리, 75.0×103×4.5cm, 국립현대미술관 소장

—

이어졌다. 유리를 깨는 것이나 돌을 쪼는 것에서 표면을 극복하려는 의지가 읽힌다. 국립현대미술관 과천관 야외조각장에서는 15미터 높이 원기둥으로 돌을 쌓아올린 〈작품 86-끝없는〉을 만날 수 있다. 돌을 쌓아올리며 소원을 빌던 옛사람이 생각나지만, 작가는 가공하지 않은 돌이라는 사물 그 자체를 보여주고자 했다.

> "우주 속에는 헤아릴 수 없이 많은 물질이 존재하고 있다. 그 많은 물질마다 말을 하게 해서 무수한 말을 들을 수 있게 된다면 … 물질이 뱉는 말은, 반드시 새로운 차원을 낳게 될 것이다. … 나는 일체의 표현행위를 멈추고 사물이 하는 말을 들으려 하는 것이다."
>
> 일본《미술수첩》1969년 7월호 중에서-

한·일 현대미술교류사 연구를 위해 〈곽인식 론論〉을 쓴 강태희 교수는 이 말이 '구타이具本 미술은 물체를 변화시키지 않는다. … 물질은 그들의 내재적 특성을 진정으로 노출하면 이야기를 말하기 시작하며 울음까지 운다'고 한 〈구타이미술 선언문〉과 아주 유사하다고 지적했다. '구타이'는 영어로 'embodiment구현'을 뜻하며 "모방이 아닌 한 번도 존재한 적 없는 것을 창조하자"라고 한 일본의 1950년대 미술 운동이다. 20세기 한국과 일본 미술의 교류에서 곽인식이라는 존재가 얼마나 큰 거인이었는지를 짐작할 수 있는 대목이다.

• • •

유리,놋쇠,철판 등의 사물을 작업에 이용하던 작가는 1969년부터 회화에 집중한다. 국립현대미술관이 소장한 〈사물과 사물〉은 종이에 덩그러니 원 하나만 그린 것이 선화仙畵인가 싶다. 실제로는 그린 게 아니라 뾰족한 도구를 원의 형태로 꾹꾹 눌러 잘라낸 것이다. 이 작품과 관

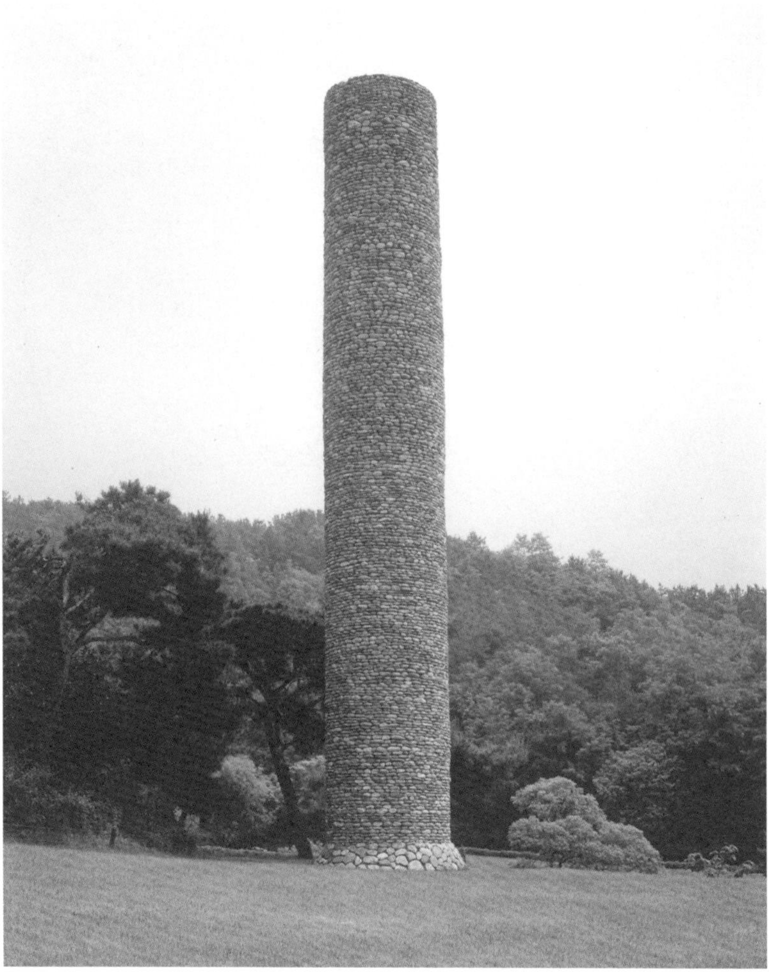

—
곽인식, 〈작품 86-끝없는〉
1986년, 시멘트·돌, 250×250×1500cm, 국립현대미술관 소장
—

—
곽인식, 〈사물과 사물〉
1969년, 한지, 85×85cm, 국립현대미술관 소장
—

련해 작가는 어린 시절 옛 방문의 창호지 이야기를 종종 꺼냈다. 누구 손끝에 눌린 것인지 뚫린 문종이가 바람에 파르르 떨리는 것을 보노라면, 붙은 것도 떨어진 것도 아닌 존재의 괴이함이 느껴졌다. 평면의 일부인 종이가 공간을 이뤄 움직이며 균열과 봉합을 반복하니 한참을 들여다보게 만들더라는 얘기다.

그렇게 한지에 지문 닮은 타원형의 색점이 찍히기 시작했다. 줄곧 한국으로 들어오지 못하고 겉돌던 곽인식은 1982년 갤러리현대에서의 개인전을 발판으로 마침내 귀국했다. 1985년에는 국립현대미술관에서 회고전이 열렸다. 화가는 1988년 폐암으로 세상을 떠났고, 3년 후 발레리나였던 일본인 부인도 남편의 뒤를 따랐다. 둘 사이엔 자식이 없었고, 부인은 곽인식 타계 후 혼자 살았기에 쓸쓸히 숨을 거두고도 한참 후에 발견됐다. 작가의 유일한 혈육 곽경직은 재일교포 건축가 이타미 준이 곽인식을 위해 설계한 방배동의 옛 아틀리에에서 아버지의 유작들을 지켰다. 낡고 닳은 건물이 헐릴 지경에 이르렀을 때, 다행히도 국립현대미술관이 유례없는 대규모로 곽인식 회고전 준비를 시작했다. 재료가 다양하고 보관이 쉽지 않은 작품들 100여 점이 작업실 밖으로 나왔고 곰팡내 제거부터 복원까지 착착 진행됐다. 2019년 6월부터 9월까지 과천관에서 열린 '탄생 100주년 기념-곽인식'전은 그해 최고의 전시로 꼽힐 만큼 비상한 관심을 끌었고 뒤이어 고향의 대구미술관으로 순회전이 이어졌다.

> "표면을 추구하면서 표면을 초월하는 것, 점은 점을 부르고 점은 점을 초월합니다. 초월하고 극복하는 동시에 거기서 빛(색)이 나타나는 겁니다. 그것을 나는 나의 예술이라고 생각합니다."
>
> 《공간》 1982년 6월호 중에서-

겹치며 찍힌 점들이 어깨 부대끼며 사는 우리네 현실과 닮았지만 그림은 얼마나 아름다운가. 빗물에 떨어져 바닥을 나뒹구는 잎사귀마저도 계절의 일부로서 고귀하다.

권옥연

휘영청 뜬 보름달, 간밤 꿈 같은 풍경

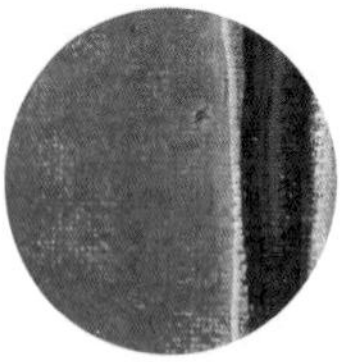

누가 하늘에 저런 천 자락을 걸었으려나. 가리려고 드리운 장막인가, 보여주려 내리친 은막인가. 세 자락 천 사이로 휘영청 뜬 보름달이 비친다. 달도 푸르고 하늘도 어두운 푸른빛이니 저 천이 없었더라면 달은 어떤 색, 어떤 모양이었을까. '청회색의 음유시인'이었던 화가 권옥연權玉淵·1923~2011의 1999년작 〈달밤〉이다. 꿈꾸듯 그린 화가요, '한국적 초현실주의'라 불리는 그림이니 풍경 참 엉뚱하고 기괴하다. 흔히 그림에서 달은 여성을 상징하고 수직적인 것은 남성을 은유하는 경우가 많다. 그런 둥근 달과 길쭉길쭉 늘어뜨린 수직의 면이 중첩됐으니 은밀한 상상을 펼치기에도 충분하다. 살바도르 달리Salvador Dalí의 풍경들이 갖가지 상상과 환상을 끌어내는 것처럼 권옥연의 몽환적 이미지는 특이한 공간감 속에 신비로운 얘깃거리를 끄집어낸다. 단, 〈초현실주의 선언〉을 쓴 프랑스 시인 앙드레 브르통André Breton이 권옥연을 자기 집으로 초대해 "당신의 그림에 동양적 초현실주의가 숨어 있다"라고 했던 말처럼, 그의 그림은 '한국적 초현실주의'로 동서양 화가 그 누구와도 비교할 수 없는 독특한 개성을 갖는다.

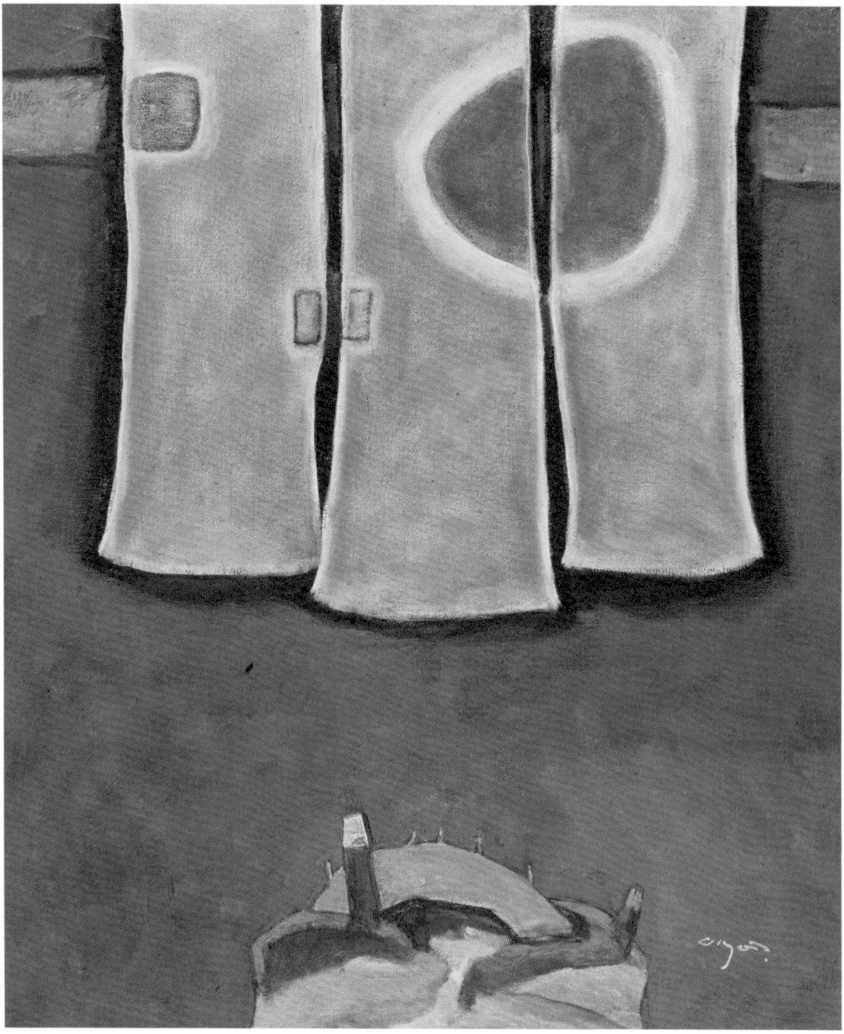

—

권옥연, 〈달밤〉

1999년, 캔버스에 유채, 130×109cm, 국립현대미술관 소장

—

초현실주의 회화는 말 그대로 꿈 같은 그림이다. 그러니 이 〈달밤〉도 말로 다 설명할 수 없는 간밤 꿈 같은 풍경이다. 화면 대부분을 차지한 음울한 청회색은 물감을 풀고 섞다가 우연히 나올지언정 쉽사리 만들어 쓸 법한 색이 아니다. 표현의 색이기보다는 절제의 색이다. 그래서 한눈에 좋아 보이지는 않을 수 있으나 묻어둔 깊은 감성을 툭 차듯 건드린다. 그림 앞에서 발이 무거워지는 이유다. 화가는 일찍이 1960년대부터 이처럼 '풍경화 아닌 풍경화'를 그려왔다. 한국 전통문화에 관심이 컸던 까닭인지 그림에는 그리움의 원천인 옛집과 달도 등장한다. 시공을 뚫고 날아갈 듯한 학, 삼국시대 왕릉에서 출토됐을 법한 곡옥, 목이 기다란 토기와 작은 불 밝힌 호롱불, 성황당 당산나무를 휘감은 색색의 천 등이 그림을 가로지른다.

어떤 실마리도 주지 않지만 권옥연의 그림에서는 색色이 노래하고 선線이 재잘거린다. 프랑스 화가 라울 뒤피Raoul Dufy의 경우 모차르트는 분홍, 드뷔시는 연녹색으로 묘사했더랬다. 청회색과 녹회색, 암회색을 사용하는 권옥연의 그림은 화려한 선율의 피아노나 현악기보다는 새겨들어야 귀에 닿는 타악기를 닮았다.

"소박함은 예술의 순수한 원형을 상징한다. 산에서 베어다 손질하지 않은 것 같은 이 통나무 의자 따위의 소박함이 현명함을 넘어서서 그 어떤 인간의 본질을 느끼게 한다."

• • •

권옥연은 1923년 함남 함흥의 권 진사댁 5대 독자로 태어났다. 추사 김정희가 함경도 유배 길에 잠시 머무르며 신세졌다고도 전하는, 소문난 부잣집의 귀한 아들이었다. 아버지가 서양음악에 심취했고, 그도 원

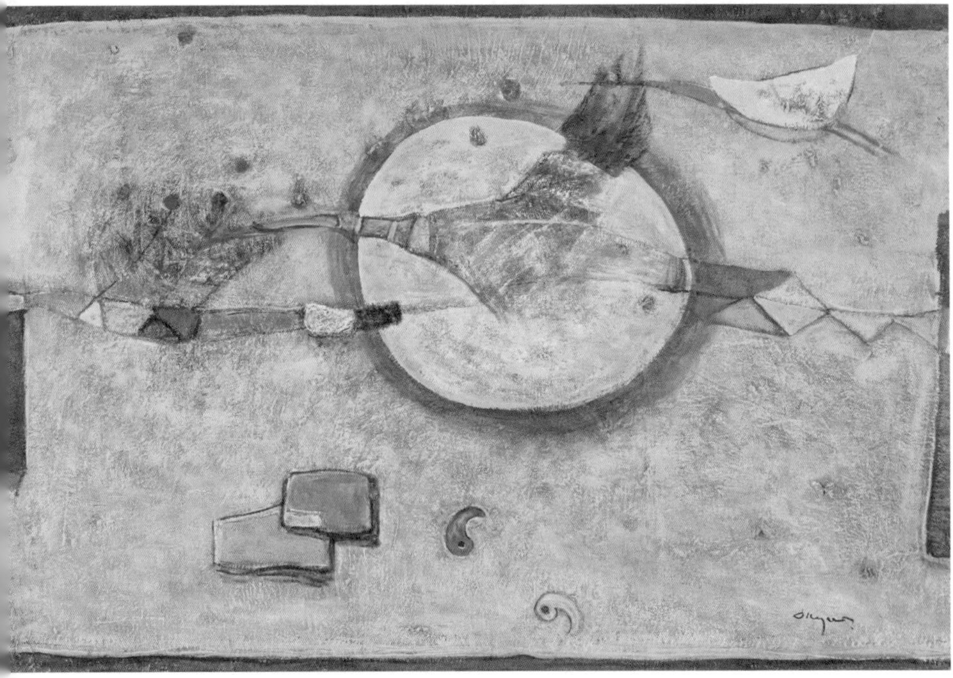

—
권옥연, 〈꿈〉
1960년, 캔버스에 유채, 73×100cm, 국립현대미술관 소장
—

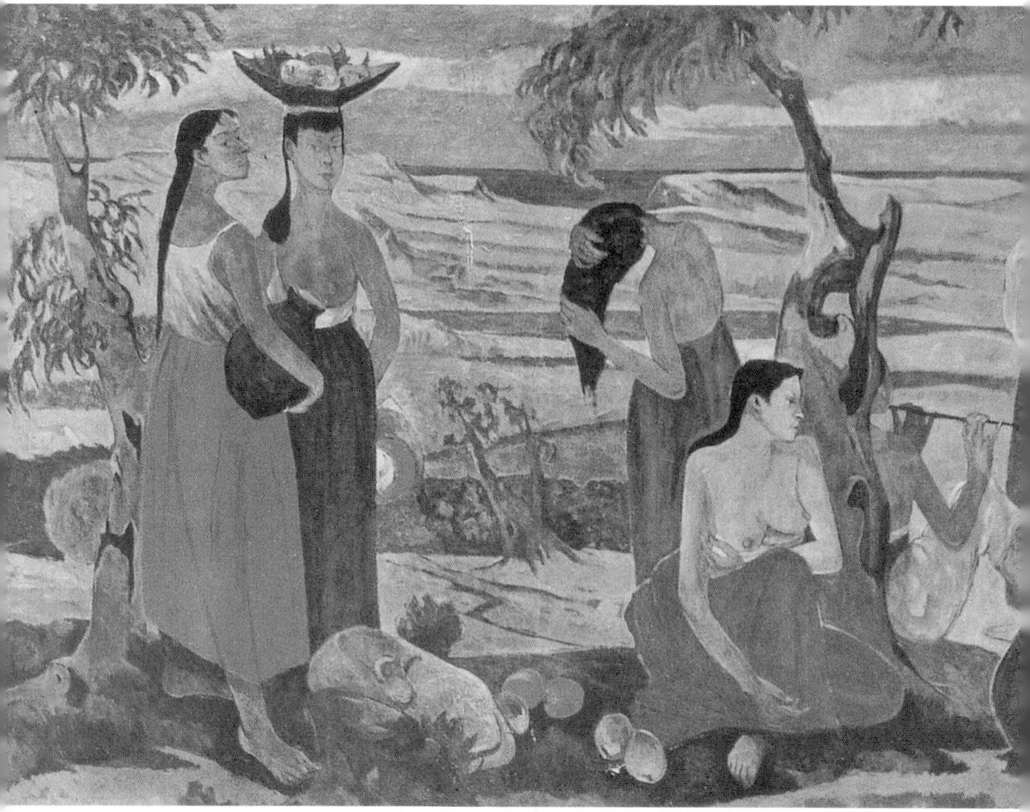

—
권옥연, 〈고향〉
1948년, 캔버스에 유채, 162×226cm, KDB산업은행 소장
—

래 꿈은 바이올리니스트였다. 하지만 경성제2고등보통학교 재학 시절 일본인 미술교사의 영향으로 화가가 되기로 했다. 그는 일본 데이코쿠 미술학교로 유학을 떠났다.

화가는 타고난 풍채와 인물이 좋았다. 기골장대한 전형적인 북방형 체격이었고, 어렸을 적 할아버지가 호랑이 육포를 구해 먹인 덕인지 항상 활력 넘치고 건강했다. 넥타이부터 스카프까지 뭘 둘러도 잘 어울리는 멋쟁이였고, 그림도 화가를 닮아 세련미를 풍긴다. 현존하는 작품 중 가장 오래된 것으로 확인되는 1947년작 〈창신동 풍경〉은 한국은행 소장품이다. 지붕에 눈[雪] 짊어지고 다닥다닥 붙은 그 시절 창신동 집들이건만 가난과 추위를 내색 않고 당당하다. 1948년작 〈고향〉은 제1회 대한민국미술전람회 입선작이자 KDB산업은행 소장품인데, 고갱의 말년 역작 〈우리는 어디로부터 왔는가, 우리는 누구인가, 우리는 어디로 가는가〉를 비롯한 그림 속 타히티의 여인들이 떠오르지 않는다면 거짓말일 정도로 분위기가 흡사하다. 황토색 들녘을 배경으로 항아리 안고 과일 광주리 이고, 머리 감고 피리 부는 여성들이 등장한다. 가슴 내놓고 앉은 여인과 한쪽 손을 볼에 댄 채 고개 기울여 생각에 빠진 여인은 새로운 자각을 상상하게 한다. 이때부터 권옥연의 그림에는 글로 다 적지 못한 문학성과 서정성, 그리고 낭만적 세계관이 짙었다.

따지자면 권옥연은 2세대 서양화가였고 격변기 한복판에서 살았다. 한국전쟁이 터져 피난 내려간 부산에서 얻은 가장 큰 선물은 평생의 반려자 이병복李秉福이다. 40여 년간 극단 '자유'를 이끌었고 '한국 무대미술계의 대모'로 불리는 1세대 연극인인 바로 그 이병복 여사다. 남편 못지않은 만석꾼 집안에서 태어난 아내는 이화여자대학교 영문학과 재학 중 연극반 활동으로 생의 방향을 틀었고, 졸업 후 극단 '여인소극장'에서 활동하던 중 전쟁을 겪었다. 피난지에서 만난 두 예술가는 1951년 결혼했다. 권옥연이 그해 그린 여인 누드화는 아내를 모델로 삼았다.

당대의 '모던보이'로 모더니즘에 심취하고 고갱의 상징주의에 빠져 있던 권옥연은 1957년 아내와 나란히 프랑스로 갔다. 파리에서 순수미술을 파고든 남편은 앵포르멜을 선도적으로 선보였고, 의상과 조각을 공부한 아내는 우리나라에 처음으로 무대미술과 무대의상의 개념을 들여놓았다. 노래 좋아하고 놀기 좋아했으며, 따르는 여인도 많았지만 부인의 '쿨한' 성격 덕에 둘은 나란히 예술원 회원으로 해로했다.

• • •

권옥연의 호는 무의자無衣子. 옷 없이 벌거벗은 사람이라는 뜻이다. 형식과 격식에 얽매이지 않겠다는 선언 같은 이름이다. 이름처럼 본성에 충실했고, 관능을 솔직하게 드러냈다는 점은 그가 즐겨 그린 일련의 여성 인물화에서 확인할 수 있다. 1953년작 〈첼로와 여인〉이나 이듬해 그린 〈부채를 든 여인〉 등을 보면 짧고 뾰족한 턱선에 콧날은 오뚝하나 코끝이 버선처럼 살짝 들리고 입술이 도톰한 이국적 여성이 등장한다. 권옥연은 그림이 잘 풀리지 않거나 지루할 때면 여인 초상을 그리곤 했다. 신혼 때 아내를 모델로 그린 여성 인물화는 전쟁의 핍진함 속에서도 색을 잃지 않은 생명력이 강조됐다면 이후의 여인상들은 화가의 꿈이자 이상理想이었다. 귀여운 콧날에 풍성하고 긴 머리는 수줍게 몸을 틀어 가리지만 관능적인 유혹을 지워내지 못한다.

그의 상상 속에서 수십 년 살았던 여인은 새침하면서도 불안하다. 하이라이트 처리해 밝게 빛나는 콧등과 부푼 입술이 오히려 응어리로 보일 만큼 역설적인 인물이다. 여기다 특유의 푸른 색조가 더해지니 우수에 찬 애잔함이 인물을 관통한다. 회색은 도시의 색이다. 회색조 그림

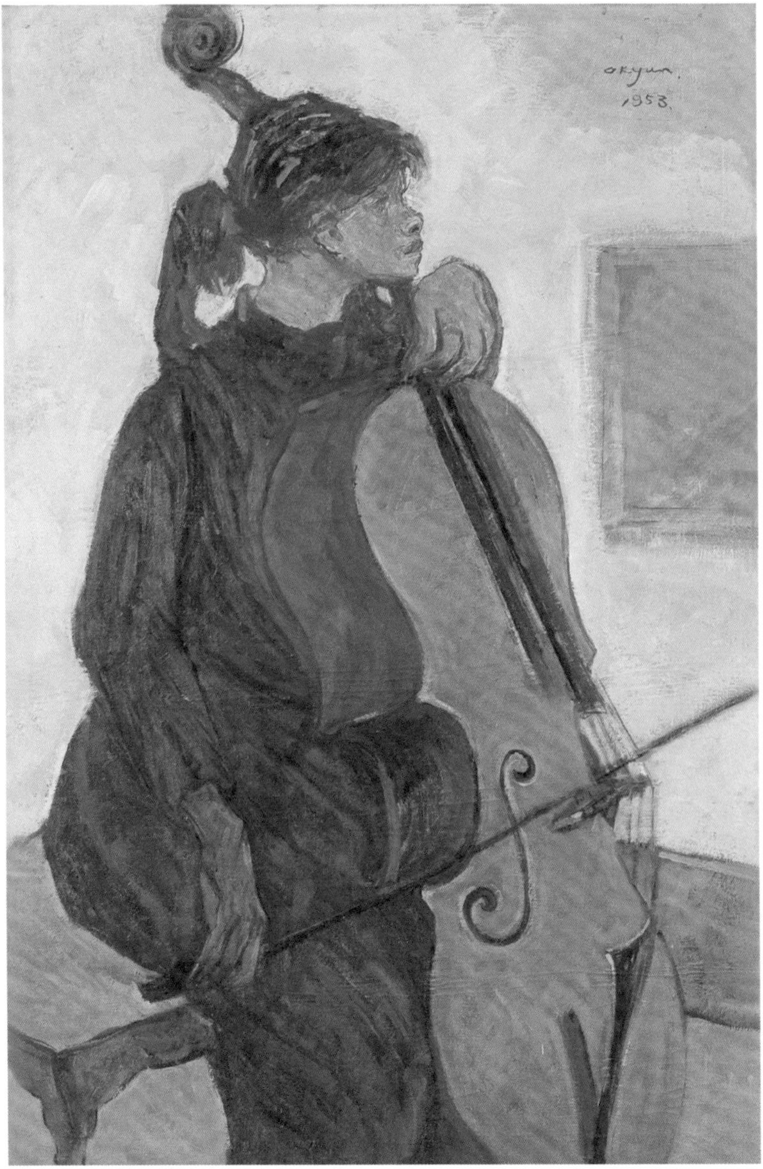

—

권옥연, 〈첼로와 여인〉

1953년, 캔버스에 유채, 95.5×65.5cm, 개인 소장

—

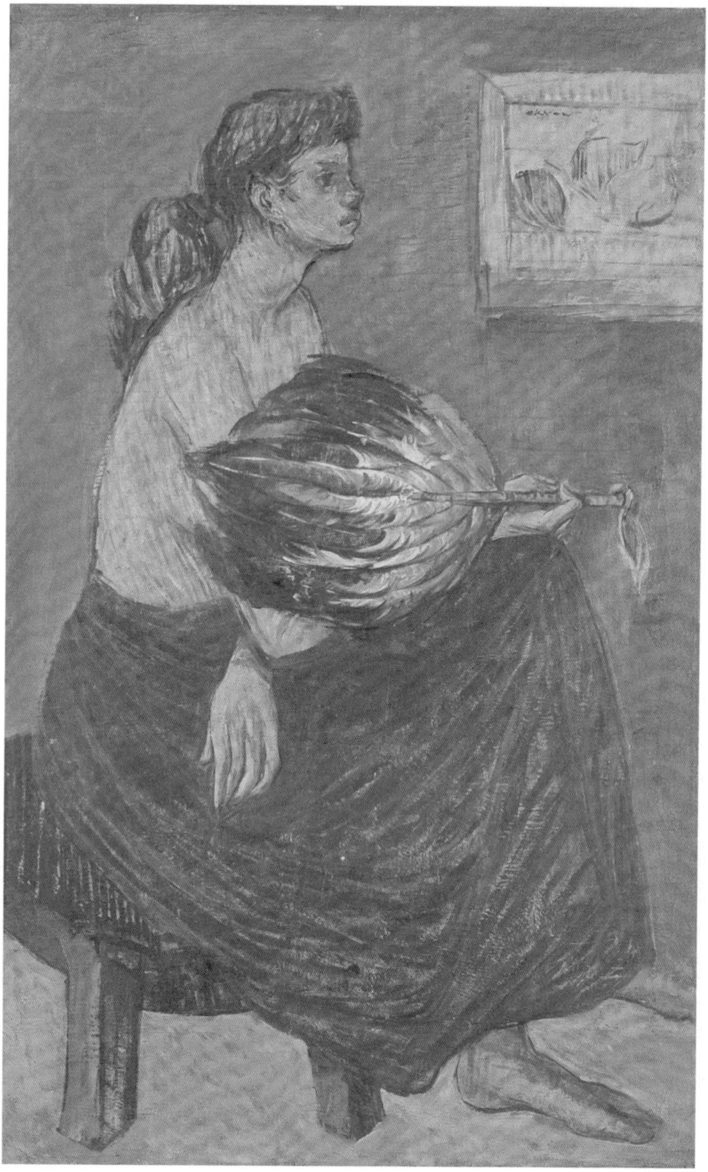

—
권옥연, 〈부채를 든 여인〉
1954년, 캔버스에 유채, 118.0×77.6cm, 개인 소장
—

속 여인은 끝없이 갈망하고 다시금 도전하게 하는 생生의 원천이었다. 빛 든 벽 같은 암회색과 청회색, 녹회색으로 그린 그의 작품은 고독하고 불안한 애수를 전한다.

"평생 그림을 그리면서 … 사람을 그린다는 일이 그렇게 어렵다는 것을 거듭 느낀다. 나는 다른 일을 할 때는 입술이 마르지 않는데 얼굴을 그릴 때는 입술이 마르고 편도선이 붓고 혈압이 오른다. 얼굴이라는 것이 그게 표정을 너무 그리면 간판 같아지고 표정을 너무 안 그리면 인형 같아지는 것이다."

《화랑》 1982년 봄호 중에서-

아내의 초상을 제외하면, 권옥연의 여인상은 모두 실존 인물이 아니다. 그의 인물화는 모델 없이 작가의 상상과 무의식에서 태어났다. 권옥연의 몽환적인 풍경화가 말로 다 못 적을 이야기들 속에 성적性的 암시를 숨겨놓았듯, 여인상에는 점잖은 척 숨기곤 하는 솔직한 욕망과 갈망이 모습을 드러낸다. 그래서 미술평론가 오광수는 그를 "예술이란 현실이면서 동시에 꿈이란 사실을 거듭 확신"하고 있다고 평했다.

권옥연과 이병복 부부는 1968년 명동에 카페테아트르를 열어 예술인들의 아지트를 마련했다. 또한 둘은 허물어져 가는 고택을 지키고자 경기도 남양주시 평내동에 무의자박물관을 마련했다. 영조의 막내딸 화길옹주의 시댁인 궁집, 순조의 큰며느리 신정왕후 조씨의 친정인 군산집, 송병준의 용인집 등 고택을 옮겨다 복원한 한옥 일곱 채를 품고 있다. 그림 말고도 남긴 게 많은 예술가였다.

김창열

쏟아져 내릴 듯한
송글송글
물방울

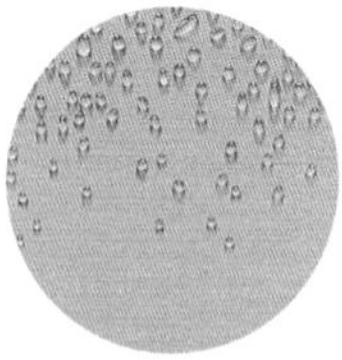

그림을 잡고 흔들면 후두둑 물방울들이 쏟아져 내릴 것만 같다. 저 송글송글한 것은 물방울인가, 땀방울인가, 빗방울인가. 열대야 넘기고 새벽에 만나는 이슬인가, 혹은 수고하는 이를 위해 내민 물잔 겉에 맺힌 위로의 물방울인가. 날 선 얼음은 금세 녹아버리고 뜨거운 김은 쉬이 사라진다. 쨍하고 팽팽한 긴장감을 내뿜는 저 알알이 물방울을 그저 말캉하게 볼 게 아니다. 잡힐 듯 잡히지 않는 비눗방울이나 주머니에 넣고 만지작거리고픈 어린아이의 구슬처럼, 눈에는 보이지만 쉽게 가질 수 없는 존재다. 이제 막 캔버스 뒤에서 배어난 물방울로 보일 수도, 이내 곧 캔버스 속으로 스며들 물방울로 보일 수 있다. 상관없다. 컵에 든 물을 벌써 반을 마셨거나 아직도 반이나 남았거나의 차이니까.

김창열金昌烈·1929~2021의 1973년작 〈물방울〉이다. 흔하고 쉽게 맺히는 게 물방울이라지만, 그 투명하고 차고 영롱한 기운까지 생생하게 화폭에 담기란 결코 쉽지 않다. 기법만이 아니다. 탱글탱글한 물방울 표면은 물 분자가 웅크리듯 끌어당긴 표면 장력과 주르륵 흘러내리게 만

—
김창열, 〈물방울〉
1973년, 캔버스에 유채, 199×123cm, 개인 소장
—

—

김창열, 〈밤에 일어난 일〉

1972년, 캔버스에 유채, 162×162cm, 제주도립김창열미술관 소장

—

드는 중력 사이에 버티고 있다. '충만한 빈 공간' 같은 역설적 존재다. 저게 물감이지 물이겠나, 가짜다. 그러나 아주 약간의 거리를 확보하고 물러나 본다면 진짜보다 더 깊은 진정성이, 그리고 그 정성에서 진심이 느껴진다. 더 들여다보면 흰색과 노란색 등이 교묘하게 그린 맑은 물방울이 거울되어, 그림 앞에 선 사람을 비춰낸다.

• • •

1972년 짙은 바탕에 오롯한 물방울 하나와 그 그림자를 그린 〈밤에 일어난 일〉을 시작으로 무려 49년째, 거의 반세기 동안 물방울만 그린 김창열이다. 왜 그토록 물방울에 집착하는지, 그것이 땀방울인지 눈물인지 혹은 흩뿌린 물인지 배어난 물인지는 화가의 삶이 이야기한다. 김창열은 1929년 평남 맹산에서 태어났다. 첫 손주를 끔찍이 아끼던 할아버지께 다섯 살부터 한자를 배웠다. 그가 붓을 쥔 것은 조부 손에 이끌려 글씨 쓴 게 처음이었다. 1986년을 전후로 김창열이 천자문 바탕 위에 물방울을 올린 '회귀回歸' 연작을 선보인 것은 이때를 더듬은 듯하다. '회귀' 대작은 프랑스 국립현대미술관 등에 소장돼 있다. 김창열은 그림과 공부 모두 뛰어났다. 소학교 시절 잠시 전학 왔다 떠난 김동길 연세대학교 명예교수에게 딱 한 번 뺏긴 것 말고는 항상 1등이었다. 광복 직후 그의 동네에는 반공 구호 적힌 유인물이 자주 돌았다. 하루는 자습 시간에 그 한자를 따라 적다가 끌려가 조사받고 어린 것이 첫 옥살이를 했다. 반공주의자로 낙인찍혀 감시당하는 인물이 됐다.

하루는 평양 인근에 살아 나름 세상 돌아가는 소식에 빠른 삼촌이 황급히 달려와 도망치라고, 남쪽으로 달아나라고 했다. 겨우 열일곱 살짜리가 새벽 2시에 집을 나섰다. 잡힐까 봐 기차도 못 타고 낮에는 눈에 띌까 밤에만 걸어서 엿새 만에 홀로 38선을 넘었다. 월남민 수용소에서

6개월을 지내고서야 기적적으로 아버지와 상봉했다. 죽을 고생한 큰아들이 딱해서, 그간 그림 그리는 것을 말리던 아버지는 이제 그만 반대하겠다고 했다. 미술학원도 허락했고 그 덕에 대입 검정고시를 준비해 서울대학교 미술대학에 입학했다. 대학 3학년 때 한국전쟁이 터졌고, 피난길에 가족과 떨어졌다가 북한의 의용군으로 징집되었지만 간신히 탈출했다. "중학교 동창 180명 중에 살아남은 게 겨우 60명"이라는 노화가는 자신의 살아온 인생이 구운몽 같다고 했다. 다섯 살 아래 누이를 피난지 수원에서 잃고 무덤 앞에서 종일 울던 날의 눈물이 저 그림 속 물방울보다 많았다. 김창열은 군대 대신 경찰을 택했고, 경찰전문학교를 마친 뒤 1년 반 남짓 제주에 부임했다. 그때의 인연이 지금 제주시 한경면 저지리에 들어선 제주도립김창열미술관으로 이어졌다. 전쟁이 끝난 뒤엔 복학 신청을 했지만, 성북회화연구소를 운영한 '월북 화가' 이쾌대의 조수로 일한 경력이 문제가 돼 학교로 돌아가지 못했다. 대신 부평 경찰전문학교 도서관에 근무하며 틈틈이 그림을 그렸다.

그런 김창열의 1950~1960년대 작품에는 전후戰後 실존주의가 꾹꾹 담겨 있다. 형태도 없이 물감 흔적과 붓 휘두른 화가의 몸짓만 남은 앵포르멜이 그의 초기작을 이룬다. 그 시기, 1965년의 〈제사〉는 입 다문 채 소리 죽여 눈물 흘리는 사람이 어른거리는 작품이다. 그림 위쪽에 찍힌 두 점, 그 눈동자에서 그렁그렁한 기운이 전해진다. 다만 아직은 눈물이 영롱하게 영글지 못한 채 찢기고 흔들린 상태로 전쟁과 가난의 상흔을 더듬고 있다. 이 그림은 김환기·이응노 등과 함께 참가한 1965년 상파울루비엔날레 출품작이다. 작가가 힘껏 내리그은 붓질이 화면에 그대로 남아 있고, 군데군데 물감 덩어리가 엉켜 심적 응어리를 대신한다. 그의 찐득한 물감은 이후 점액질이 돼 여기저기 뚫린 구멍에서 배어나는 형상으로 그림이 된다. 이 시기 김창열은 미국에 있었다. 1965년 영국 런던의 국제청년작가대회에 한국 대표로 초대됐고 귀

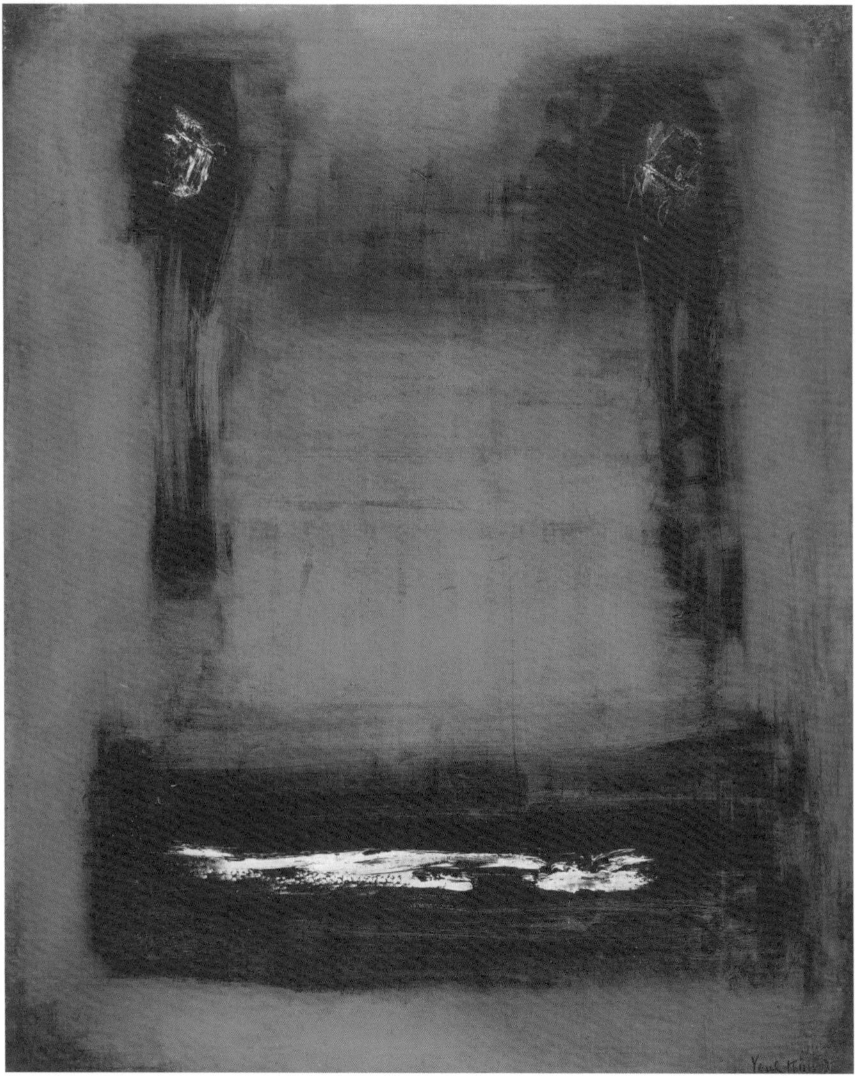

—
김창열, 〈제사〉
1965년, 캔버스에 유채, 162×130cm, 국립현대미술관 소장
—

국행 비행기표를 바꿔 뉴욕으로 향했다. 공항에 내릴 때 주머니에는 단돈 4달러뿐이었다. 혈혈단신 월남해 전쟁도 치른 그다. 넥타이공장에서 일하며 살아남았다. 록펠러재단의 장학금으로 뉴욕의 미술교육기관인 아트스튜던츠리그에서 판화를 공부했다. 백남준의 주선으로 뉴욕 아방가르드페스티벌에 참가한 게 1969년, 이후 파리로 떠났다.

김창열은 파리 근교 팔레조의 한 마구간을 동료 조각가 문신과 함께 작업실로 썼다. 문신이 떠나고 혼자 쓰던 시절, 부인이 된 운명의 프랑스 여인을 만났다. 집안의 반대에도 마구간에서 버티던 그녀가 하루는 보따리를 싸기에 이제야 떠나나 했더니 벼룩시장에 옷을 팔아 먹을거리를 마련해 왔다. 그 여인과 하객 없이 둘만의 결혼식을 했다. 그 가난한 마구간에서 큰아들이 생겼고 '물방울'이 탄생했다. 가난했으니 재료도 넉넉지 않아 캔버스 뒷면을 물에 적셔 묵힌 후 물감을 떼어 또 그리는 식으로 재활용하던 시절이었다. 그날 아침도 여느 때처럼 캔버스 뒷면에 물을 뿌리다 햇빛 사이로 찬란하게 반짝이는 물방울을 봤다. 면벽수행 끝에 득도한 사람처럼 물방울을 그리기 시작했다. 1972년 짙은 바탕에 단 한 방울로 시작된 물방울은 누른 마포 생지에 몇 방울, 때로는 떼 지어 맺혔다. 물방울은 등에 붙은 땀처럼 스미기도 했고 눈물처럼 흐르기도 했다. 살림살이가 나아져 파리 시내에 작업실을 마련했고, 1993년에는 국립현대미술관에서 성대한 회고전도 열렸다. 한국과 프랑스 두 나라에서 훈장도 받았다.

• • •

잘 알려지지 않은 김창열의 '눈[雪]' 작업이 있다. 눈은 물의 또 다른 결정체다. 판화를 전공한 그가 10년을 연구해 2008년에 '눈' 연작을 완성했다. 잘 불린 겹겹의 한지 위에 발자국처럼 눈밭 위 물방울 흔적을

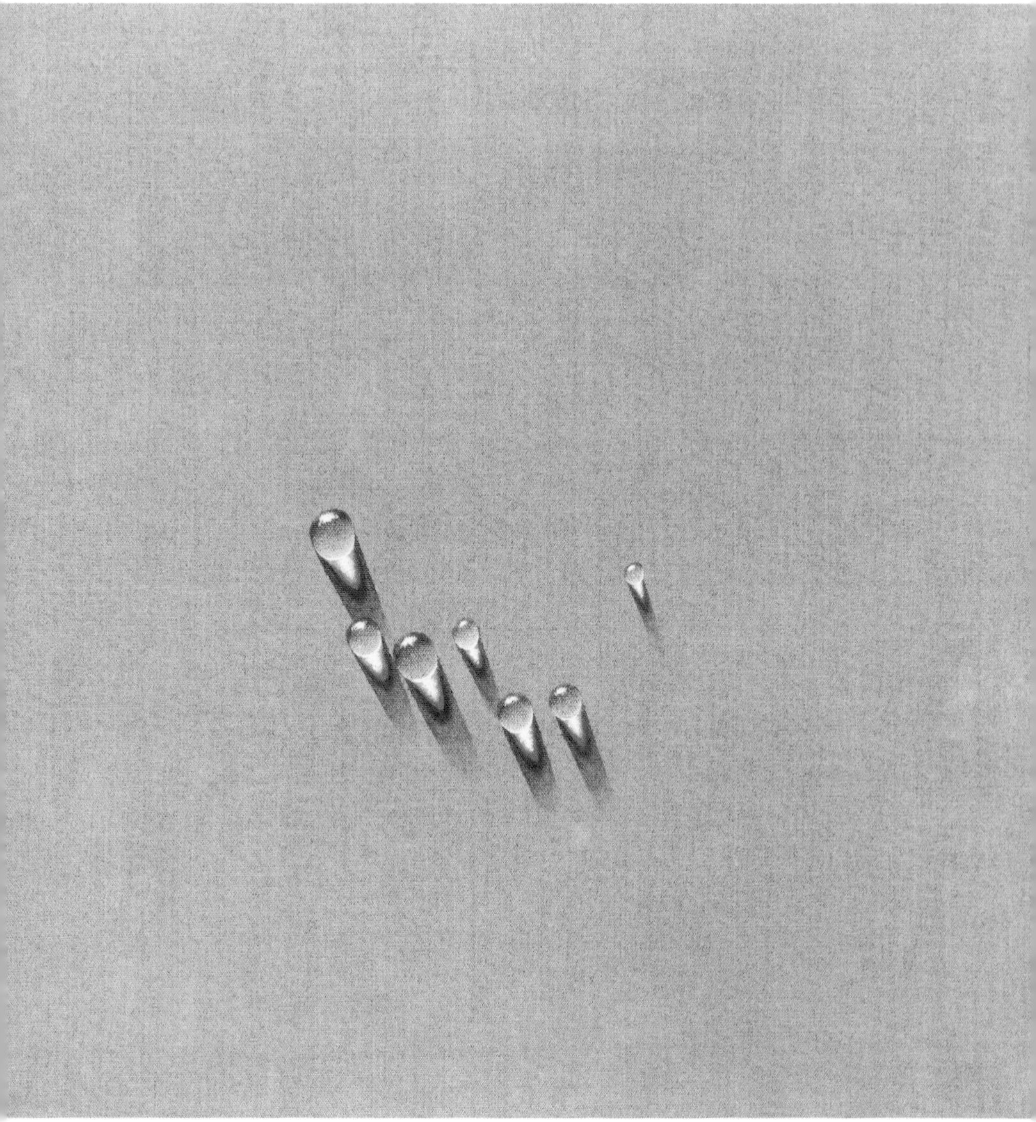

—
김창열, 〈일곱 개의 물방울〉
1977년, 마포에 유채, 50×50cm, 개인 소장
—

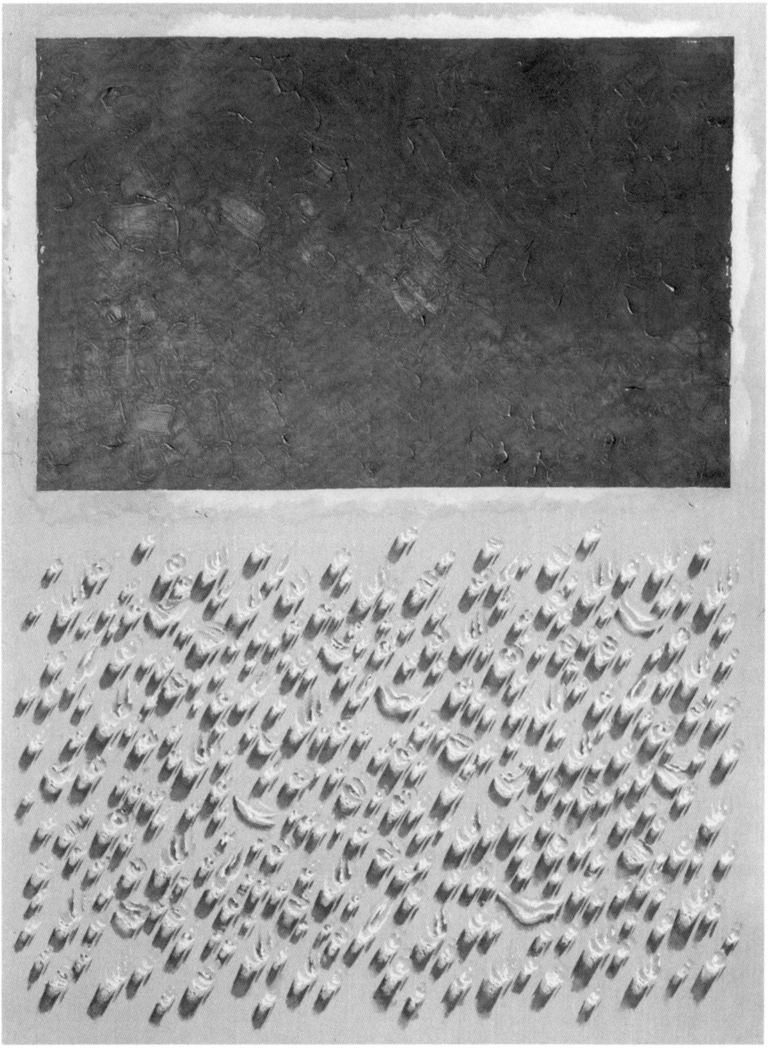

김창열, 〈물방울SH87006〉
1987년, 마포에 유채, 260×195cm, 국립현대미술관 소장

새겼다. 이 작품은 2011년 파리 보두앙르봉갤러리의 '눈' 기획전에 선보여 프랑스어로 눈을 뜻하는 '네쥬neige'라 불렸다.

"약간의 꿈이 위험하다면, 이를 낫게 하는 것은 꿈을 덜 꾸는 것이 아니라 더 꾸는, 아니 온통 꿈만 꾸는 것이라네. 꿈으로 고통 받지 않으려면, 꿈을 완전히 아는 게 중요하지."

마르셀 프루스트Marcel Proust의 《잃어버린 시간을 찾아서》 중 〈꽃핀 소녀들의 그늘에서〉에 등장하는 화가 엘스티르는 이렇게 말한다. 그의 조언처럼 김창열은 악몽을 피하지 않고 그 꿈 속으로 뛰어들었다. 그의 물방울을 두고 누구는 실제보다 더 리얼하게 묘사하는 극사실주의라 하고, 어떤 이는 한 가지 색조의 화면을 이루니 단색화라 분류하는 이도 있으나 차라리 초현실주의였다고 쓰다듬고 싶다. 처음엔 한없이 맑은 헨델Georg Händel의 하프협주곡이나 수상음악Water Music을 들으며 감상하던 김창열의 '물방울'에 한 개인과 격변의 한국사를 포개다 보면 어느새 시벨리우스Jean Sibelius의 교향곡이 들려온다. 그의 물방울은 해맑기만 한 천상의 물방울이 아니라 끈적이던 피땀을 숱하게 거르고 걸러 얻은 한 방울이었다.

김창열은 구순을 넘기고도 떨리는 한 손을 다른 한 손으로 부여잡아가며 그림을 그렸다. 그의 작업실 딸린 평창동 집엔 종로구가 구립미술관을 조성하기로 했다. 제주도립김창열미술관이 개관할 당시 "맹산이라는 심심산골에서 태어나 용케도 호랑이한테 잡아먹히지 않고 산천수려한 제주도까지 당도했으니, 상어한테 잡아먹히지만 않으면 제주도에서 여생을 마무리하는 것이 소망"이라고 했던 김창열은 생전의 다짐대로 미술관 옆 나무 곁에 수목장으로 몸을 뉘었다.

박서보

비움이 새겨진,
체념한 듯
발버둥치는 선

눈[雪] 속으로 내몰렸다. 하염없이 흩날리는 눈이 온 세상을 뒤덮어 어느덧 여기가 어디인지, 시간은 얼마쯤 지났는지조차 가늠할 수 없는 지경에 이르렀다. 사방 천지 분간이 안 될 처지라 눈을 치워도 봄 직하나, 치우고 밀어낸 자리에는 이내 눈이 내려앉으니 기울이는 노력은 허사가 되고 만다. 망연자실의 순간에, 오히려 이 눈발 속에 온몸 던지고 맡기기로 했다. 벗어나지 않고도 찾은 탈출구다. 아니 탈출을 포기하니 문이 열렸다. 눈 쌓인 몸뚱이는 눈사람처럼 변해가고, 내가 나인지 눈인지 혹 눈이 나인 것은 아닌지 어지러운 마음이 어느덧 하나로 귀결된다. 한기寒氣로 뻣뻣해진 몸을 압도하며 정신은 더욱 또렷해진다. 겉은 눈으로 다 뒤덮여 가리웠을지언정 내 안의 존재감은 확고히 느껴진다. 박서보朴栖甫·1931~가 '묘법描法·Ecriture'을 이룰 때의 심정도, 행위도 꼭 눈밭의 사투 같았다. 사람이 아무리 애쓴다 한들 펑펑 쏟아지는 눈을 막아내겠는가. 부인도 부정도 할 수 없는 자연 앞에서 그는 자신을 버리고 그리려는 의지도 내려놓은 채 그저 몸을 맡겼다.

—
박서보, 〈묘법(描法) No.43-78-79-81〉
1981년, 면천에 유채·흑연, 193.5×259.5cm, 국립현대미술관 소장
—

• • •

작품에 대한 설명보다 화가와 그 아들의 일화를 들어보는 게 먼저다. 젊은 나이에 홍익대학교의 교수가 된 박서보는 개혁에 앞장서다 미운털이 박혔고, 결국 학교에 사표를 내고 만다. 졸지에 백수가 된 그가 집에 틀어박혀 노자와 장자를 벗 삼아 책만 끼고 뒹굴던 시절, 1967년의 어느 날이다. 네 살이던 둘째 아들은 다섯 살 위 형의 공책이 궁금했던 모양이다. 연필을 움켜쥐고, 방안지 칸에 맞춰 글자를 흉내 내 적어 보려 하건만 쉽지 않았다. 삐뚤어지고 줄 밖으로 튀어 나간 꼴이 못마땅했던지 지워보려 했지만 지우개질조차 서툰 손에는 버겁다. 무엇 하나 뜻대로 되는 것 없었던 아이는 화가 났는지 종이 위에 마구 연필을 휘갈겼다. 종이에 그어댄 아이의 연필질은 "관둬, 나 안 할래"를 외치는 체념의 몸짓이었고 이를 본 화가 아버지는 "비움을 화폭에 구현할 방법"을 깨우쳤다.

이때부터 시작된 박서보의 '묘법' 연작은 꼬박 반세기 이어졌다. 캔버스에 칠한 희끄무레한 바탕색은 새하얗지도 않은 것이 눈이나 안개 같고 희뿌연 먼지나 잿빛을 닮기도 했으며 때로는 칠흑 같은 밤처럼 보인다. 화가는 연필을 이용해 바탕 위에 재빨리, 반복적으로 선을 그었다. 물감이 마르기 전에 모두 완성해야 했기에 한 번 시작한 작업은 끝날 때까지 멈출 수 없었고 숨 막힐 듯한 극한의 작업은 역설적이게도 관람하는 이에게 숨 쉴 틈을 열어준다. 허여멀건하고 딱히 그렸다고 할 만한 게 없어 보이는 그의 작품은 세계적 명품이 됐다. 2017년 홍콩 크리스티경매에서는 연필로 그린 〈묘법 No.10-79-83〉이 수수료 포함 1026만 홍콩달러약 14억 7000만 원에 팔려 작가의 세계 경매 최고가 기록을 세웠다. 작가가 1982년 전시 때 300만원에 내놓고도 잘 팔리지 않은 작품이, 2000년대 미술시장 호황 때도 3000만원 정도이던 것이 15억

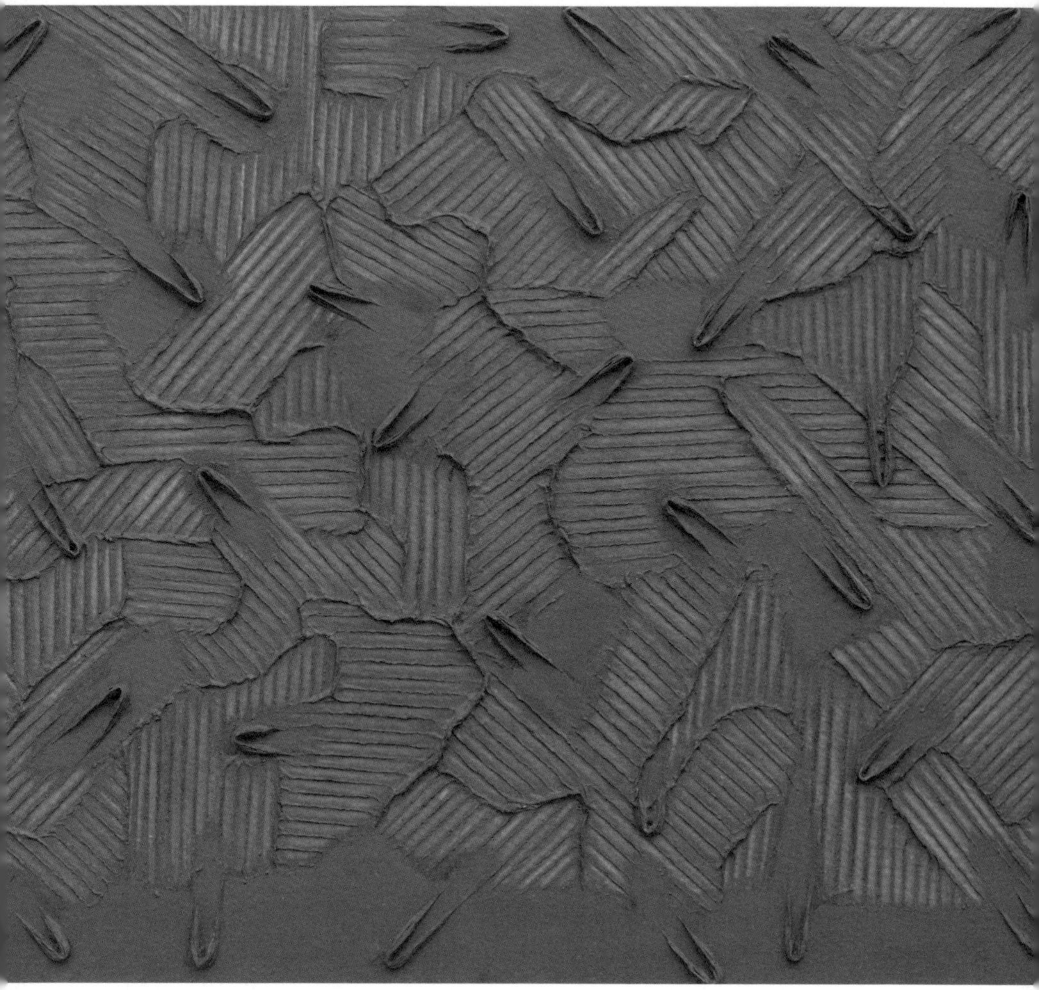

—
박서보, 〈묘법(描法) No.931204〉
1993년, 캔버스에 한지·혼합매체, 45×53cm, 개인 소장
—

원 수준으로 올랐으니 30여 년 만에 가치가 50배로 상승한 셈이다.

• • •

박서보는 1931년 경북 예천에서 태어났다. 중학교 때 형이 쓰던 말라붙은 물감에 뜨거운 물을 부어 그려 낸 포스터가 전국 1등상을 받으며 그림에 애정을 갖게 됐다. 이당 김은호의 〈미인도〉를 똑같이 따라 그려 사람들을 놀라게 할 정도로 묘사력이 좋았다. 대를 이어 법률가가 될 줄 알았던 아들이 '환쟁이' 된다는 소리에 보름이나 몸져누운 아버지를 두 번 실망시키지 않기 위해서라도 그는 '세계적 화가'가 되고자 했다. 하지만 홍익대학교에 입학하던 그해 한국전쟁이 발발했다. 일제 치하의 핍박과 전쟁의 고통을 겪은 그는 울분을 화폭에 담았다. 유럽 앵포르멜의 영향을 받았다고 분류되는 그의 초기작 〈원형질〉은 어두운 색조의 찐득한 추상 속에 비극적인 한국 근현대사의 현실을 투영했다.

박서보는 늘 당당했고 좀 남달랐다. 1955년 겨울 대학을 졸업하고 충남 수덕사로 찾아갔다. 1920년대 신여성을 대표하는 문인이자 승려인 김일엽을 만나 '끝장 토론'을 해보고 싶었다. 당찬 젊은 화가는 "어떻게 좋은 예술가가 되겠습니까" 하고 물었고 김일엽은 수신修身하라, 비우라 선문답을 이어갔다. "불상 놓고 불경하는 게 싫으면 강가의 돌을 주워다 '박서보' 이름만 외워보시오. 백 번도 채우지 못하고 상념이 떠오를 것이오. 그렇게 반복하다 보면 비워집니다." 그 말 들은 박서보는 "그리하여 당신은 부처님을 자주 만나십니까" 하고 또 물었다. "자주 만나는데 만나보니 그게 나더라"라는 답이 돌아왔고, 이 대답을 가슴에 담았다. 그때부터 십수 년간 '비움의 미학'은 작가의 머리를 맴돌았고 훗날 아들의 연필질에서 깨우침이 되어 '묘법'으로 이어졌다.

—

박서보, 〈묘법(描法) No.180406〉

2006년, 캔버스에 한지·혼합매체, 170×130cm, 개인 소장

—

그런 박서보의 작품은 그렸다기보다는 긋고, 새겼다 하는 게 옳고 더 따지자면 그리는 행위를 지워낸 결과물이다. 초기 묘법이 일명 '연필 묘법'으로 불린다면 1980년대 묘법은 '지그재그 묘법'으로 확장된다. 2개월쯤 물에 담가 불린 세 겹 한지를 캔버스 위에 올려 물 섞은 바인더를 칠한 다음, 때로는 의도하는 색을 올리고, 45도 각도로 깎은 굵은 연필심으로 반복하여 선을 긋는다. 일정한 길이와 간격의 선들은 이리저리 엇갈리며 지그재그 형태를 만들어낸다. 여기 아무것도 없는 게 아니라고, 이 안에 살아 꿈틀대고 이리 뛰고 저리 달려들어 보는 생명력과 의지가 있다고 외치는 듯하다. 그 대표작 중 하나가 서울중앙지방검찰청 청사 로비에 걸린 먹색 〈묘법 No.890830〉이다. 가로 6.8미터, 세로 3미터에 달하는 대형 작품이라 벽면 하나를 통째 차지했다. 긋고 또 그어서 묵묵히 파고드는 형태가, 그러면서도 곳곳에 펄떡이며 드러낸 존재감이 진실에 닿으려는 고집스러운 인내로 읽히는 작품이다.

• • •

박서보가 좌우명처럼 자신에게, 그리고 그의 제자들에게 늘 하는 말이 있다. "변화하지 않으면 추락한다. 그러나 변하면 추락한다." 그래서 '묘법'으로 수십 년 작업하면서도 끊임없이 변화를 시도했다. 최근작은 한지를 불리고 붙여서 겹쳐놓은 바탕을 연필 같은 도구로 일정하게 밀어내 선을 만든다. 비우고 비워낸 자리는 골이 패이고 밀리고 밀려난 자리에 한지가 소복이 쌓여 이랑을 이룬다. 밭 가는 농부의 마음이 담긴 작품 안에서 새로운 생명의 씨앗이 터져 나올 것만 같다.

박서보는 자타공인 단색화의 대표작가다. 1970년대에 등장한 단일한 색조의 그림은 '한국적 모노크롬 회화'라 불리기 시작했고 지난 2012년 국립현대미술관의 '한국의 단색화'전 이후 국제 미술시장에서는 '단색화'로 통한다. 사실 단색화라는 명칭은 다색주의에 반反하는 것으로 색色에 방점이 찍혀 있다. 박서보 자신은 "행위의 무목적성과 반복성"을 강조하기 때문에 자신이 단색화 화가가 아니라고 거듭 강조한다. 그럼에도 단색화 작가로 불리는 이유는 1975년 일본 도쿄화랑에서 열린 '한국 5인의 작가-다섯 가지의 흰색'전을 계기로 단색화가 주목을 받기 시작했고, 박서보가 그 주축이었던 탓이다.

2018년 중국 상하이 파워롱미술관에서 열린 '한국의 추상미술: 김환기와 단색화'전에서는 맨 첫머리에 그의 작품이 놓여 시선을 사로잡았다. 프랑스를 대표하는 페로탕갤러리는 박서보의 근작들로 뉴욕 전시장에서 개인전을 열었고, 영국 화랑으로 세계적 영향력을 자랑하는 화이트큐브갤러리는 1967년부터 1976년까지의 초기 묘법을 집중적으로 모아 홍콩에서 전시를 열었다. 대륙과 대양을 넘나들며 주목받은 데 이어 국립현대미술관에서 대규모 개인전도 열렸다. 말 그대로 '살아 있는 신화'가 됐다.

이우환

화폭 뒤덮은 수백 개의 점, 교감의 미학

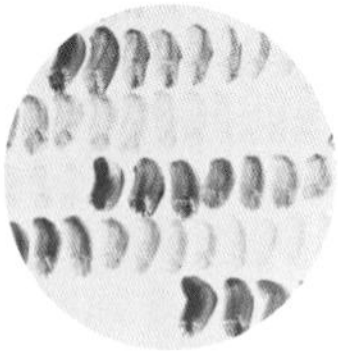

점點은 시작이요, 끝이다. 점을 우선 찍어야, 선으로 이어가는 것이나 면으로 펼쳐가는 일이 가능하다. 마침표 또한 점이다. 그렇게 점은 조형요소의 기본이자 근간을 이룬다. 푸른 점 하나를 앞세우고 그 뒤를 따르는 점들이, 농담을 달리해 서서히 옅어지며 여백으로 번져간다. 붓으로 무심히 툭 찍은 것 같지만 이는 그렇게 보이게 하기 위한 것일 뿐, 화폭 뒤덮은 수백 개 점 가운데 무심했던 점은 단 한 개도 없다. 점은 하나하나 제각기 리듬과 강도와 가치와 농도를 가지고 있으며, 그 결과로 멀리서는 마치 꿈틀거리는 생명체처럼도 보인다. 누군가는 "그까짓 점"이라고 할지 모르나, 점을 찍는 일은 결코 녹록하지 않다. 특히 이우환李禹煥·1936~은 점 하나도 공간과의 관계를 골몰한 후 치밀하게 계산된 색으로 조심스럽게 찍어 작업한다. 점은 일단 찍히면 하나의 좌표와도 같아 그것을 중심으로 새로운 파장을 만들어내기 때문이다. 벽에 붙은 그림이 파르르 떨린다면 그것은 작품과 관객 사이를 가로지르는 진동이요, 교감이다.

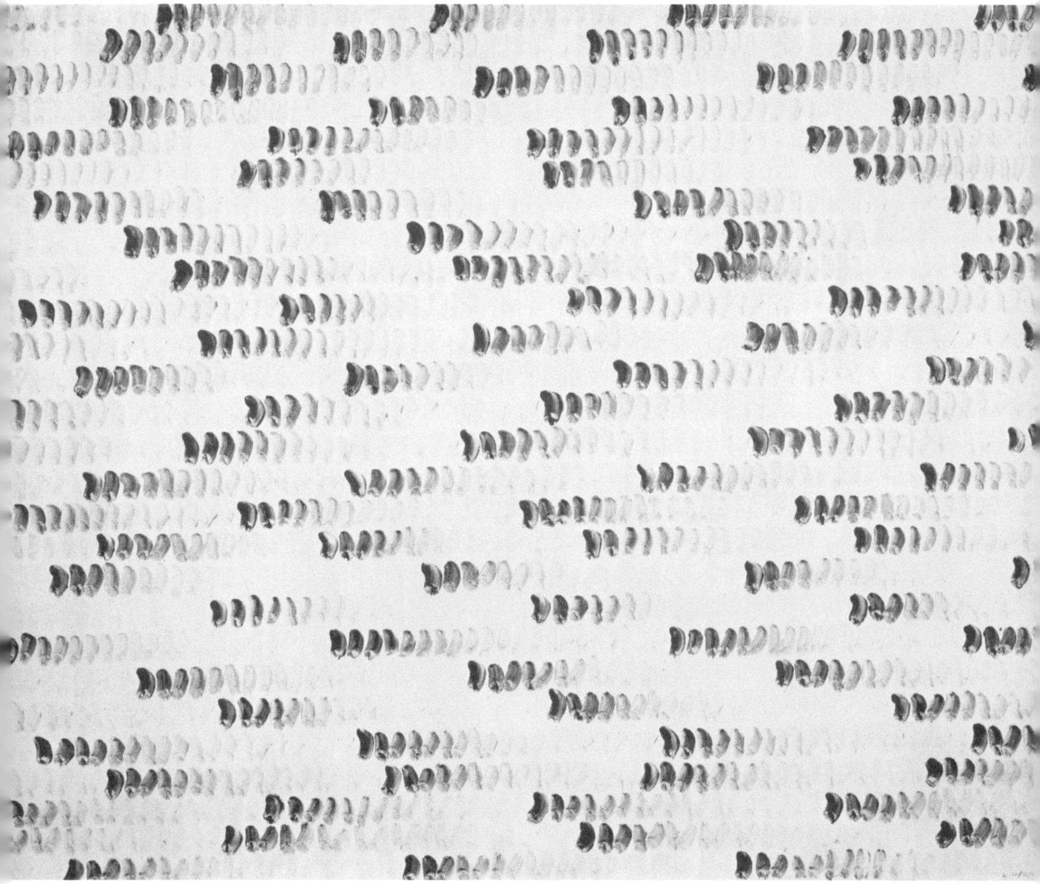

—
이우환, 〈점으로부터〉
1973년, 캔버스에 석채, 194×259cm, 국립현대미술관 소장
©Lee Ufan
—

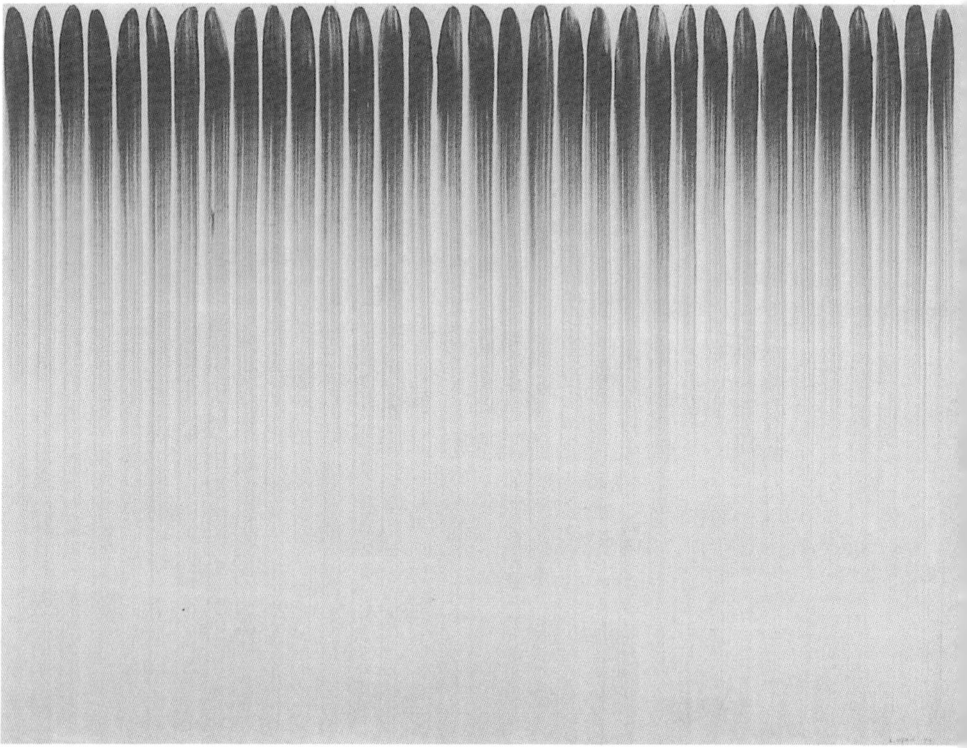

이우환, 〈선으로부터〉
1974년, 캔버스에 석채, 194×259cm, 국립현대미술관 소장
©Lee Ufan

선線도 있다. 푸른색 진하게 묻혀 점 찍은 붓이 아래로 내리 달려 혜성의 꼬리처럼 사라져 간다. 속도감 느껴지는 그 선을 보며 일필휘지 내리그은 필력을 칭송하고 싶어진다면 잠시 다시 생각하자. 실제 화가는 속도감 있는 붓질을 사용한 게 아니다. 무심한 점이 하나도 없듯, 숨 가쁘게 질주하는 선도 없었다. 오히려 화가는 숨 멈추고 느릿느릿 선 그 자체를 가장 잘 드러낼 수 있는 방법으로 그려나갔다. 내리 찍혀 고정된 점들이 움직임을 이뤘듯, 천천히 그은 선은 빠른 속도감을 보여준다. 그림의 윗부분을 차지한 선의 시작점이 살짝 기울기도 하고 삐뚤빼뚤하고 한 것이 한 시루에서 자라나는 콩나물 대가리 같아 정겨운 말소리가 들리는 듯하다. 혹은 멀리 내다보는 초원의 짐승들처럼 영민해 보이기도 한다. 대칭성과 균질함을 가진 선들이 이런 식으로 리듬감을 갖는다. 감동은 희미하게 사라지는 선 끝에 있다. 점과 마찬가지로 선은 지금 눈앞에서 사라지지만 언젠가 다시 반복될 것이라는 진한 여운을 남긴다.

• • •

1970년대에 시작된 이우환의 이 같은 작업은 '점으로부터'와 '선으로부터'를 비롯해 '바람으로부터' 등으로 이어져 점과 선, 그리고 그 역동적 움직임의 연작으로 선보였다. 묵직하게 사색적이고 철학적인 작품이지만, 그저 눈으로만 즐기기에도 충분히 곱다. 국립현대미술관이 소장한 이우환의 1976년작 '점으로부터' 두 점을 보자. 가로세로 117센티미터의 정사각형의 캔버스에 석채로 그린 같은 크기의 작품이다. 각각 따로 봐도 좋으나 나란히 놓으면 절묘한 대조로 조화를 이룬다. 붉은 점이 서서히 열어지면서 양파 속 같은 동심원을 그리는 작품에서는 정중동靜中動의 고요함 속 움직임이 느껴진다. 뱅글뱅글 도는 점을 따라 그림 앞에 서 있는 내내 골몰하게 만든다. 이와 달리 푸른 점 작업은 진

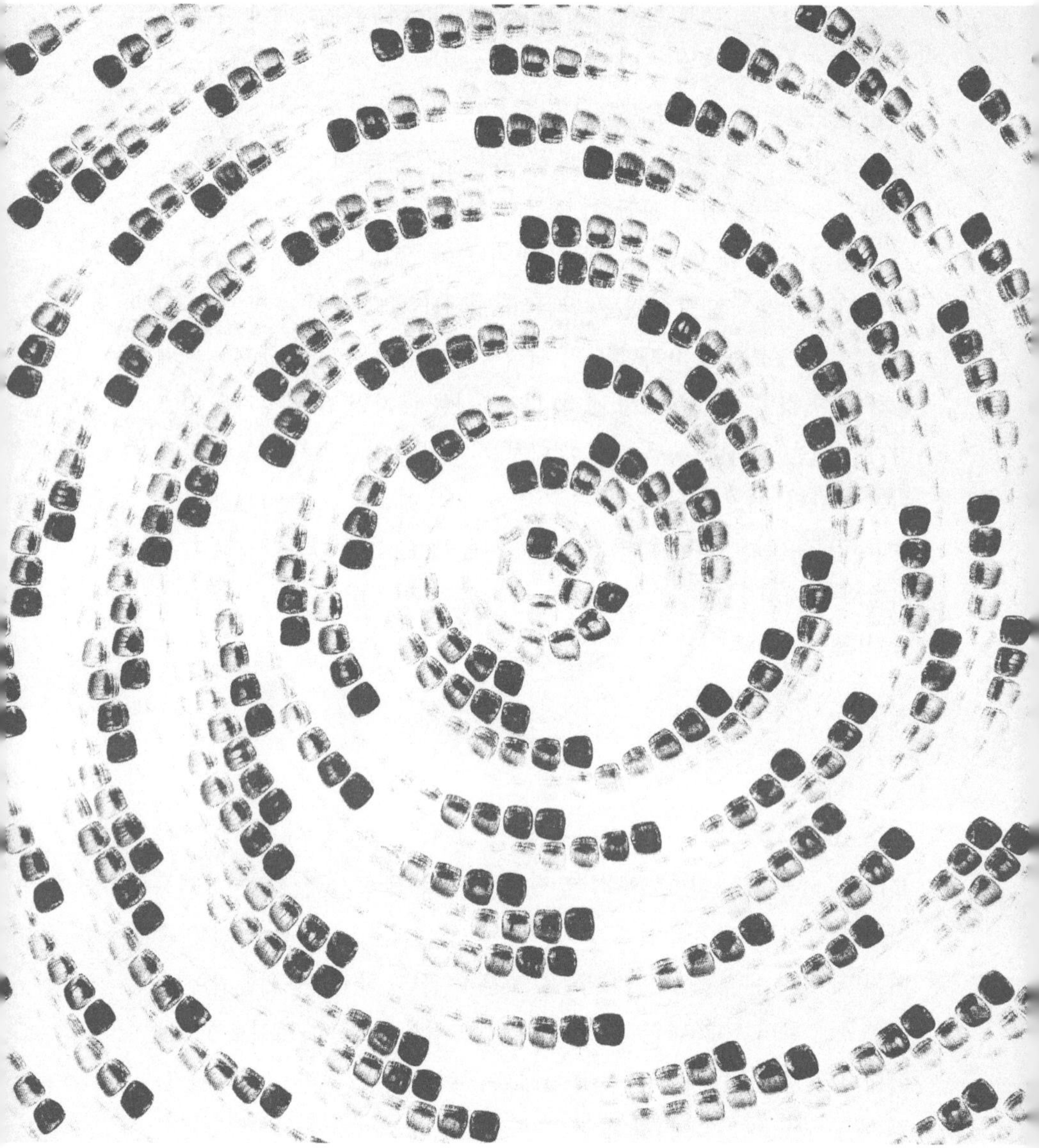

—

이우환, 〈점으로부터〉
1976년, 캔버스에 석채, 117×117cm, 국립현대미술관 소장
©Lee Ufan

—

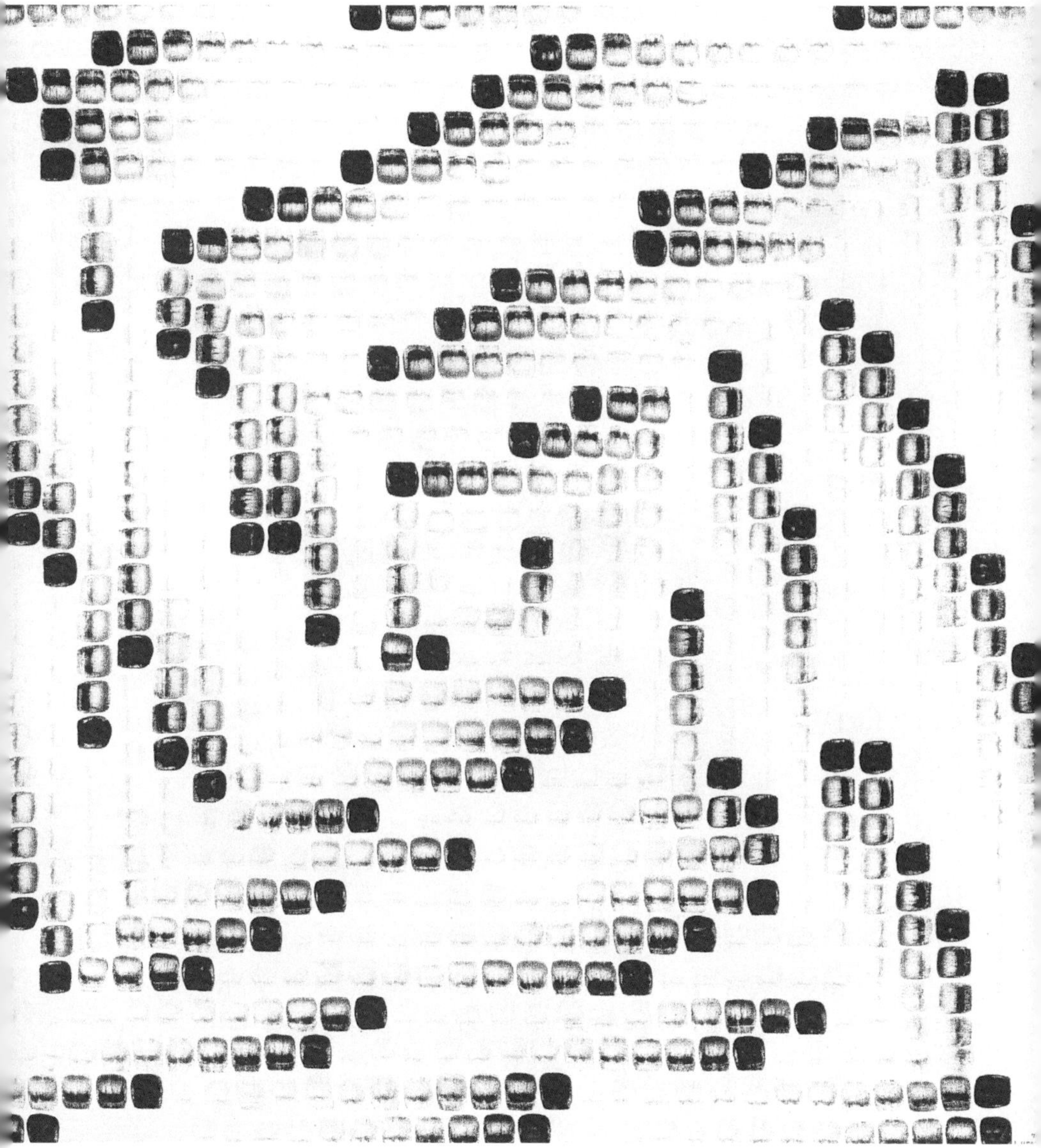

—

이우환, 〈점으로부터〉

1976년, 캔버스에 석채, 117×117cm, 국립현대미술관 소장

©Lee Ufan

—

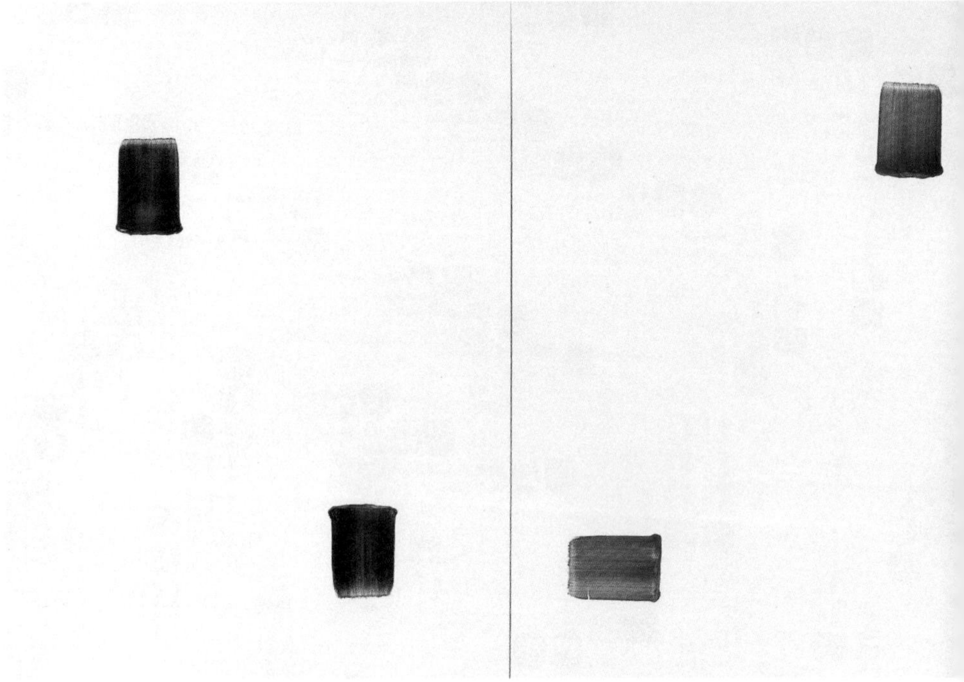

하게 푹 찍어 점점 열어지는 점들이 직선을 이루며 사각형을 그린다. 그 자리에 멈춘 점이건만 사라지는 듯 희미해지는 점은 그 자체로 움직임을 만들어내니, 그림 속에서 각진 바람이 불어 나온다. 마치 점들이 벽에 부딪혀 튕겨 나오는 듯한 충돌의 기운이 느껴지고 방향을 이리저리 바꾸면서도 결코 멈출 수 없는 에너지가 감지된다.

1990년대 초반에 시작된 '조응'과 비교적 최근작인 '대화' 연작들은 널따란 화면에 점 한두 개가 전부다. 홀로 당당한 점은 한가운데가 아

—
이우환, 〈조응〉
1994년, 캔버스에 석채, 259.0×194.5cm 4폭, 국립현대미술관 소장

—

닌 약간 아래쪽 혹은 조금 옆으로 어긋나 있다. 이 미심쩍은 점點 역시 한 번에 찍은 게 아니다. 점은 여러 번의 붓질로 두툼하게 그려졌으며, 점 안에서도 미묘한 색의 변화를 보인다. 관객은 그림 앞에 가까이 다가가 점을 뚫어지게 보다가 다시 한두 걸음 물러나 그림 전체를 둘러보며 헛기침을 몇 번 터뜨리곤 한다. "무엇을 보라는 것인가" 하고 수군대기도 한다. 여운을 남기는 여백과 그 안에서 점이 이루는 묘한 긴장감, 작품과 관객이 이루는 그 낯선 체험이면 충분하다. 그 앞에서 망설이기만 했어도 괜찮은 일이다.

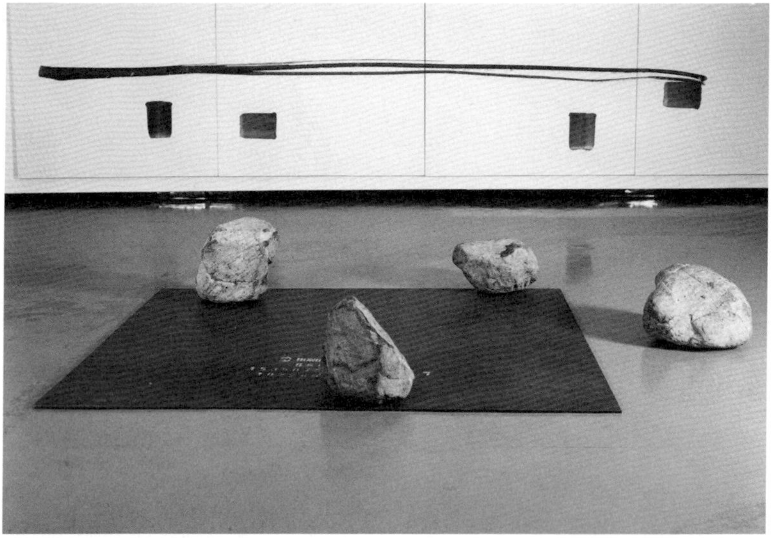

—
이우환, 〈관계〉
1992년, 돌·철판·설치적 오브제, 180×140×30cm, 국립현대미술관 소장
©Lee Ufan
—

돌과 철판을 이용한 이우환의 설치 작업도 회화와 별반 다르지 않다. 지구를 이루는 돌은 그에게 상상을 초월한 '시간의 덩어리'이자 우주와 연결된 존재다. 반면 철판은 산업사회의 산물이자 문명을 상징한다. 그러니 돌과 철판은 자연과 산업사회를 징검다리처럼 이어주는 작업이 된다. 이우환은 작품을 보든 돌이나 점을 보든 '만남'과 '느낌'이 있어야 한다는 것을 늘 강조했다. 작품 자체를 보여주는 게 아니라 시간과 공간, 관계에 따라 달리 보일 수 있는 실마리이자 꼬투리를 만드는 것이 작품의 역할이라고 했다. 작품을 계기로 잠시 시간이 멈추고 주변 공간이 열리니 작가 스스로 "예술은 시詩이며 비평이고 초월적인 것"이라 말했다.

• • •

1936년 경남 함안에서 유교적인 집안의 장손으로 태어난 이우환은 일찍이 조부의 친구였던 한학자에게 한문과 서예를 배웠다고 한다. 어쩌면 점點은 그때가 시작이었으리라. 작가는 "내가 점을 배우기 시작한 것은 초등학교에 들어가기 전이며 그 당시 떠돌이 환쟁이가 우리 집에 놀러와 그 사람으로부터 서예와 그림을 배웠다. 그리고 우주 만물은 점에서 시작해 점으로 돌아간다든가 하는 여러 가지 이야기를 들었다"라고 밝힌 적 있다. 함안 군북국민학교와 경남중학교를 졸업한 후 진학한 서울사대부고에서는 산정 서세옥으로부터 동양화를 배우기도 했으나 원래 꿈은 문학도였다고 한다. 하지만 서울대학교 미술대학에 입학했고, 한 학기를 마친 후 1956년 삼촌이 살고 있던 일본으로 건너갔다. 그곳에서 이우환은 니혼대학 철학과를 졸업했다. 1969년 〈사물에서 존재에로〉라는 글로 예술평론상을 받으며 화가보다 이론가로 먼저 이름을 알렸다.

당시는 전 세계적인 불안의 시대였다. 학생운동이 극렬하고 기술문명에 대한 반성, 다양성에 대한 주장이 부상한 것은 한국이나 일본이나 마찬가지였다. 이런 상황에서 이우환의 이론은 모노하物派라는 예술운동의 정신적 기반이 됐다. 예술가는 최소한의 작업만으로 개입해 물체 또는 물질 그 자체가 스스로를 드러내는 상황을 만들어줄 뿐이라는 것인데, 이는 일본 현대미술의 중요한 움직임이 됐다. 특히 하이데거Martin Heidegger부터 메를로퐁티Maurice Merleau-Ponty, 푸코Michel Foucault 같은 서구 현대철학자와 노장사상까지 관통하는 이우환의 이론은 1971년 출간된 비평집 《만남을 찾아서》를 통해 일본은 물론 한국에도 큰 반향을 일으켰다.

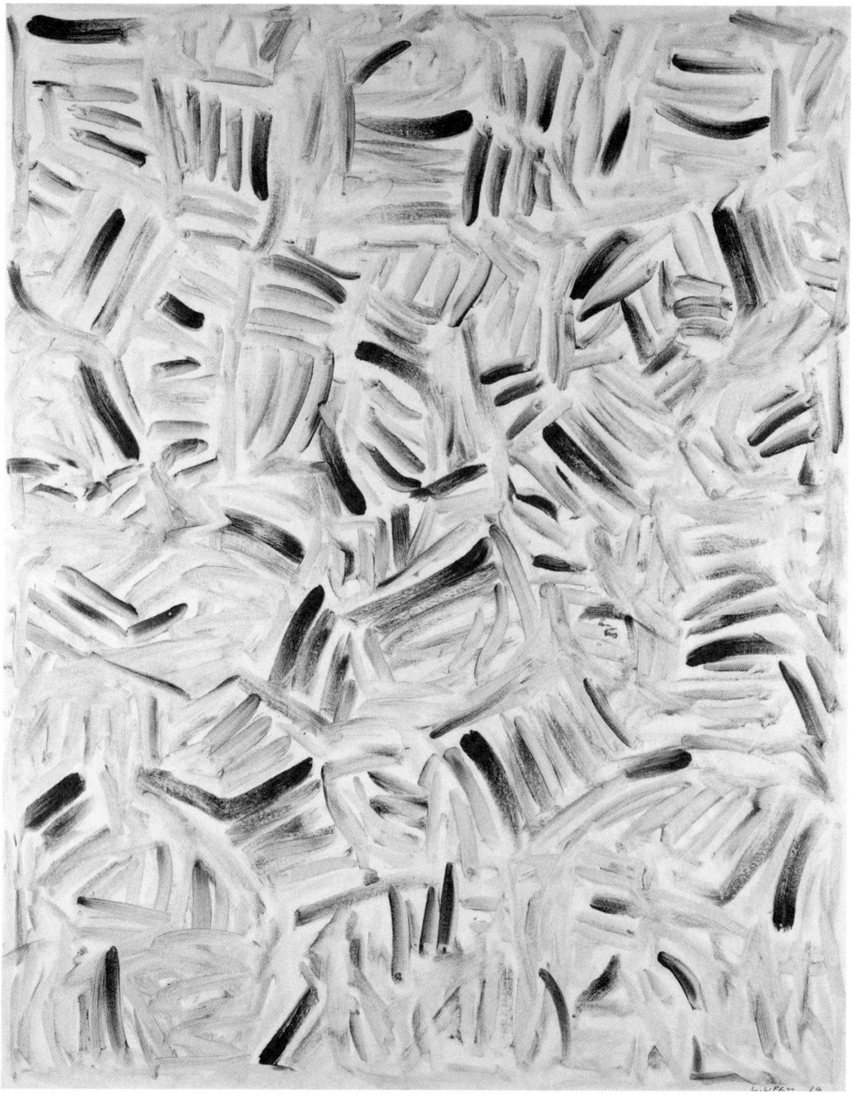

—
이우환, 〈동풍84011003〉
1984년, 캔버스에 석채, 227×181cm, 국립현대미술관 소장
©Lee Ufan
—

그런 이우환은 한국미술이 국제화하는 교차점에서 항상 등장하기에 의미가 남다르다. 일찍이 1971년 파리비엔날레에 참가했다. 1975년 일본 도쿄화랑의 '한국 5인의 작가-다섯 가지의 흰색'전은 이우환이 결정적 매개자였고, 이는 최초의 '단색화' 기획전으로 기록됐다. 1977년에는 카셀 도쿠멘타에 출품했다. 지난 2011년 뉴욕 구겐하임미술관에서 열린 대규모 회고전은 백남준에 이어 한국인으로는 처음이었다. 2014년 파리 베르사유궁전에서의 조각 전시도 한국인 최초였다. 이듬해 2015년 베니스비엔날레에서 특별전 형식으로 열린 '단색화'전에서 이우환의 작품은 김환기·권영우·박서보·정창섭丁昌燮·정상화鄭相和 등의 작가들의 작품과 함께 선보였다. 구겐하임이나 베르사유에서 전시한 이우환을 실마리로 외국인들도 한국의 현대미술을 이해할 수 있는 기반을 얻었다고 볼 수 있으니, 명실공히 이우환은 아시아 현대미술이 어떤 것인지 서구에 소개할 때 앞세워지는 수식어 같은 존재가 됐다. 일본 나오시마에는 이우환미술관, 부산시립미술관에는 '이우환 공간'이 각각 조성돼 있다. 세계를 무대로 활약하고 빌보드 차트에서 두 번이나 1위를 차지한 그룹 방탄소년단BTS의 리더 RM랩몬스터·본명 김남준이 이우환의 팬인 것으로 유명하다. 그는 부산의 '이우환 공간'을 방문해 "잘 보고 갑니다. 선생님. 저는 '바람'을 좋아합니다"라고 방명록에 적기도 했다. 작품이 세대를 뛰어넘어 공감을 얻은 결과다.

> "나의 그림은 끊임없는 반복의 수련 가운데 무한이 숨 쉬게 되고 기가 충만하게 되었다. 그래서 그림과 공간과 당신이 만나면 신기한 생명의 파장이 여울지는 설렘의 우주가 열릴 것이다."

그림은 침묵 속에 길을 내주는 등대다. 침묵은 할 말이 없는 것이 아니라 말하지 않고도 매혹하는 경이로움이다. 조용한 그의 그림은 우렁찬 침묵이다.

최
|
욱
경

그래도 내일은,
다시 솟는 해로
밝을 것입니다

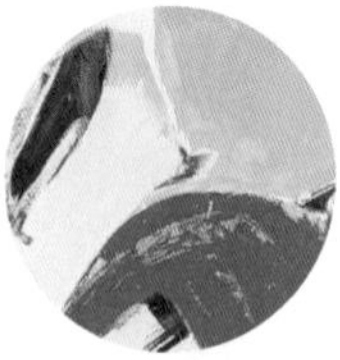

유난히 기분 좋은 날이 있다. 알람이 울리지도 않았건만 자연스럽게 눈이 떠졌고, 털어 말린 머리가 뜻대로 자리 잡았으며, 무심코 집어든 양말이 바지 색과 썩 잘 어울리는 데다 출근길 지하철이 기다리지 않게끔 맞춰 도착했다. 딱히 특별할 일 없지만 그런 소소함에 기분이 좋아서, 준비 부족한 기획안이나 심지어 계획 않은 사랑 고백까지도 받아들여질 듯한 그런 날이 있다.

최욱경崔郁卿·1940~1985의 1977년작 〈환희〉는 꼭 그런 기분 좋은 날의 일기 같은 그림이다. '환희'라는 단어는 엄청난 큰 기쁨을 뜻한다. 그림 속 환희는 충만하되 지나치진 않다. 삶에서 맞닥뜨리는 환희도 그와 비슷하리라. 보드랍고 달콤한 노란색 사이로 즐거움의 조각들이 생을 찬미한다. 자유로운 곡선들이 춤추고 분홍, 보라, 연두 등 화사한 파스텔톤 색채들이 주변을 밝힌다. 간혹 짙은 어두운 색덩어리가 있지만, 음악으로 치면 묵직한 베이스 선율처럼 든든하기만 하다. 중간중간 오늘 만난 하늘색, 노을색도 보이니 반갑다.

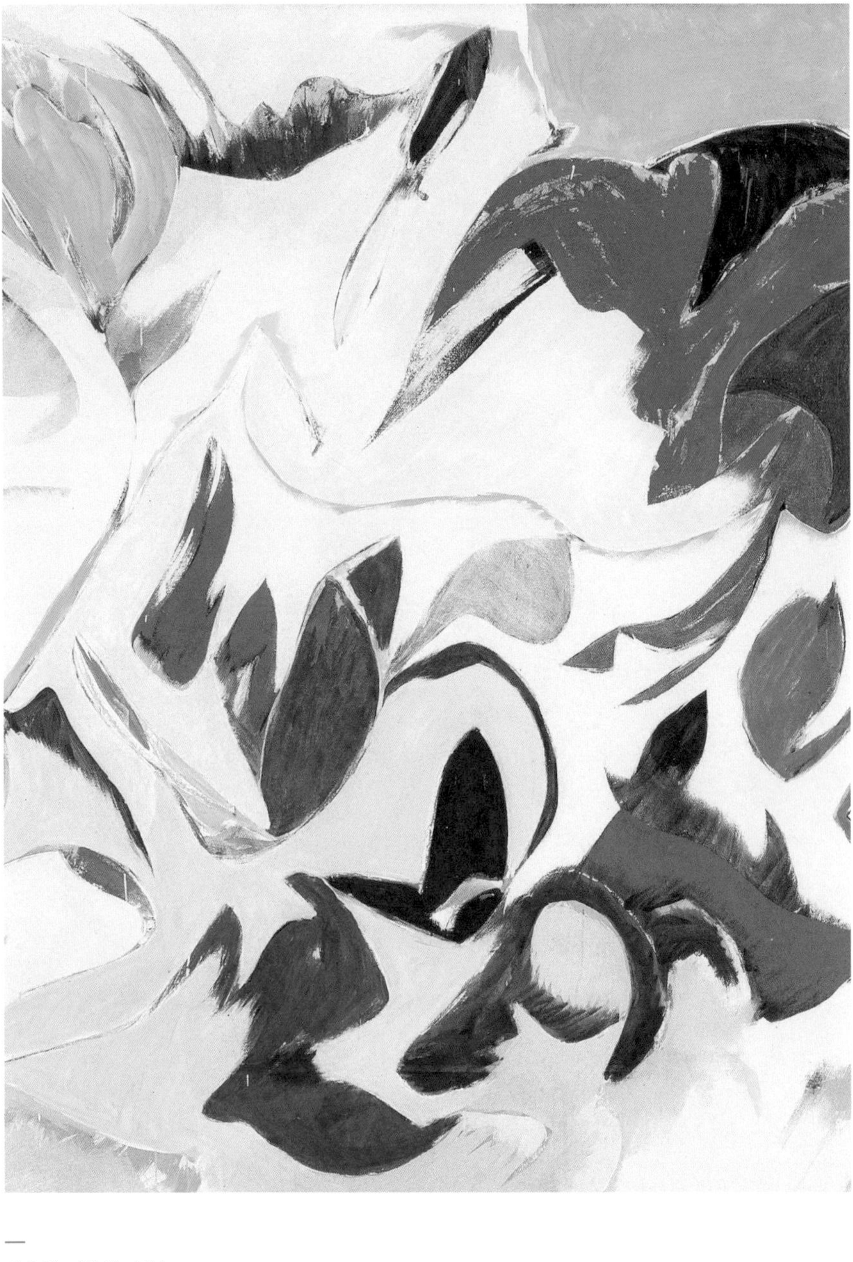

최욱경, 〈환희〉 부분

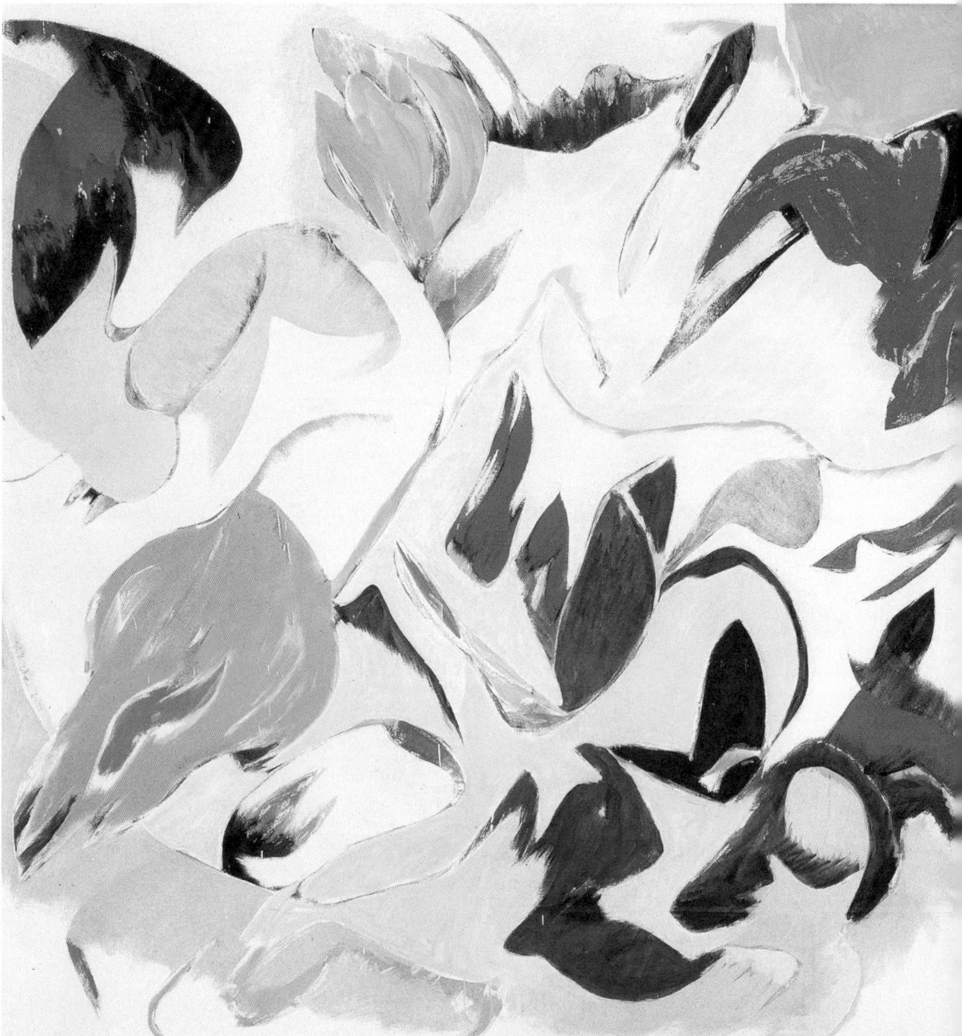

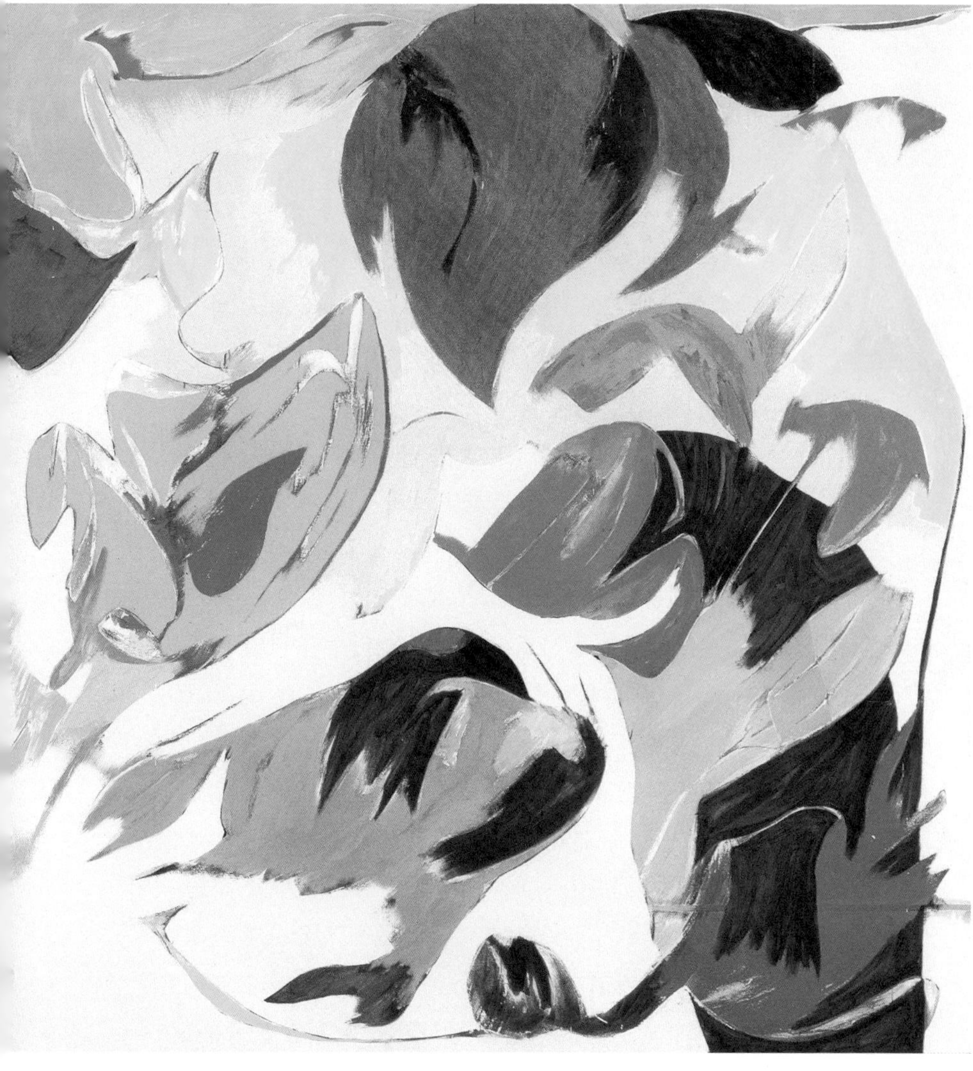

—
최욱경, 〈환희〉
1977년, 캔버스에 아크릴, 227×456cm, 국립현대미술관 소장
—

• • •

최욱경은 46세에 요절한 여성화가다. '한국적 색채 추상의 선구자', '한국적 추상표현주의자'로 불리는 화가이건만 이른 나이에 세상을 떠난 탓인지 미술사적 업적에 비해 덜 유명하다. 출판업을 하는 부친의 4남 3녀 중 다섯째로 태어난 그는 어려서부터 화가가 되고자 했고, 부모도 그 사실을 당연하게 받아들였다. 낙원동 집 마루에서 크레파스로 곧잘 그림을 그리던 최욱경은 한국전쟁이 터지던 1950년 그해 어머니 손을 잡고 당대 최고의 부부 화가 김기창·박래현의 을지로 화실에 가 처음 미술교육을 받았다. 이화여자중학교·서울예술고등학교를 거쳐 서울대학교 회화과에 입학한 최욱경은 학창 시절부터 대담하고 솔직한 색채를 구사했고, 성격도 그림과 별반 다르지 않았다고 전한다. 화가들은 대부분 파리로 유학 가던 시절, 그는 미국을 택했다. 1963년 미술학교로 유명한 미시건주 크렌브룩미술아카데미에 입학해 서양화를 전공으로, 조각과 도자기를 부전공으로 공부했다. 졸업 후에는 지적장애아를 위한 미술 교사로, 대학 강사로 일하면서 콜라주와 다양한 매체 실험을 병행했다.

최욱경의 그림은 '추상표현주의'로 분류된다. 추상표현주의란, 인간이 경험한 분노와 공포, 경계와 희망이 뒤섞인 감정을 표현한 예술 전반을 가리킨다. 잭슨 폴록Jackson Pollock처럼 액션 페인팅을 하는 작가가 있었고 색면 추상으로 감정을 드러내는 화가도 있었으며 특정한 사물이나 대상을 다루지 않고 잠재의식을 분출하듯 그림을 그리는 경향이 강했다. 미국에서 공부한 최욱경은 당시의 주류 미술을 흡수했으나 결코 미국식 미술에 함몰되지 않았다. 오히려 고유한 표현방식을 구축한 그는 1970년대에 한국의 단청, 민화 등의 전통적인 색감과 뉴멕시코에서 본 자연에서의 영감 등을 뒤섞어 본격적인 색채 연구를 전개하며

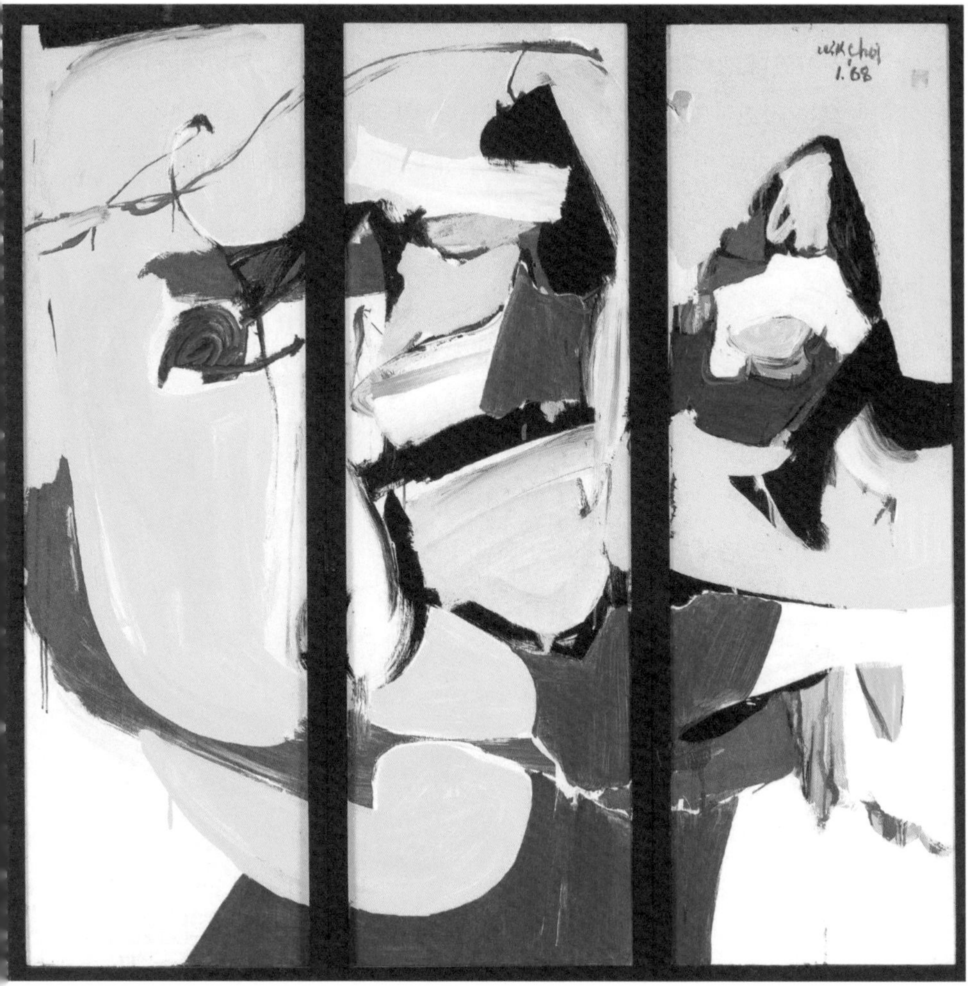

—
최욱경, 〈시작이 결론이다〉
1968년, 나무판에 유채, 134×41cm 3폭, 국립현대미술관 소장
—

더욱 풍성한 그림을 선보였다. 교묘한 설득이 아니라 분명한 주장을 펼치는 그의 작품은 보는 이의 마음을 강렬하게 할퀴곤 한다. 그러나 당시 한국 화단은 하나의 색조로 화면 전체를 뒤덮는 '단색화'가 주도하던 시기였다. 강렬한 색감의 최욱경은 이방인 같았다. 고독했다. 하지만 그는 자신만의 그림 세계를 고집했다. 그 덕에 한국적 색채추상의 선구자 자리를 이견 없이 꿰찼다. 작가 사후에 기획된 회고전에서도 이런 후기 색채 추상이 주목받았다.

오방색의 강렬한 작품도 좋지만 흑백을 위주로 그린 작품들은 깊은 울림을 준다. 희고 검은 단 두 가지 색을 썼을 뿐이지만 작가는 소용돌이치는 붓의 흔적으로 폭발 직전의 감정을 격정적으로 보여준다. 이럴까 저럴까 망설이면서도 이러지도 저러지도 못하는 미묘하고 복잡한 감정을 맞춘 듯 그림으로 그려냈다. 1977년작 〈무제〉를 두고 어떤 이는 큰 눈 껌뻑이면서도 콧김 내뿜는 소의 얼굴을 보았다고 하고, 누군가는 달과 바람과 꽃과 나무가 노래를 부르고 춤을 추는 듯하다고 말한다. 이 작품은 1969년작 〈레다와 백조〉, 1976년작 〈강강수월래〉, 1977년작 〈마사 그래함〉처럼 많지는 않으나 주기적으로 등장한 최욱경의 흑백 회화 중 대표작으로 꼽힌다.

김영나 서울대학교 명예교수는 젊어서부터 최욱경과 가까웠다. 미술사학자와 작가로서 오랫동안 긴밀하게 교류한 덕에 김 명예교수는 최욱경의 작품에서 보이는 미묘한 변화까지 감지해 낼 수 있었다. 그는 "최욱경의 1984년도의 작품들에서는 조금씩 충동적이거나 불편한 선線이나 색채가 보이고 구성에서도 흐트러짐이 발견된다. 왜 그랬을까 하는 의문은 여전하다"면서 "죽기 한두 해 전의 그의 작품에서는 생에 대한 환희나 자연에 대한 감동이 보이지 않았다"고 밝혔다. 작품을 통해 신호를 보냈던 것일까? 1985년 여름, 최욱경은 심장마비로 세상을 떠

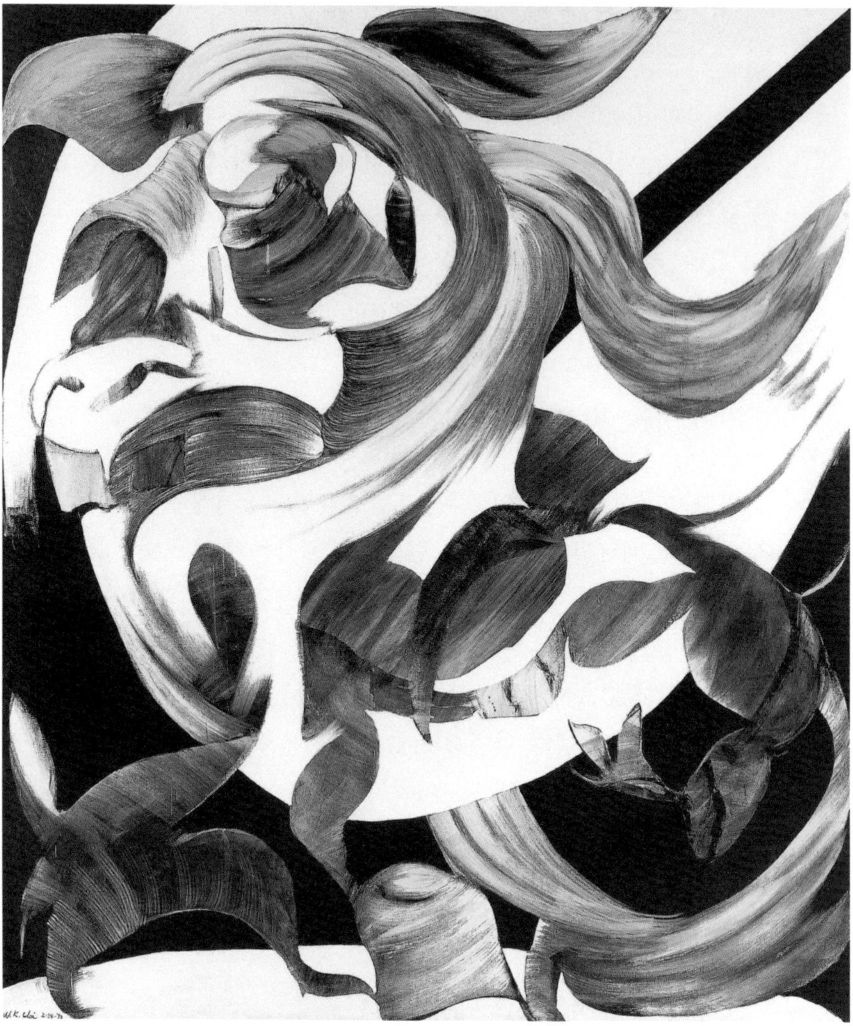

—

최욱경, 〈무제〉

1977년, 캔버스에 아크릴, 228×196cm, 개인 소장

—

났다. 너무나 갑작스런 일이었다. 최욱경 작고 직후인 1987년에 국립현대미술관이 회고전을 준비하면서, 이경성 당시 국립현대미술관장이 직접 평론글을 썼다. 그는 예술가를 수명에 따라 단·중·장거리의 세 유형으로 나누고는 최욱경은 "짧지도 않고 길지도 않은 중거리의 생애로서 다른 사람이 90년에 할 일을 다하고 갔다"면서 타고난 예술가이자 천생 예술가로 감성이 예민하여 보통 사람이 도달할 수 없는 깊은 곳까지 도달했다고 평했다. 흔히 '예술은 고독의 소산'이라고 한다. 고독할수록 더 확대된 시야로 세계의 미를 보고, 그렇게 본 아름다움을 작품으로 실현한다는 진리는 딱 최욱경의 얘기다.

• • •

가장 미국적 미술 사조인 추상표현주의로부터 시작했으나 한국적 구도와 색깔, 재료의 독창성으로 한국적 정체성을 반영한 최욱경은 작고 후 떠들썩한 '고초'를 겪는다. 학을 즐겨 그리던 그가 세상을 뜨기 1년 전 그린 〈학동마을〉이 한상률 전 국세청장이 차장이던 2007년, 당시 청장이던 전군표 국세청장에게 인사청탁성 뇌물로 건낸 그림이라 하여 세간을 시끄럽게 했다. 화면을 가로지르는 선 하나를 두고 붉은 색조가 지배적인 추상화인데, 학이 보이지는 않지만 날아오르는 그 기운이 생생한 그림이다. 2011년 4월 한상률 전 청장이 기소되면서 〈학동마을〉은 검찰에 압수돼 급기야 재판에까지 나왔다. 알 만한 미술계 전문가들은 '치욕'이라고 한 사건으로, 작가가 살아서 목격했더라면 까무러쳤을 일이다.

화가이지만 그녀는 문학적 감수성이 충만했고 그 일부를 작품 제목에 담았다. 〈나는 세 개의 눈을 가졌다〉, 〈악몽은 견디기에 정말 너무 길다〉, 〈한때 호색가가 기이한 꽃을 주었다〉, 〈미처 못 끝낸 이야기〉,

〈산이 너무나 아름다워서, 나는 슬프다〉 등은 제목 자체가 시구詩句 같다. 호기심을 자극하기 충분하다. 그 충만한 문학적 감수성의 파편으로 시를 썼다. 1972년 출간된 시화집《낯설은 얼굴들처럼》에는 45편의 시가 담겼다.

그저 살아지는 나날들이지만, 그렇다고 사는 것이 녹록지만은 않다. 외롭고 고달플 때, 감정이 치솟고 온몸이 달아오를 때, 그럴 때면 불꽃처럼, 그리고 꽃잎처럼 살다간 최욱경의 그림이 더욱 간절하다.

…
그래도 내일은,
다시
솟는 해로 밝을 것입니다.
꽃피울 햇살로 빛날 것입니다.

그리고 또, 내일들은…….
최욱경 시 〈그래도 내일은〉 중에서-

이승조

이것은 파이프가 아니다

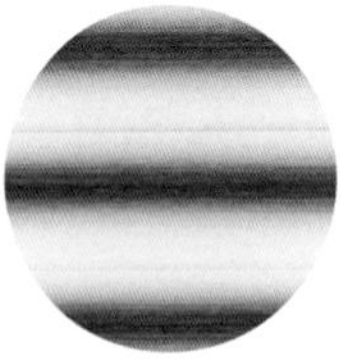

당신도 보았을까? 그림의 순간적인 일렁임을. 착착 포개진 금속 파이프들이 차르르 구르기 시작할 듯 꿈틀거리던 그 모습을. 그러나 이것은 그림일 뿐이다. 움직일 리 없다. 속지 말자, 다짐하고 다시 봤는데도 또 느껴진다. 시각적으로 전해오는 움직임뿐만 아니라 '지잉지잉', '윙윙'거리는 음향까지 들리는 듯하다. 눈을 감고 고개를 가로저어 보지만, 망막에 맺힌 듯 그림은 쉽사리 사라지질 않는다. 일명 '파이프 그림'이라 불리는 이승조李承祚·1941~1990의 〈핵核〉이다.

사실 이것은 파이프가 아니다. 초현실주의 화가 르네 마그리트René Magritte가 1929년에 발표한 그 유명한 〈이것은 파이프가 아니다〉는 담배 파이프를 그려놓고 프랑스어로 "이것은 파이프가 아니다[Ceci n'est pas une pipe]"라고 적어놓아 관객을 혼란스럽게 했다. 언어와 그것이 가리키는 실제, 그림 이미지 사이의 간극에 대해 고민하게 만든 작품이었다. 이승조의 '파이프'도 파이프가 아니다. 그는 파이프를 그리려 한 게 아니다. 색띠를 그렸을 뿐이다. 밝은 부분부터 어두운 부분까지 자연스럽게, 점층적으로 명암을 달리한 까닭에 입체감이 생겼고 원통형처럼 보

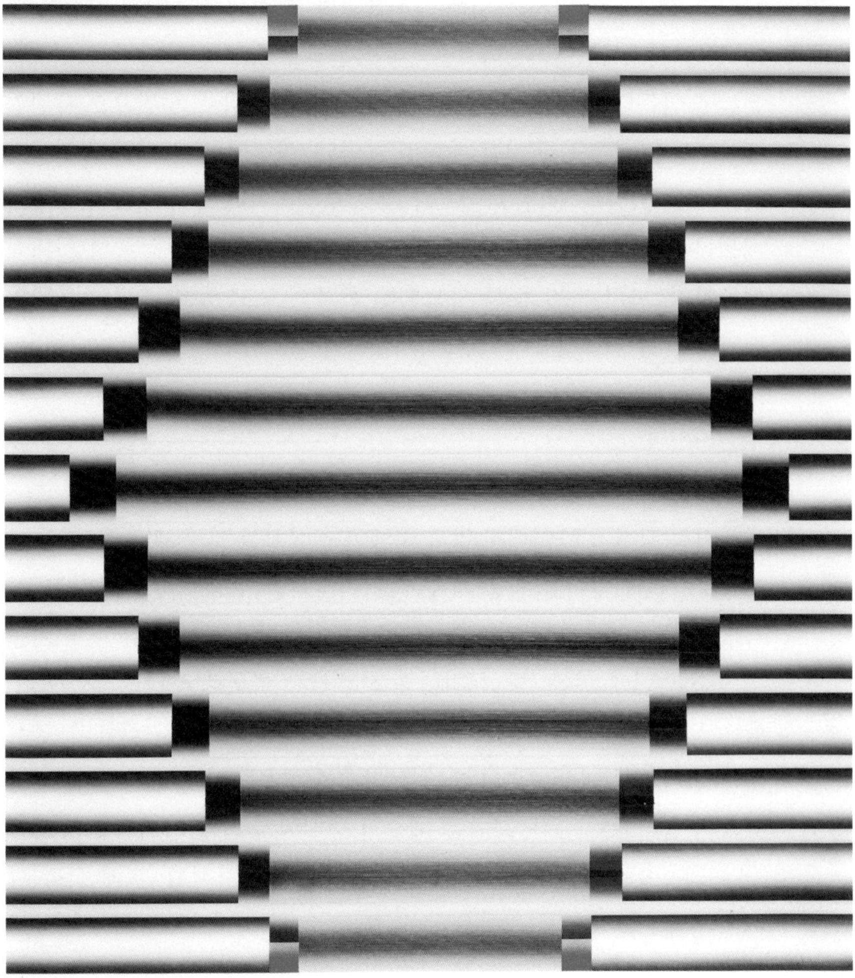

—

이승조, 〈핵〉

1988년, 캔버스에 유채, 162×130cm, 국립현대미술관 소장

—

였다. '파이프'라는 별칭은 남들이, 관객들이 붙인 이름이다. 파이프로 보이고 진동이 느껴지는 것은 착시효과다. 그림에서 눈앞에 잔상이 남아 있는 것도 같은 이유다. 차곡차곡 반복적으로 배열된 파이프는 율동감을 만든다. 수평으로 놓인 것들은 그림의 앞뒤로, 수직으로 세워진 파이프들은 좌우로 굴러갈 것처럼 보인다. 화면이 액자 밖까지 뻗어나가는 확장 효과를 낸다. 파이프가 서로 부딪히기라도 하면 그림에서 기계음이 새어나올 것만 같다. 매끈하다 못해 광택 도는 금속성 이미지 때문이다. 마치 터질 듯한 사운드를 꾹꾹 누르고 있는 스피커 표면의 떨림처럼 팽팽한 긴장이 감돈다.

• • •

이처럼 감정을 드러내지 않고 자제한 추상화를 보통 '차가운 추상'이라 한다. 선과 면이 화면을 지배하는 '기하학적 추상'이라고도 하고, 시각적 효과로 눈을 혼란스럽게 만드는 옵아트 계열로도 분류한다. 이승조는 1967년에 처음 '핵' 시리즈를 선보였고 이후로도 평생 몰두했다. 핵은 물질을 구성하는 기본 요소이자 본질이라는 의미를 갖는다. 당시에는 원자핵이 과학이론의 발전을 상징하는 문명의 자랑인 동시에 최고의 무력이기도 했다. 화가는 예술의 중심이자 폭발적 위력을 뜻하는 '핵'이라는 제목으로 회화의 본질이 무엇인지를 탐색했다. 왜 하필 파이프 형태였을까?

"기차 여행 중이었다. 눈을 감고 잠시 여러 가지 생각에 잠겨 있었는데 얼핏 무언가 망막 속을 스쳐 가는 게 있었다. 나는 퍼뜩 눈을 떴다. 그러나 아무것도 없었다. 마치 첫인상이 강렬한 사람에 대한 못 잊음과도 같은, 그 미묘한 감동에 휩싸여 집에 돌아온 즉시 이틀 밤을 꼬박 새우며 마음에 남은 이미지를 조작한 결과 오늘의 파이프적인 그림을 완성했다."

작가가 1982년의 개인전을 즈음해 평론가에게 한 말이다. 달리는 기차 안에서는 바깥 사물들이 빠르게 흘러가 마치 붓질로 지우는 듯 희미해진다. 활주로를 달리는 비행기나 질주하는 자동차도 마찬가지다. 속도감이 형상을 다 지워버리는 바로 그 느낌을 작가가 감지했으려나. 그렇게 이승조는 보이는 것의 본질과 허상 같은 잔상, 그림에 담을 수 있는 것의 한계를 한평생 실험했다. 이승조 이전의 추상미술과 이승조 이후의 추상미술로 구분할 수 있을 정도로 그는 새로운 추상미술인 기하학적 추상의 선두에 서 있었다. 더욱이 그가 화단의 주목을 한 몸에 받은 1970년대는 대한민국의 산업화, 도시화 시기와 맞물린다. 시대는 차가운 파이프의 대열을 산업역군의 일사불란함으로 여기게 했다.

예민하고 섬세해 거울처럼 빛나는 이 작품을 대체 어떻게 그렸을까. 40여 년의 시간을 거슬러 이승조의 작업실로 몰래 찾아 들어가 보자. 페인트칠 할 때나 씀직한 납작한 평붓, 사포와 종이테이프가 왜 화실에 있을꼬? 두리번거리며 살피니 저 쪽에 틀을 만들고 캔버스 천을 싸매는 일까지 손수 하느라 비지땀을 흘리는 작가가 보인다. 그는 "파이프 표면이 매끈하게 보이려면 바탕부터 튼튼하고 편편해야 해"라고 혼잣말처럼 중얼거린다. 완성된 캔버스 전체를 흰색 유화 물감으로 밑칠해 완전히 마르길 기다리더니 사포질을 한다. 그 위에 또 흰 칠을 하고 다시 갈아내고 칠하기를 최소 세 번, 보통은 다섯 번에서 열 번 이상 거듭한다. 그때서야 유리 같은 표면이 마련됐다. 칠하고 갈고 말려 바탕을 준비하는 데만 일주일 이상 걸렸다. 종이테이프를 꺼내더니 그릴 선을 따라 붙인다. 물감 칠할 자리에 종이테이프를 붙이면 물감이 선 밖으로 튀어나가지 않아 정교하게 색칠할 수 있다. 뗀 흔적도 남지 않는다. 남대문시장에서 발견한 종이테이프를 그림 작업에 사용한 것은 당시 국

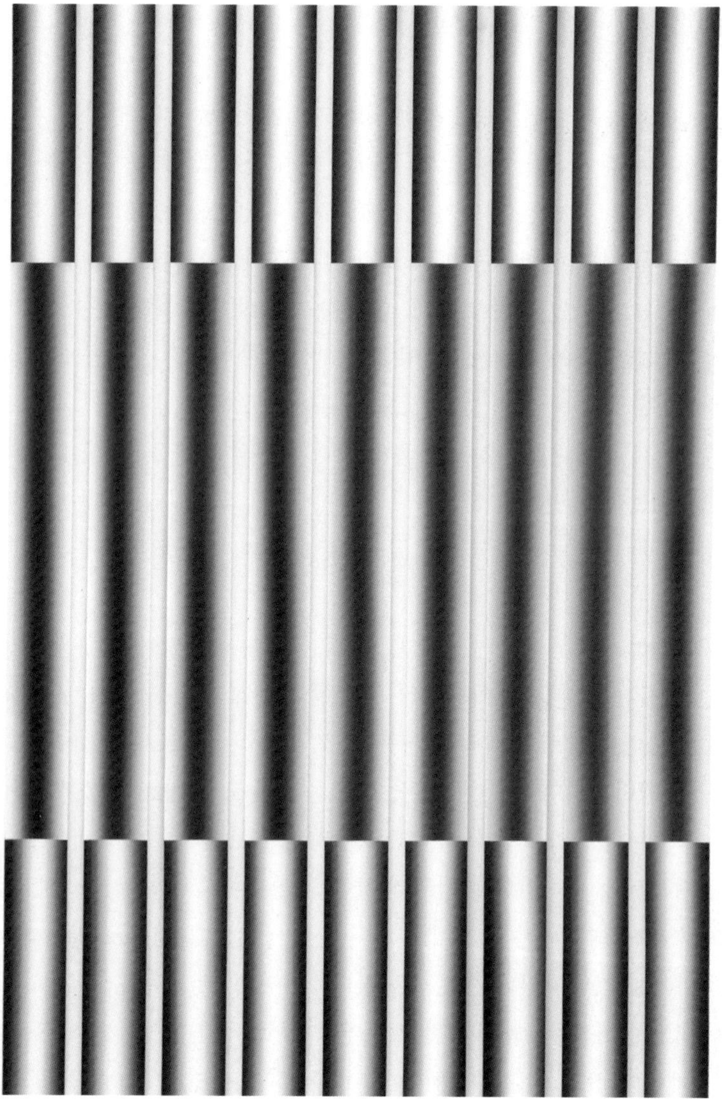

—
이승조, 〈핵 84-49〉
1984년, 캔버스에 유채, 162×130cm, 개인 소장
—

내에서는 획기적 발명 같은 것이었다. 그 편리함이 입소문으로 퍼져 지금도 기하학적이고 정교한 선 작업을 하는 많은 미술가들이 '테이핑' 방식을 사용하지만 그게 이승조가 시작한 것임을 아는 이는 적다. 이제 넓고 납작한 평붓을 꺼내 들었다. 일반 유화 붓을 전혀 쓰지 않고 평붓만으로 그린 이도 이승조가 거의 처음이었다. 붓 가운데에 한 가지 색을 묻히고 양쪽에 그 반대색을 묻혀 끝에서 끝까지 한 번에 긋는다. 가운데가 흰색이면 양끝에 검은색, 가운데가 검은색이면 가장자리에 흰색을 찍는 식이다. 열 번 이상 붓질을 반복하니 어느새 색과 색 사이에 자연스러운 그라데이션이 만들어졌다. 파이프가 눈앞에 펼쳐졌다.

• • •

그림은 미래적이지만 이승조는 옛날 사람이다. 1941년 평북 용천에서 태어났다. 신의주와 평양을 잇는 평의선 중간에 용천역이 있어 교통의 요지로 알려져 있지만 북한과 중국의 접경지역이라 해방을 맞은 후에도 뒤숭숭했다. 미국인 기자 출신 작가 님 웨일스Nym Wales에게 1937년 남긴 구술 기록을 근거로 탄생한 《아리랑》의 주인공이자, 사회주의 혁명가로 중국 등지에서 활동한 독립운동가 김산金山·본명 장지락이 용천 사람이었다. 노벨평화상 후보까지 올랐던 사학자 함석헌咸錫憲 등도 용천 출신인 것을 보면 땅의 기질이 만만찮은 곳인 성 싶다. 1947년에는 신의주 반공학생사건의 주동자가 이곳 출신이어서 동네가 시끄러웠다. 이승조의 식구들이 안정적인 삶터를 찾아 남쪽으로 옮겨와 있던 중 한국전쟁이 터졌다. 이승조는 피란지 부산에서 어린 시절을 보내고 서울에 정착했다.

인연은 인생 곳곳에 생각지도 못한 때 불쑥 찾아오곤 한다. 오산중학교 2학년 때 미술교사 김창복金昌福이 그의 재능을 알아보았다. 이중섭의 오산학교 2년 후배인 김창복은 우리나라 최초의 유럽 유학파 부부 서양화가인 임용련, 백남순白南舜에게 미술을 배운 이였다. 스승은 캔버스를 만들고 밑바탕을 마감 처리하는 방식부터 정물화 구도 설정까지 꼼꼼하게 가르쳤다. 예술가의 진취적인 창작 의욕과 낭만적인 기질에 대한 언급은 자라나는 제자에게 강렬하게 각인됐다. 이승조는 고등학교 3학년이던 1959년 제8회 대한민국미술전람회 서양화 부문에서 〈굴비〉라는 작품으로 입선해 첫 영예를 안았다. 추상미술은 홍익대학교 서양화과에 입학하면서부터 접하기 시작했다. 정물화로 다진 구상미술을 기본기로 삼아, 이를 해체하는 추상화 과정에서 그의 재능이 빛을 발했다. 이종무李種武, 한묵, 이규상, 이봉상 그리고 김환기까지. 추상미술의 거장인 그의 은사들이 토양을 만들어줬다.

'해방둥이', '6·25세대'처럼 시대적 영향을 받은 특정 세대를 일컫는 말로 '4·19세대'가 있다. 1960년 대학에 입학해 4·19혁명, 연이어 5·16군사쿠데타를 겪은 이들이다. 이승조가 바로 4·19세대다. 과거의 제도가 허물어진 자리에 새로운 질서를 세워가는 사회 분위기가 예술계라고 예외는 아니었다. 1960년대는 한국 현대미술에서 구상과 추상의 권력 교체기였다. 먼저 승기勝機를 잡은 것은 앵포르멜이었다. 격정적이고 즉흥적인 붓질, 몸짓이 고스란히 담긴 뿌리기·붓기·긁기 등의 기법으로 제2차 세계대전 이후의 허무과 실존주의를 담은 추상미술로 전 세계에 공명하며 한국에 상륙했다. 정창섭·김창열을 포함해 박서보·정상화·하종현·윤명로·김종학 등 1930년대에 태어난 6·25세대 추상화가들의 1960년대 작품들 대개가 바로 앵포르멜이다. 전후 세대의 응어리를 어둡고 찐득하게 표현한 앵포르멜의 전성시대였던 1962년 결성된 미술단체 '오리진Origin'은 기존 추상화풍을 가르며 등장한 혜성과도 같았다. 이승조가 그 주축 동인이었다. '86세대'와 '88만 원 세대'의 문제의식이 다른 것만큼이나 6·25세대와 그들의 제자급 후배인 4·19세대는 화풍이 확연히 달랐다. 기존 미술계에 대한 반성과 한계 극복을 목표로 탄생한 오리진은 영어로 근원을 뜻한다. 또한 그 영문 첫 글자 O는 원 모양이다. 원은 근원 원原자와 소리가 같다. 이름에서부터 조형의 근본을 파고든 오리진은 기성화단의 구태를 반성하고 한계를 극복하자고, 새로운 전위미술을 모색하자고 한 목소리를 냈다.

대학생이 된 이승조는 새 시대, 새로운 산업사회에 부응하는 새로운 미의식은 무엇일까 고민하던 중이었다. 대학 2학년 때의 대한민국미술전람회 입선작인 정물화와 3학년 때의 입선작인 추상화의 확연한 차이가 그 증거다. 화풍의 격변은 작가가 고뇌한 흔적이다. 대학 3학년이던 그해가 바로 20대의 젊은 미술인들과 함께 오리진을 결성한 때다. 이승조와 오리진의 활동으로 새로운 추상미술인 기하학적 추상이 급부상했다. 음울하던 화면은 밝아졌고, 걷잡을 수 없이 격동적이던 감정이 이지적으로 변해갔다. 주목받기 시작한 작가는 더욱 간절하게 자신만의 지향점을 찾아다녔다. 대학 4학년 때는 실험적 작업을 위해 등록금까지 재료 구입비로 다 써버렸고, 그 때문에 졸업이 1년 늦어지고 말았다. 휴학생 신분으로 실컷 그림만 그리던 그는 저녁이면 전등 대신 초를 켜놓고 빛과 어둠의 논리를 익히곤 했다.

'핵' 연작은 대학 졸업 후 1967년 참가한 '청년작가연립전'에서 처음 선보였다. 처음엔 색띠가 평면적이었고 강렬한 원색이었지만, 이듬해인 1968년부터 원통처럼 보이도록 간격이 균일한 직사각형을 맞닿게 배치하고 음영을 더한 그림이 등장했고 이후 무채색이 주를 이뤘다. 화가라 그림만 그렸지 말과 글을 많이 남긴 편은 아니었다. 다만 "긋는다는 의식과 덧칠하는 행위의 사이에서 어떠한 물체감을 느끼는 이미지와 긴장이 표출되는데 이것은 본다는 것과 느낀다는 것의 중간 지점을 설정한다"거나 "무심한 붓의 반복에서 일어나는 형태는 관념의 허虛의 이미지다"라고 했다. 한 번은 노트에 이렇게 적어두었다.

> "나를 '파이프 통의 화가'라고 부르는 사람도 있다. 별로 원치도 않고 또 싫지도 않은 말이다. 구체적인 대상의 모티브를 전제하지 않은 반복의 행위에 의해 착시적인 물체성을 드러내고 있음을 두고 하는 말일 것이다. 물론 현대문명의 한 상징체로서 등장시킨 것도 아니다."

미련해 보일 정도의 뚝심으로 오로지 한 우물만 파고든 이승조 같은 작가는 한국 근현대미술사 전체를 뒤져도 참으로 드물다. 이를테면 글 앞머리에서 본 1988년의 〈핵〉과 20년 먼저 그린 1968년의 〈핵 No.G-99〉를 비교해서 보면 같은 작품이 아닌가 싶어 두세 번 다시 보게 된다. 당연히 다르다. 1968년작이 가운데가 밝고 가장자리로 갈수록 어두워지는 파이프인 반면, 1988년작은 가운데가 어둡고 양쪽 끝이 오히려 밝게 빛나는 반전의 파이프다. 도대체 그는 무엇에 도달하고자 그토록 반복적으로 파이프만을 그렸을까? 1984년 개인전 때 언론과의 인터뷰에서 한 말이 실마리로 읽힌다.

> "아폴로 우주선 발사로 새롭게 우주의 공간의식에 눈뜨고부터 시작한 이 작업이 작가인 내가 살고 있는 시대를 표현하는 데 가장 적합한 것 같아 끊임없이 하고 있다."

그가 막 파이프를 그리기 시작했을 무렵인 1969년 7월 20일, 미국 우주선 아폴로호의 달 착륙 소식이 전해졌다. 천성 예민한 예술가에게는 충격적인 뉴스였다. 둥그런 지구를 한없이 평평한 땅이라 여기며 그 표면에 다닥다닥 붙어살던 인류가 지구를 벗어나 달을 밟았다는 사실은 새로운 차원이 열린 것과도 같았다. 우주를 향해 솟아오른 인류의 도전은 2차원의 평면 위에 3차원을 구현하려 몸부림치는 화가의 '공간 창

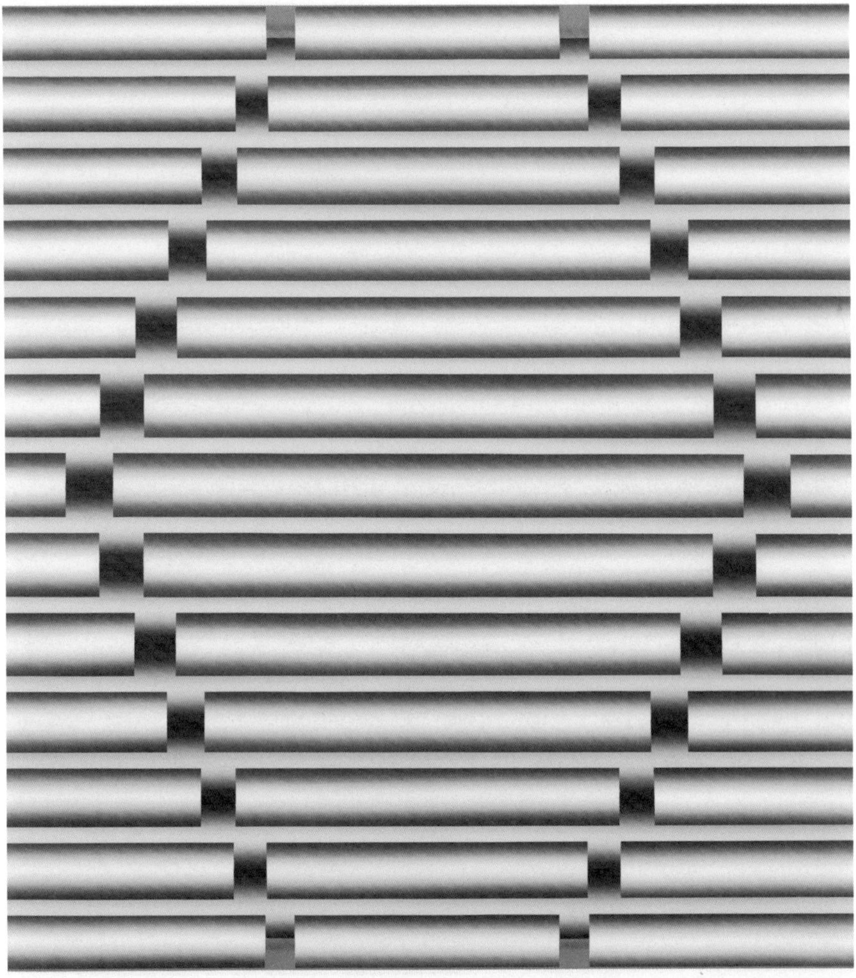

—
이승조, 〈핵 No. G-99〉
1968년, 캔버스에 유채, 162.0×130.5cm, 국립현대미술관 소장
—

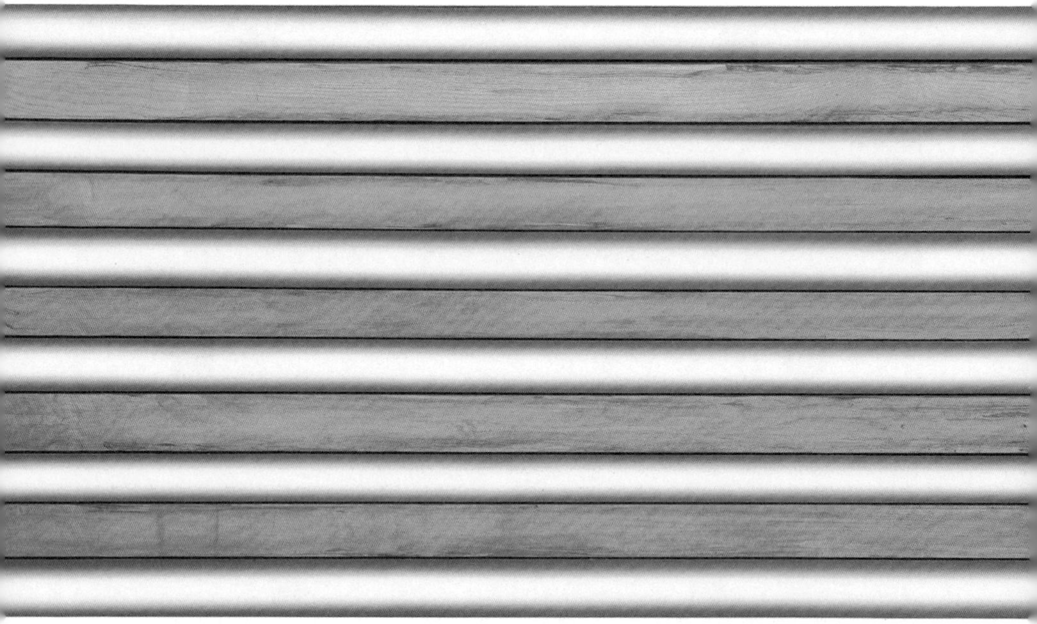

—

이승조, 〈핵〉

1989년, 캔버스에 유채, 220×118cm, 개인 소장

—

조'의 열망과도 닮았다. 이승조가 평면 회화에 만들어낸 깊은 공간감은 착시를 이용한 것이었지만, 이승조는 그 착시의 한계 너머에 새로운 시공간을 구축하고 싶었던 것 아닐까.

• • •

화가는 너무 빨리 생을 소진했다. 전성기였던 50세 때 암으로 세상을 등졌다. 이화동, 삼선교 부근, 혜화동과 성북동 등지의 작은 화실을 옮겨 다니다 1983년에야 경기도 안성에 열망하던 대규모 작업실을 마련했건만 10년도 쓰지 못한 채 떠났다. 이제 막 금속과 나무 등의 재료로 새로운 실험 작업을 보여주려던 참이어서 안타까움을 남겼다. 평소 그림이 커야 제대로 큰 힘을 발휘할 수 있다고 하던 그는 폭 3미터 이상, 심지어 8미터에 달하는 대형 작품들로 자신의 빈자리를 대신 지키게 했다.

최근 들어 이승조에 대한 관심이 다시 불붙었다. 지난 2017년 5월에 파리, 뉴욕 등지에 거점을 둔 페로탕갤러리가 이승조의 첫 홍콩 개인전을 열어 그를 아시아 전역에 소개했다. 뉴욕의 티나킴갤러리도 2020년 2~4월에 이승조 전시를 열었다. 국립현대미술관 과천관은 6월부터 대규모 이승조 회고전을 열었다. 공교롭게도 이승조는 앵포르멜의 선배 화가들과 1970년대 단색조 회화에서 다시 만난다. 긋고 그리고 칠하는 행위의 반복이 오히려 비우고 지워내는 것임을 되새기고 또 강조했던 그의 수행적 태도, 물질 연구에 기반한 화면의 확장성 등이 1970년대 단색화와 관련이 있다며 재조명 받는 중이다. 보기만 했던 그의 파이프에 귀를 기울여보자. 파이프오르간 소리, 혹은 관악기의 우렁찬 울림이 들리는가? 줄 굵은 현악기의 진동이 느껴질지도 모른다. 이것은 결코 그냥 파이프가 아니다.

조 상 인

예쁜 게 좋아서 미술사를 배우겠다고 뛰어들었는데, 생각지 못한 의미 있는 것들이 읽히기 시작했다. 서울대학교 고고미술사학과를 졸업했으며, 같은 대학에서 미술경영학 석사학위를 받았다. 2008년부터《서울경제신문》의 미술·문화재 분야 전문기자로 일하며 그림 보는 것을 업으로, 글쓰기를 천직으로 알고 산다. 동국대학교에 출강했고, 한국예술종합학교·이화여자대학교·국민대학교 등에서 특강했다. KBS라디오《문화 한마당》에서 〈라디오 미술관〉이라는 코너를 수년간 진행했지만 아직은 글로 그림을 이야기하는 게 제일 편하다. 미술작품으로 표지를 꾸미는 기내지《아시아나》의 커버스토리를 2017년부터 2020년까지 썼으며, 직장인들을 위한 인문서 시리즈《퇴근길 인문학》(공저)에도 참여했다.

살아남은 그림들

파란의 시대를 산 한국 근현대 화가 37인의 작품과 삶

초판 1쇄 발행일 2020년 9월 11일
초판 5쇄 발행일 2023년 10월 20일

지 은 이 | 조상인
펴 낸 이 | 김효형
펴 낸 곳 | (주)눌와
등록번호 | 1999.7.26. 제10-1795호
주 소 | 서울시 마포구 월드컵북로16길 51, 2층
전 화 | 02. 3143. 4633
팩 스 | 02. 3143. 4631
페이스북 | www.facebook.com/nulwabook
블 로 그 | blog.naver.com/nulwa
전자우편 | nulwa@naver.com
편 집 | 김선미, 김지수, 임준호
디 자 인 | 엄희란

책임편집 | 김지수
표지·본문 디자인 | 이현주

제작진행 | 공간
인 쇄 | 더블비
제 본 | 대흥제책

ISBN 979-11-89074-20-3 03650

◆이 책은 한국여기자협회의 후원을 받아 저술·출판되었습니다.